D.Gray-man

SHONEN JUMP MANGA

Katsura Hoshino

Band 26

Geheimnis und Leichnam

TOKYOPOP

TOKYOPOP GmbH
Hamburg

TOKYOPOP
2. Auflage, 2023
Deutsche Ausgabe/German Edition

Aus dem Japanischen von Lasse Christian Christiansen

Redaktion: Sabine Scholz
Lettering: Vibrant Publishing Studio
Herstellung: Shujun Wong
Druck und buchbinderische Verarbeitung:
CPI–Clausen & Bosse GmbH, Leck
Printed in Germany

MIX Papier FSC® C083411

Wir achten auf die Umwelt.
Dieses Produkt besteht aus FSC®-zertifizierten und anderen kontrollierten Materialien.

ISBN 978-3-8420-6013-5

www.tokyopop.de

D.Gray-man

ディー・グレイマン

vol. 26

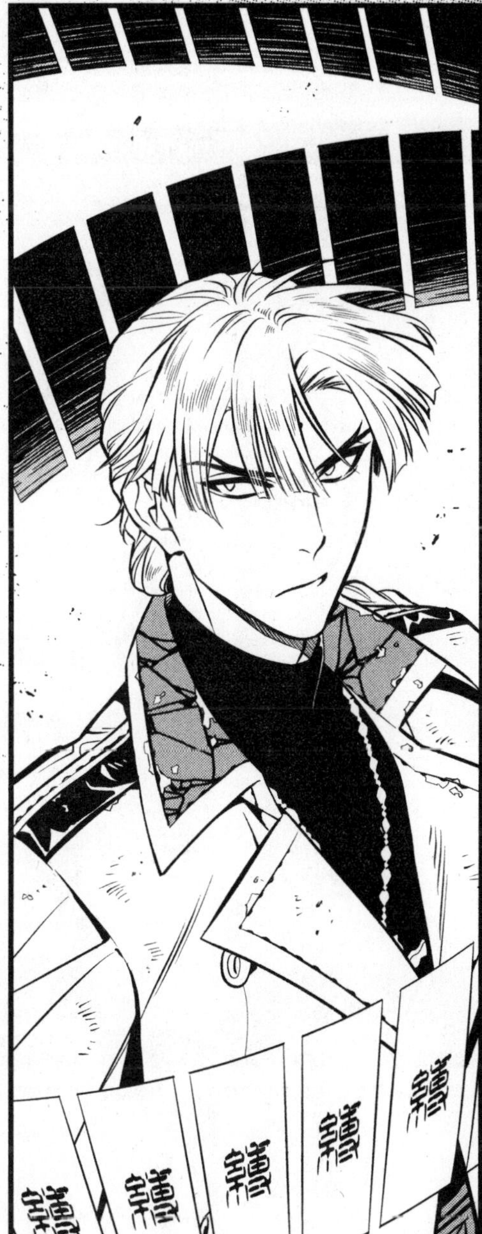

星野桂
HOSHINO KATSURA

D.Gray-man CHARACTERS

ディー・グレイマン キャラクターズ

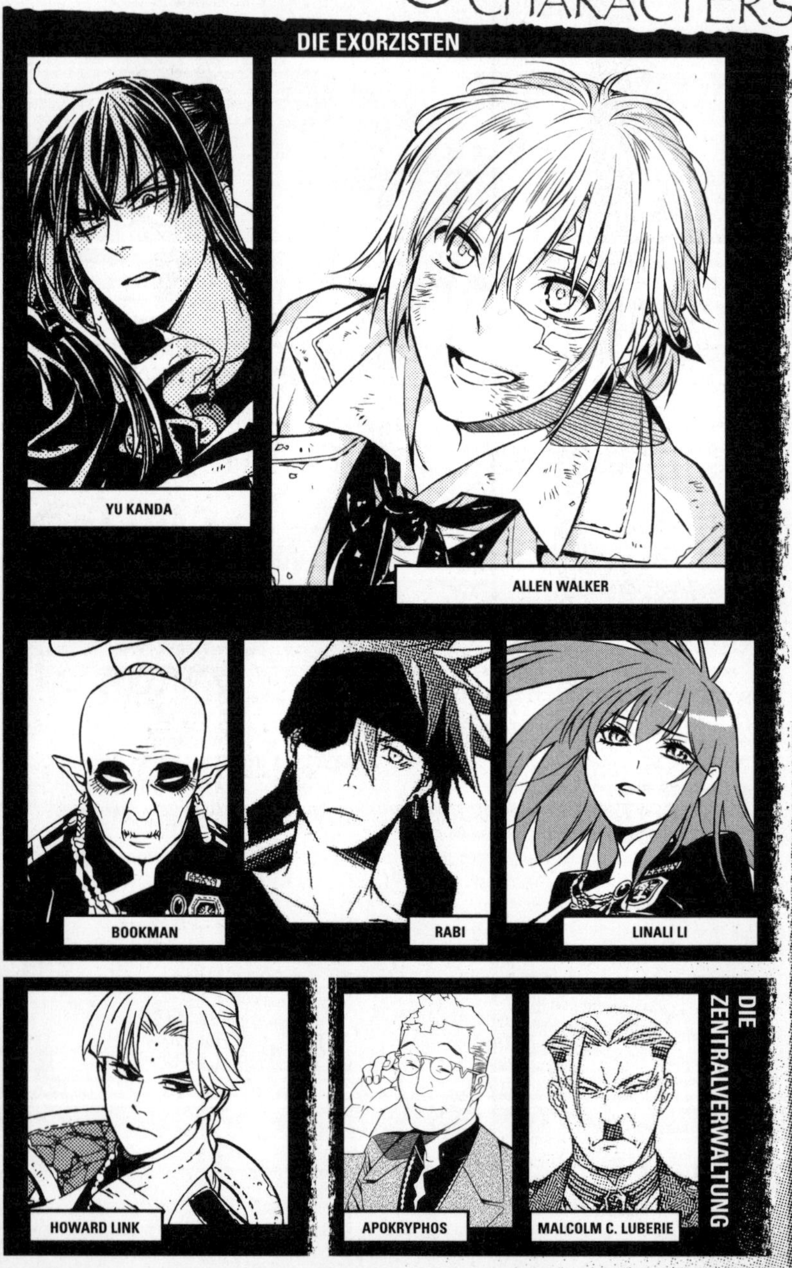

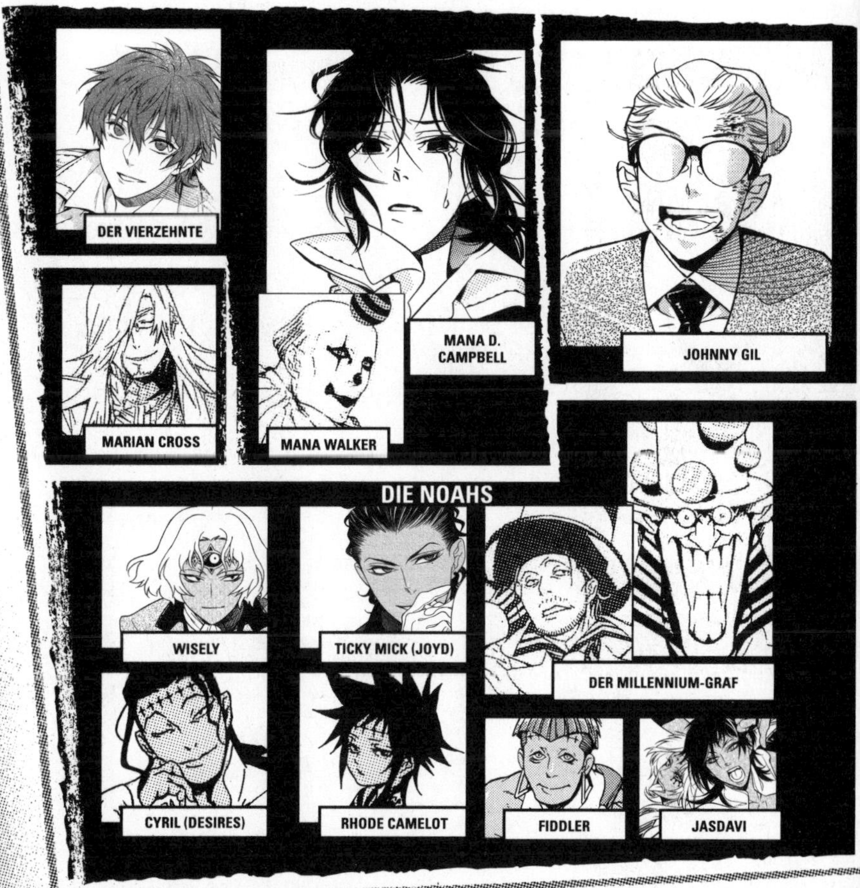

WAS BISHER GESCHAH

Nichts weniger als die Apokalypse ist das erklärte Ziel des Millennium-Grafen und seiner Familie Noah. Gegen sie kämpft der Schwarze Orden in einem nicht enden wollenden Krieg. Die Exorzisten wurden dafür mit der mysteriösen Substanz Innocence synchronisiert, durch die sie in der Lage sind, die sogenannten Akuma niederzuringen, verirrte Seelen, die vom Grafen in heimtückische Waffen verwandelt wurden. Einer dieser Exorzisten, Allen Walker, hat die Akuma-Werdung seines Pflegevaters Mana zu verantworten. Der Vierzehnte hat Besitz von ihm ergriffen, gleichzeitig ist er der jüngere Bruder Manas und ein Noah, der den Millennium-Grafen verraten hat.

Während der Kämpfe schreitet Allens Verwandlung in Nea fort. Apokryphos, eine unabhängige Form des Innocence, hat erst versucht, sich mit ihm zu vereinen, plant nun aber vor dem Orden zu fliehen … Johnny hat den Orde verlassen und hofft, zusammen mit Kanda, Allen zu finden, weil er geschworen hat, ihn zu retten. Es kommt erneut z einem Zusammentreffen mit Apokryphos, wobei Timcampy vernichtet wird … Nea und der Graf unterhalten sic derweil über ihre wahre schockierende Vergangenheit. Und dann kniet auch noch Link vor Nea nieder und sagt, wäre ein Verbündeter?!

D.Gray-man

vol. 26

INHALT

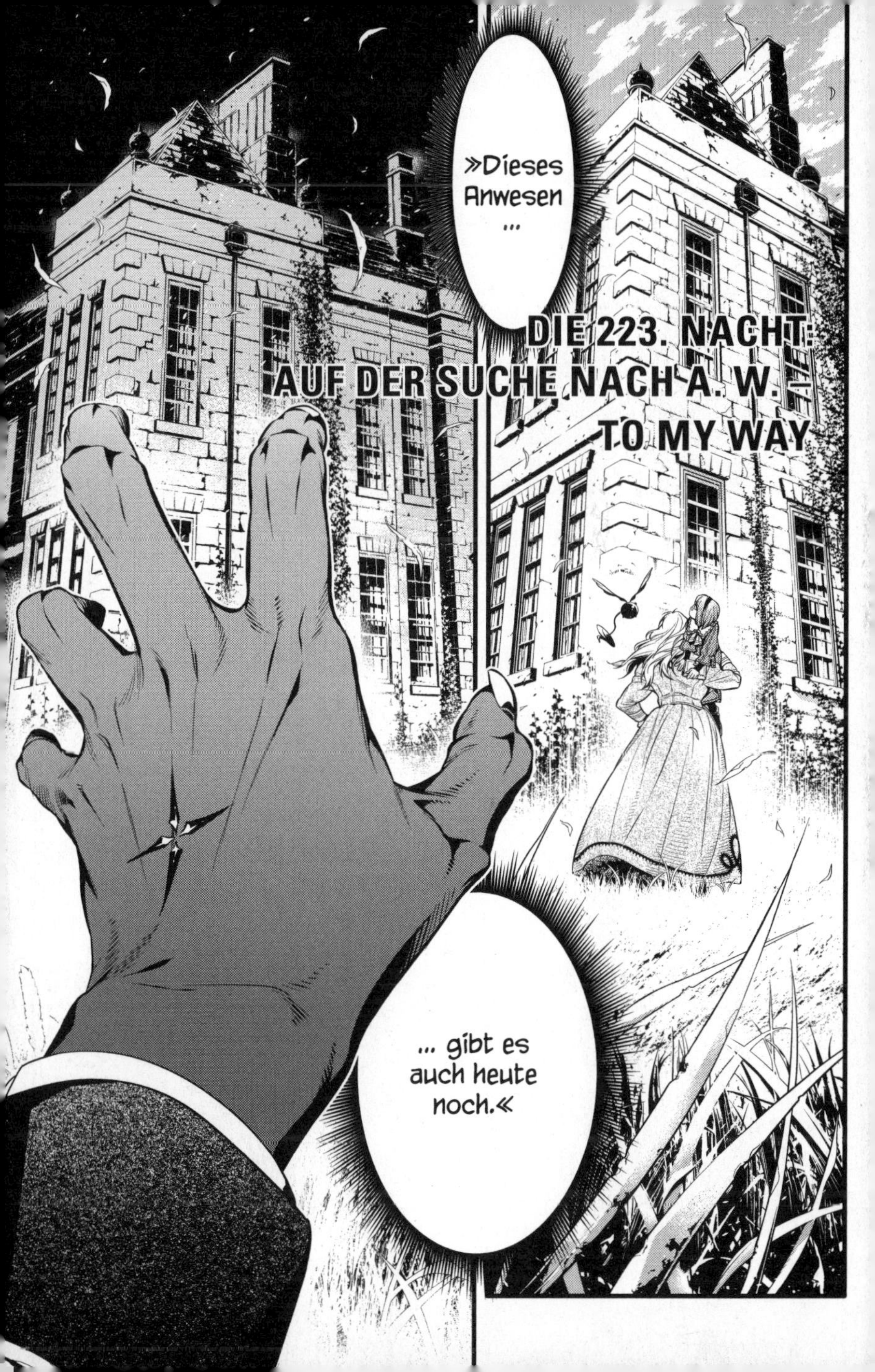
»Dieses Anwesen ...
DIE 223. NACHT: AUF DER SUCHE NACH A. W. – TO MY WAY
... gibt es auch heute noch.«

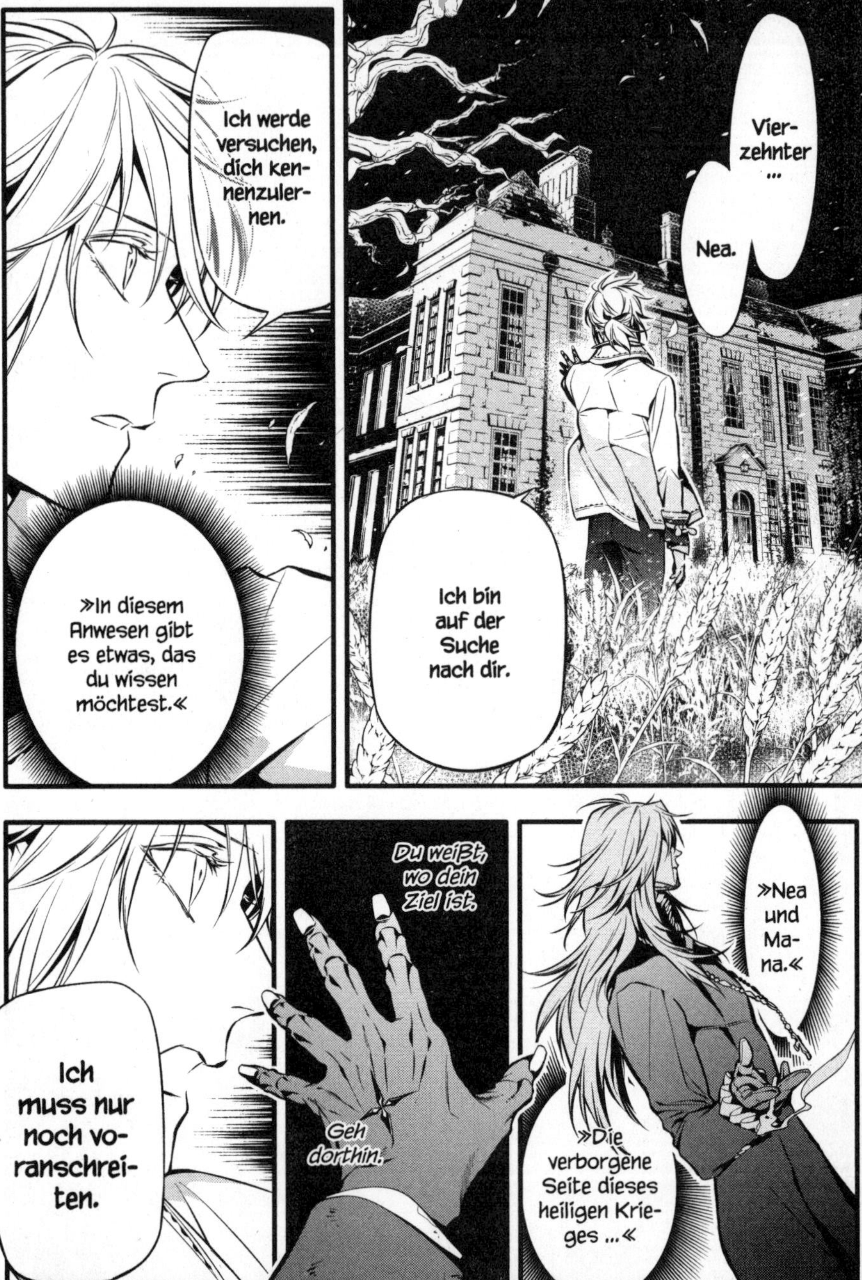
Vierzehnter ...
Nea.
Ich bin auf der Suche nach dir.
Ich werde versuchen, dich kennenzulernen.
»In diesem Anwesen gibt es etwas, das du wissen möchtest.«
»Nea und Mana.«
»Die verborgene Seite dieses heiligen Krieges ...«
Du weißt, wo dein Ziel ist.
Geh dorthin.
Ich muss nur noch voranschreiten.

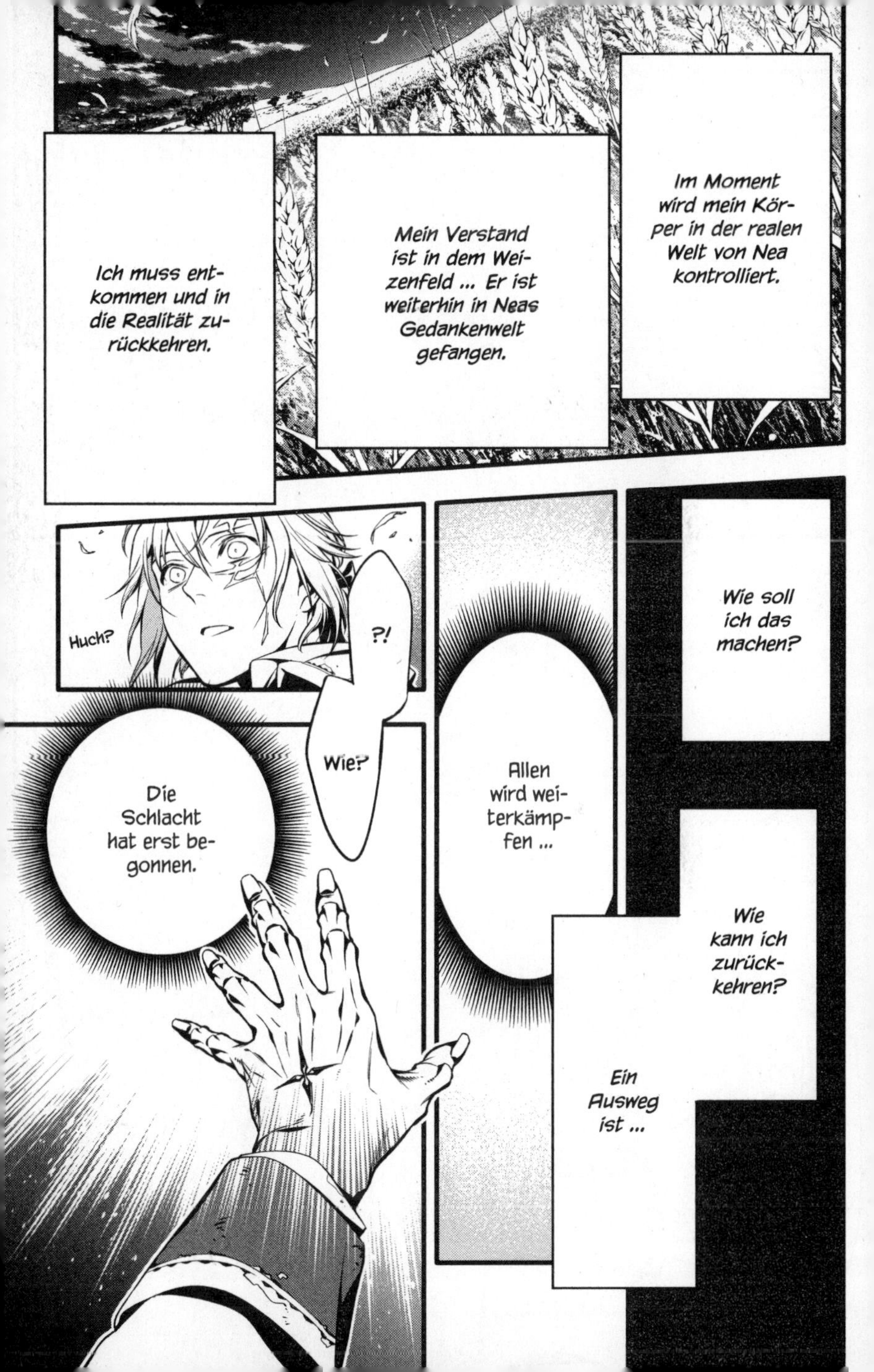

Im Moment wird mein Körper in der realen Welt von Nea kontrolliert.
Mein Verstand ist in dem Weizenfeld ... Er ist weiterhin in Neas Gedankenwelt gefangen.
Ich muss entkommen und in die Realität zurückkehren.
Wie soll ich das machen?
?!
Huch?
Wie kann ich zurückkehren?
Ein Ausweg ist ...
Allen wird weiterkämpfen ...
Wie?
Die Schlacht hat erst begonnen.

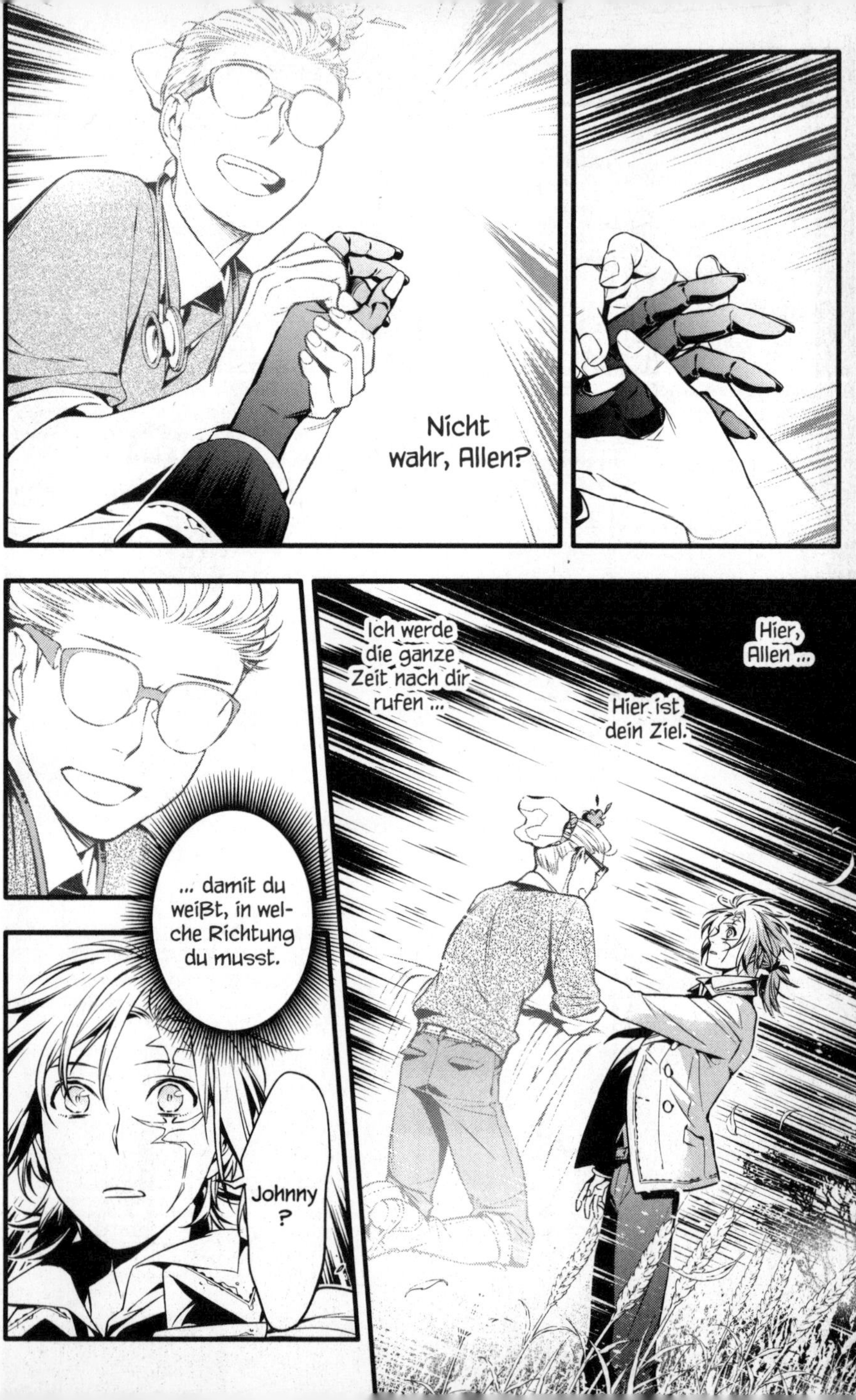
Nicht wahr, Allen?
Hier, Allen ...
Hier ist dein Ziel.
Ich werde die ganze Zeit nach dir rufen ...
... damit du weißt, in welche Richtung du musst.
Johnny?

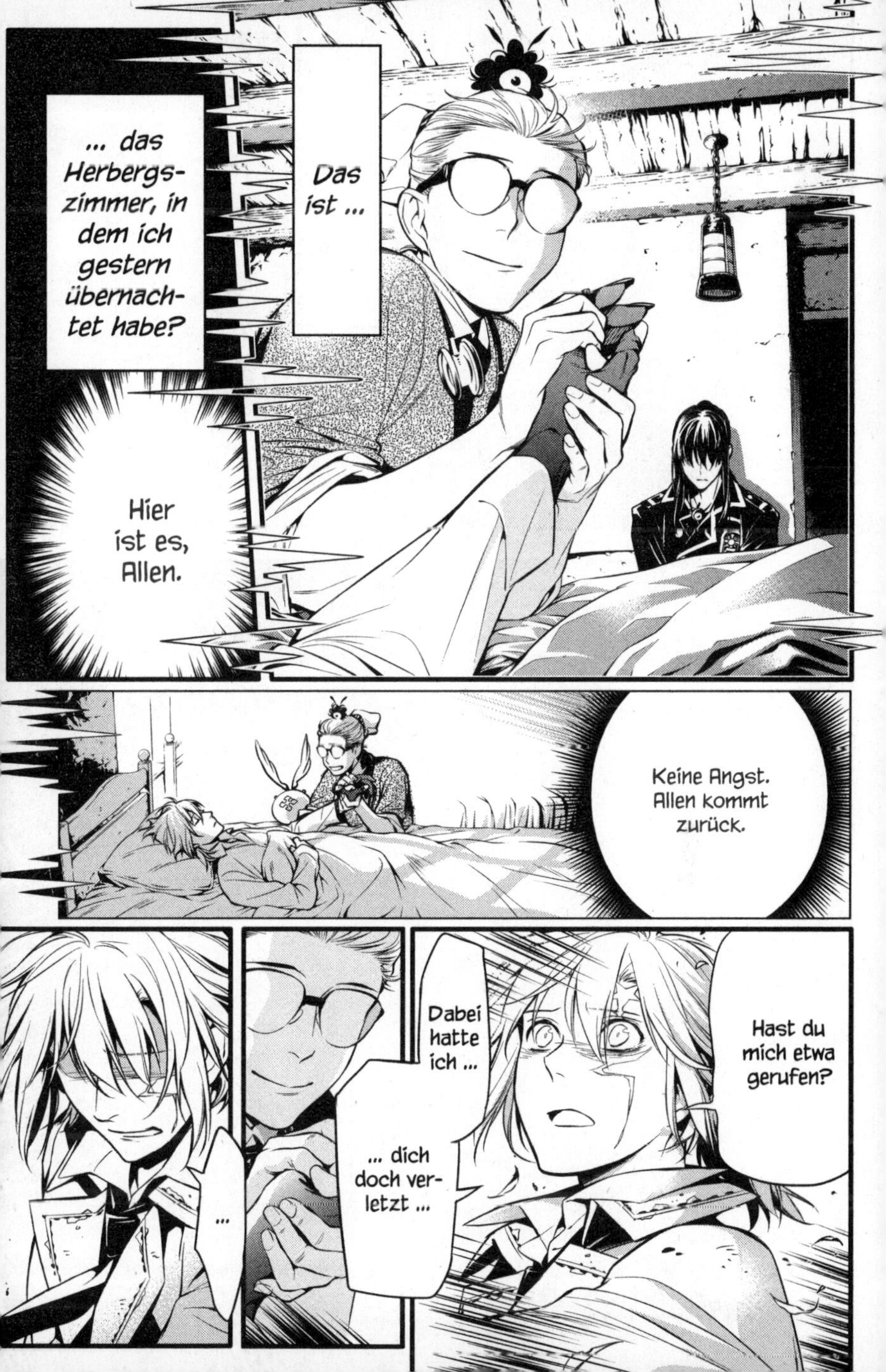
Das ist ...
... das Herbergszimmer, in dem ich gestern übernachtet habe?
Hier ist es, Allen.
Keine Angst. Allen kommt zurück.
Hast du mich etwa gerufen?
Dabei hatte ich ...
... dich doch verletzt ...
...

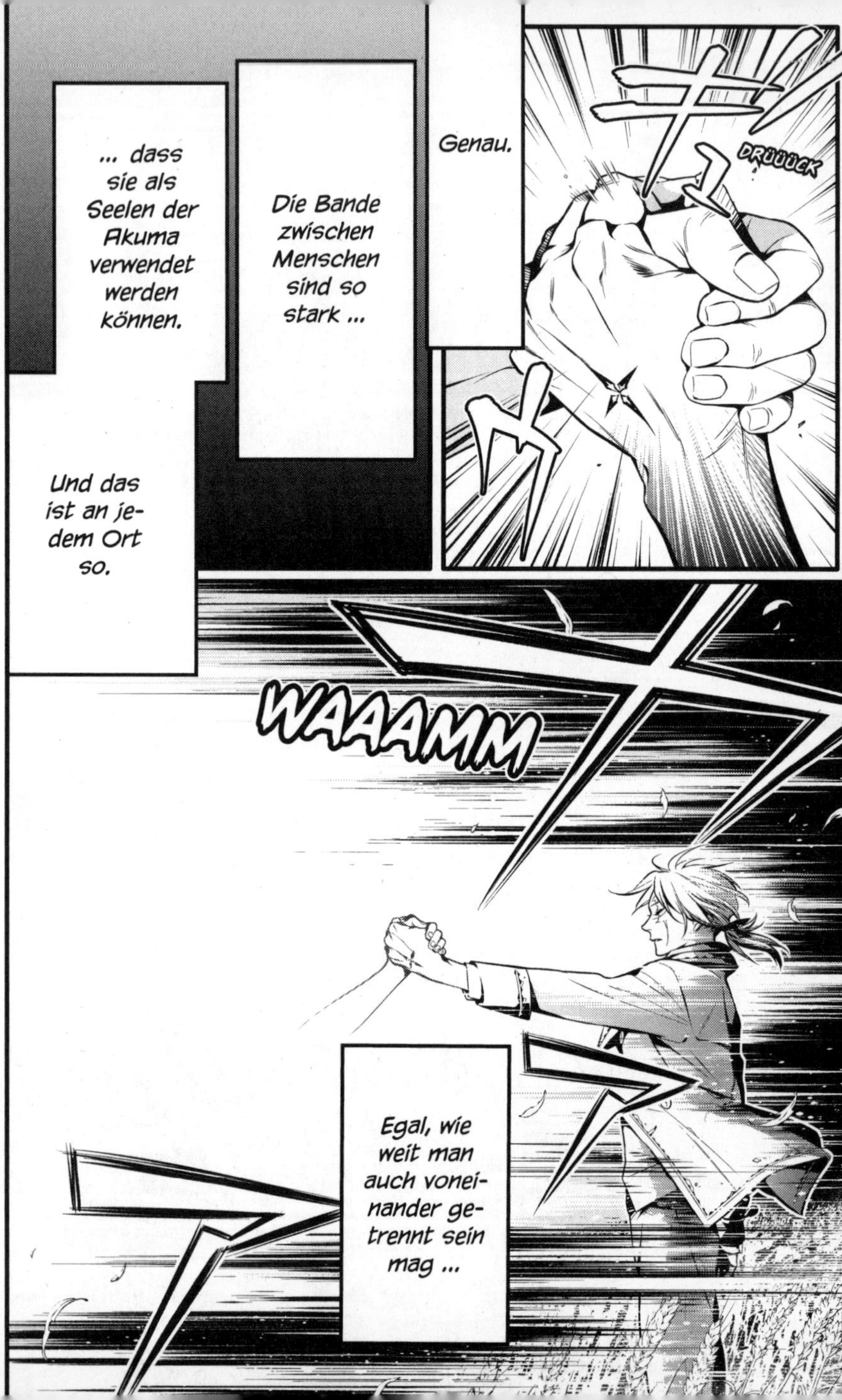
Genau.
DRÜÜÜCK
Die Bande zwischen Menschen sind so stark ...
... dass sie als Seelen der Akuma verwendet werden können.
Und das ist an jedem Ort so.
WAAAMM
Egal, wie weit man auch voneinander getrennt sein mag ...

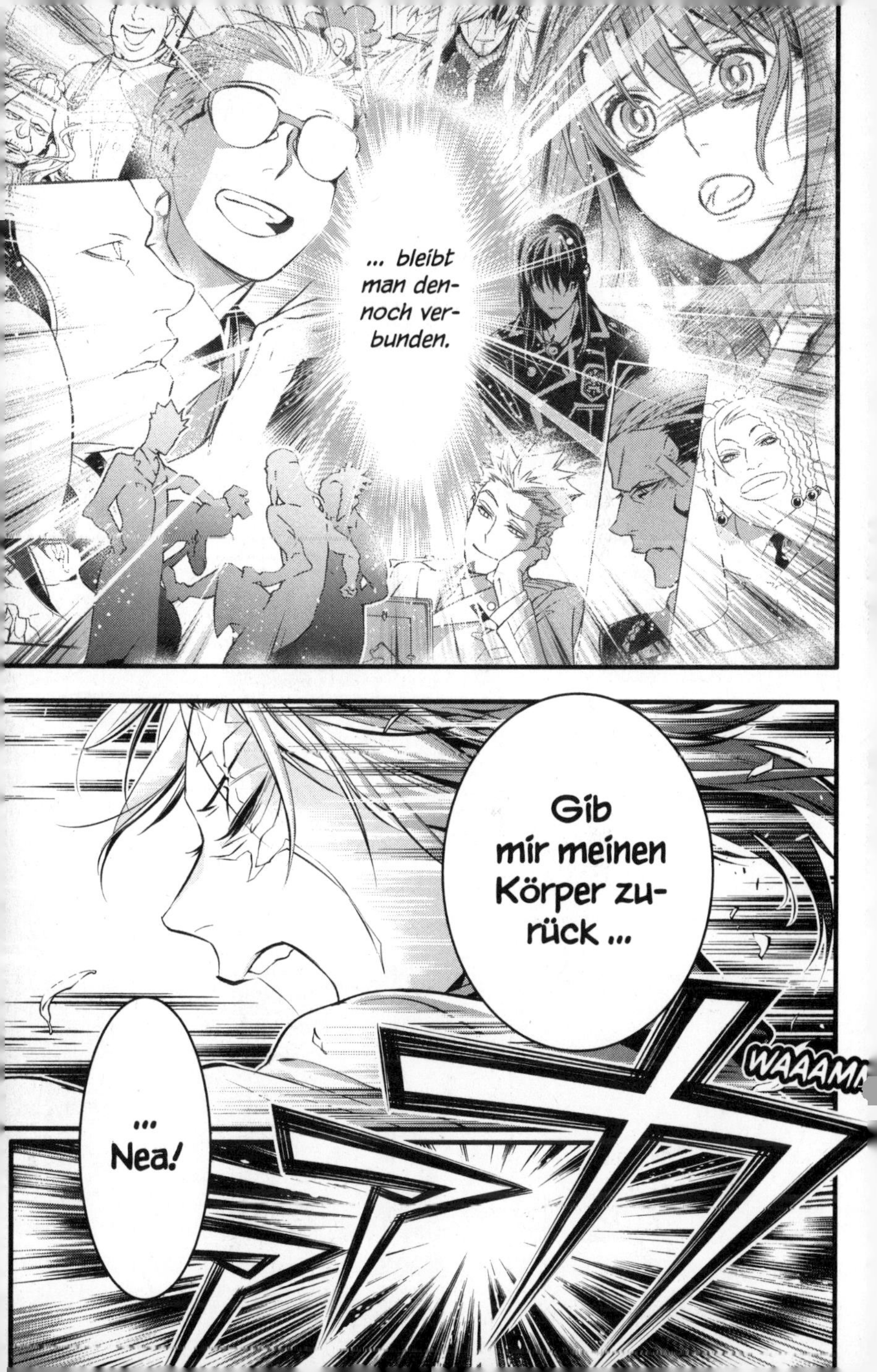
... bleibt man dennoch verbunden.
Gib mir meinen Körper zurück ...
WAAAM
... Nea!

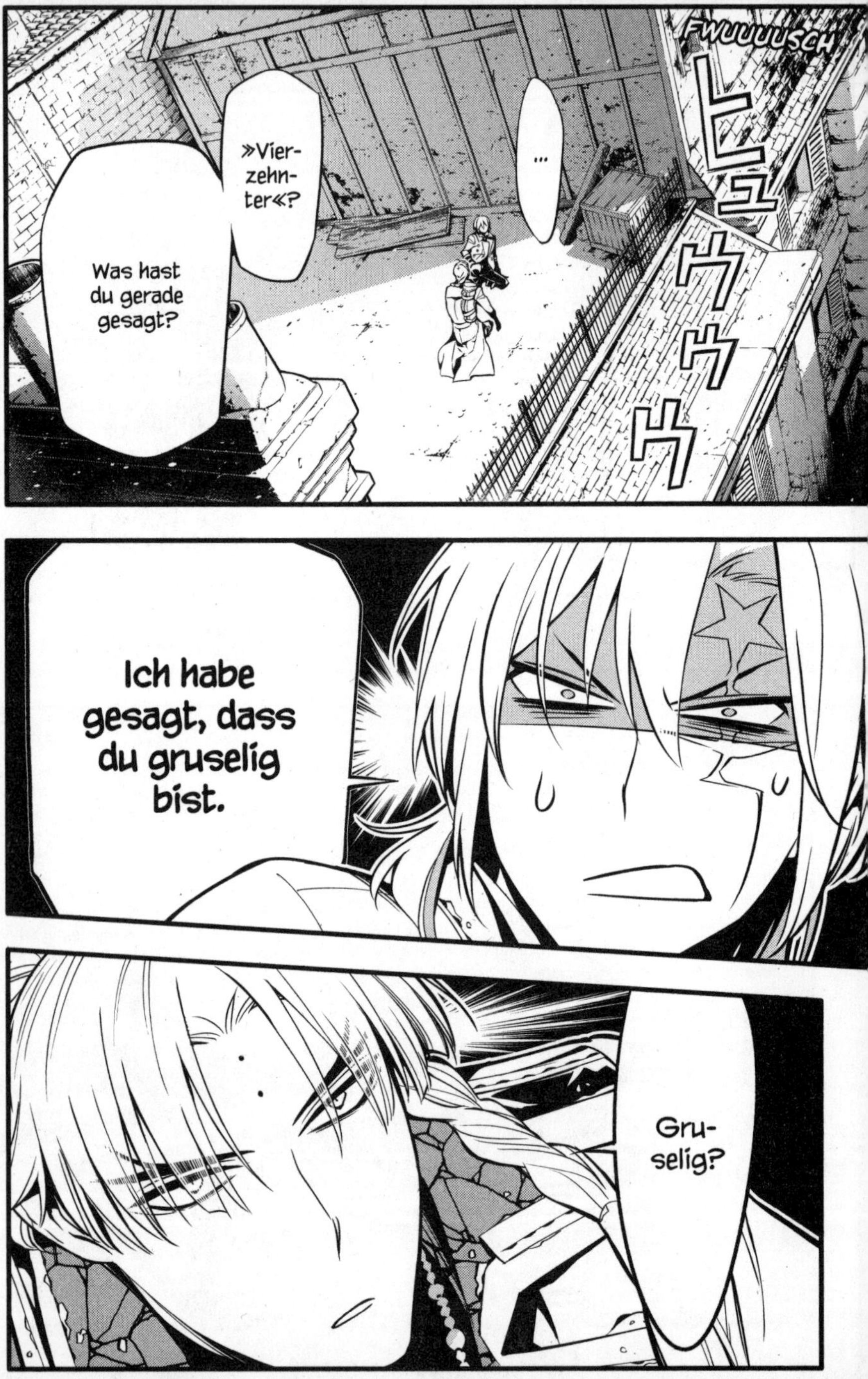
FWUUUUSCH
ヒュウウウウ
…
»Vierzehnter«?
Was hast du gerade gesagt?
Ich habe gesagt, dass du gruselig bist.
Gruselig?

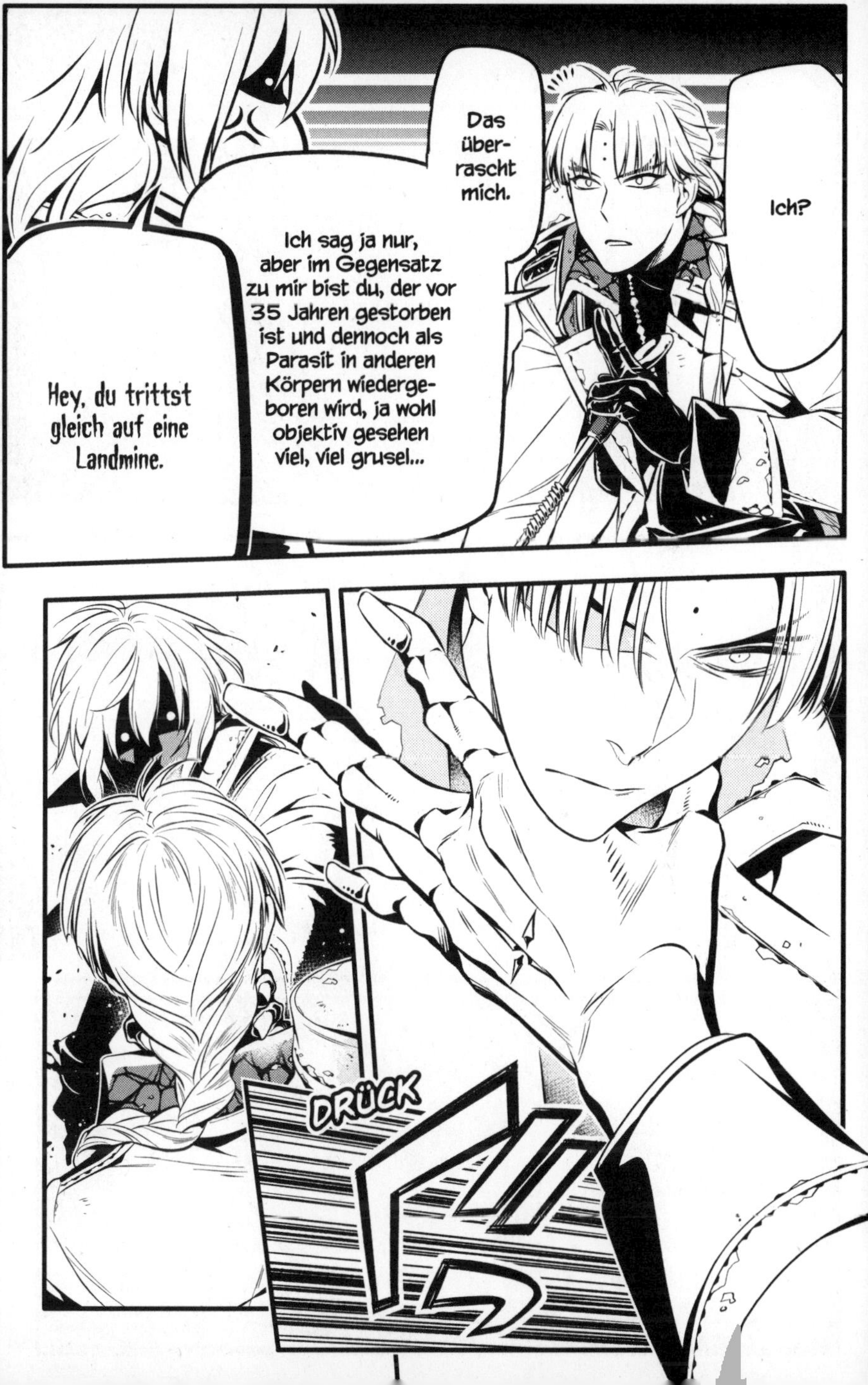

Ich?
Das über-rascht mich.
Ich sag ja nur, aber im Gegensatz zu mir bist du, der vor 35 Jahren gestorben ist und dennoch als Parasit in anderen Körpern wiedergeboren wird, ja wohl objektiv gesehen viel, viel grusel...
Hey, du trittst gleich auf eine Landmine.
DRÜCK

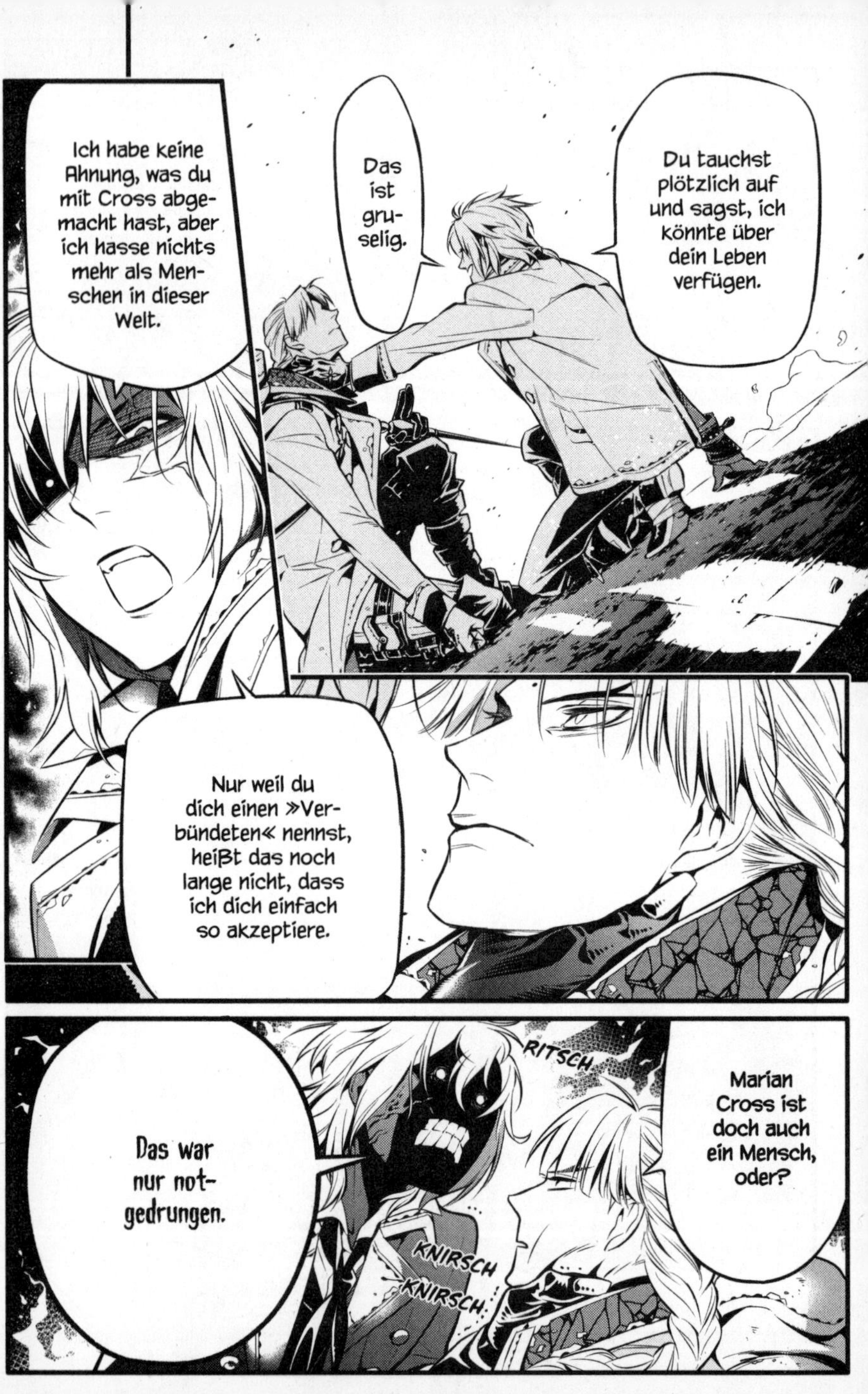
Du tauchst plötzlich auf und sagst, ich könnte über dein Leben verfügen.
Das ist gruselig.
Ich habe keine Ahnung, was du mit Cross abgemacht hast, aber ich hasse nichts mehr als Menschen in dieser Welt.
Nur weil du dich einen »Verbündeten« nennst, heißt das noch lange nicht, dass ich dich einfach so akzeptiere.
Marian Cross ist doch auch ein Mensch, oder?
RITSCH
Das war nur notgedrungen.
KNIRSCH
KNIRSCH

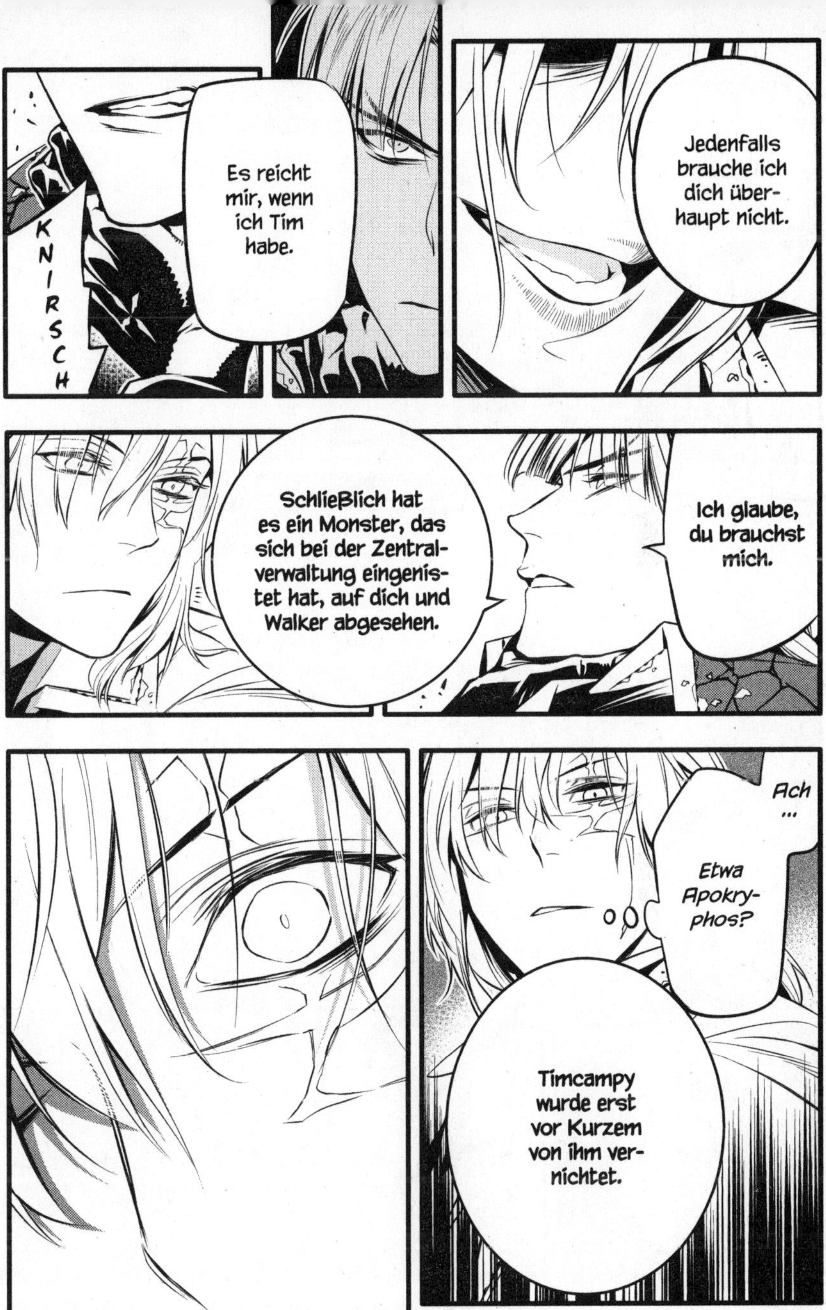
Jedenfalls brauche ich dich überhaupt nicht.
Es reicht mir, wenn ich Tim habe.
KNIRSCH
Ich glaube, du brauchst mich.
Schließlich hat es ein Monster, das sich bei der Zentralverwaltung eingenistet hat, auf dich und Walker abgesehen.
Ach ...
Etwa Apokryphos?
Timcampy wurde erst vor Kurzem von ihm vernichtet.

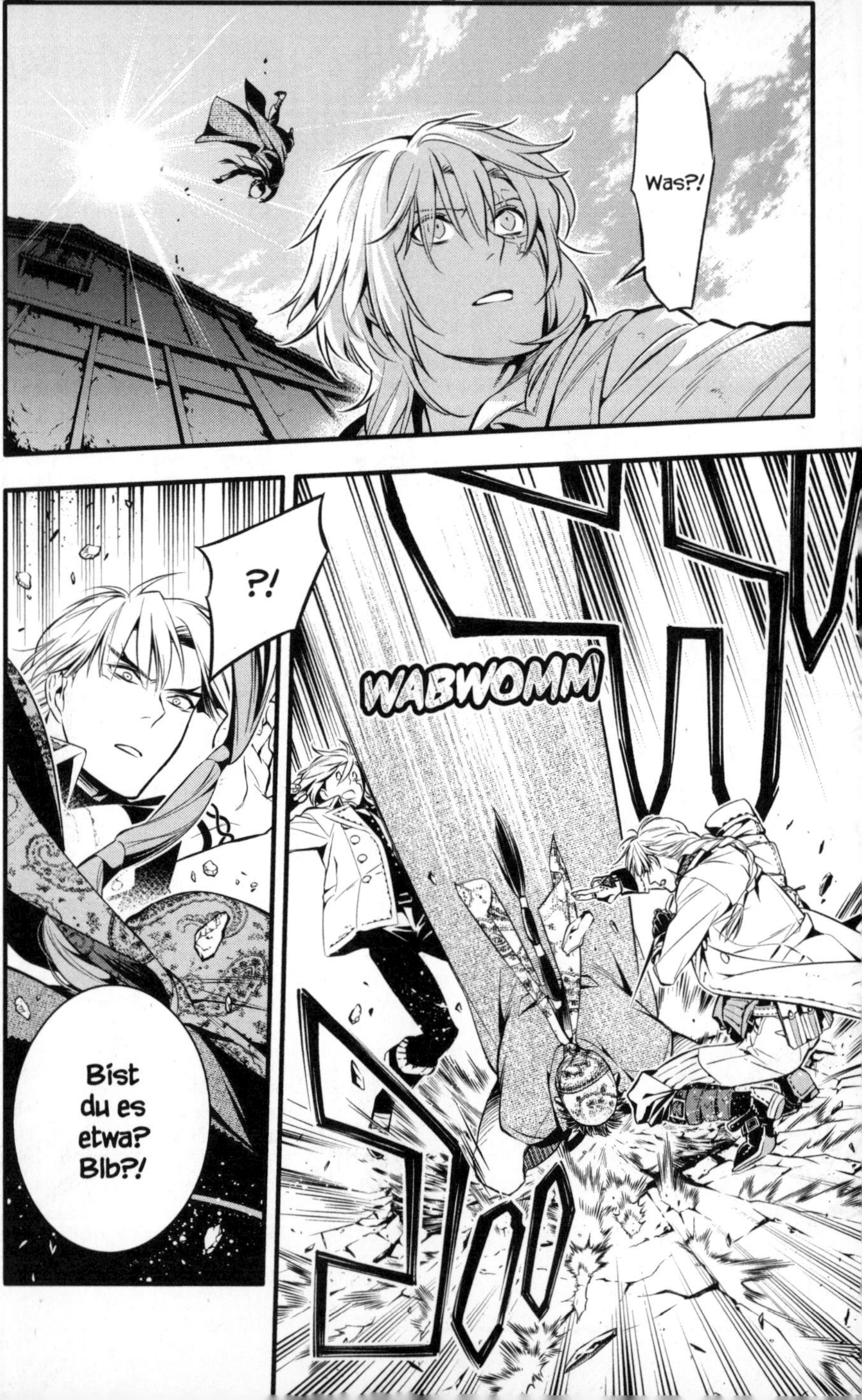
Was?!
?!
WABWOMM
Bist du es etwa? Blb?!

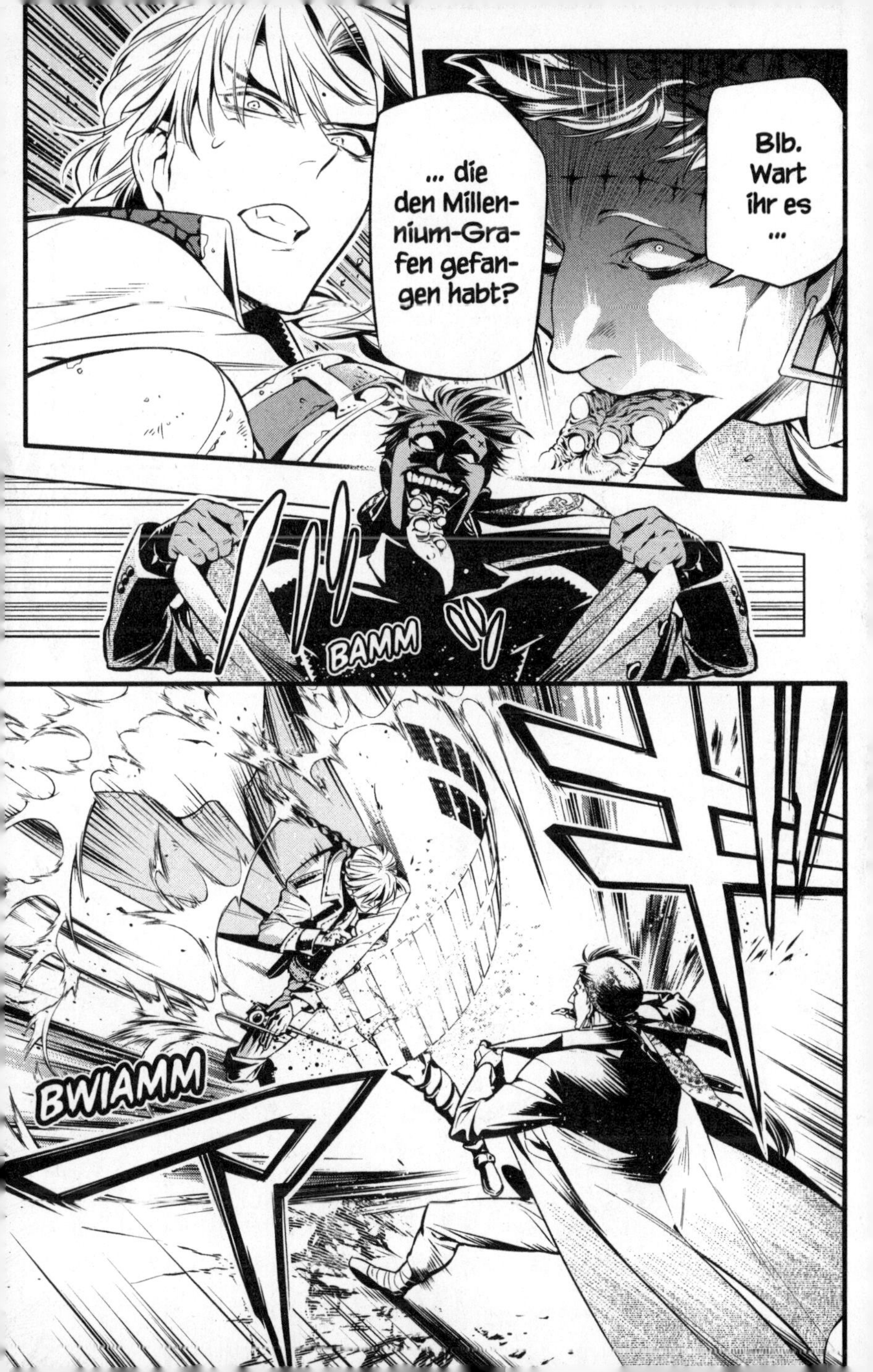

Blb. Wart ihr es ...
... die den Millennium-Grafen gefangen habt?
BAMM
BWIAMM

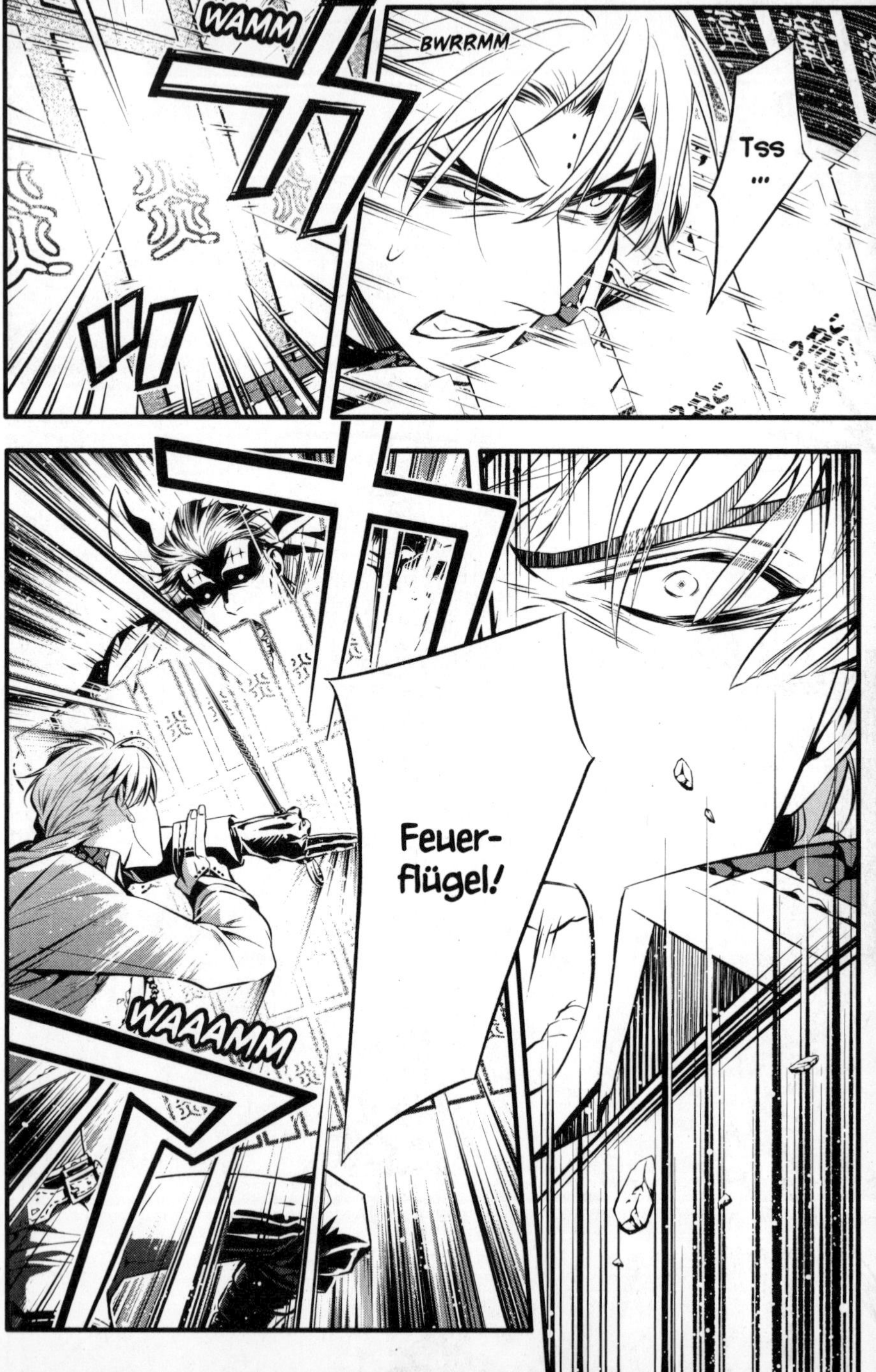
BWRRMM
Tss ...
WAMM
Feuer-
flügel!
WAAAMM

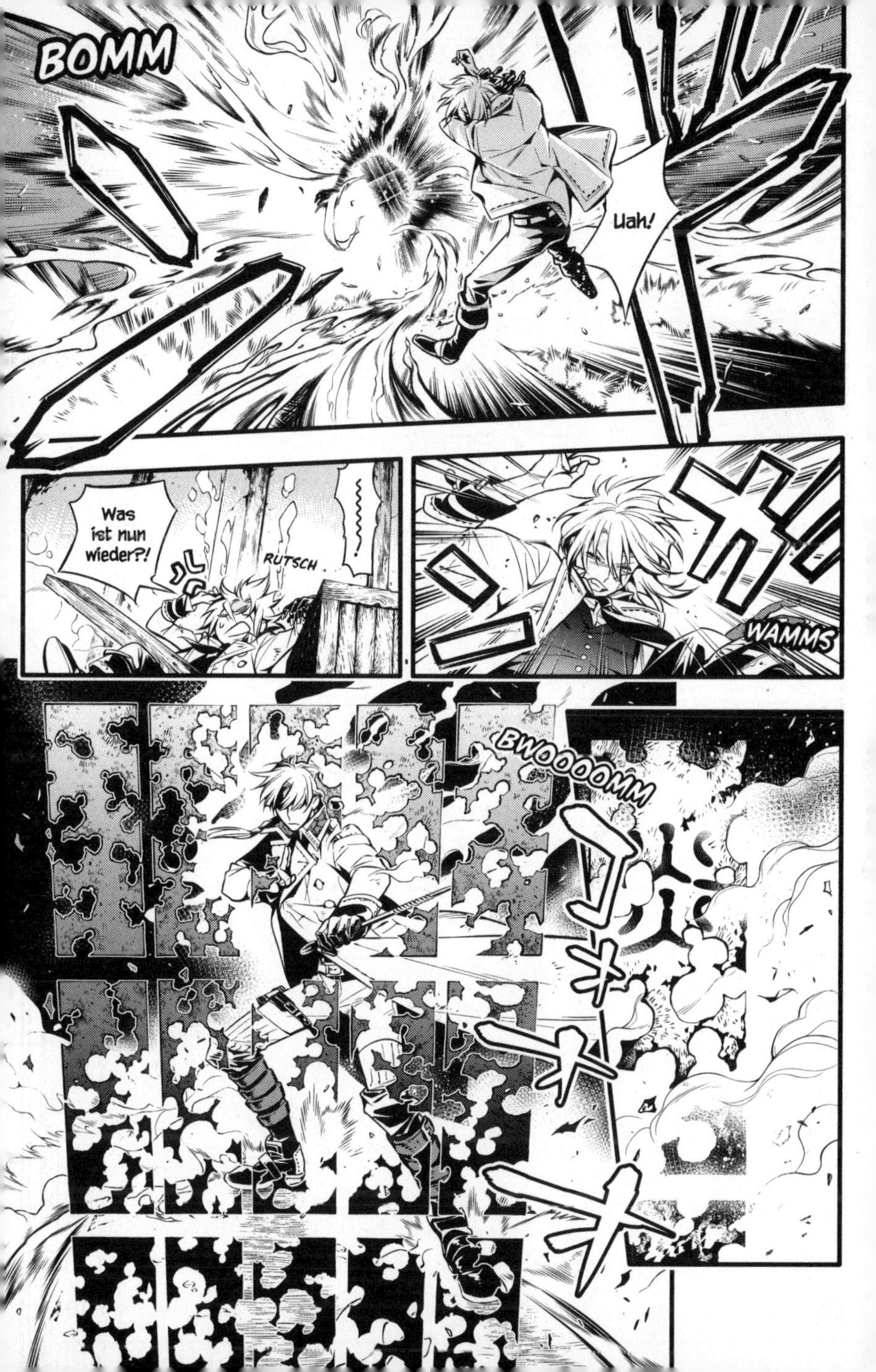
BOMM
Uah!
WAMMS
Was ist nun wieder?!
RUTSCH
BWOOOOMM

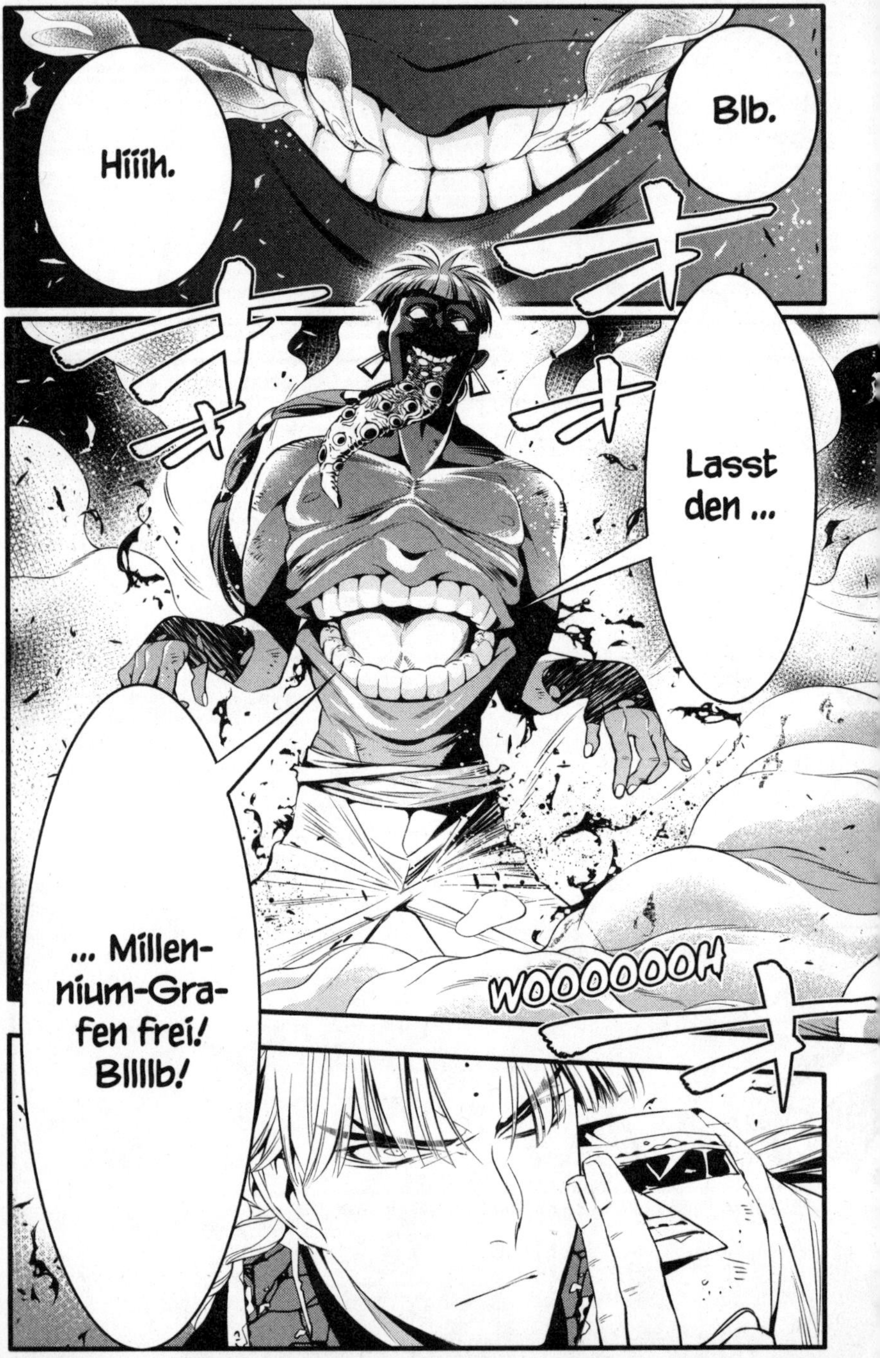
Blb.
Hiiih.
Lasst den ...
... Millen-nium-Gra-fen frei! Bllllb!
WOOOOOOH

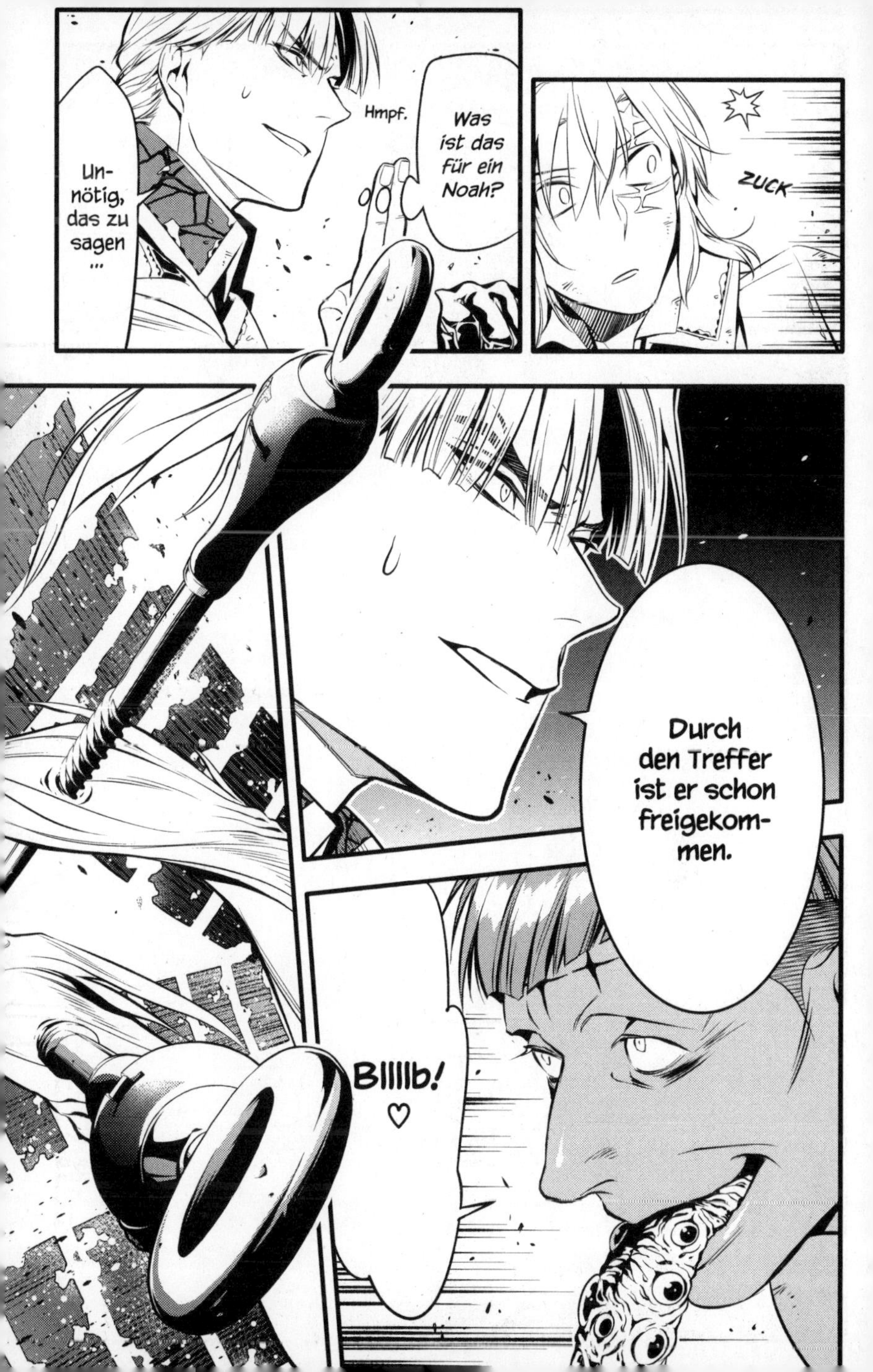
ZUCK
Was ist das für ein Noah?
Hmpf.
Un-nötig, das zu sagen ...
Durch den Treffer ist er schon freigekom-men.
Blllb! ♡

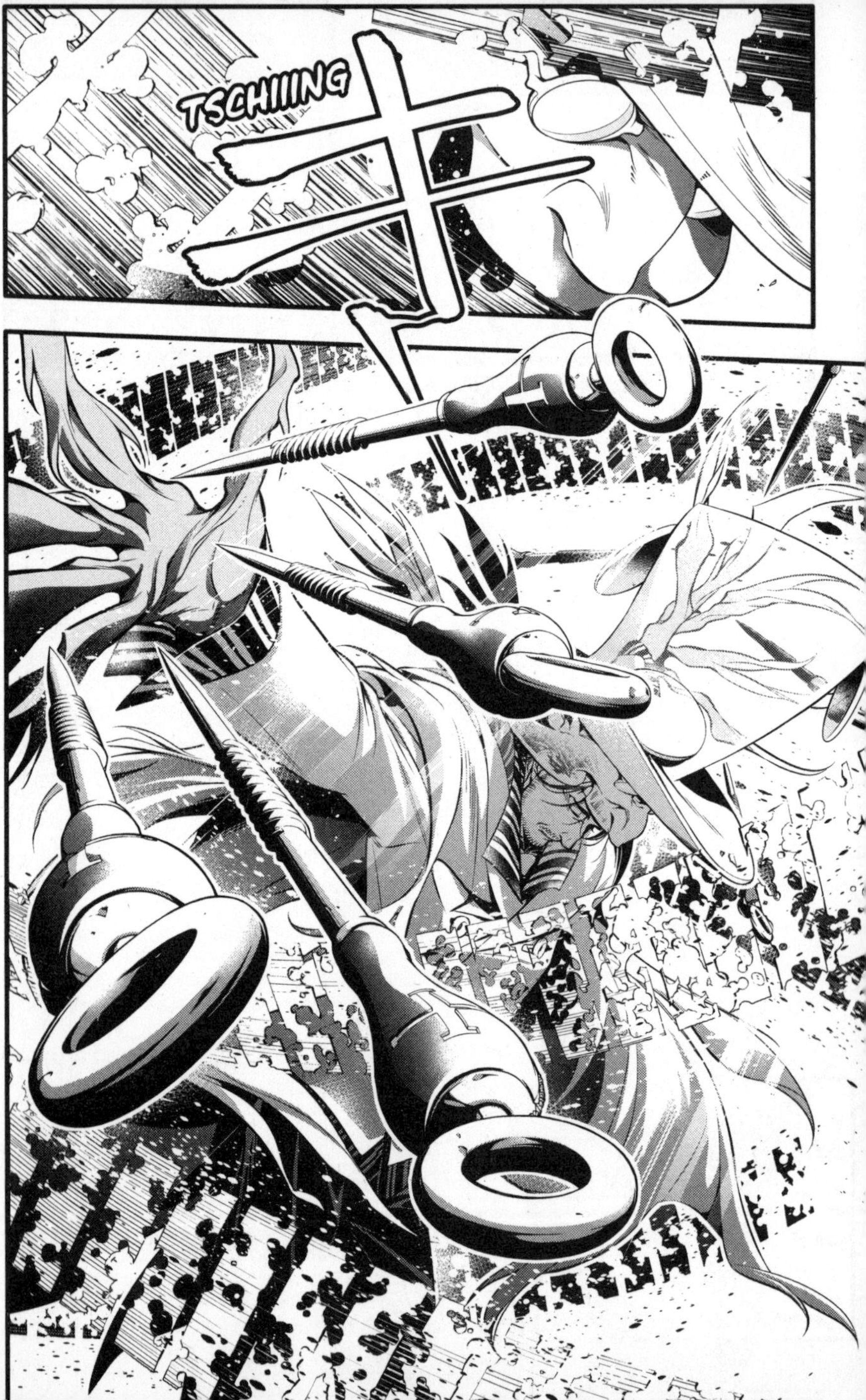
TSCHIIIING

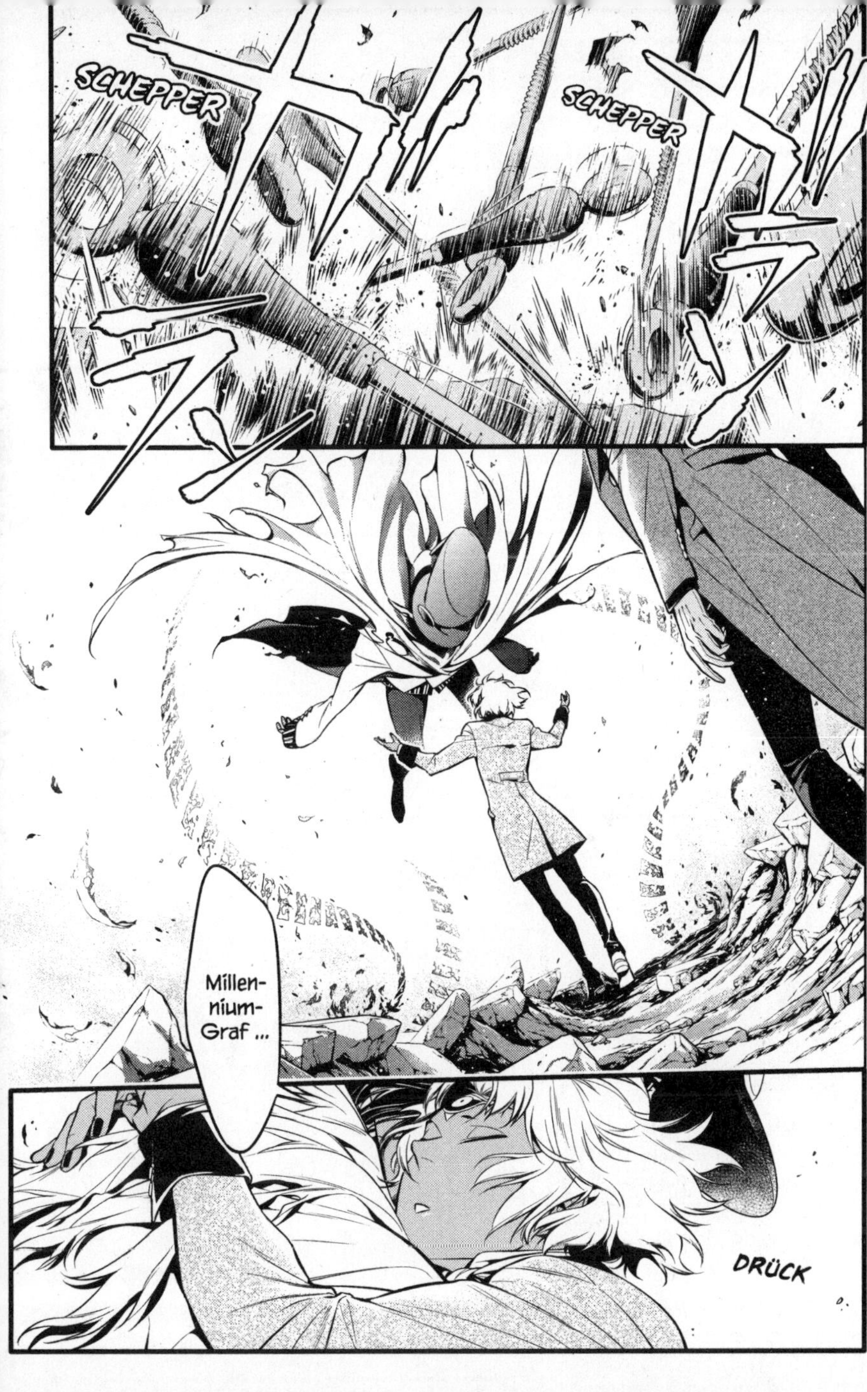
SCHEPPER
SCHEPPER
Millennium-Graf ...
DRÜCK

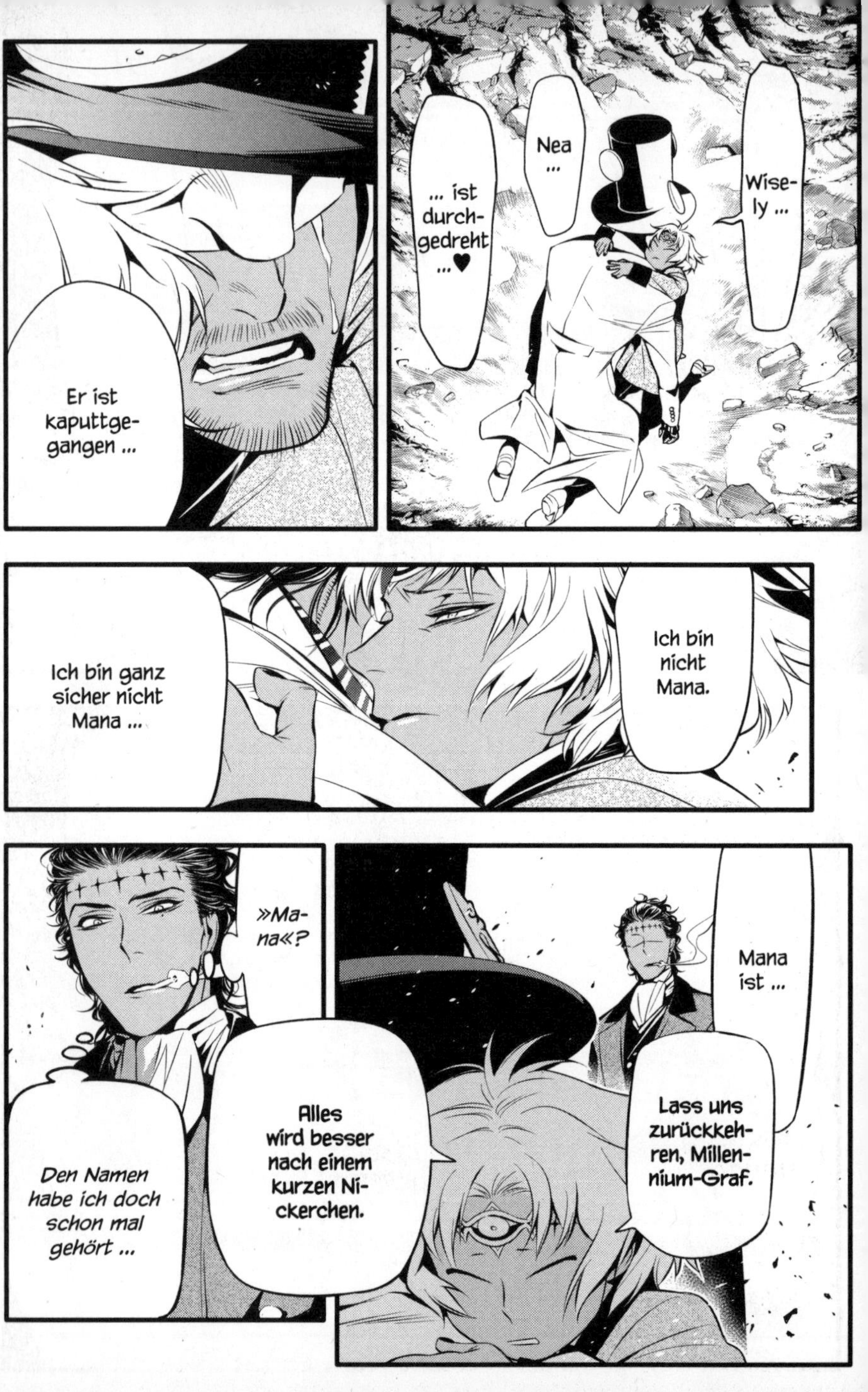

Wise-ly ...
Nea ...
... ist durch-gedreht ...♥
Er ist kaputtge-gangen ...
Ich bin nicht Mana.
Ich bin ganz sicher nicht Mana ...
Mana ist ...
»Ma-na«?
Lass uns zurückkeh-ren, Millen-nium-Graf.
Alles wird besser nach einem kurzen Ni-ckerchen.
Den Namen habe ich doch schon mal gehört ...

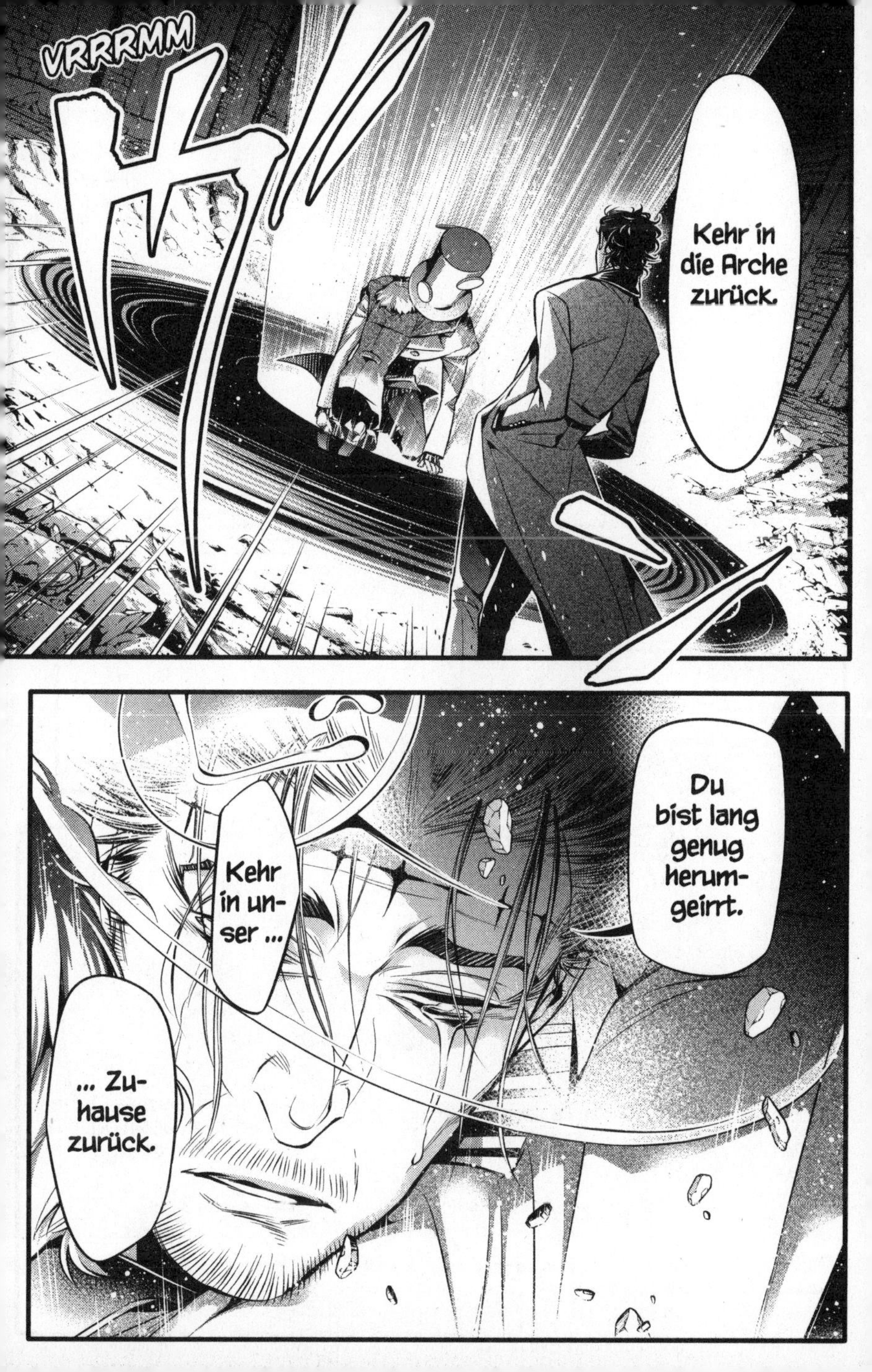
VRRRMM
Kehr in die Arche zurück.
Du bist lang genug herum-geirrt.
Kehr in un-ser ...
... Zu-hause zurück.

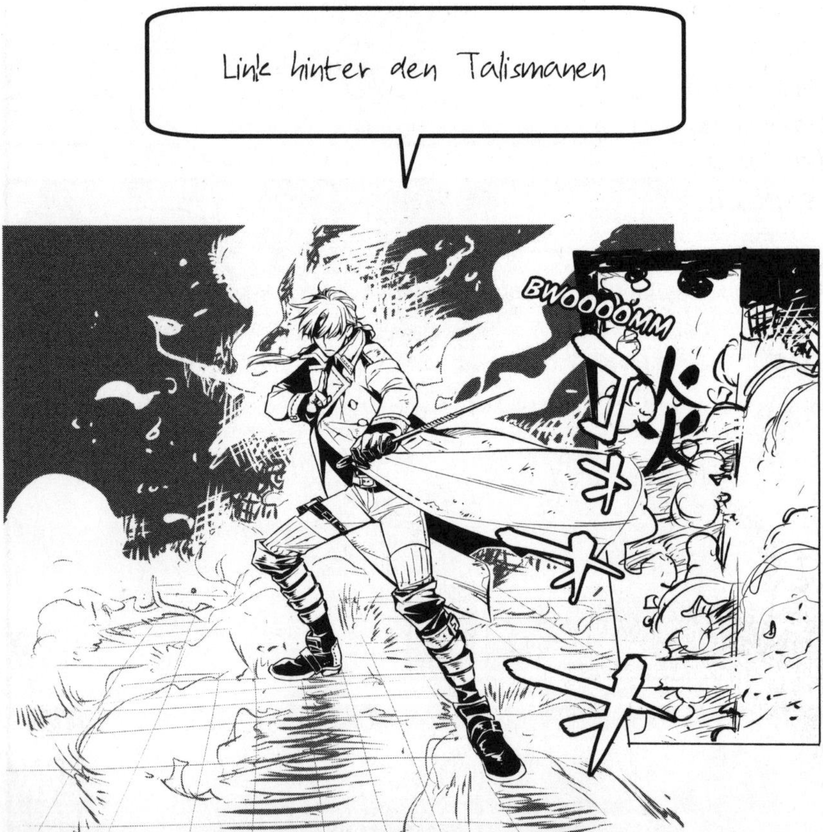
Link hinter den Talismanen
BWOOOOMM

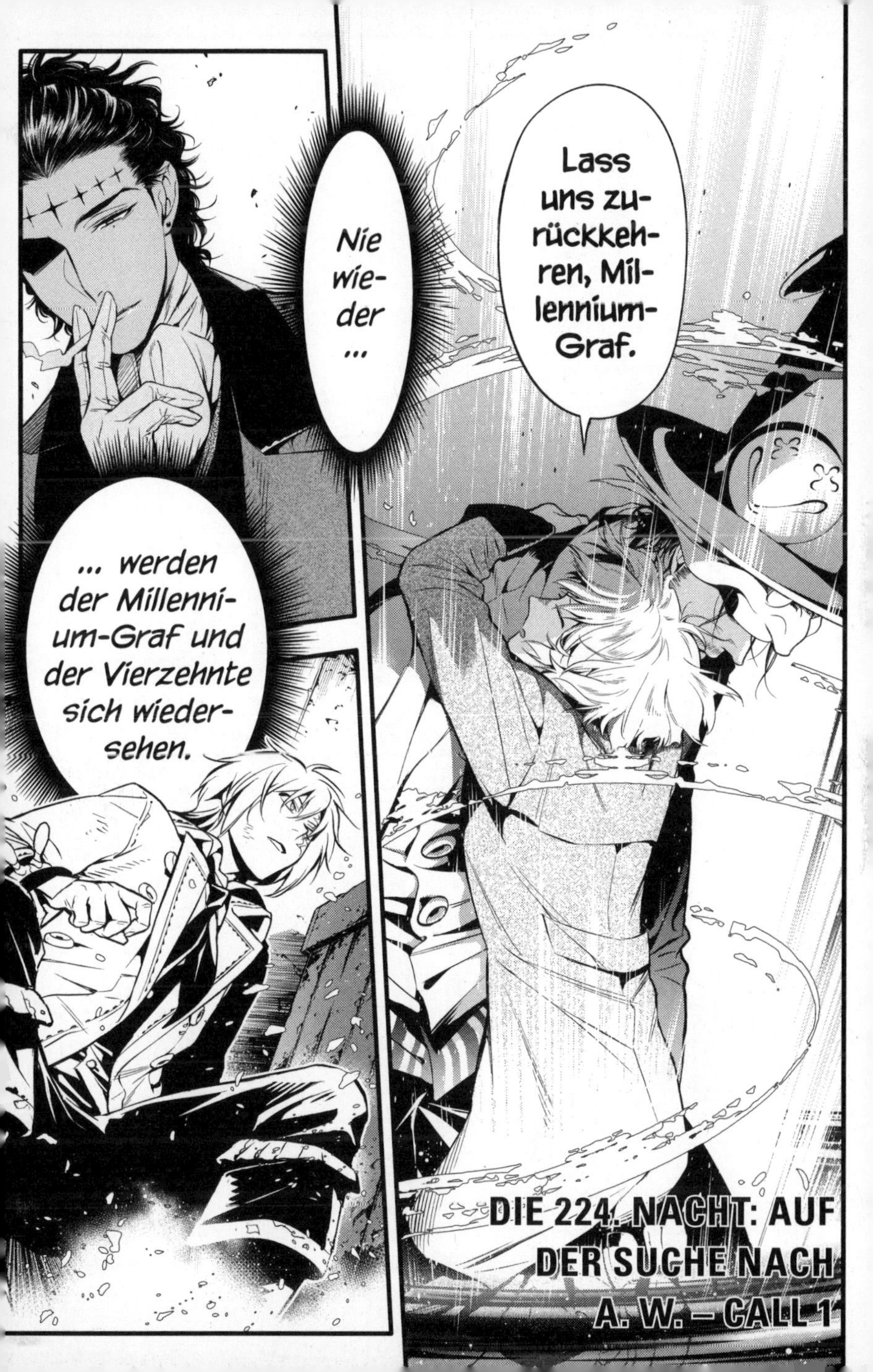

Lass uns zurückkehren, Millennium-Graf.
Nie wieder ...
... werden der Millennium-Graf und der Vierzehnte sich wiedersehen.
DIE 224. NACHT: AUF DER SUCHE NACH A. W. – CALL 1

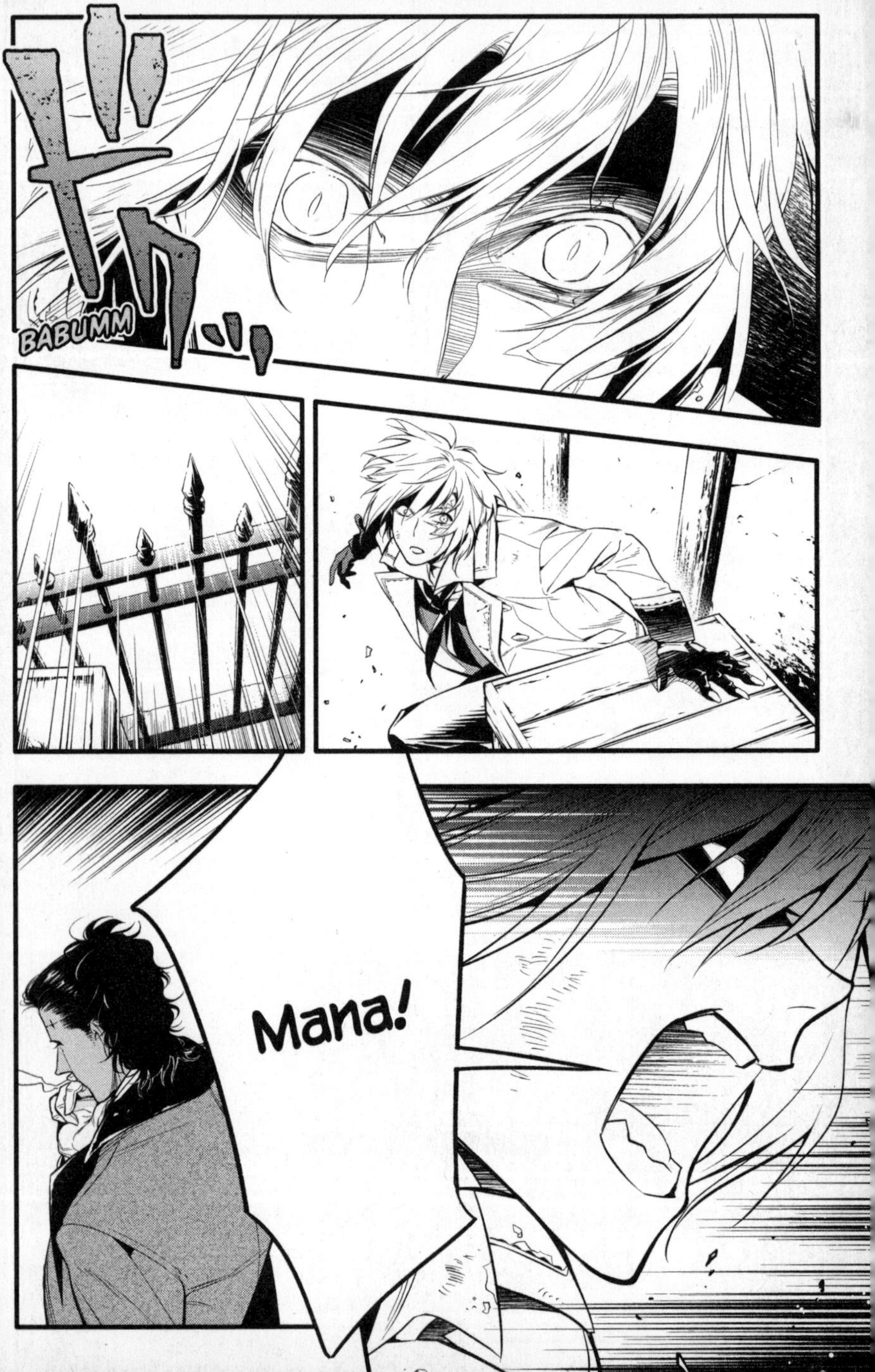
BABUMM
Mana!

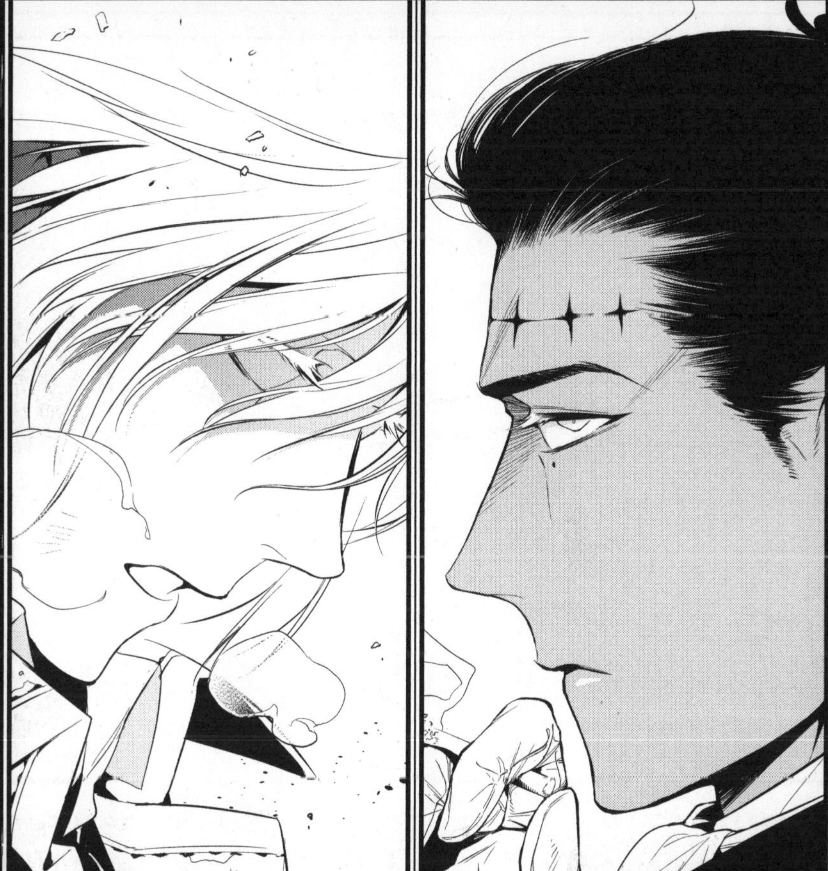

DIE 224. NACHT: AUF DER SUCHE NACH A. W. – CALL 1

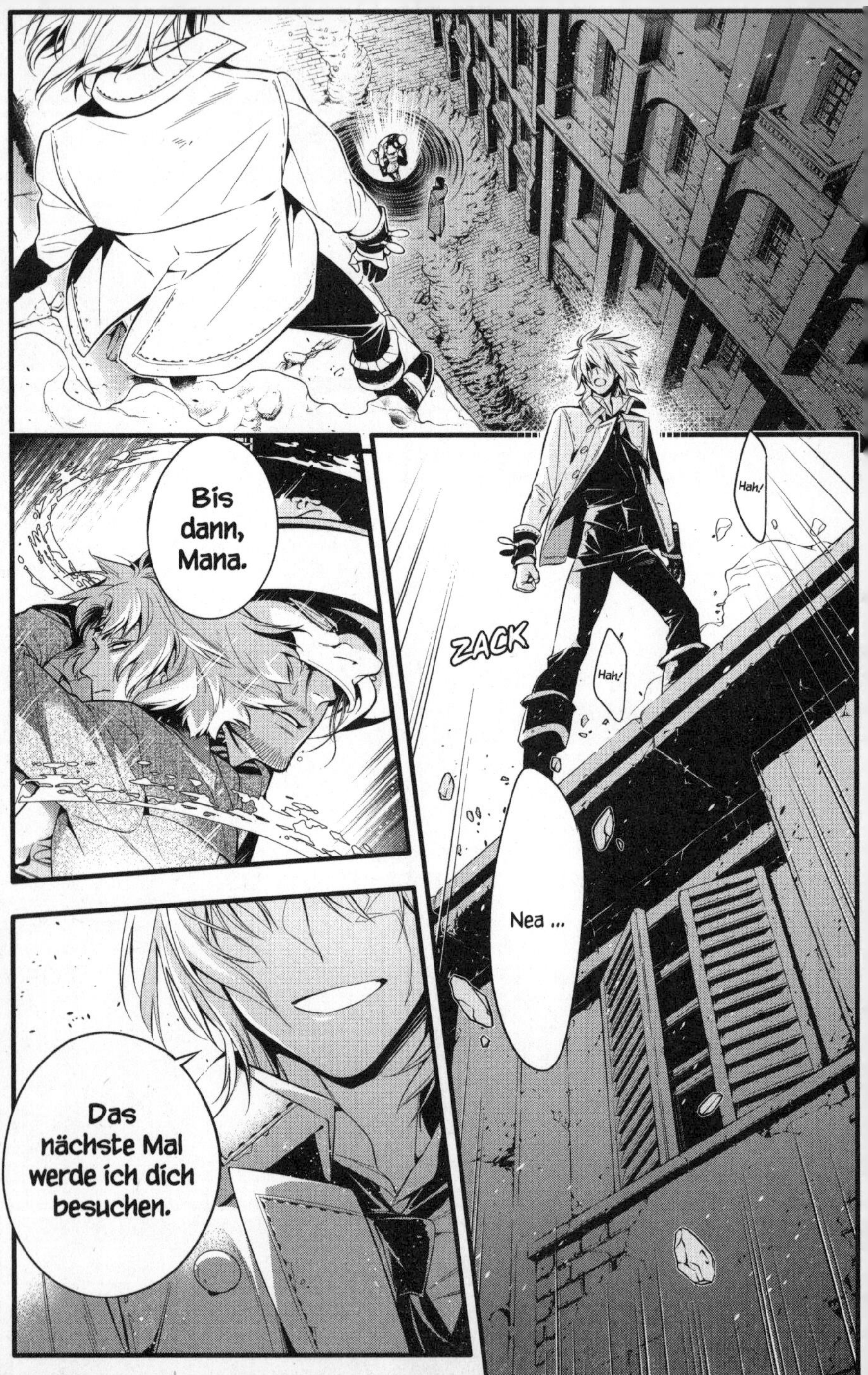
Hah!
ZACK
Hah!
Nea ...
Bis dann, Mana.
Das nächste Mal werde ich dich besuchen.

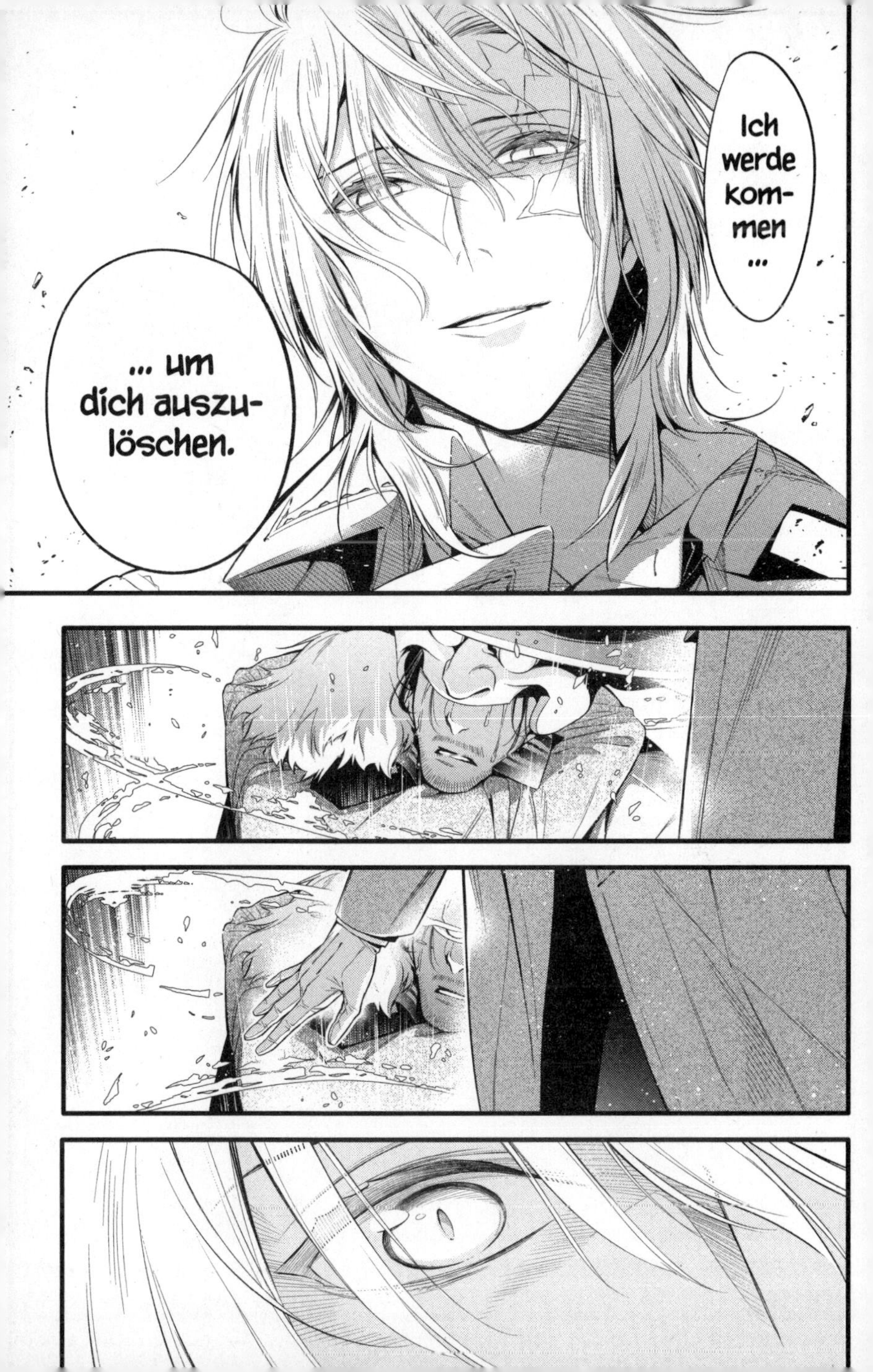

Ich werde kommen ...
... um dich auszulöschen.

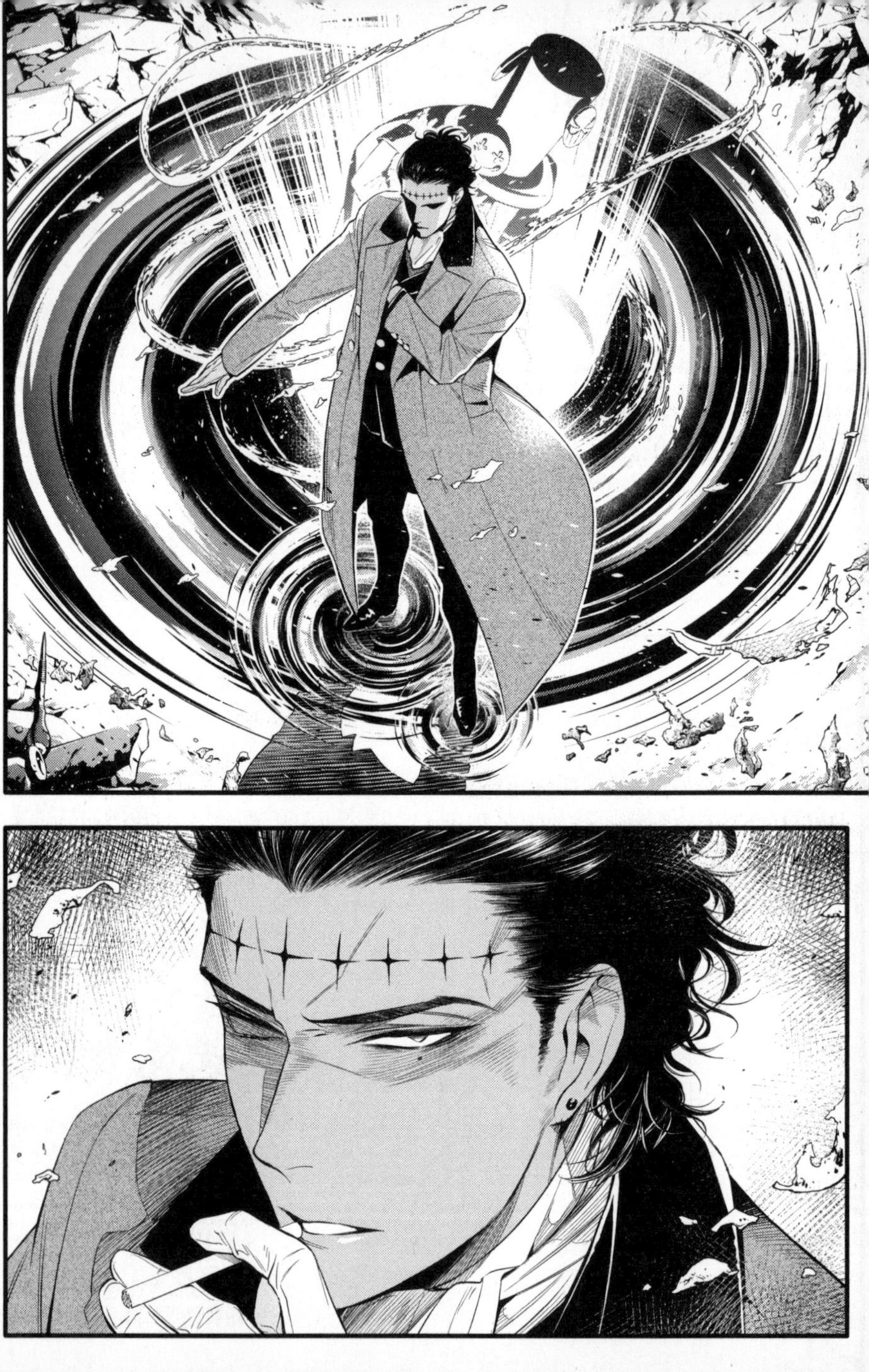

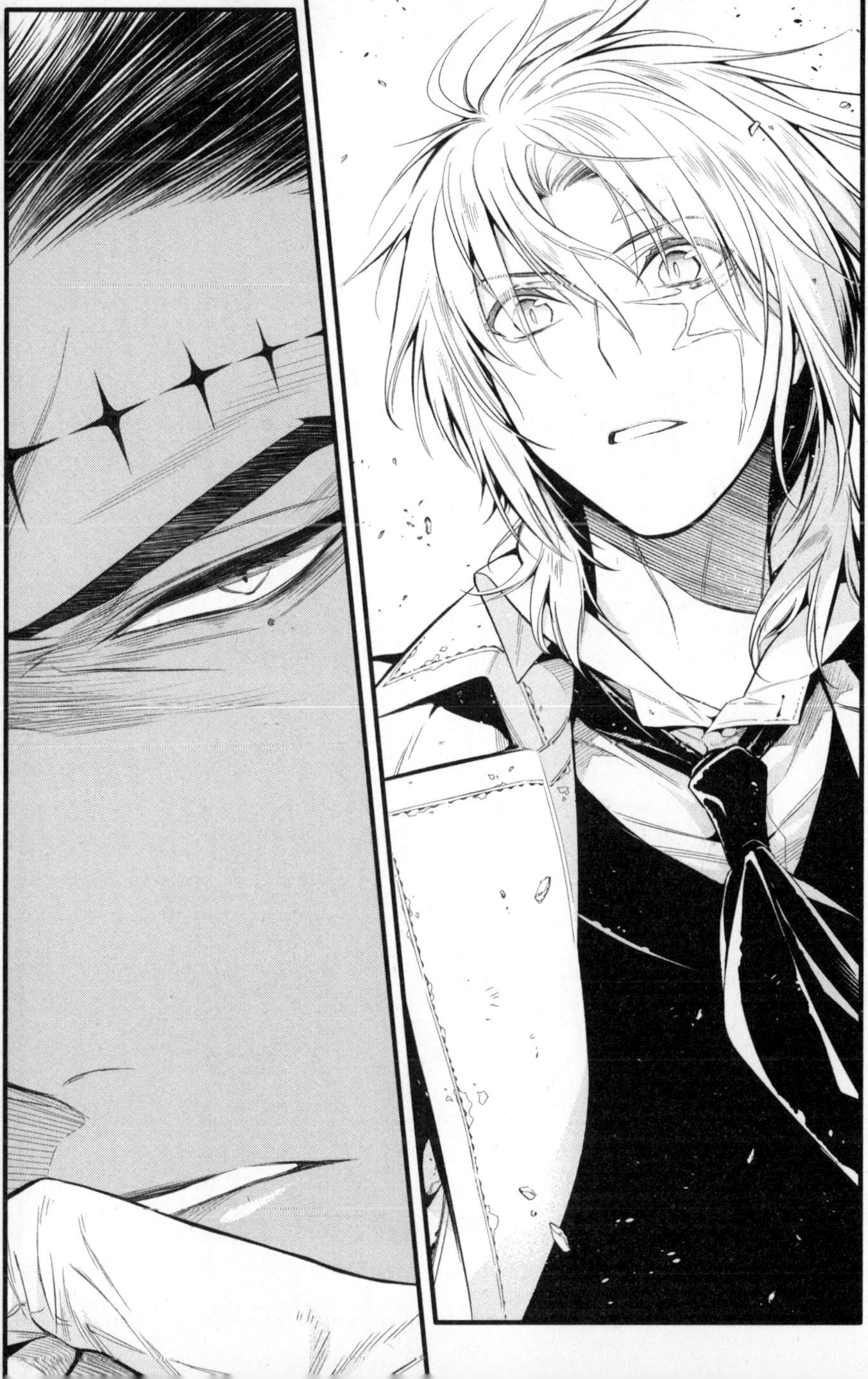

KOMUIS SPRECHZIMMER

Frage: Hat Timcampy eine Körpertemperatur?

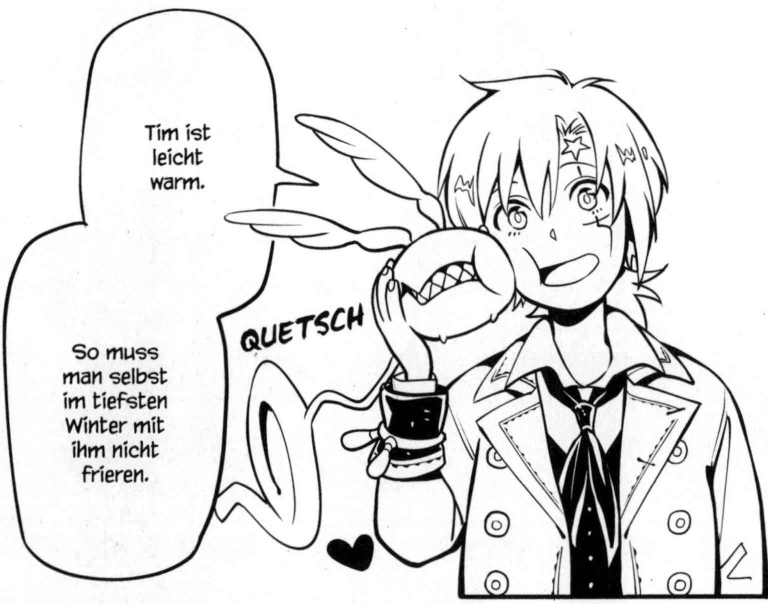

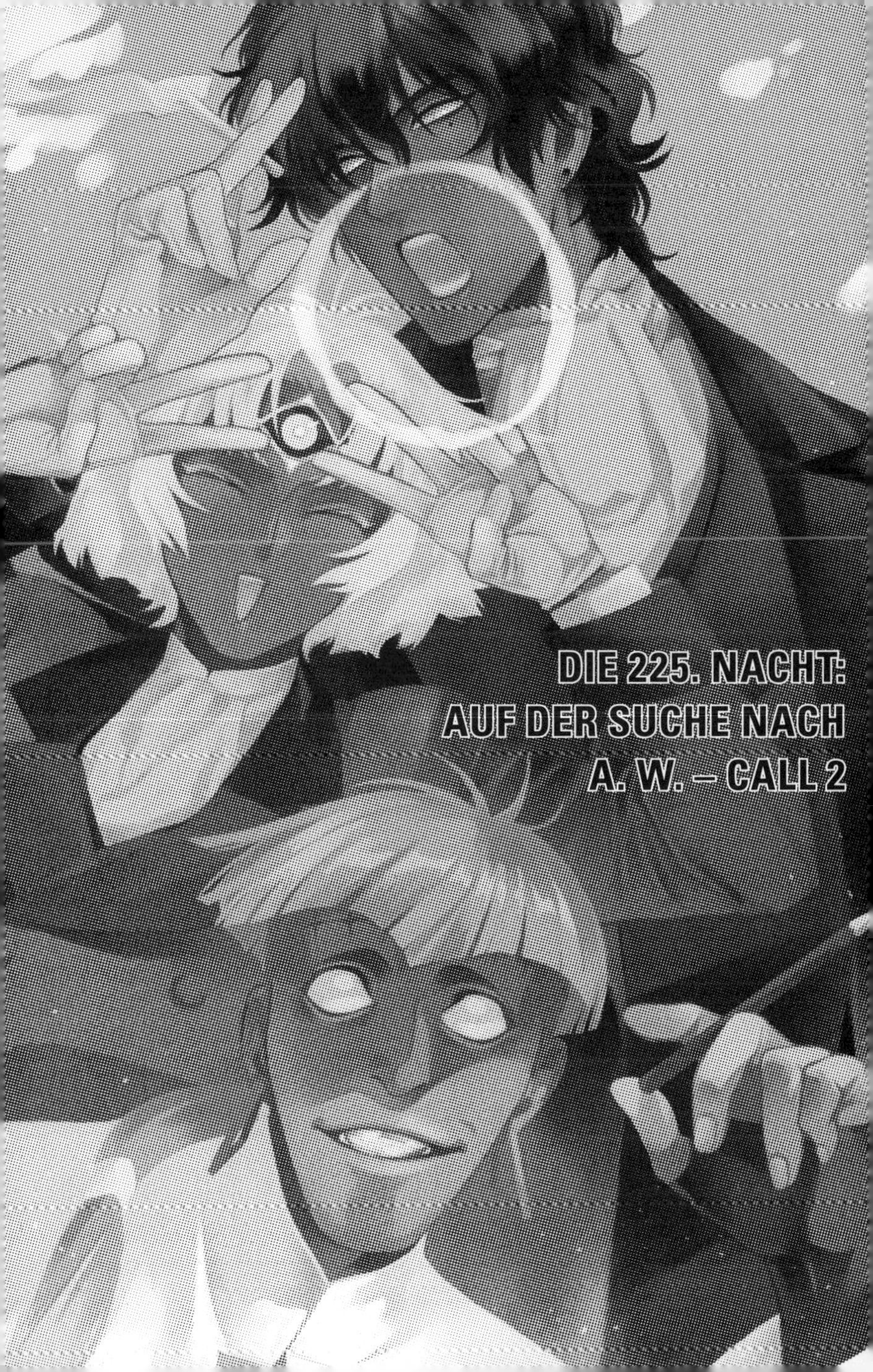
DIE 225. NACHT:
AUF DER SUCHE NACH
A. W. – CALL 2

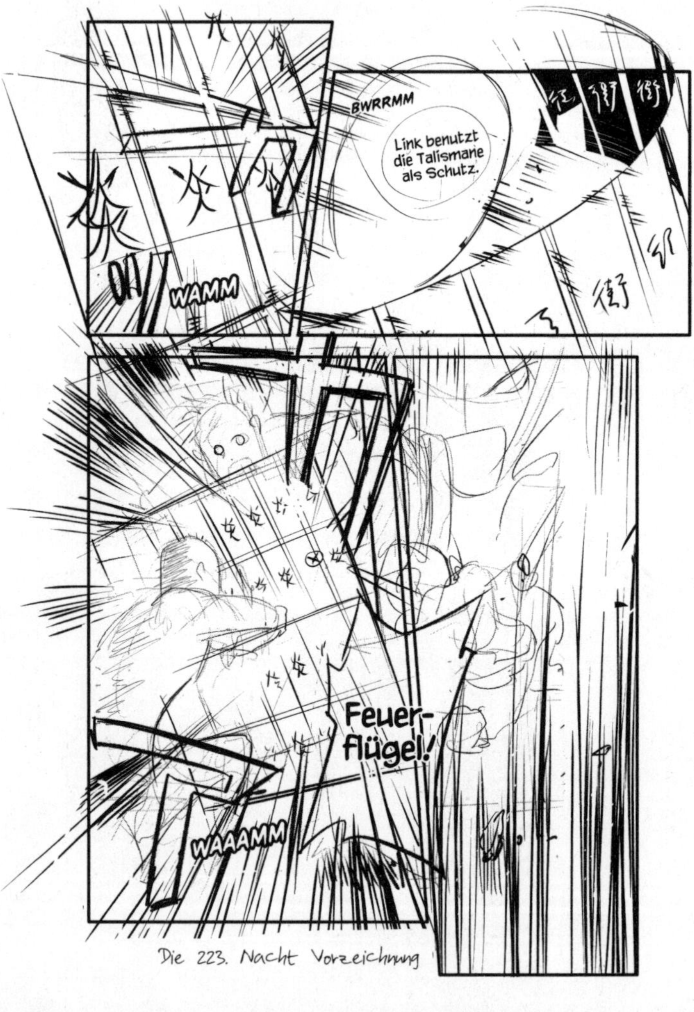

Die 223. Nacht Vorzeichnung

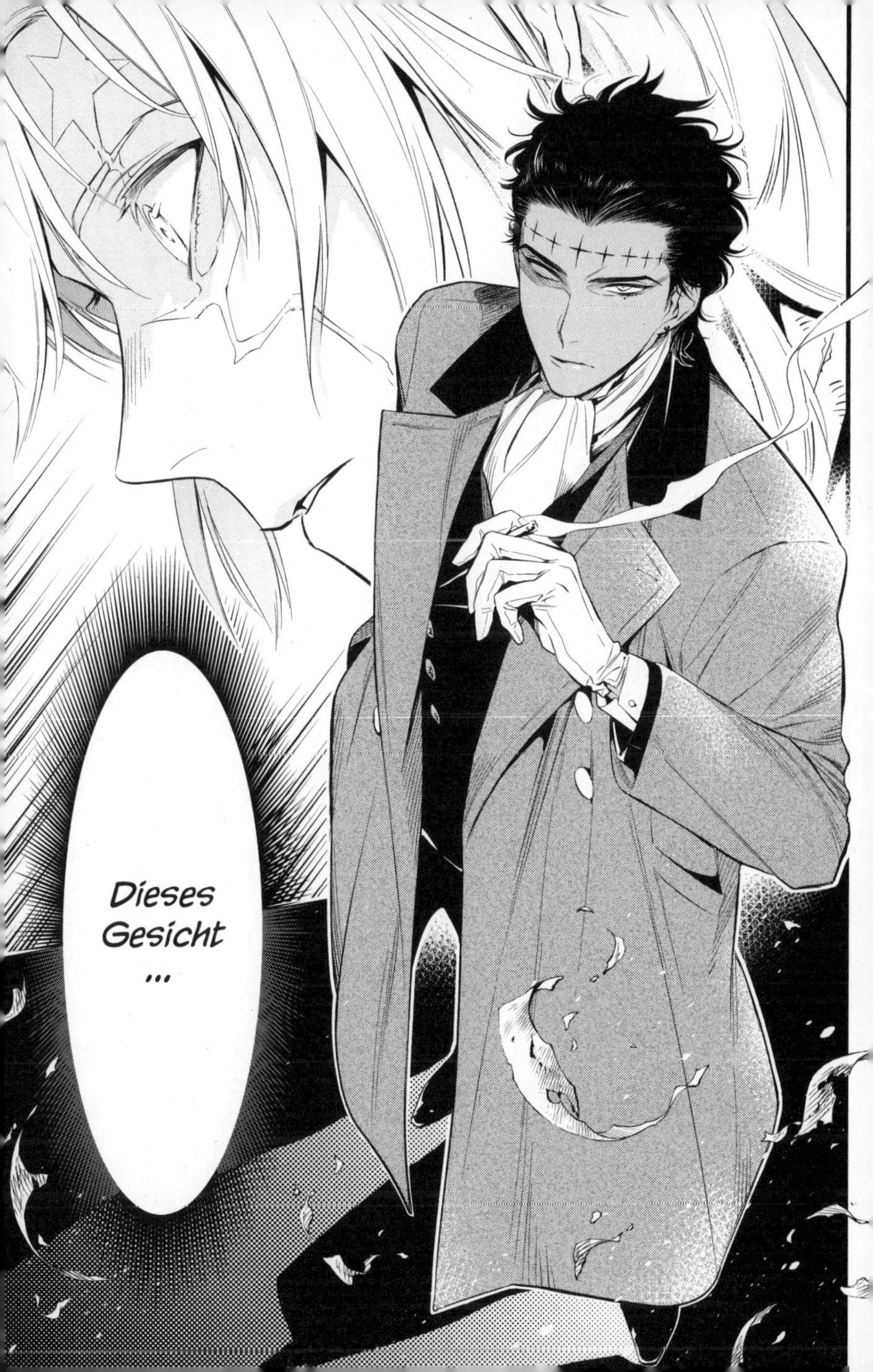
Dieses Gesicht ...

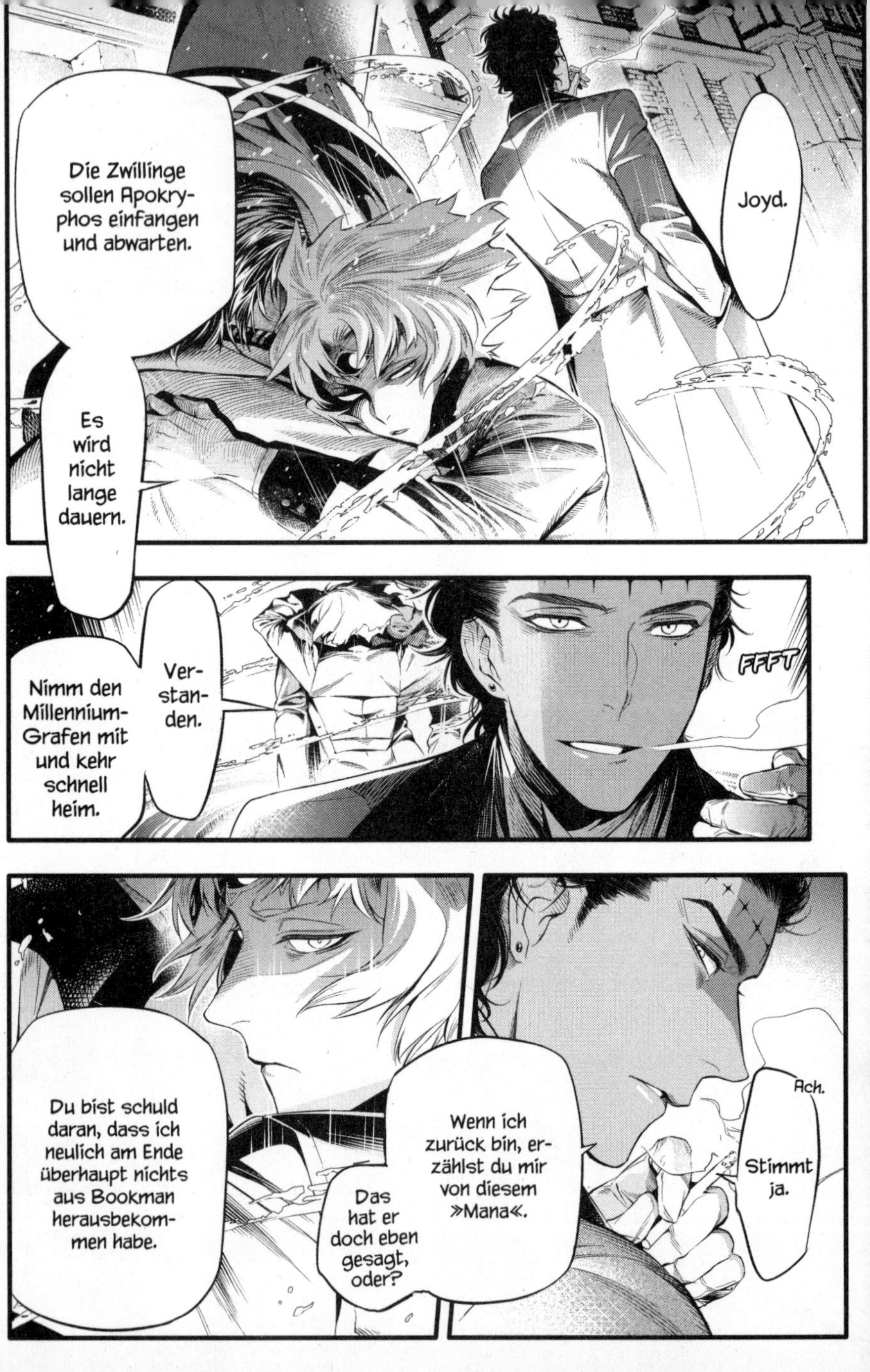
Joyd.
Die Zwillinge sollen Apokryphos einfangen und abwarten.
Es wird nicht lange dauern.
FFFT
Verstanden.
Nimm den Millennium-Grafen mit und kehr schnell heim.
Ach.
Stimmt ja.
Wenn ich zurück bin, erzählst du mir von diesem »Mana«.
Das hat er doch eben gesagt, oder?
Du bist schuld daran, dass ich neulich am Ende überhaupt nichts aus Bookman herausbekommen habe.

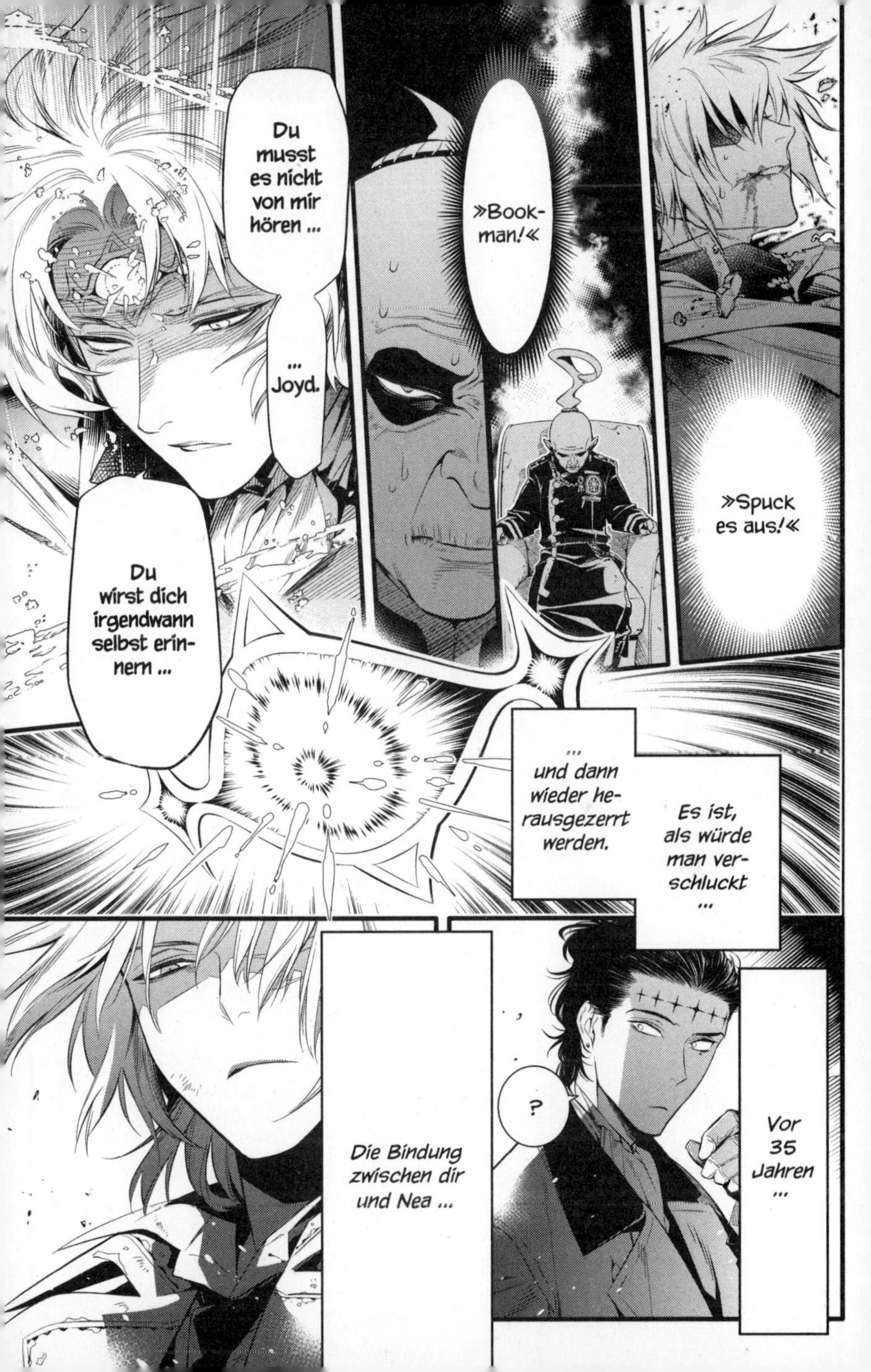
»Spuck es aus!«
»Book-man!«
Du musst es nicht von mir hören ...
... Joyd.
Du wirst dich irgendwann selbst erinnern ...
Es ist, als würde man verschluckt ...
... und dann wieder herausgezerrt werden.
Vor 35 Jahren ...
?
Die Bindung zwischen dir und Nea ...

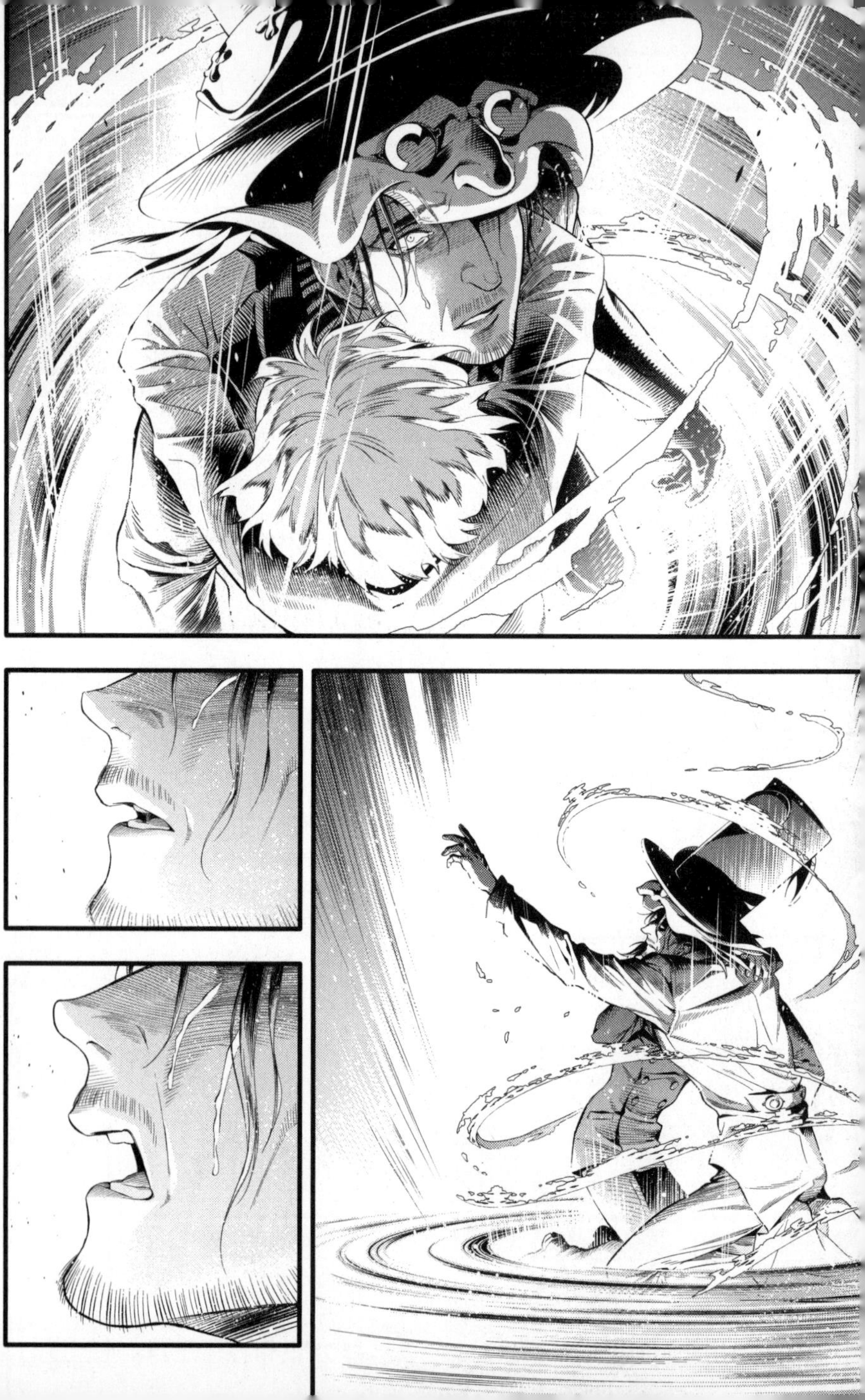

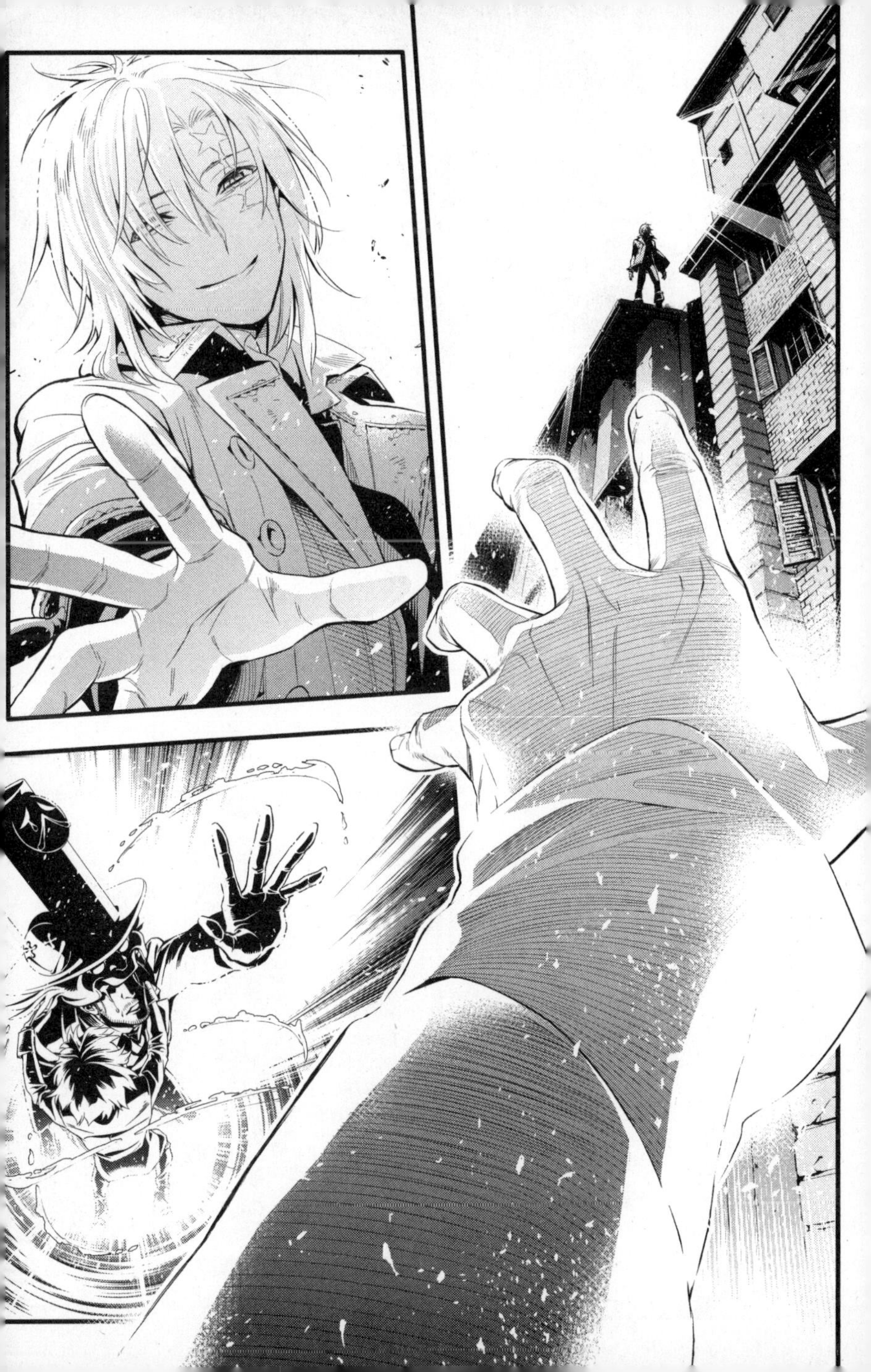

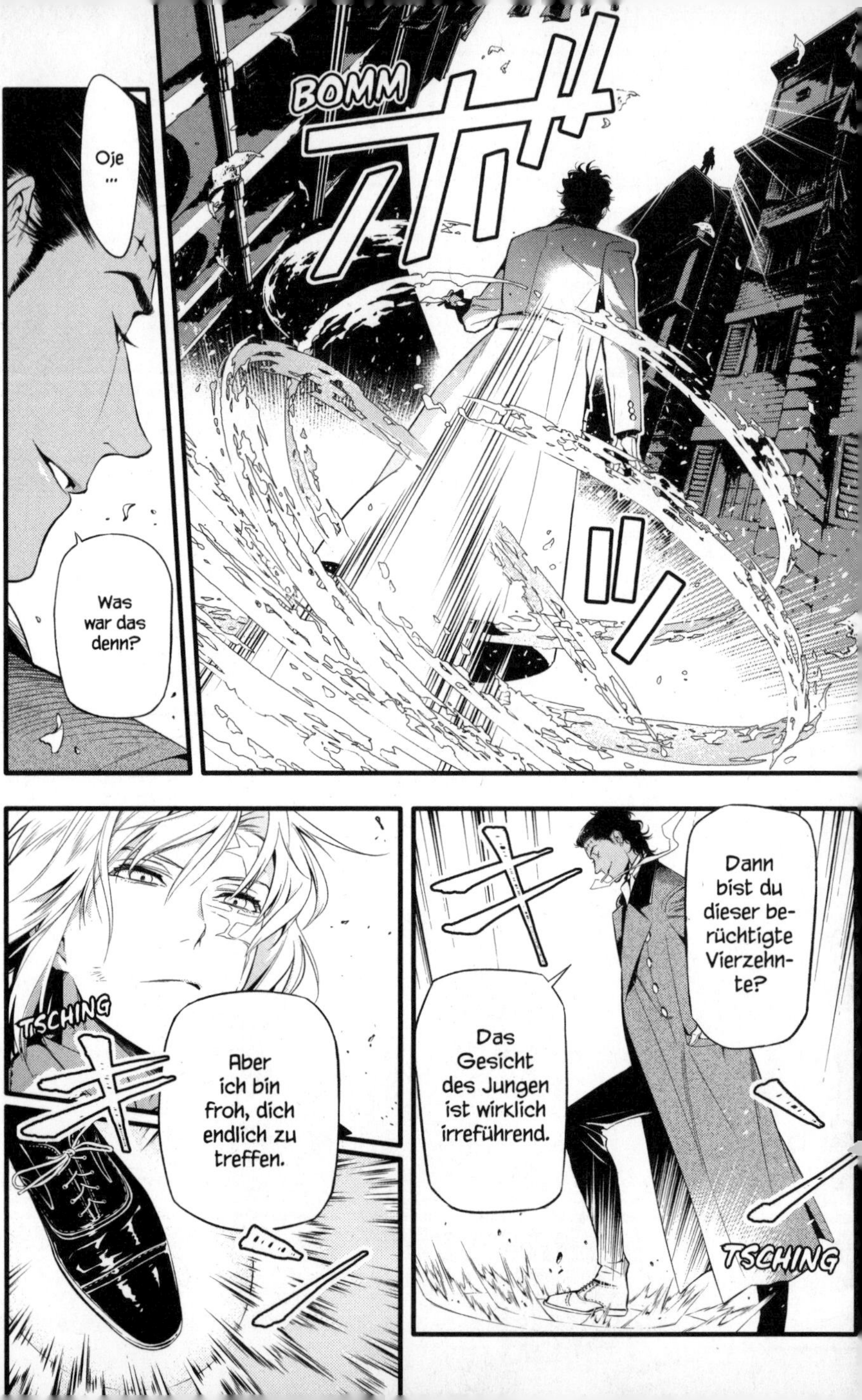
BOMM
Oje ...
Was war das denn?
Dann bist du dieser berüchtigte Vierzehnte?
Das Gesicht des Jungen ist wirklich irreführend.
TSCHING
Aber ich bin froh, dich endlich zu treffen.
TSCHING

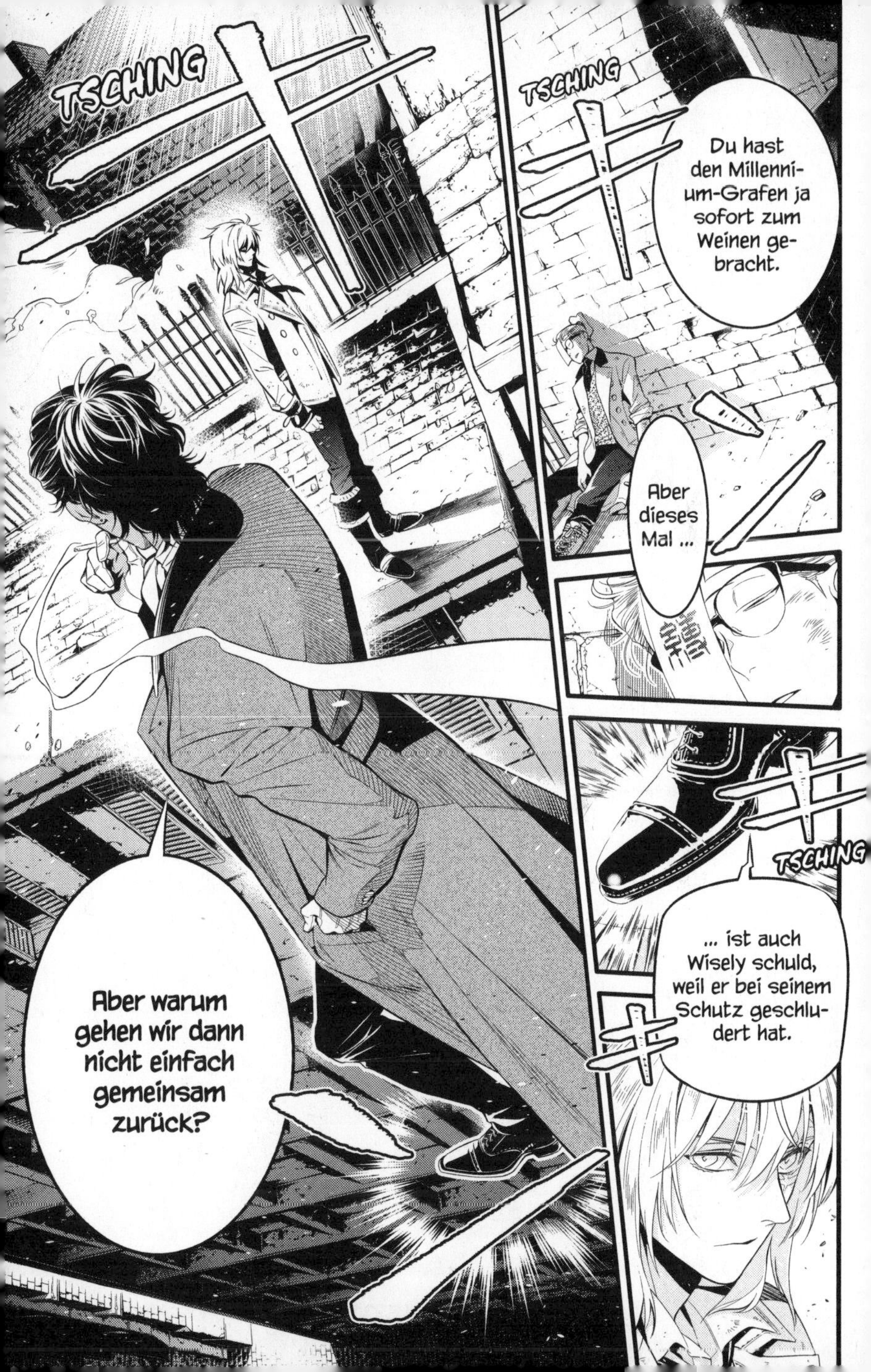
TSCHING
TSCHING
Du hast den Millennium-Grafen ja sofort zum Weinen gebracht.
Aber dieses Mal ...
TSCHING
... ist auch Wisely schuld, weil er bei seinem Schutz geschludert hat.
Aber warum gehen wir dann nicht einfach gemeinsam zurück?

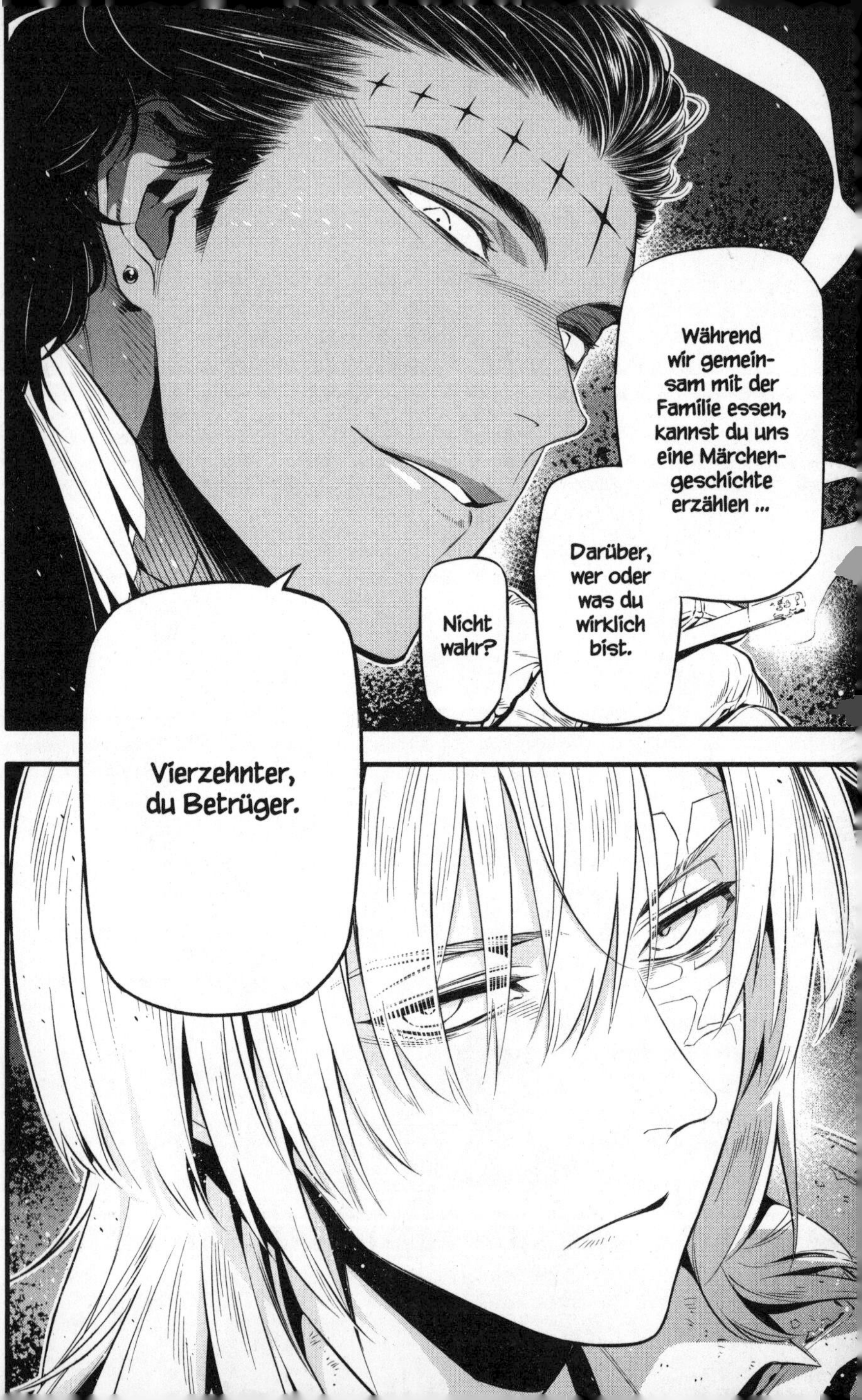
Während wir gemeinsam mit der Familie essen, kannst du uns eine Märchengeschichte erzählen ...
Darüber, wer oder was du wirklich bist.
Nicht wahr?
Vierzehnter, du Betrüger.

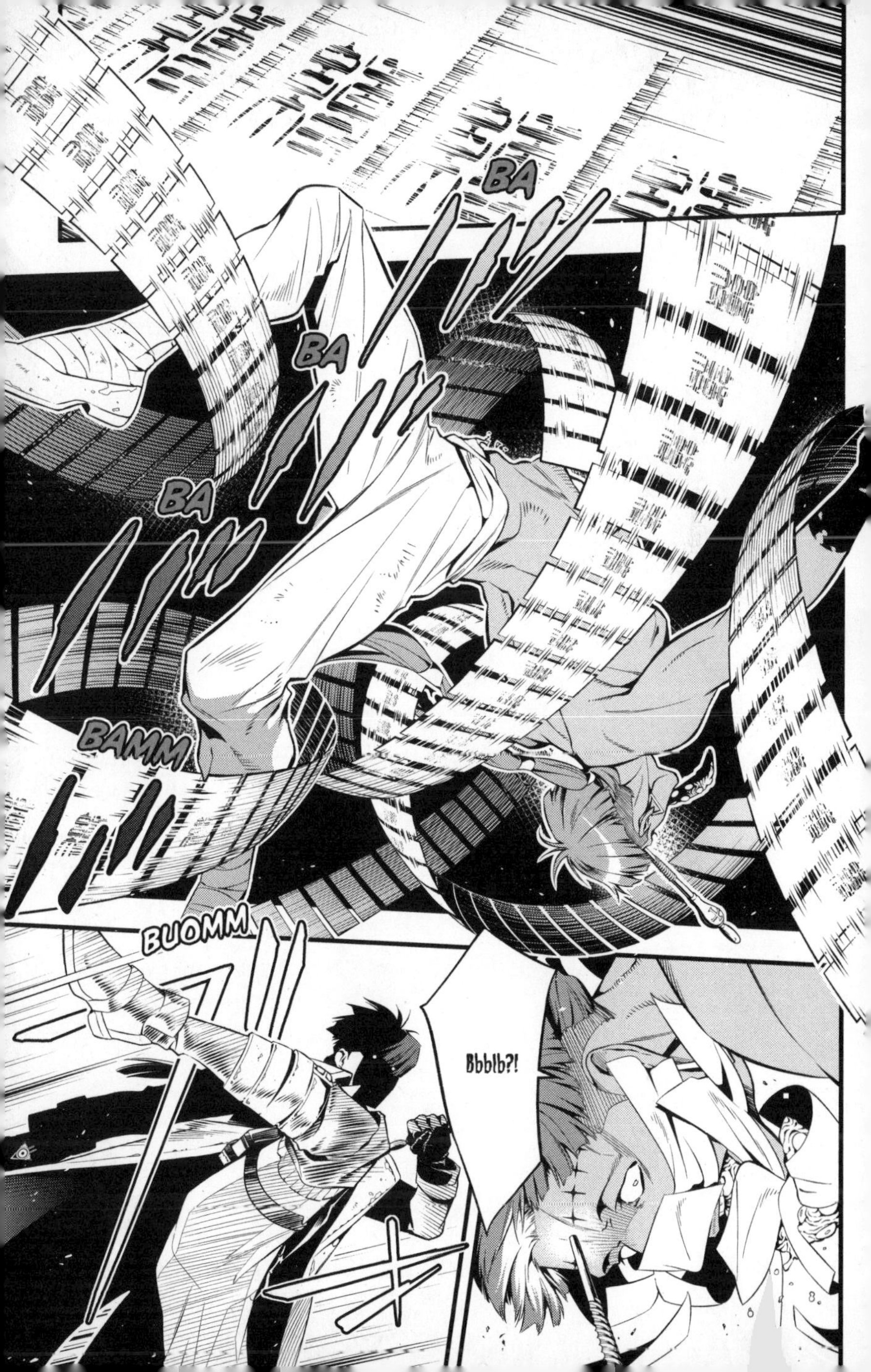
BA
BA
BA
BAMM
BUOMM
Bbblb?!

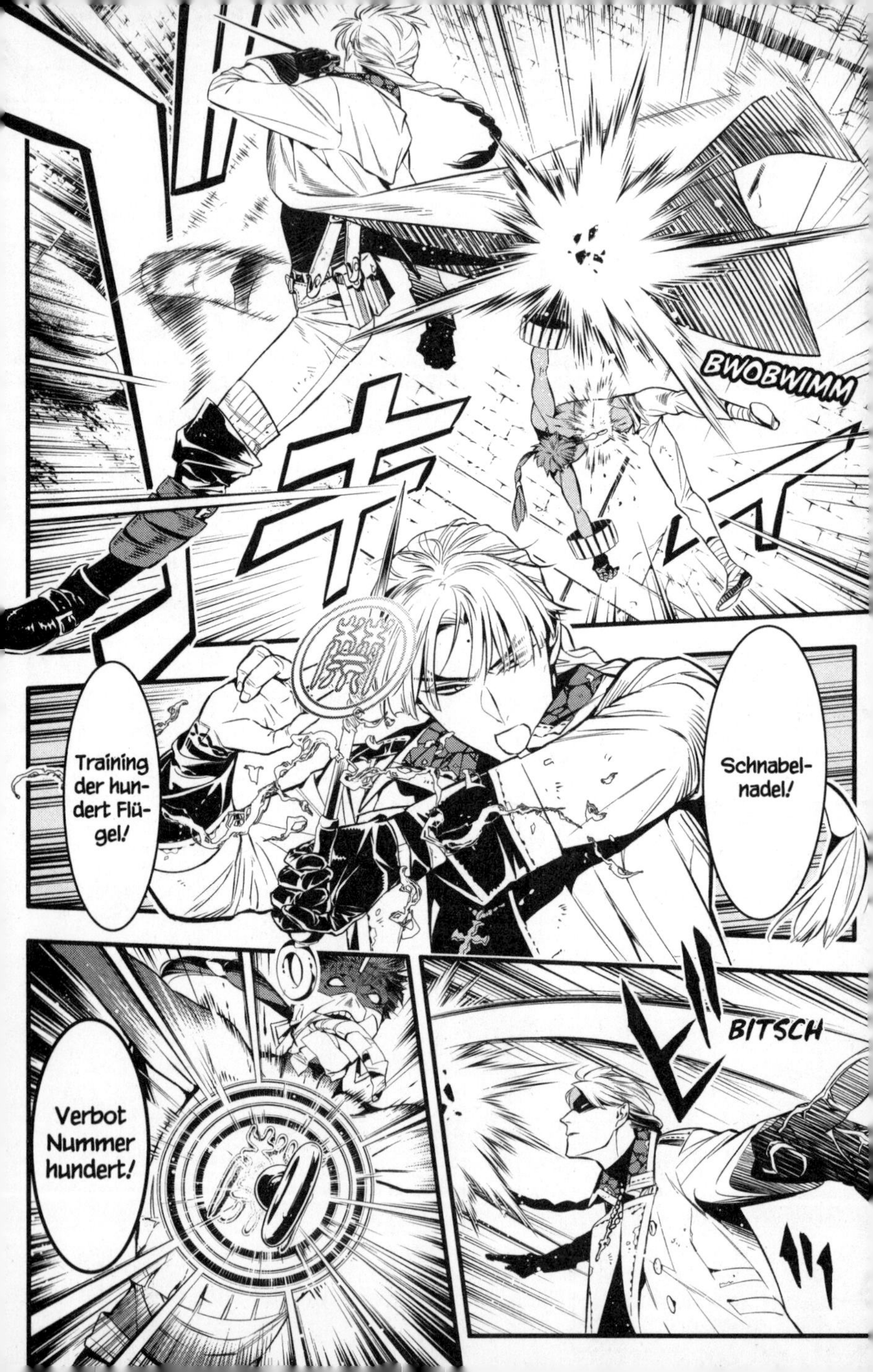
BWOBWIMM
Schnabel-
nadel!
Training
der hun-
dert Flü-
gel!
BITSCH
Verbot
Nummer
hundert!

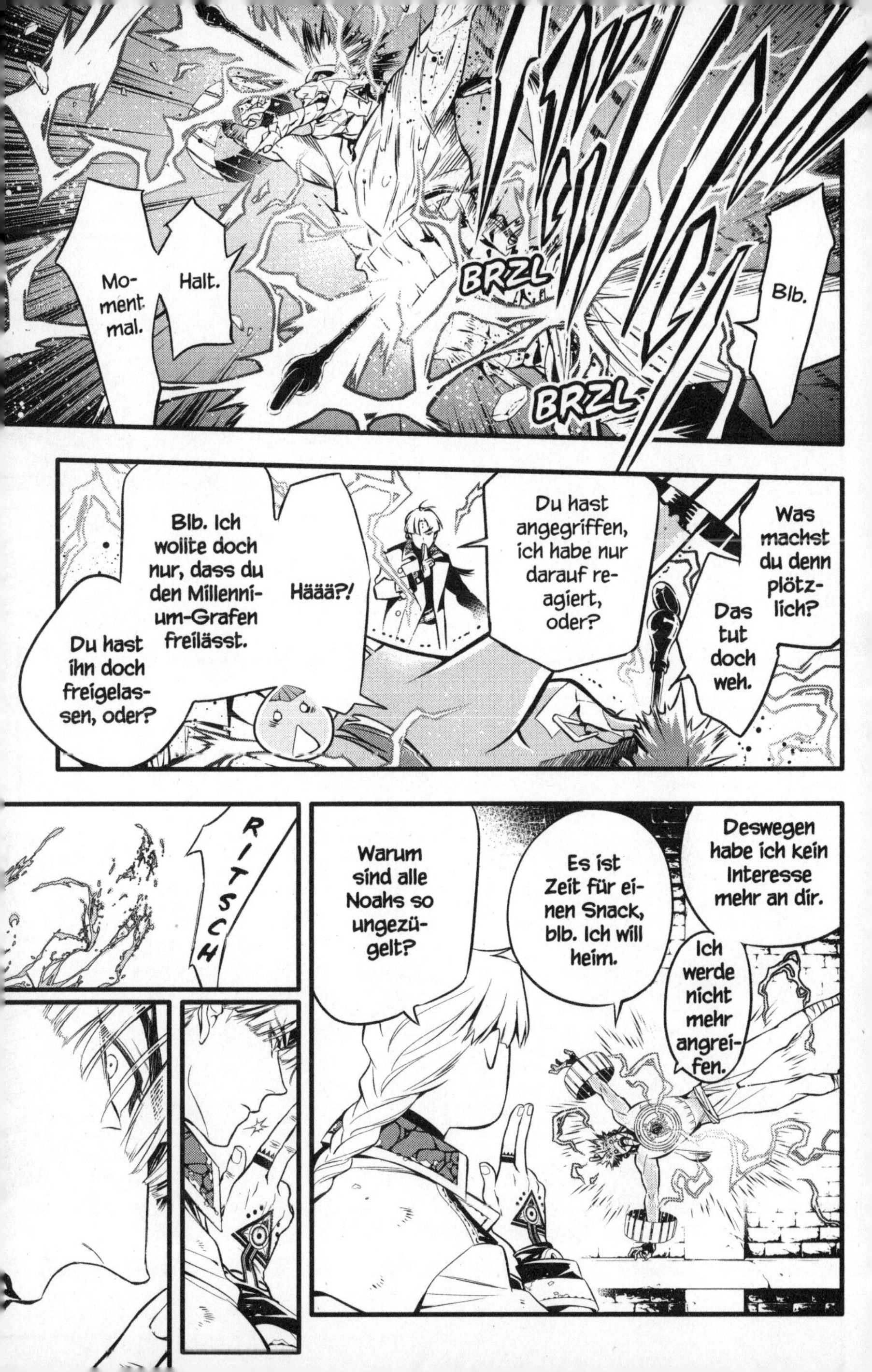
Halt.
Mo-ment mal.
BRZL
BRZL
Blb.
Was machst du denn plötzlich?
Das tut doch weh.
Du hast angegriffen, ich habe nur darauf re-agiert, oder?
Häää?!
Blb. Ich wollte doch nur, dass du den Millenni-um-Grafen freilässt.
Du hast ihn doch freigelas-sen, oder?
Deswegen habe ich kein Interesse mehr an dir.
Ich werde nicht mehr angrei-fen.
Es ist Zeit für ei-nen Snack, blb. Ich will heim.
Warum sind alle Noahs so ungezü-gelt?
RITSCH

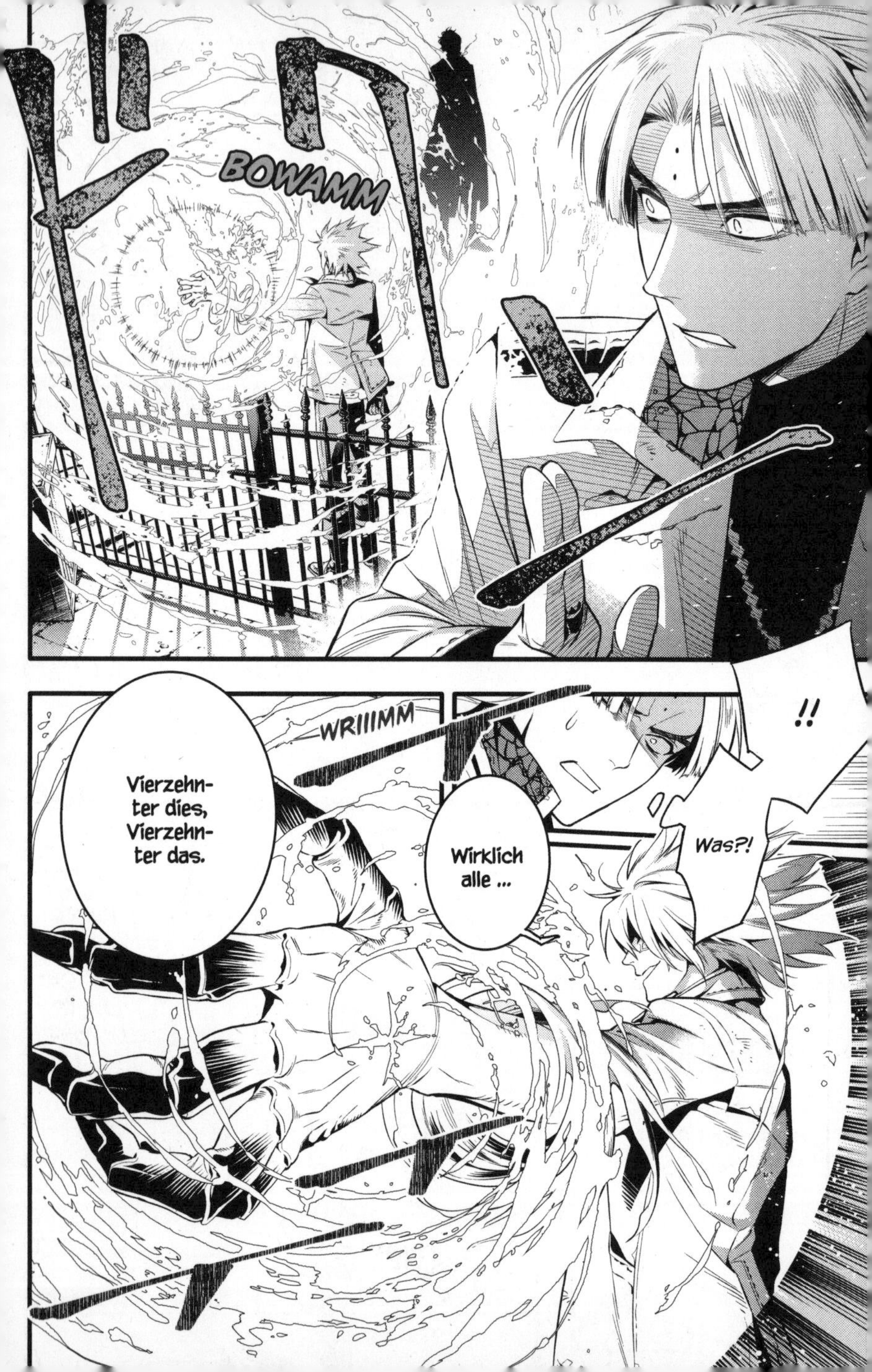
BOWAMM
!!
Was?!
WRIIIMM
Wirklich alle ...
Vierzehnter dies, Vierzehnter das.

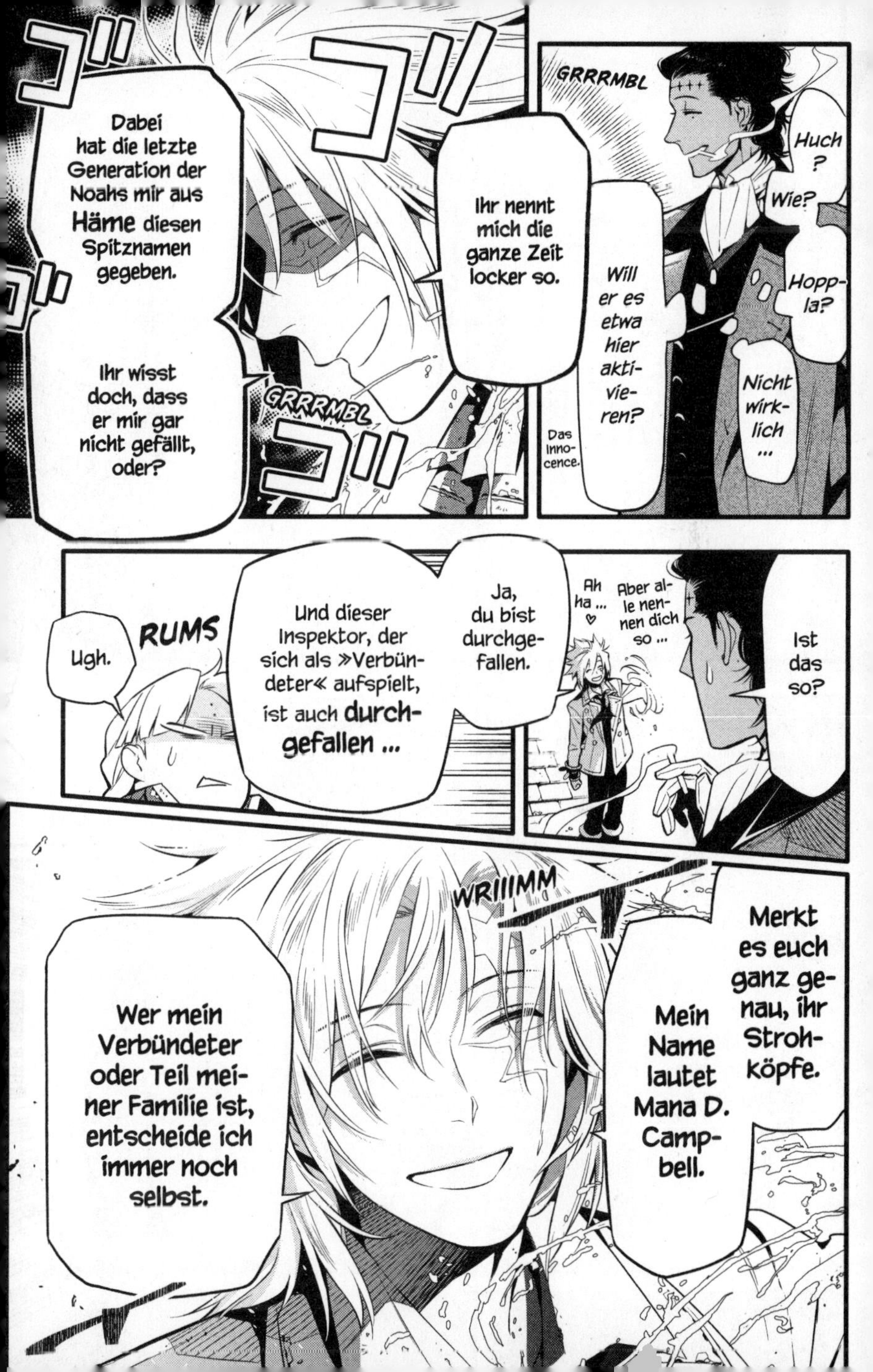
GRRRMBL
Huch?
Wie?
Hoppla?
Nicht wirklich ...
Will er es etwa hier aktivieren?
Das Innocence.
Ihr nennt mich die ganze Zeit locker so.
Dabei hat die letzte Generation der Noahs mir aus Häme diesen Spitznamen gegeben.
Ihr wisst doch, dass er mir gar nicht gefällt, oder?
GRRRMBL
Ist das so?
Aber alle nennen dich so ...
Ah ha ... ♡
Ja, du bist durchgefallen.
Und dieser Inspektor, der sich als »Verbündeter« aufspielt, ist auch durchgefallen ...
RUMS
Ugh.
WRIIIMM
Merkt es euch ganz genau, ihr Strohköpfe.
Mein Name lautet Mana D. Campbell.
Wer mein Verbündeter oder Teil meiner Familie ist, entscheide ich immer noch selbst.

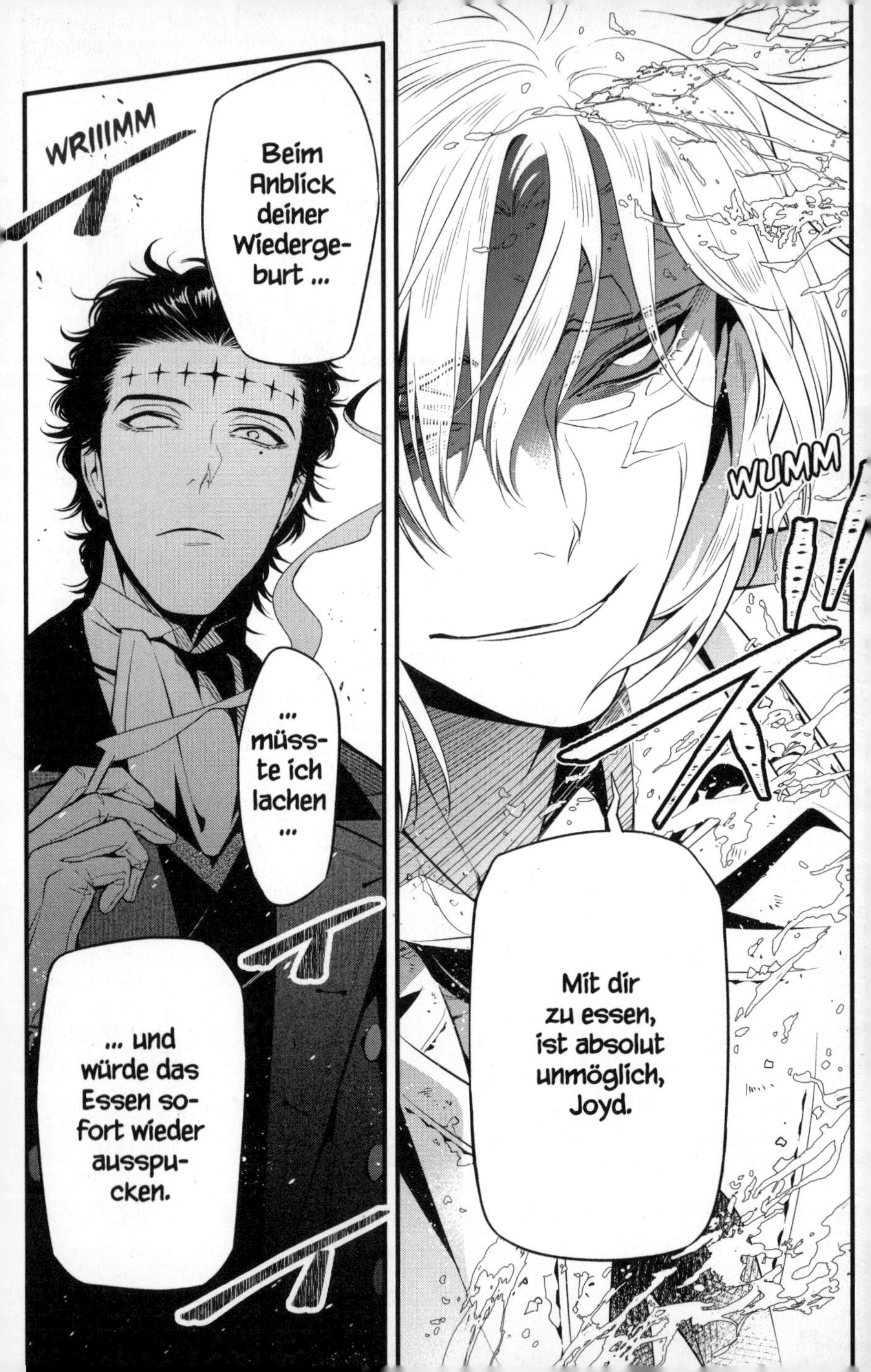
WUMM
Mit dir zu essen, ist absolut unmöglich, Joyd.
WRIIIMM
Beim Anblick deiner Wiedergeburt ...
... müsste ich lachen ...
... und würde das Essen sofort wieder ausspucken.

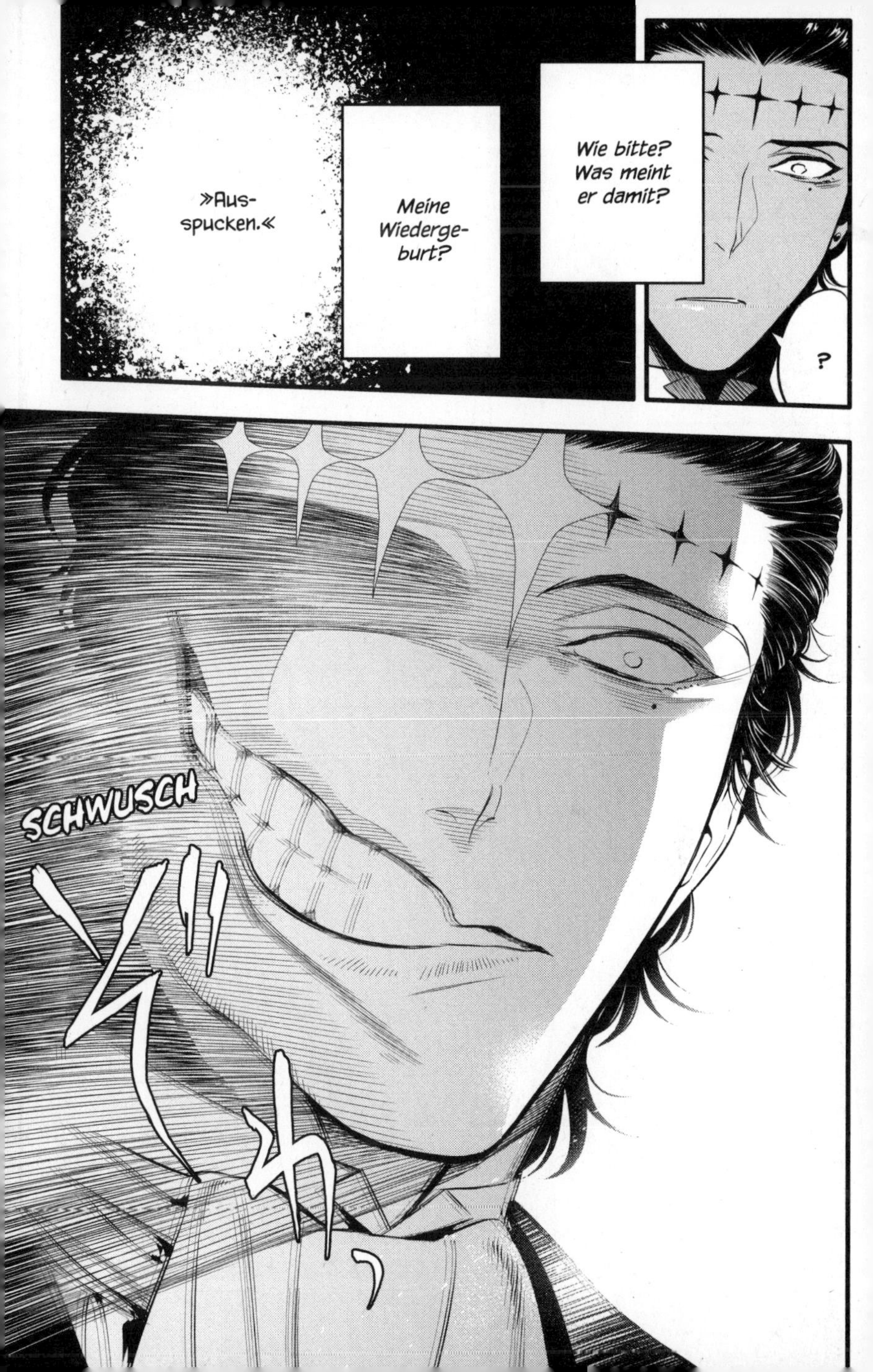
Wie bitte? Was meint er damit?
?
Meine Wiederge-burt?
»Aus-spucken.«
SCHWUSCH

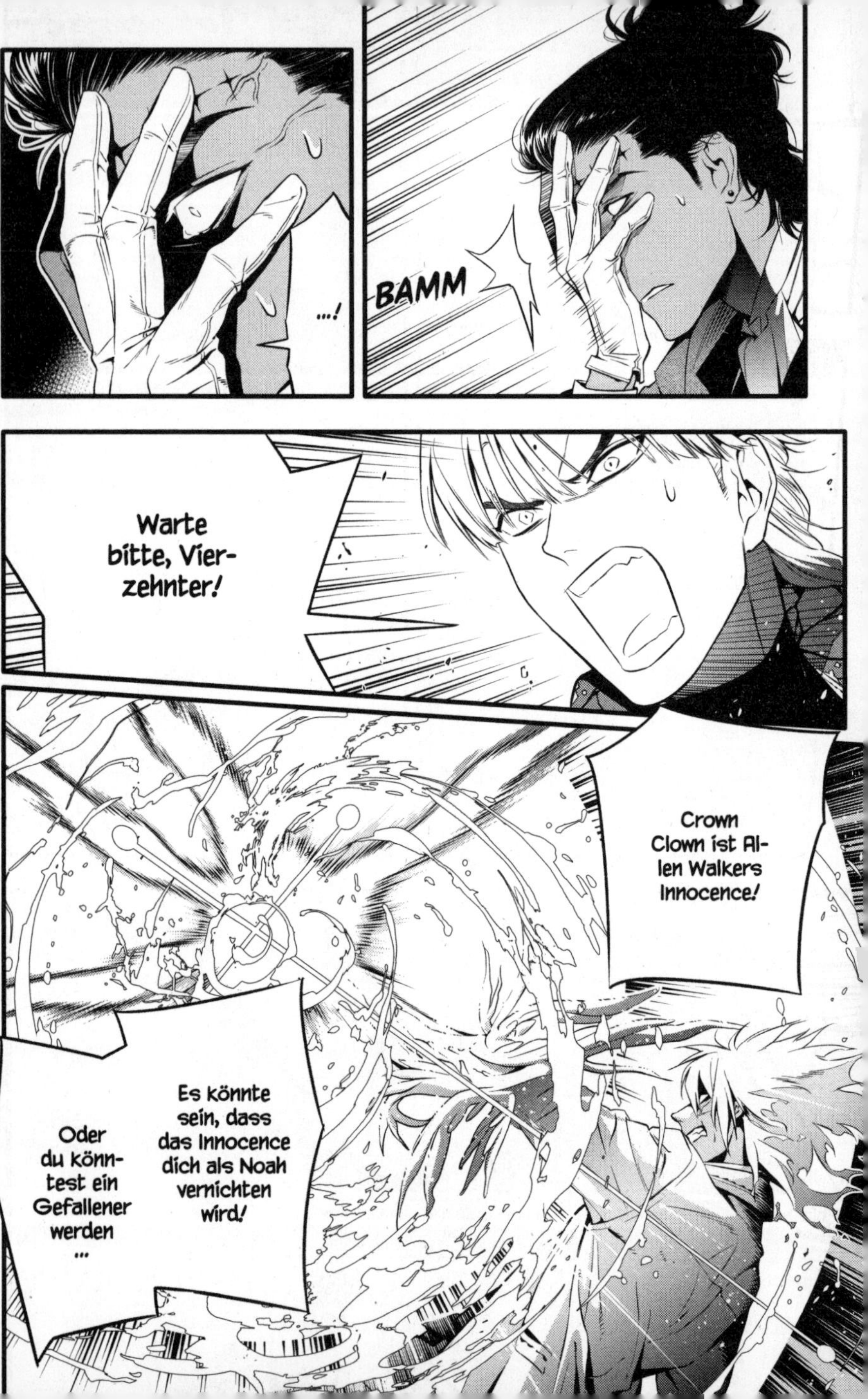
BAMM
...!
Warte bitte, Vierzehnter!
Crown Clown ist Allen Walkers Innocence!
Es könnte sein, dass das Innocence dich als Noah vernichten wird!
Oder du könntest ein Gefallener werden ...

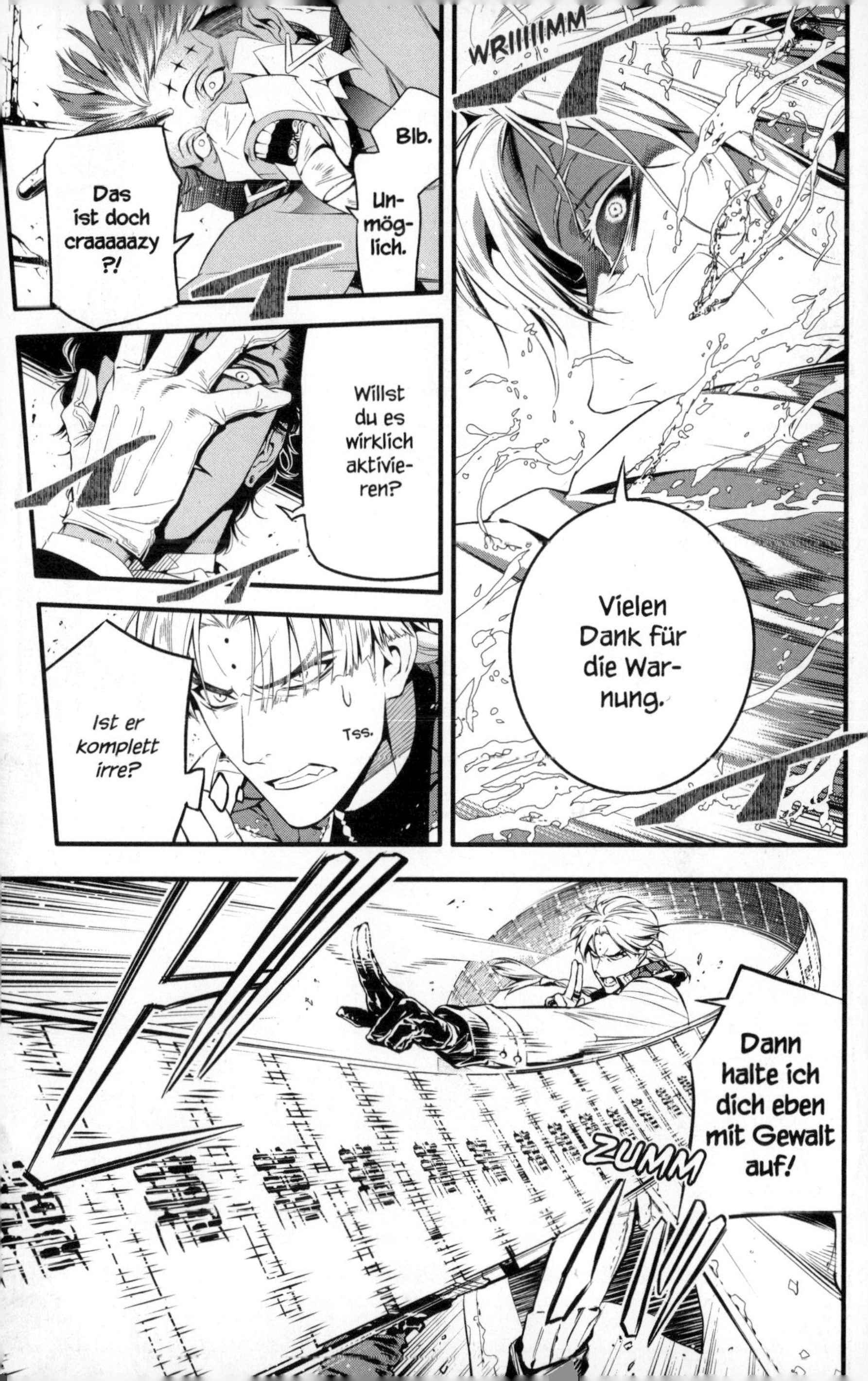
WRIIIIIMM
Vielen Dank für die Warnung.
Blb.
Unmöglich.
Das ist doch craaaaazy?!
Willst du es wirklich aktivieren?
Tss.
Ist er komplett irre?
Dann halte ich dich eben mit Gewalt auf!
ZUMM

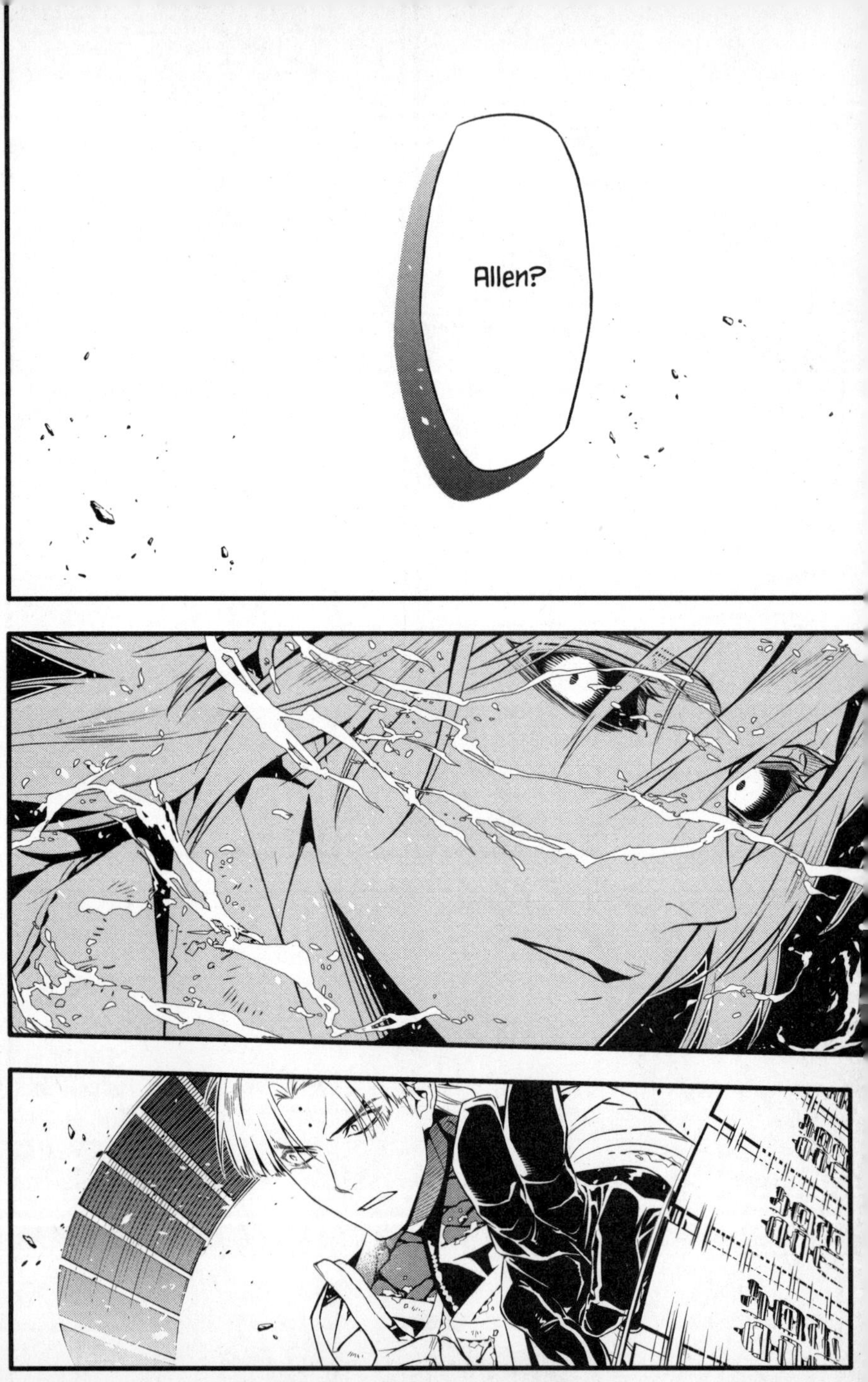
Allen?

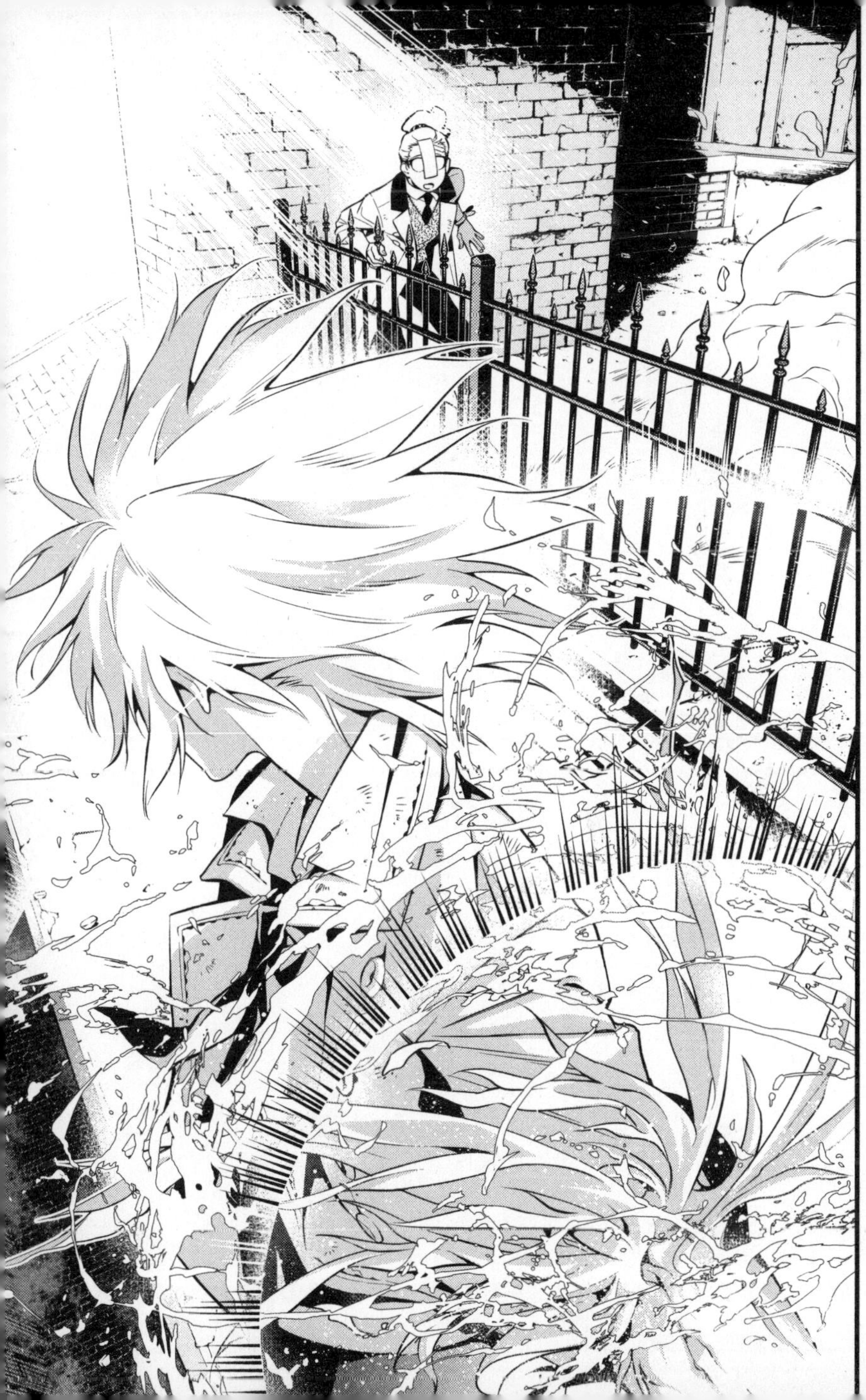

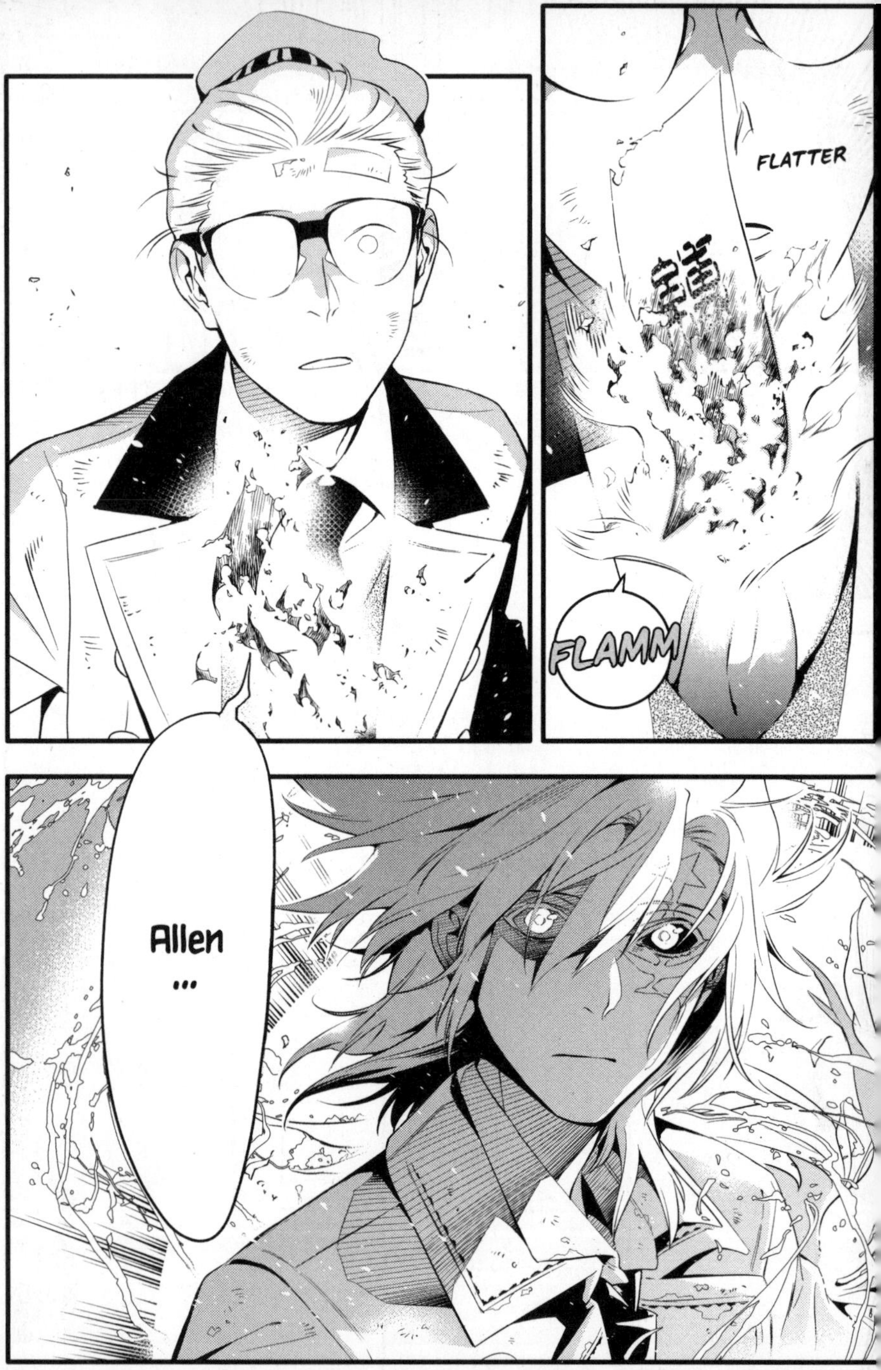
FLATTER
FLAMM
Allen ...

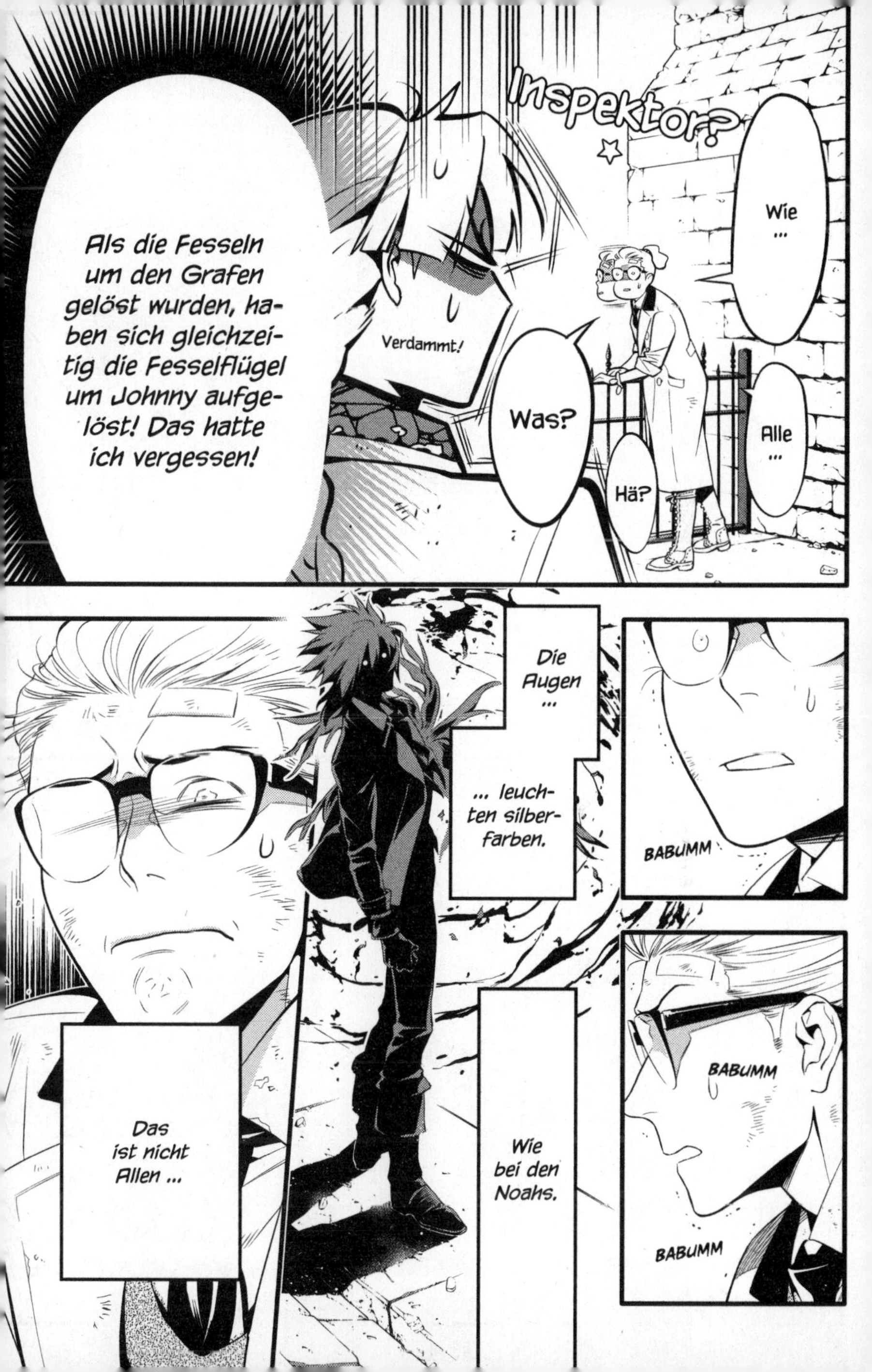
Inspektor?
Wie …
Alle …
Hä?
Was?
Verdammt!
Als die Fesseln um den Grafen gelöst wurden, haben sich gleichzeitig die Fesselflügel um Johnny aufgelöst! Das hatte ich vergessen!
BABUMM
Die Augen …
… leuchten silberfarben.
BABUMM
BABUMM
Wie bei den Noahs.
Das ist nicht Allen …

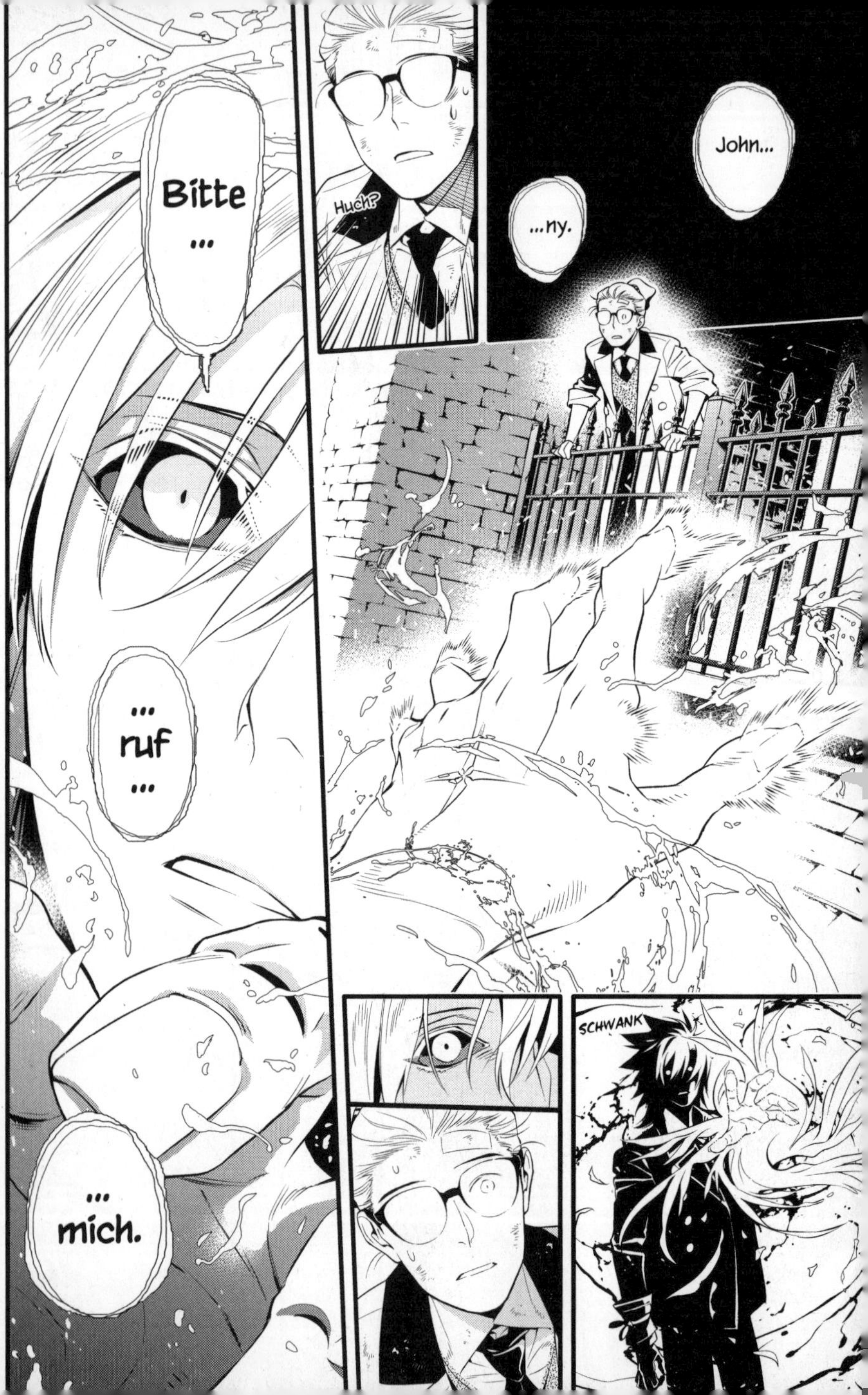
John...
...ny.
Huch?
Bitte ...
... ruf ...
... mich.
SCHWANK

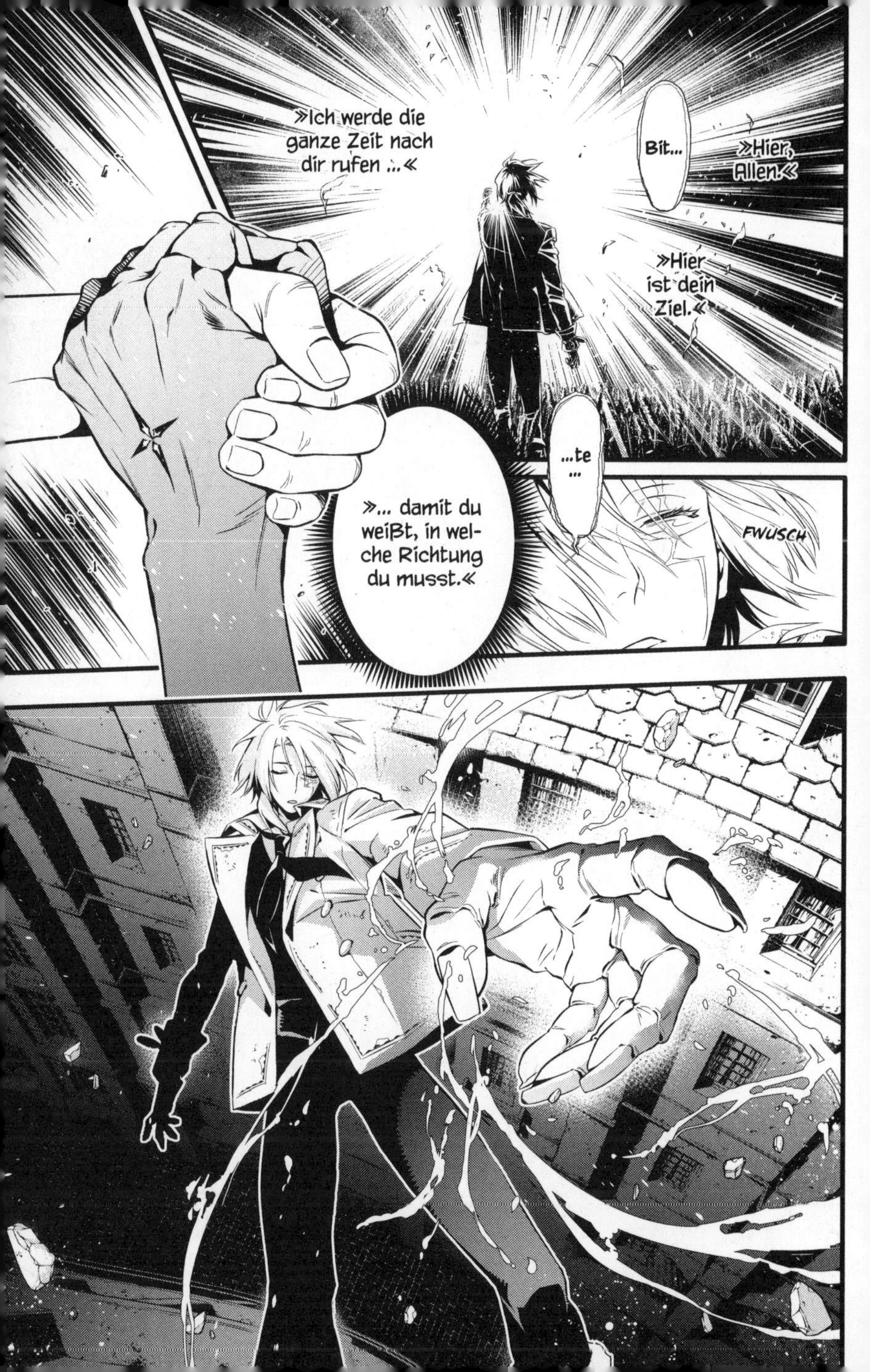

»Hier, Allen.«
Bit...
»Ich werde die ganze Zeit nach dir rufen ...«
»Hier ist dein Ziel.«
...te ...
FWUSCH
»... damit du weißt, in welche Richtung du musst.«

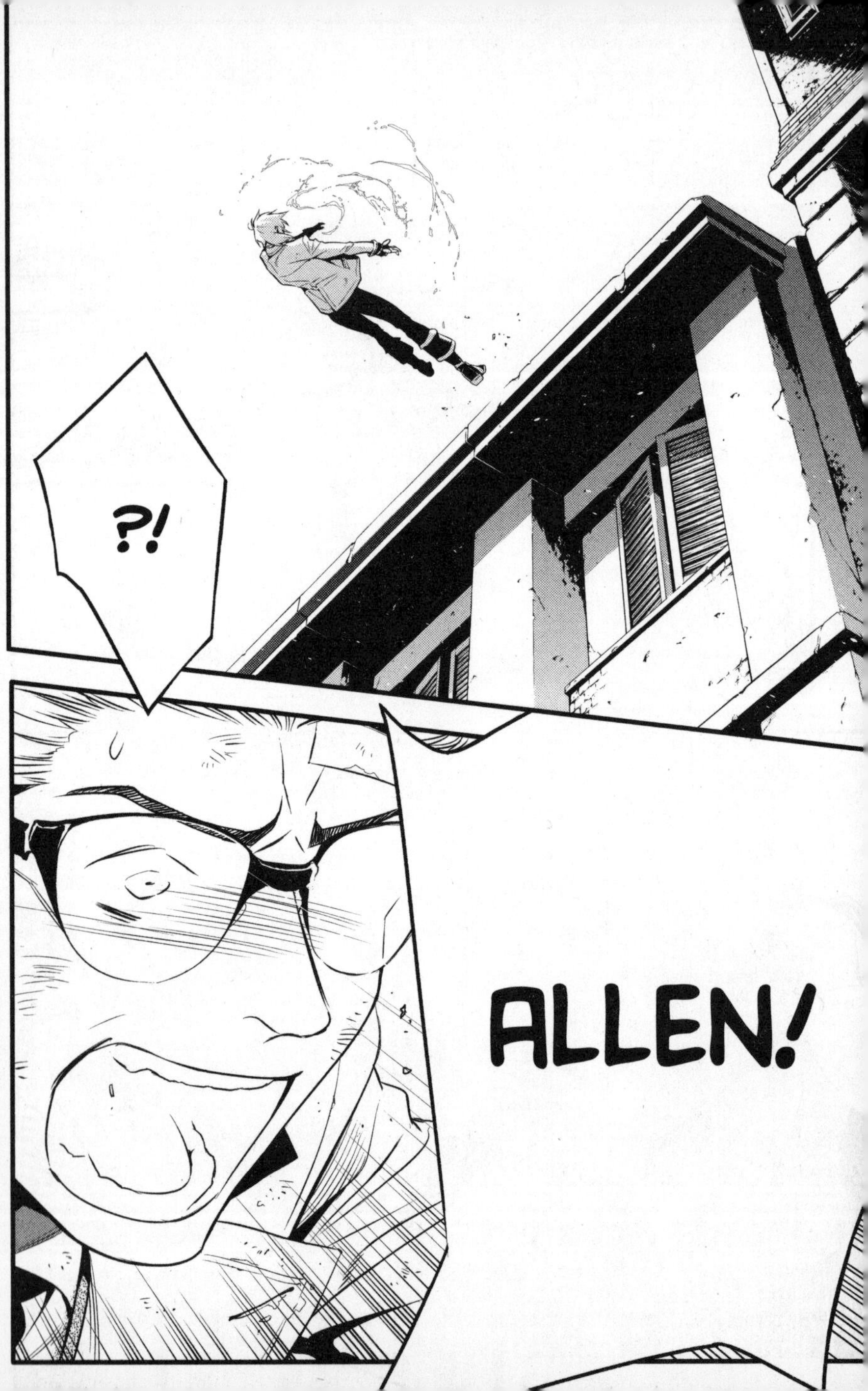
?!
ALLEN!

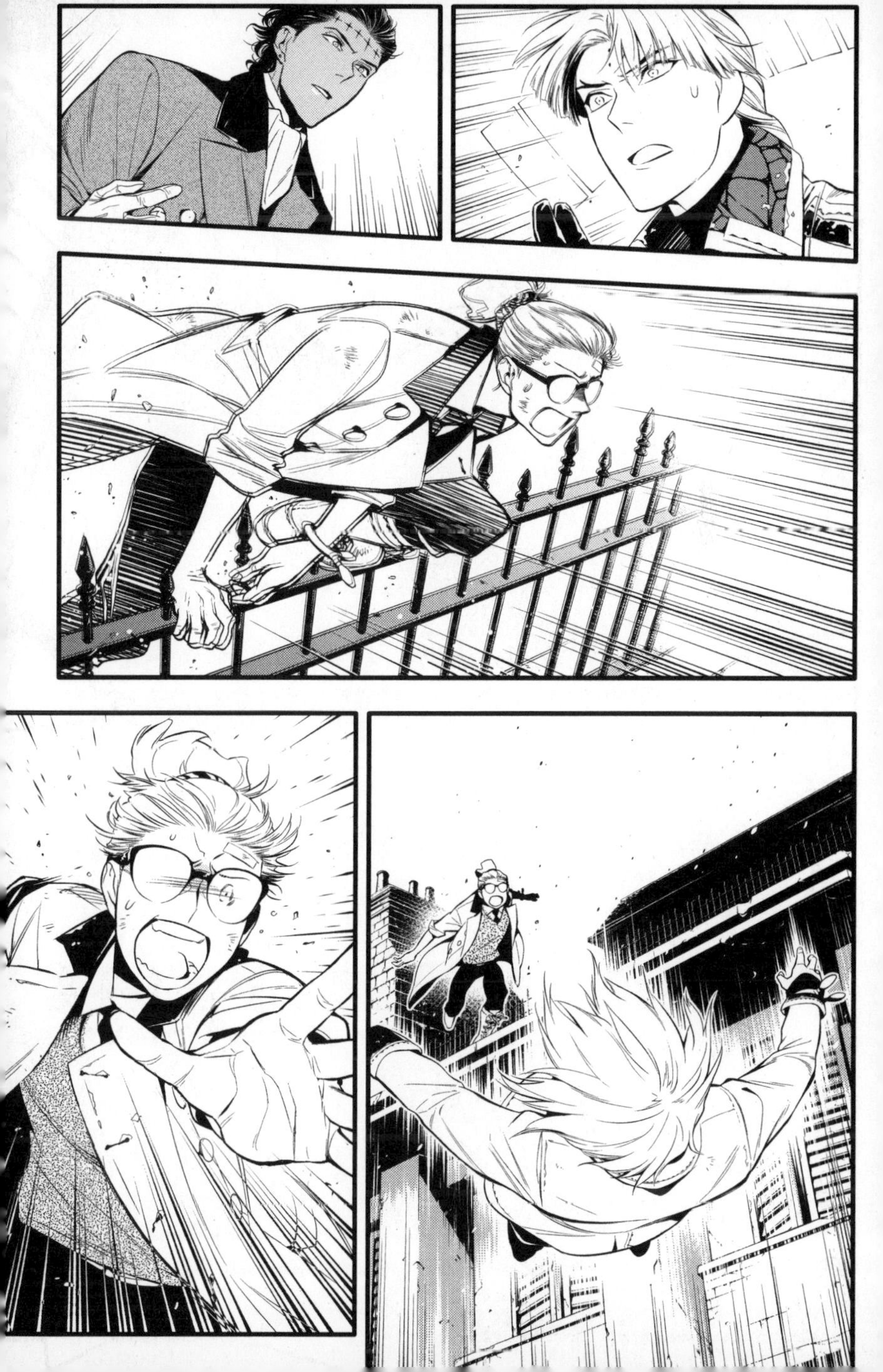

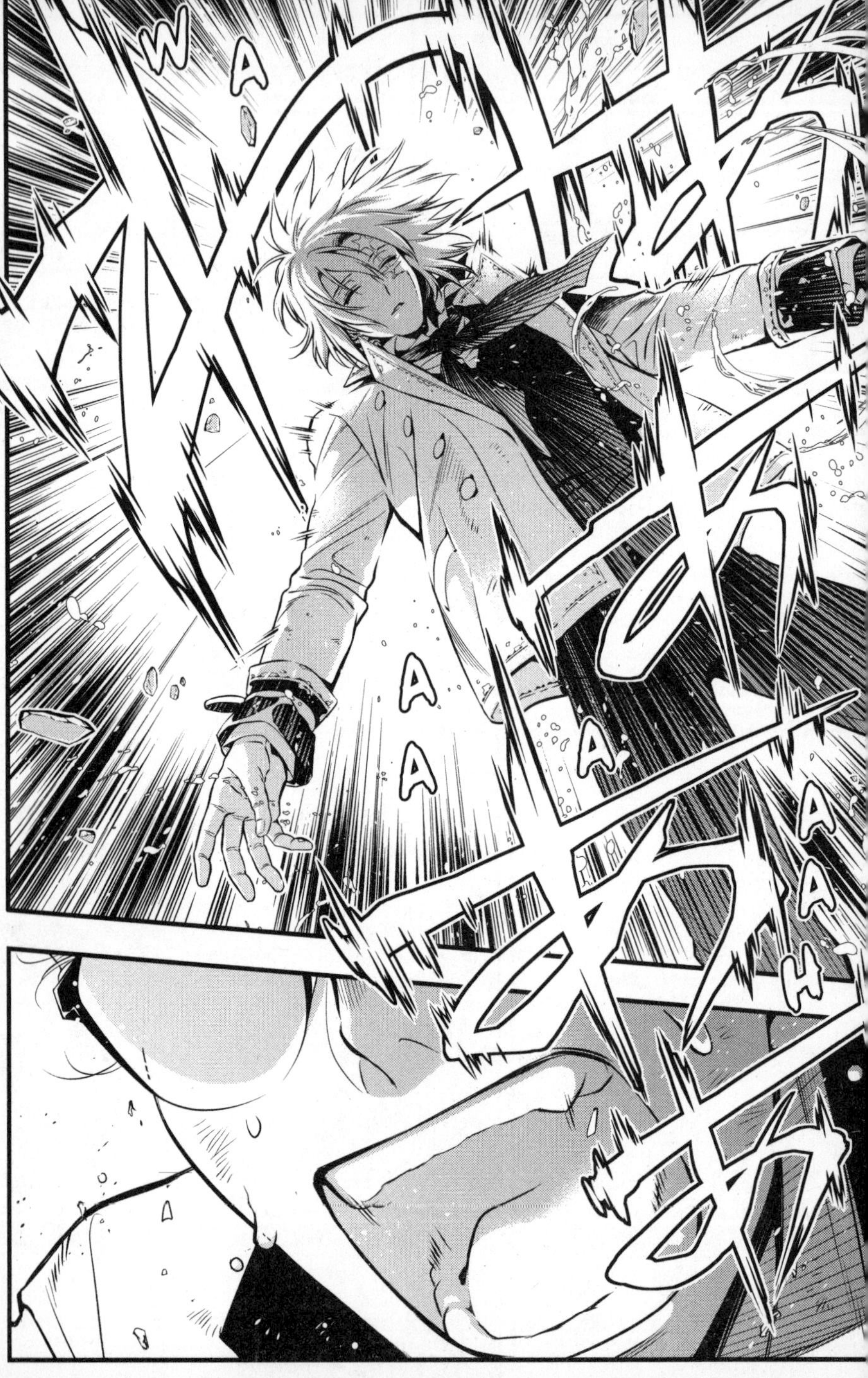
WAAAAAAH

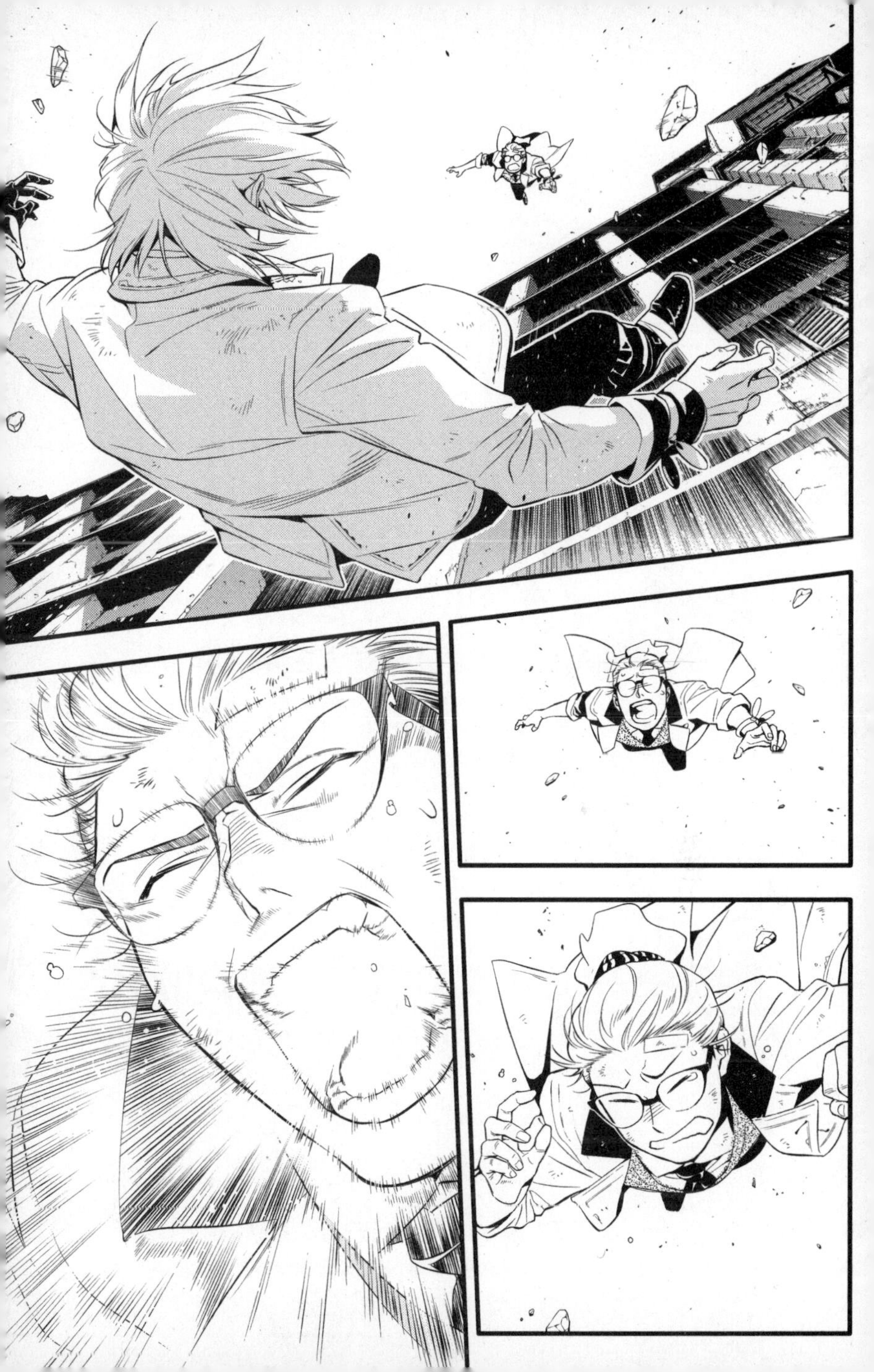

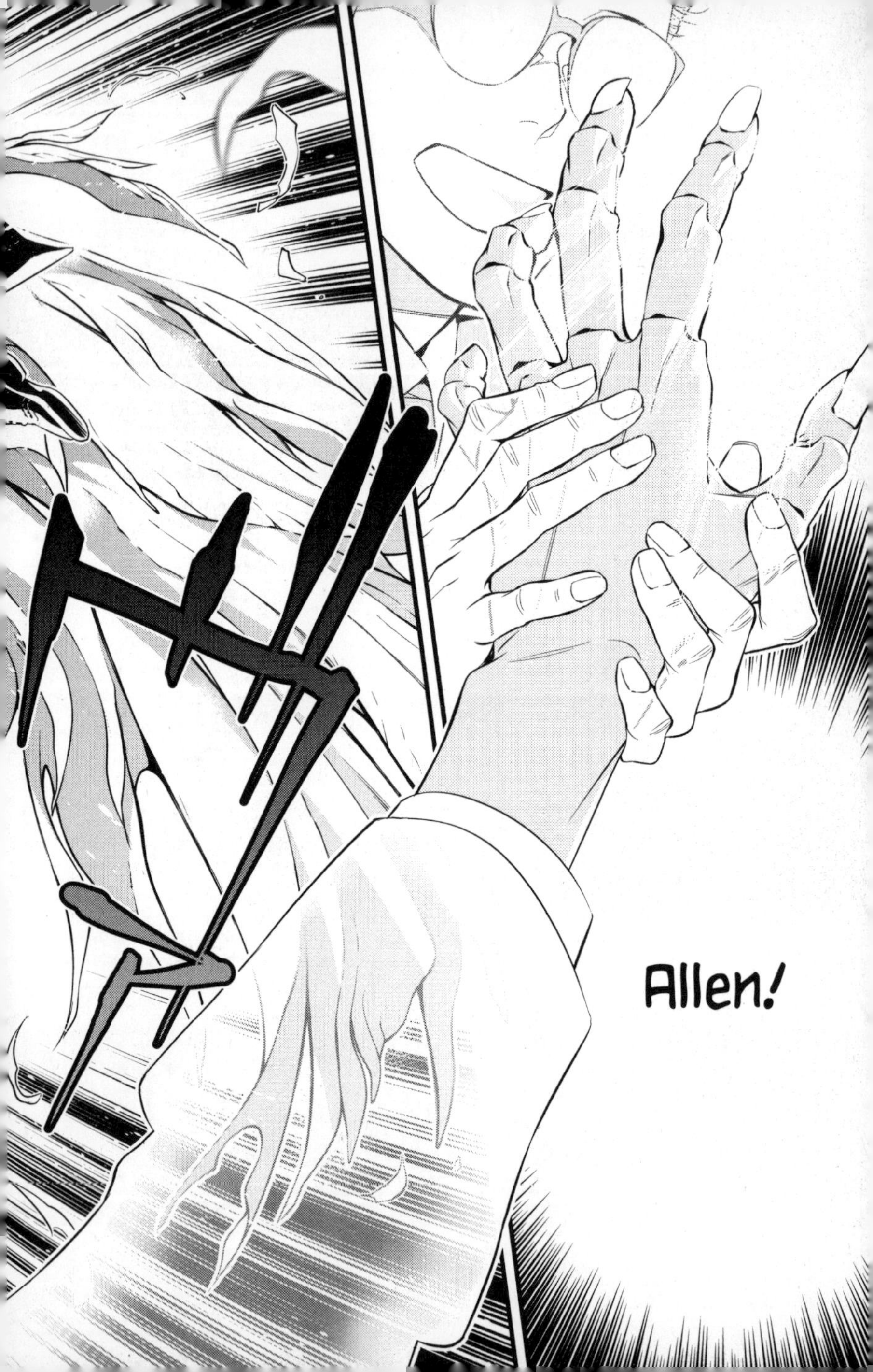
Allen!

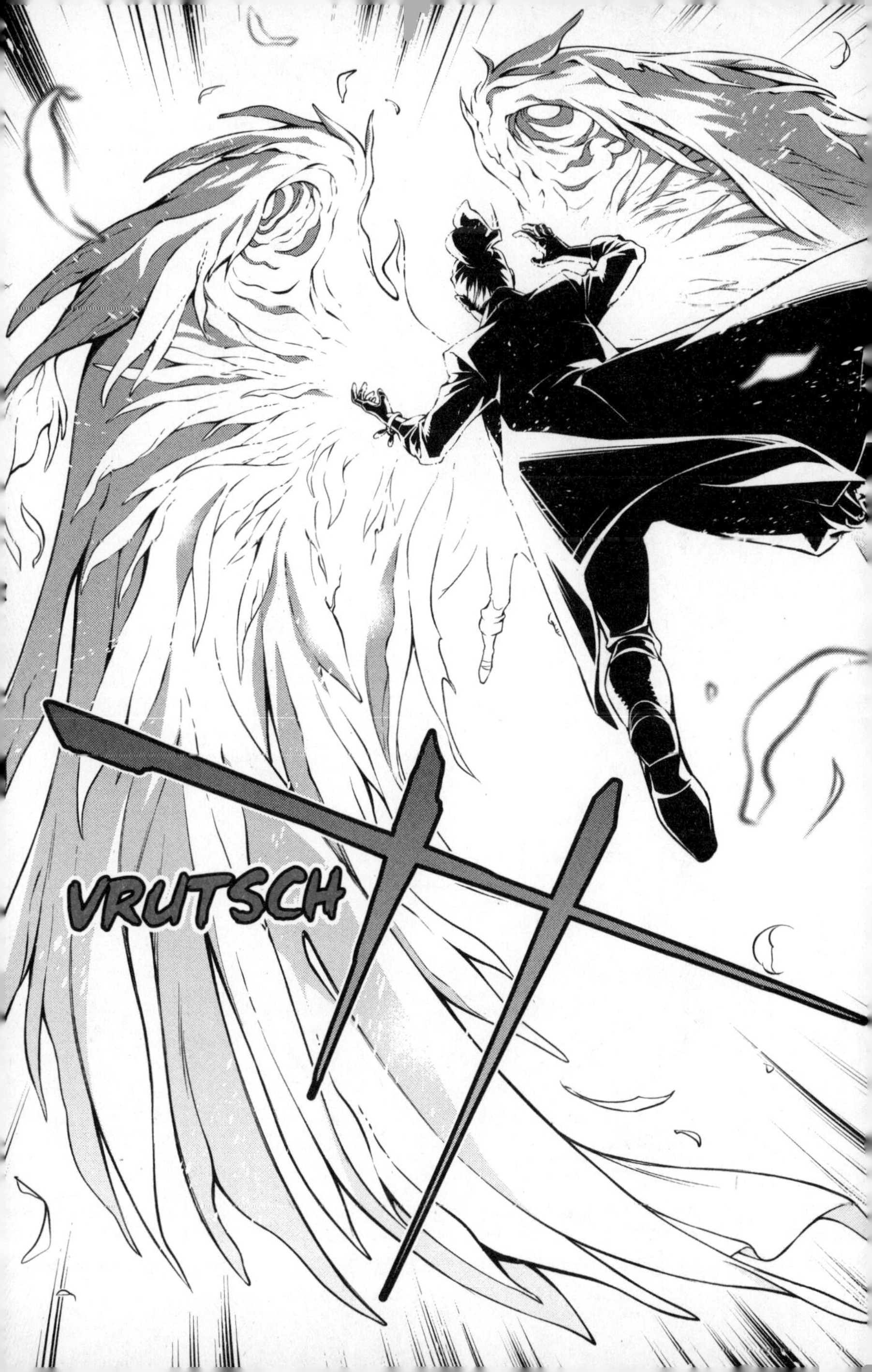
VRUTSCH

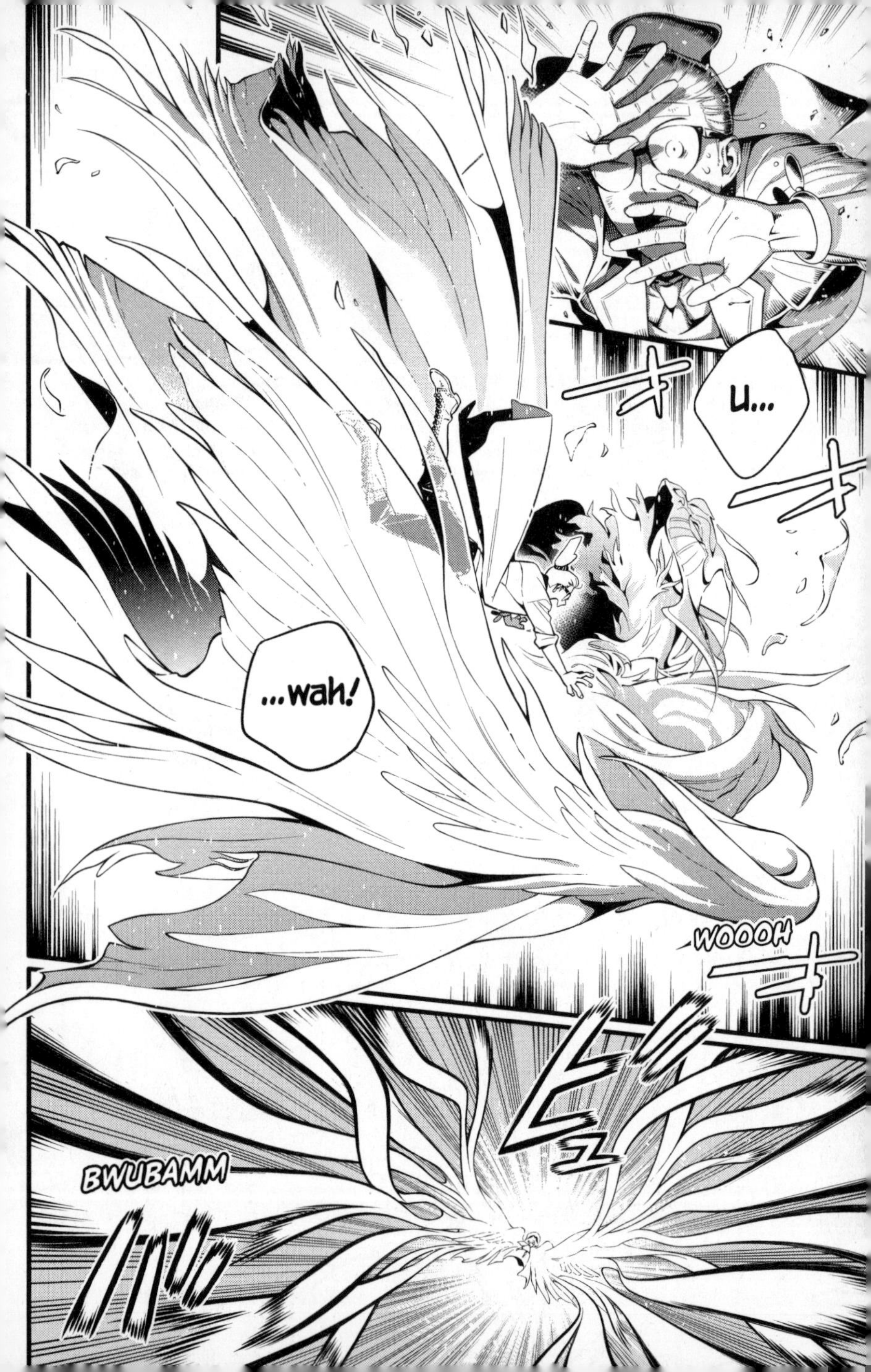
u...
...wah!
WOOOH
BWUBAMM

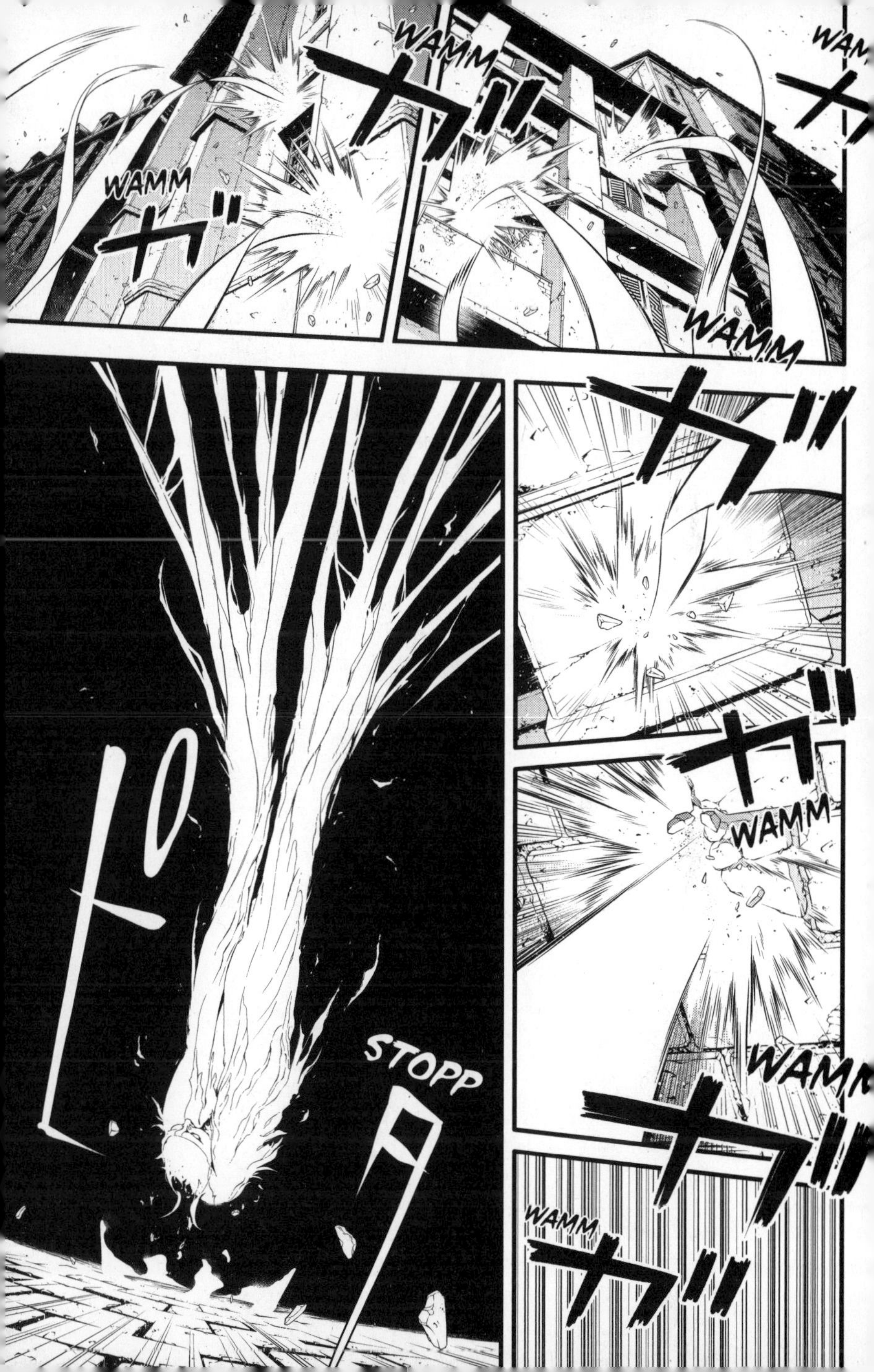
WAMM
WAMM
WAMM
WAMM
WAMM
WAMM
STOPP

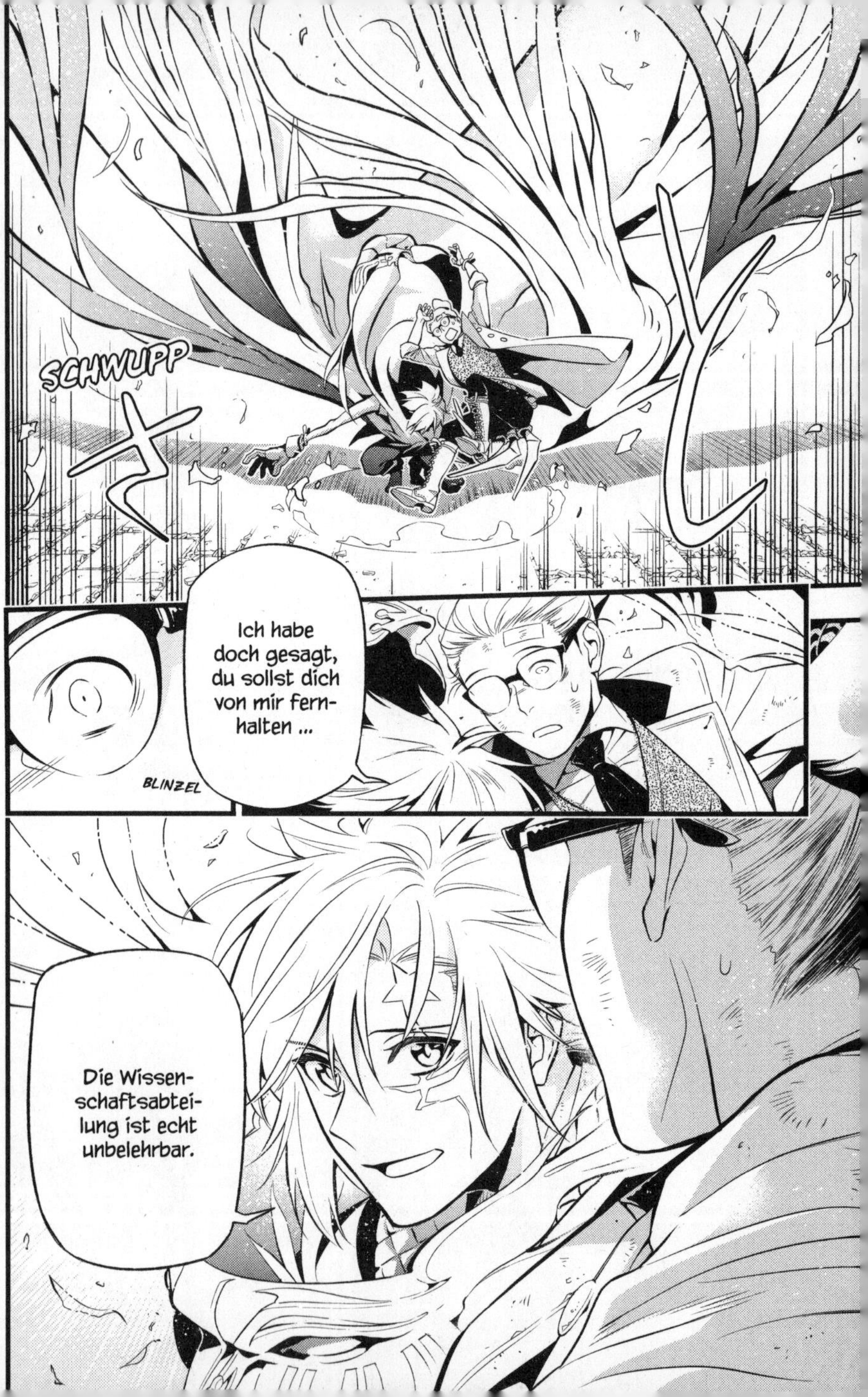
SCHWUPP
Ich habe doch gesagt, du sollst dich von mir fernhalten ...
BLINZEL
Die Wissenschaftsabteilung ist echt unbelehrbar.

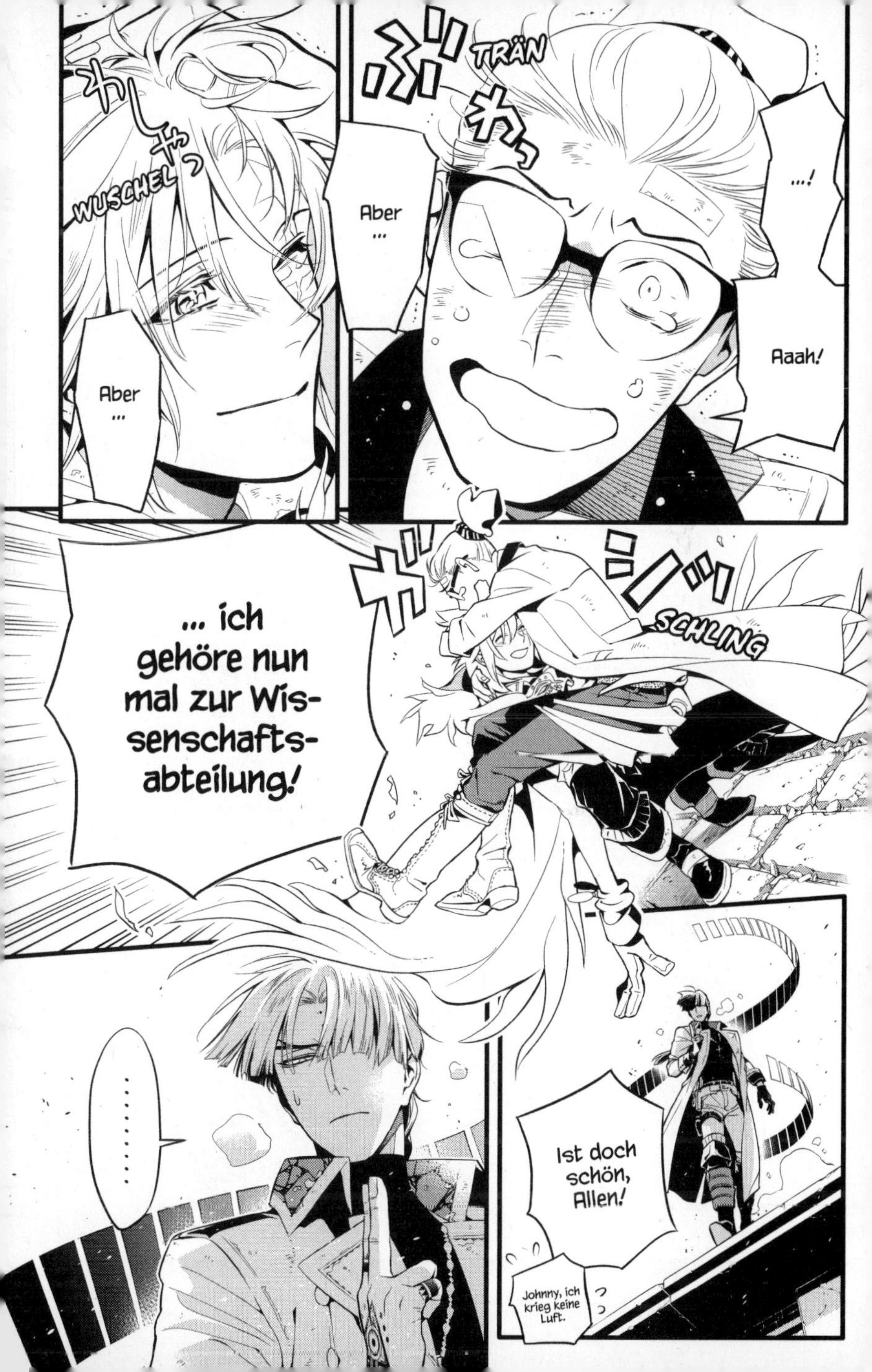

TRÄN
...!
Aaah!
Aber ...
WUSCHEL
Aber ...
SCHLING
... ich gehöre nun mal zur Wissenschaftsabteilung!
Ist doch schön, Allen!
Johnny, ich krieg keine Luft.
......

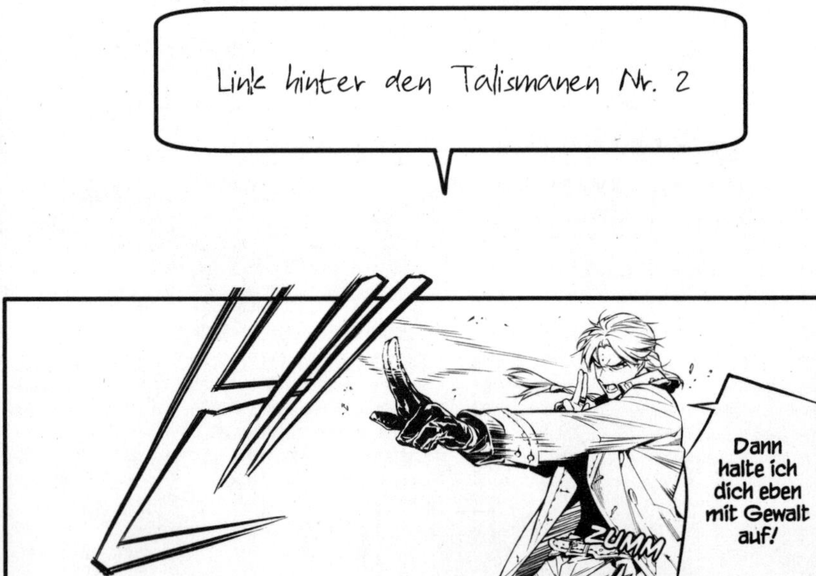
Link hinter den Talismanen Nr. 2
Dann halte ich dich eben mit Gewalt auf!
ZUMM

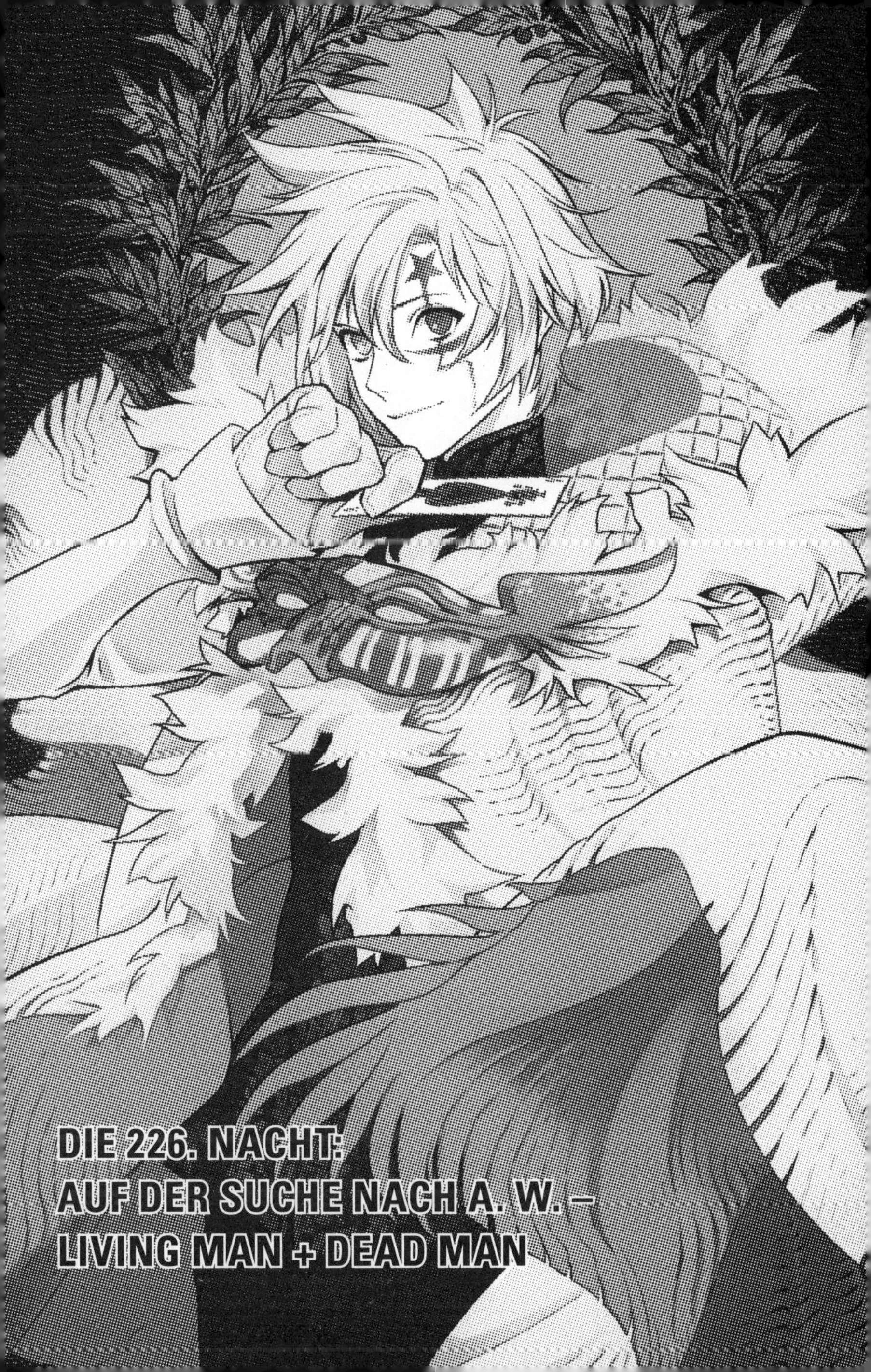

DIE 226. NACHT:
AUF DER SUCHE NACH A. W. – LIVING MAN + DEAD MAN

Die 225. Nacht Vorzeichnung

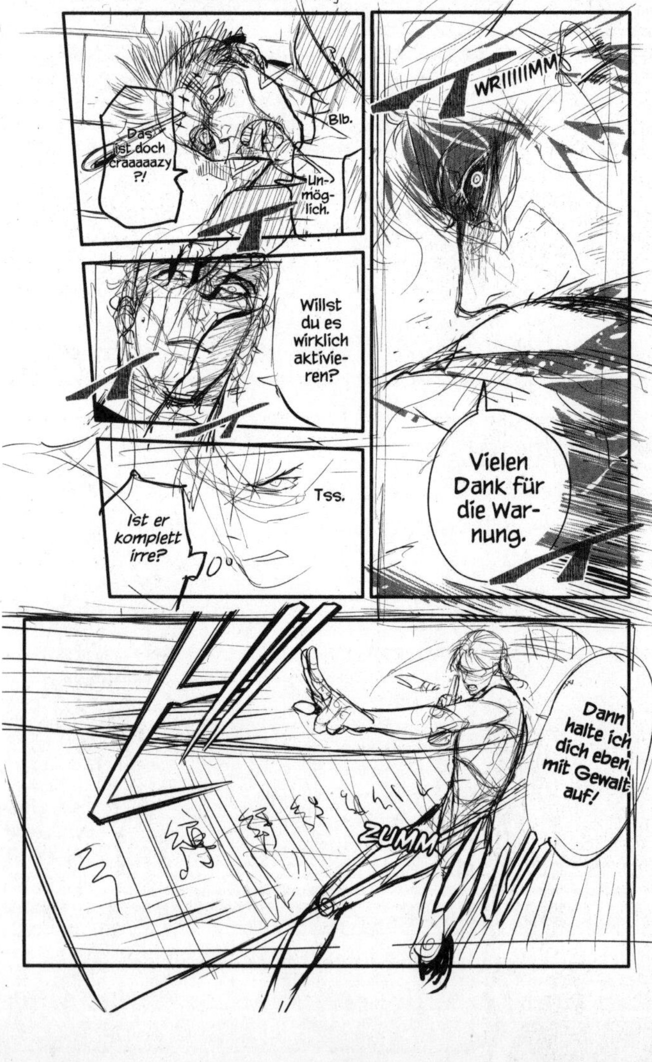

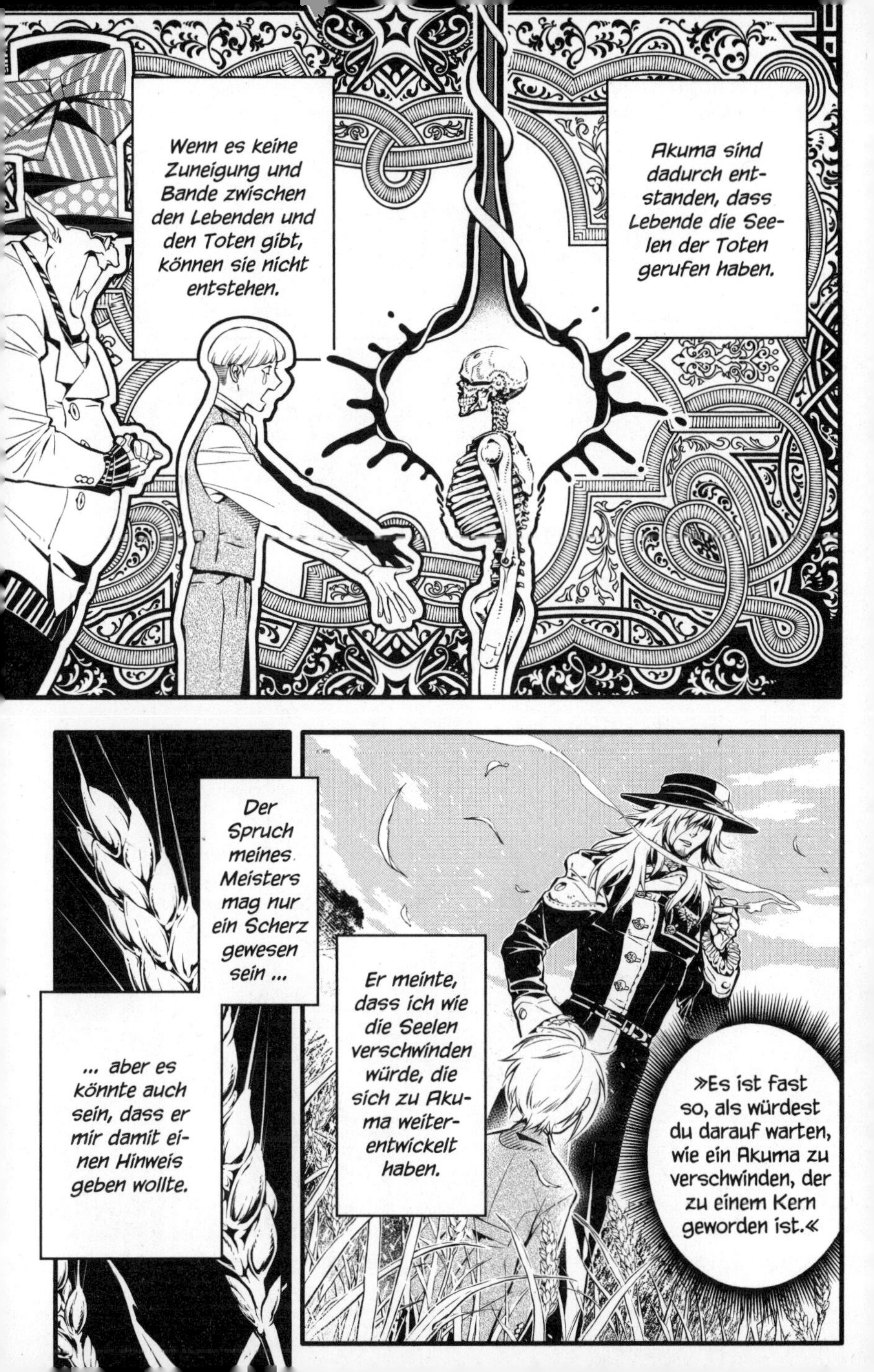

Akuma sind dadurch entstanden, dass Lebende die Seelen der Toten gerufen haben.
Wenn es keine Zuneigung und Bande zwischen den Lebenden und den Toten gibt, können sie nicht entstehen.
»Es ist fast so, als würdest du darauf warten, wie ein Akuma zu verschwinden, der zu einem Kern geworden ist.«
Er meinte, dass ich wie die Seelen verschwinden würde, die sich zu Akuma weiterentwickelt haben.
Der Spruch meines Meisters mag nur ein Scherz gewesen sein ...
... aber es könnte auch sein, dass er mir damit einen Hinweis geben wollte.

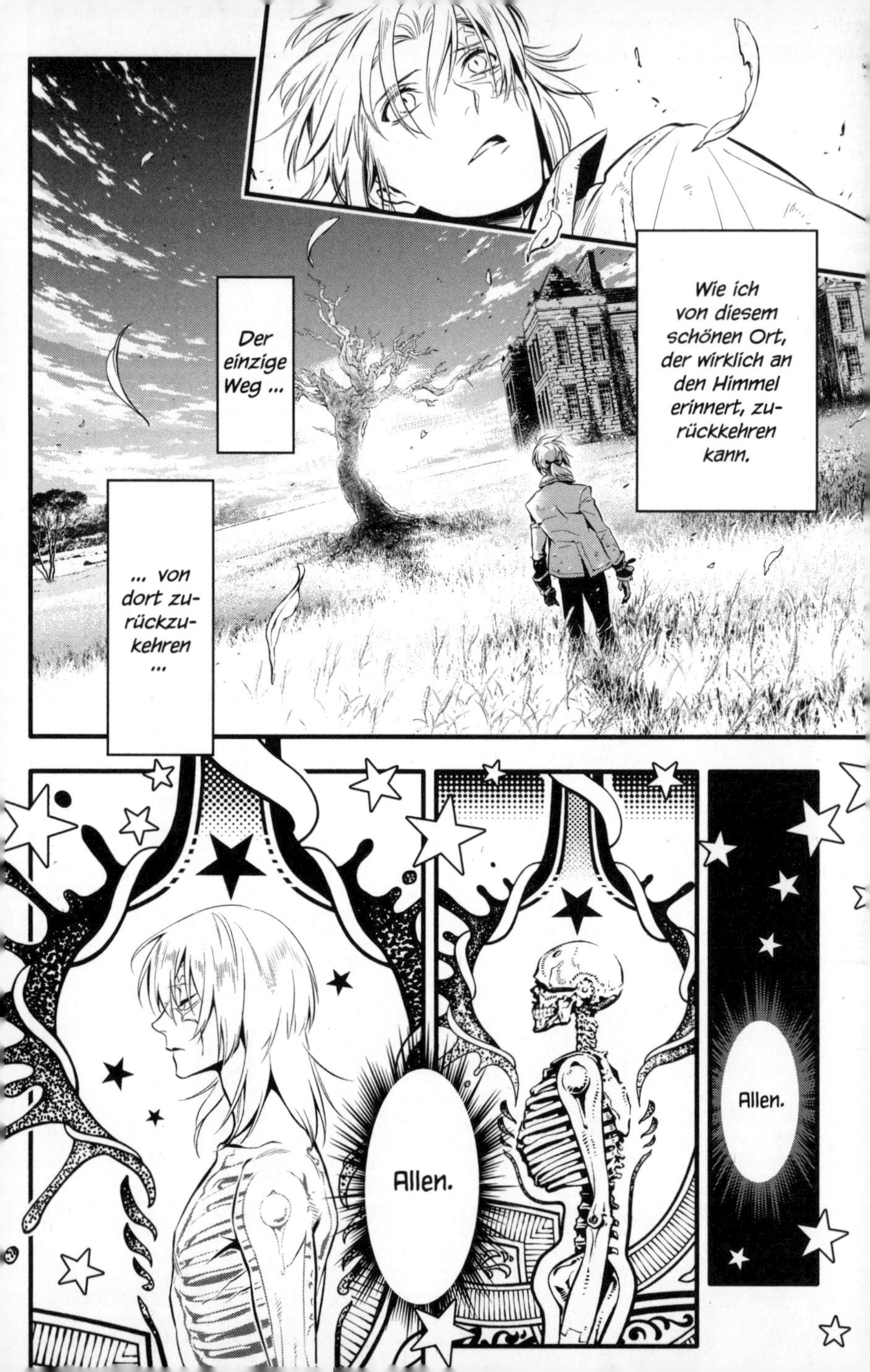
Wie ich von diesem schönen Ort, der wirklich an den Himmel erinnert, zurückkehren kann.
Der einzige Weg ...
... von dort zurückzukehren ...
Allen.
Allen.

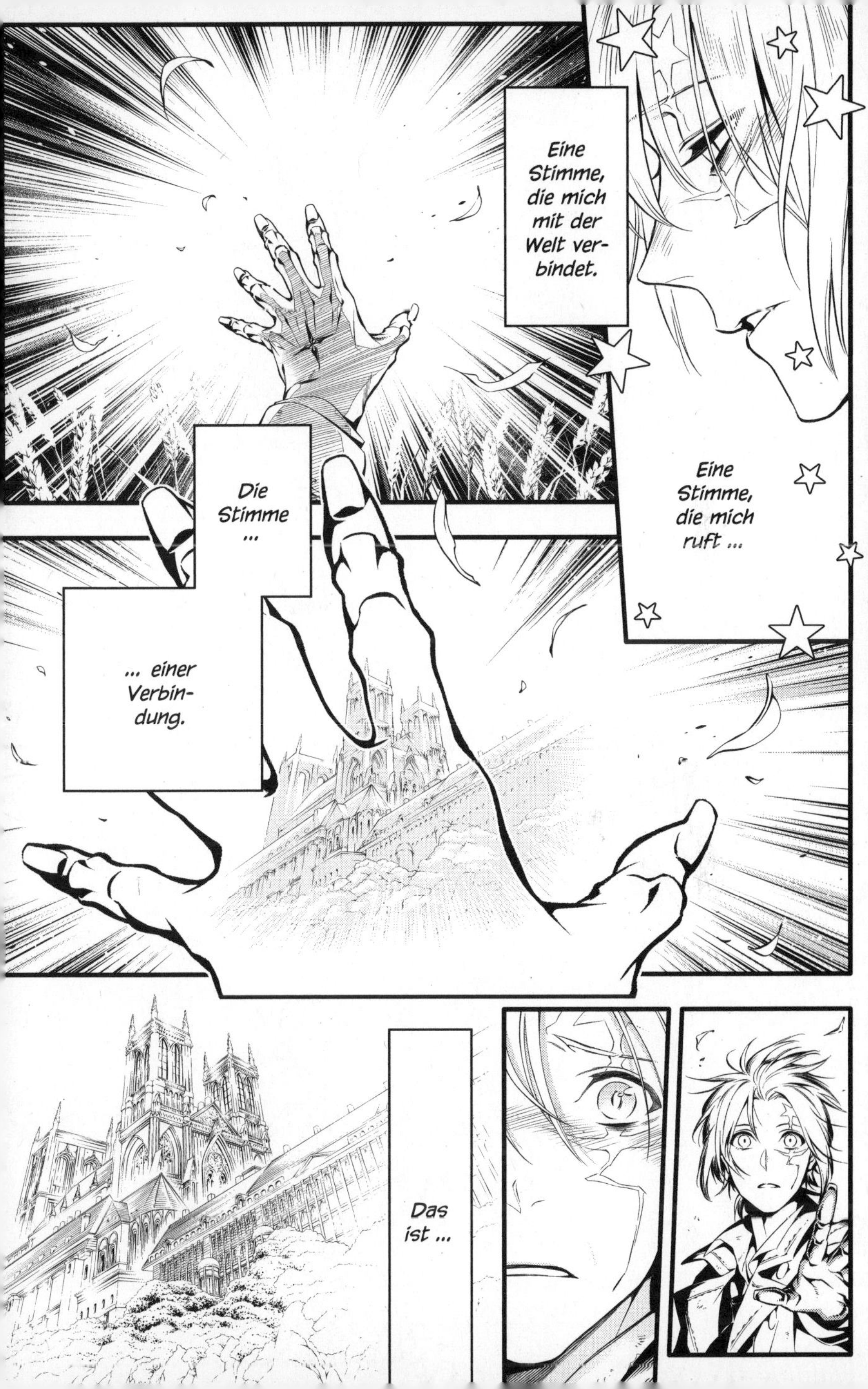
Eine Stimme, die mich mit der Welt verbindet.
Eine Stimme, die mich ruft ...
Die Stimme ...
... einer Verbindung.
Das ist ...

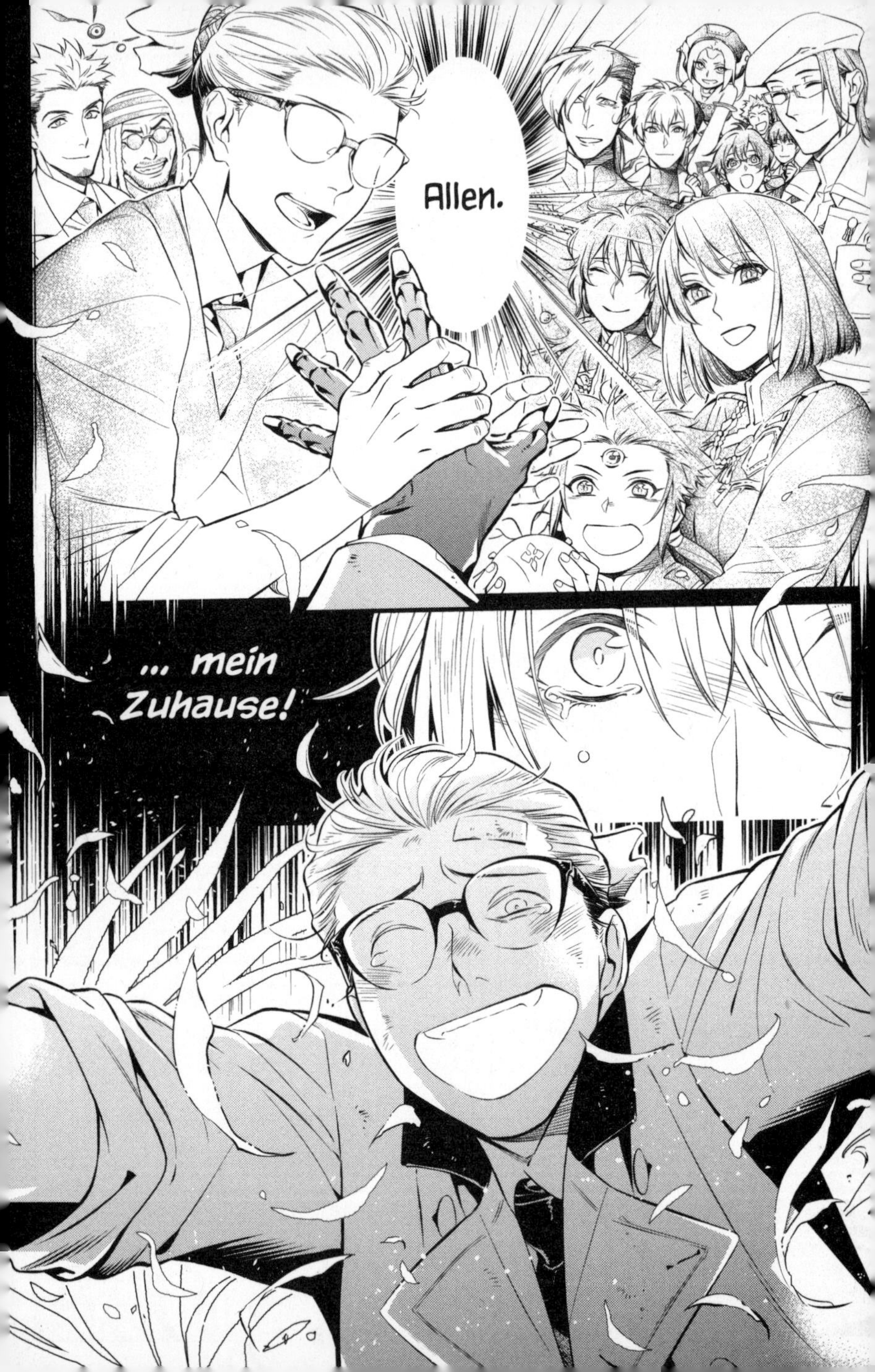
Allen.
... mein Zuhause!

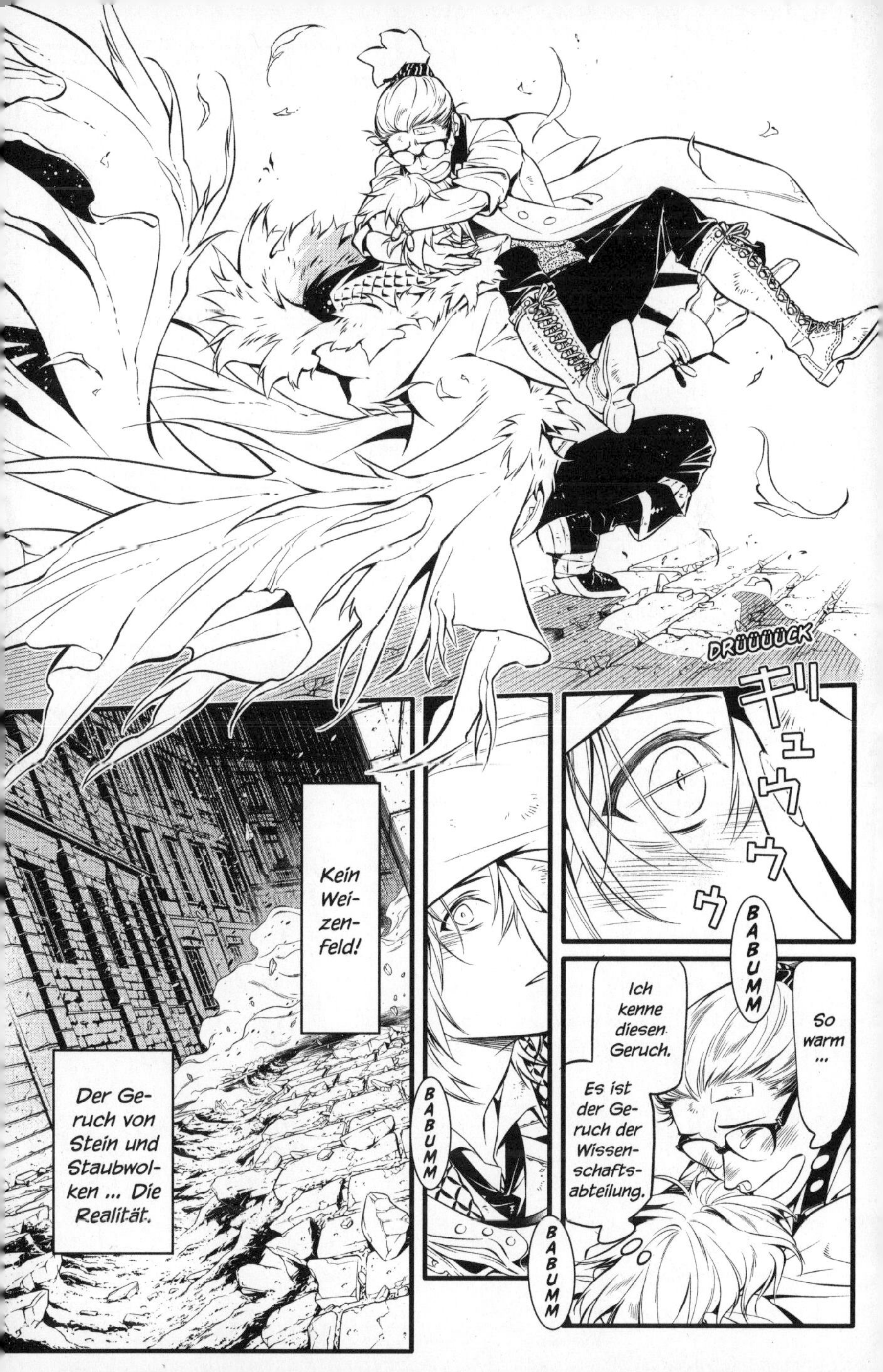

DRÜÜÜÜCK
ギュウウウ
BABUMM
So warm ...
Ich kenne diesen Geruch.
Es ist der Geruch der Wissenschaftsabteilung.
BABUMM
BABUMM
Kein Weizenfeld!
Der Geruch von Stein und Staubwolken ... Die Realität.

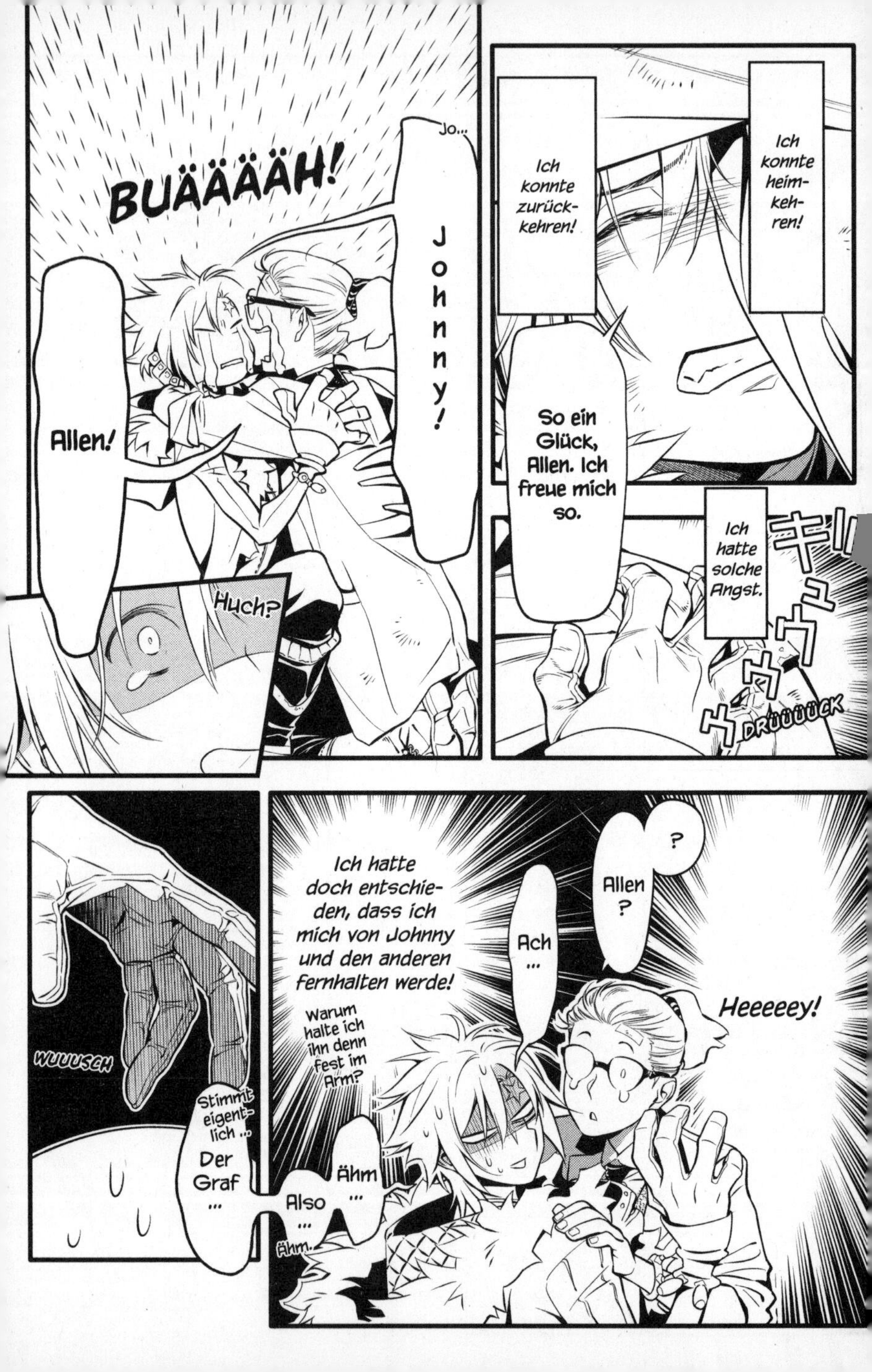

Ich konnte heim-keh-ren!
Ich konnte zurück-kehren!
So ein Glück, Allen. Ich freue mich so.
Ich hatte solche Angst.
キュウウ
DRÜÜÜÜCK
Jo…
Johnny!
BUÄÄÄÄH!
Allen!
Huch?
Heeeeey!
?
Allen?
Ach …
Ich hatte doch entschie-den, dass ich mich von Johnny und den anderen fernhalten werde!
Warum halte ich ihn denn fest im Arm?
Ähm …
Also …
Ähm.
Stimmt eigent-lich …
Der Graf …
WUUUSCH

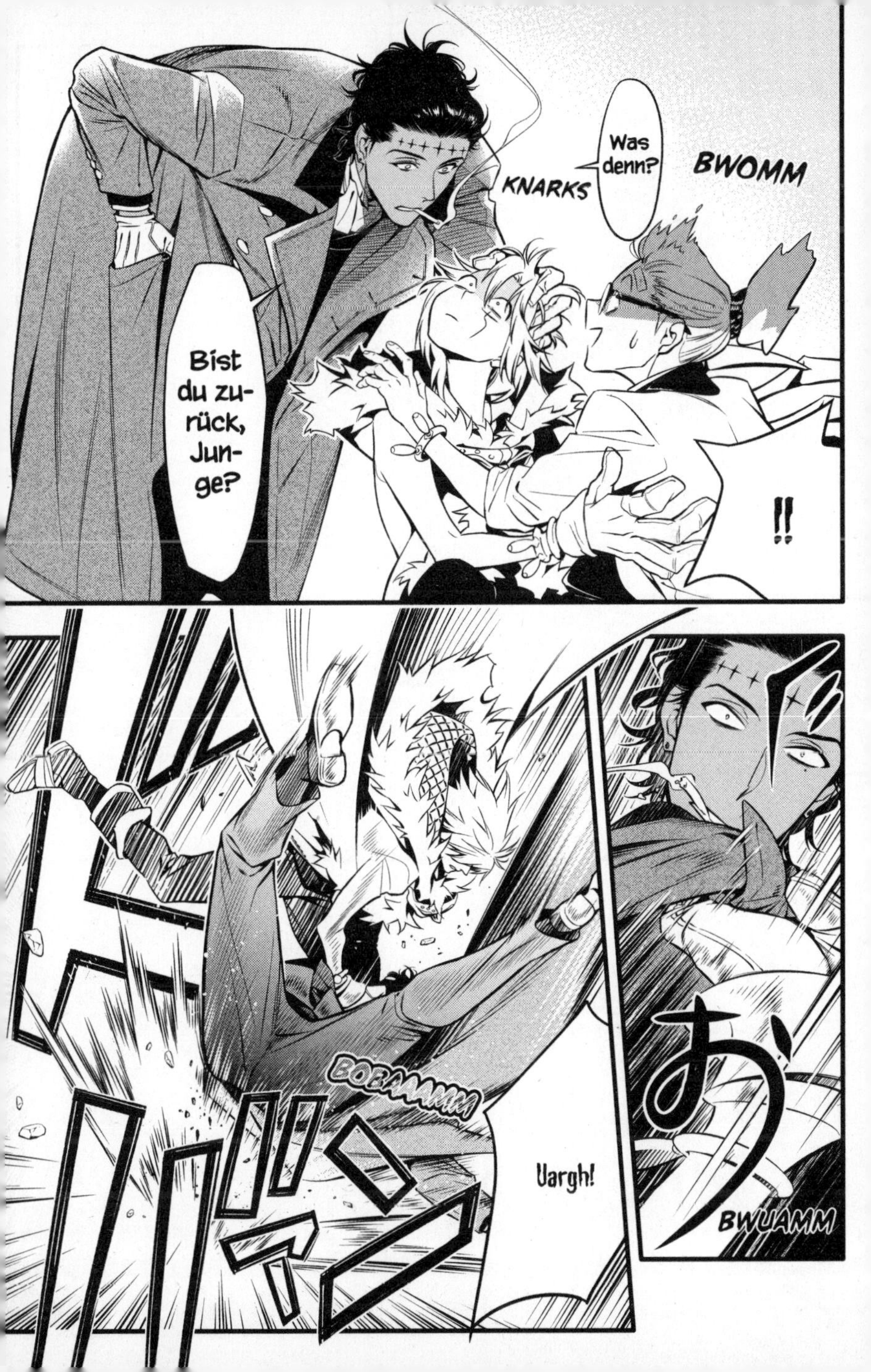
BWOMM
Was denn?
KNARKS
Bist du zurück, Junge?
!!
BWUAMM
Uargh!
BOBAAAMM

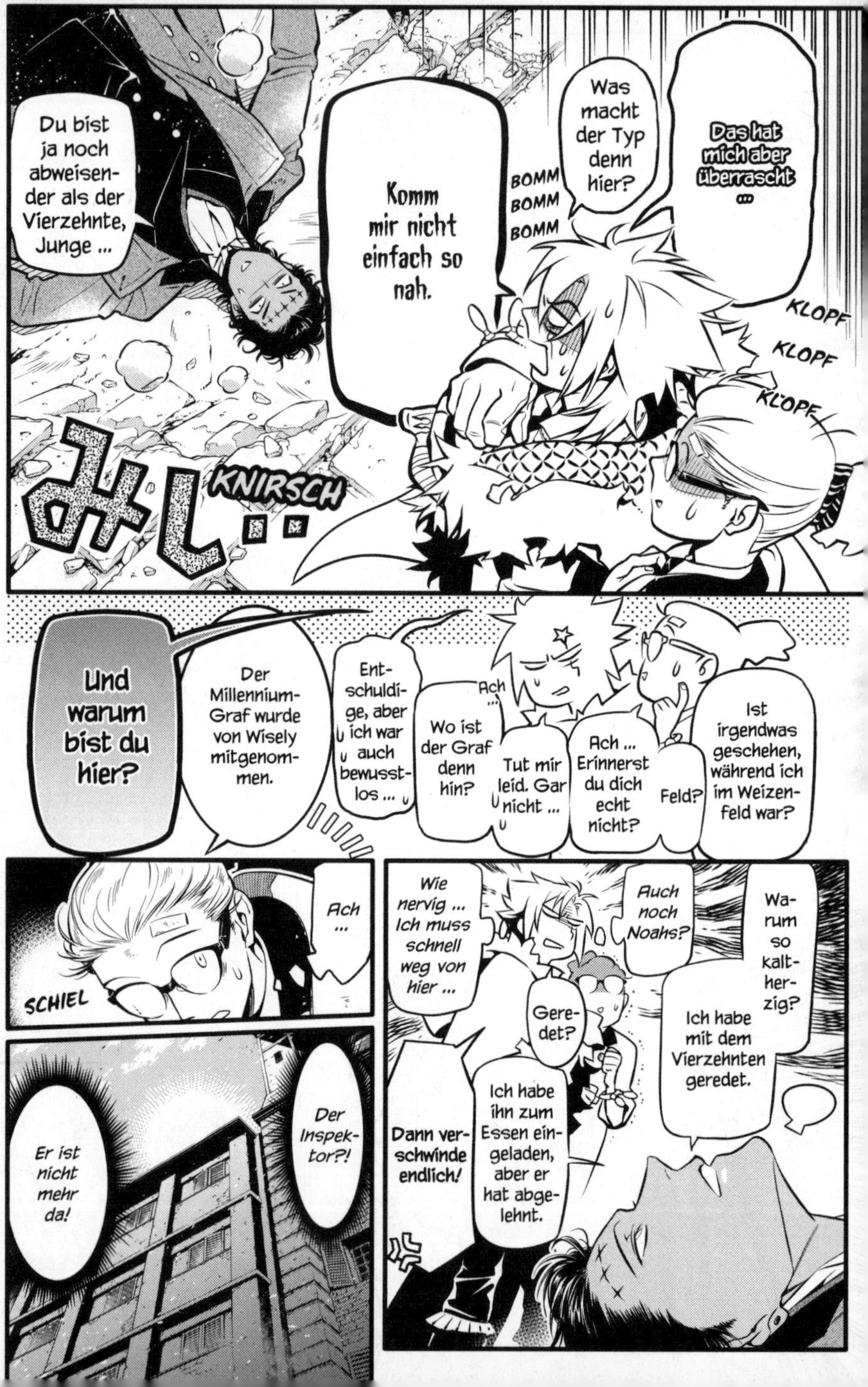
Das hat mich aber überrascht ...
Was macht der Typ denn hier?
BOMM BOMM BOMM
KLOPF KLOPF KLOPF
Komm mir nicht einfach so nah.
Du bist ja noch abweisender als der Vierzehnte, Junge ...
KNIRSCH
Ist irgendwas geschehen, während ich im Weizenfeld war?
Feld?
Ach ... Erinnerst du dich echt nicht?
Ach ...
Tut mir leid. Gar nicht ...
Wo ist der Graf denn hin?
Entschuldige, aber ich war auch bewusstlos ...
Der Millennium-Graf wurde von Wisely mitgenommen.
Und warum bist du hier?
Warum so kaltherzig?
Auch noch Noahs?
Wie nervig ... Ich muss schnell weg von hier ...
Ich habe mit dem Vierzehnten geredet.
Geredet?
Ich habe ihn zum Essen eingeladen, aber er hat abgelehnt.
Dann verschwinde endlich!
Ach ...
SCHIEL
Der Inspektor?!
Er ist nicht mehr da!

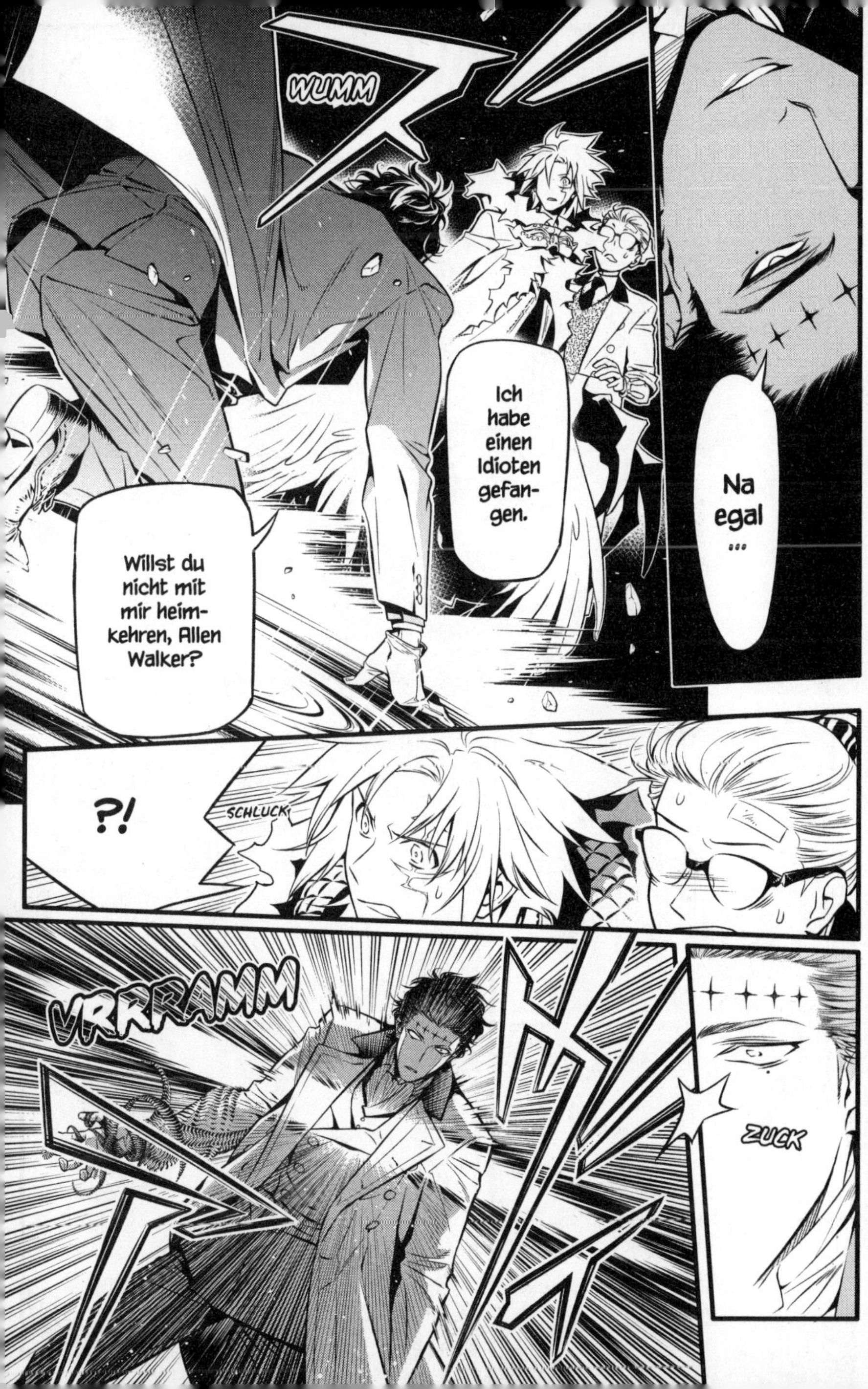
WUMM
Na egal ...
Ich habe einen Idioten gefangen.
Willst du nicht mit mir heimkehren, Allen Walker?
SCHLUCK
?!
ZUCK
VRRRAMM

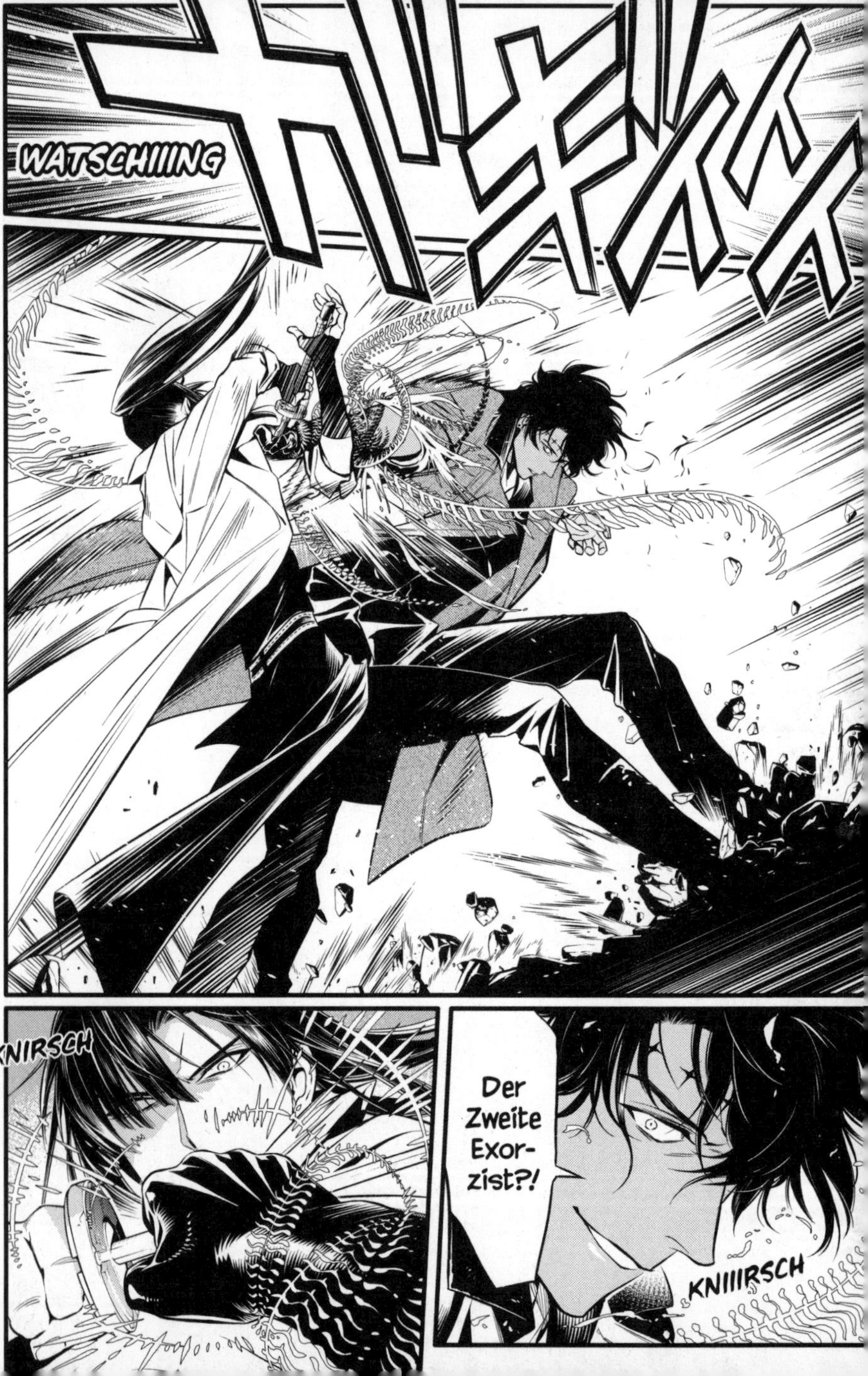
WATSCHIIING
KNIRSCH
Der Zweite Exor-zist?!
KNIIIRSCH

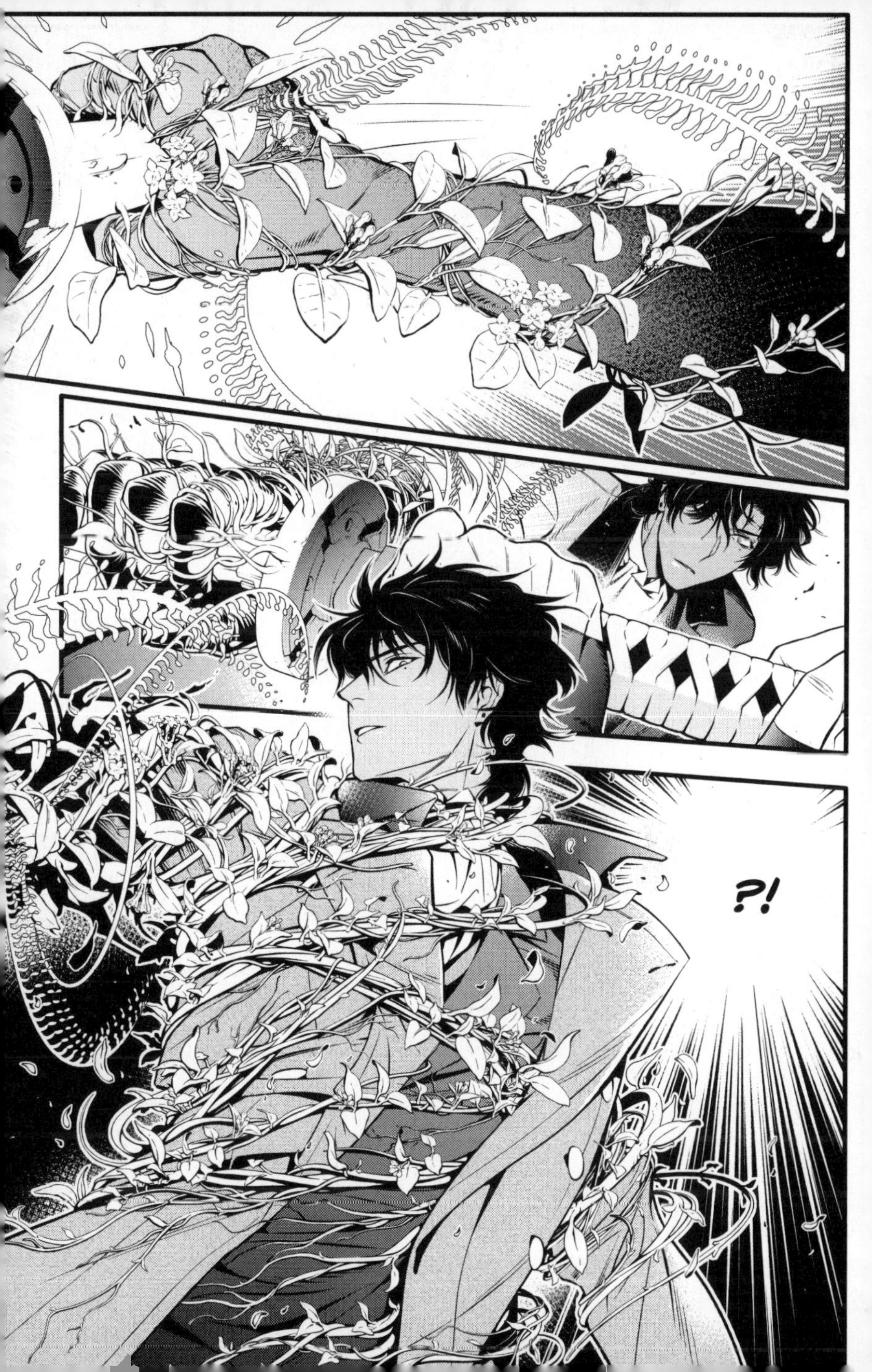

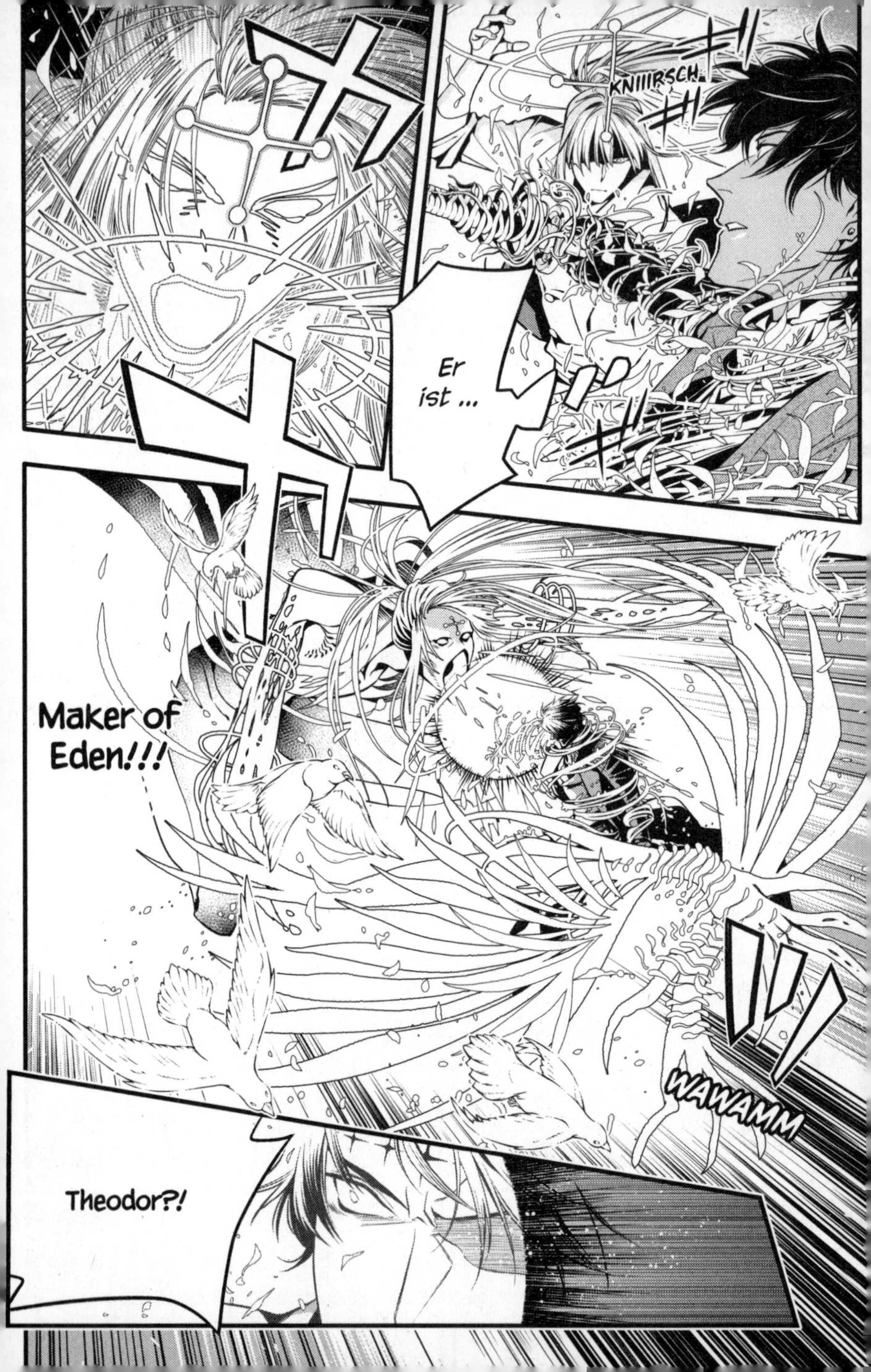
KNIIIRSCH
Er ist ...
Maker of Eden!!!
WAWAMM
Theodor?!

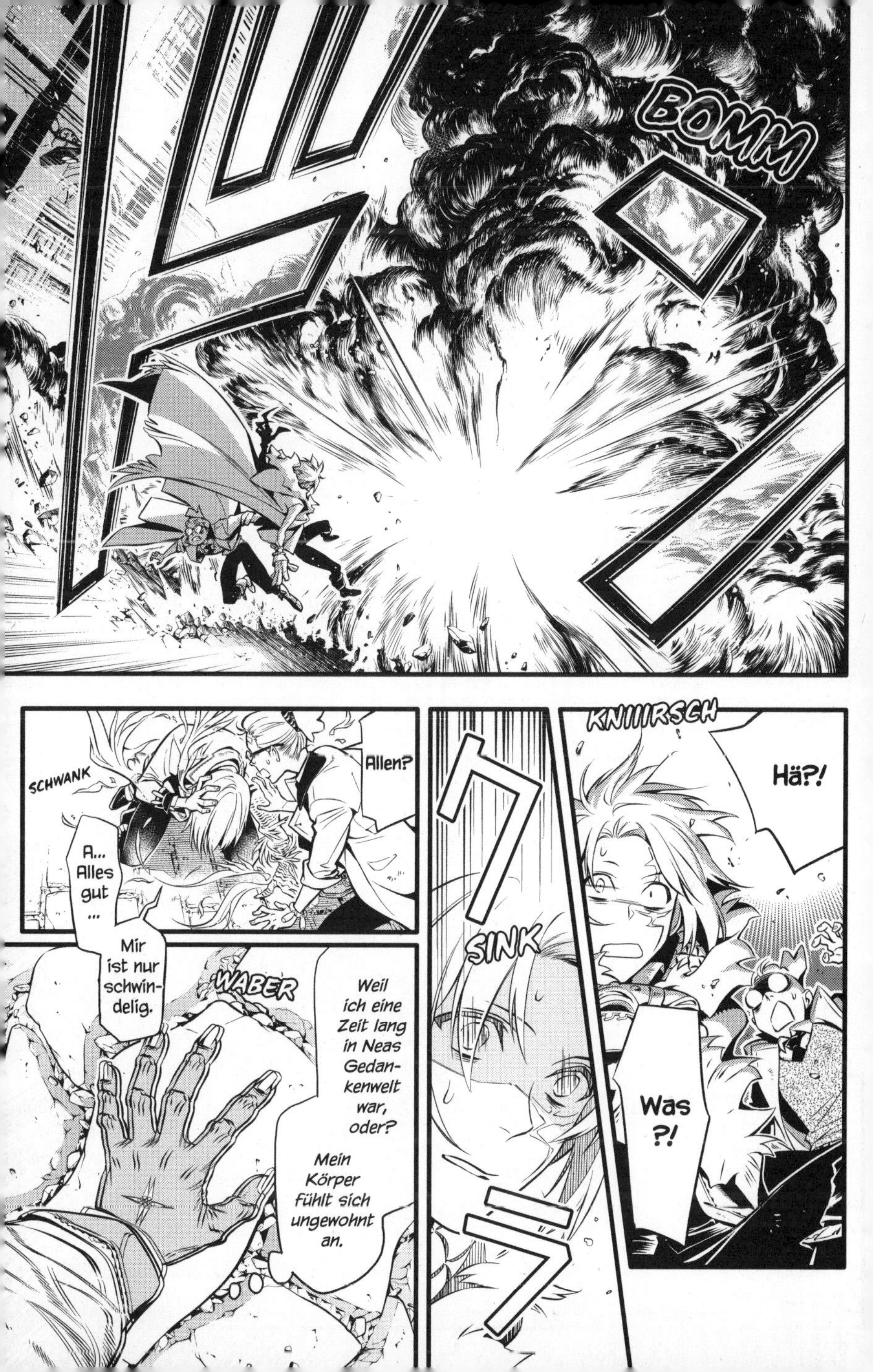
BOMM
KNIIIRSCH
Hä?!
Allen?
SCHWANK
A... Alles gut ...
Mir ist nur schwindelig.
SINK
Was ?!
WABER
Weil ich eine Zeit lang in Neas Gedankenwelt war, oder?
Mein Körper fühlt sich ungewohnt an.

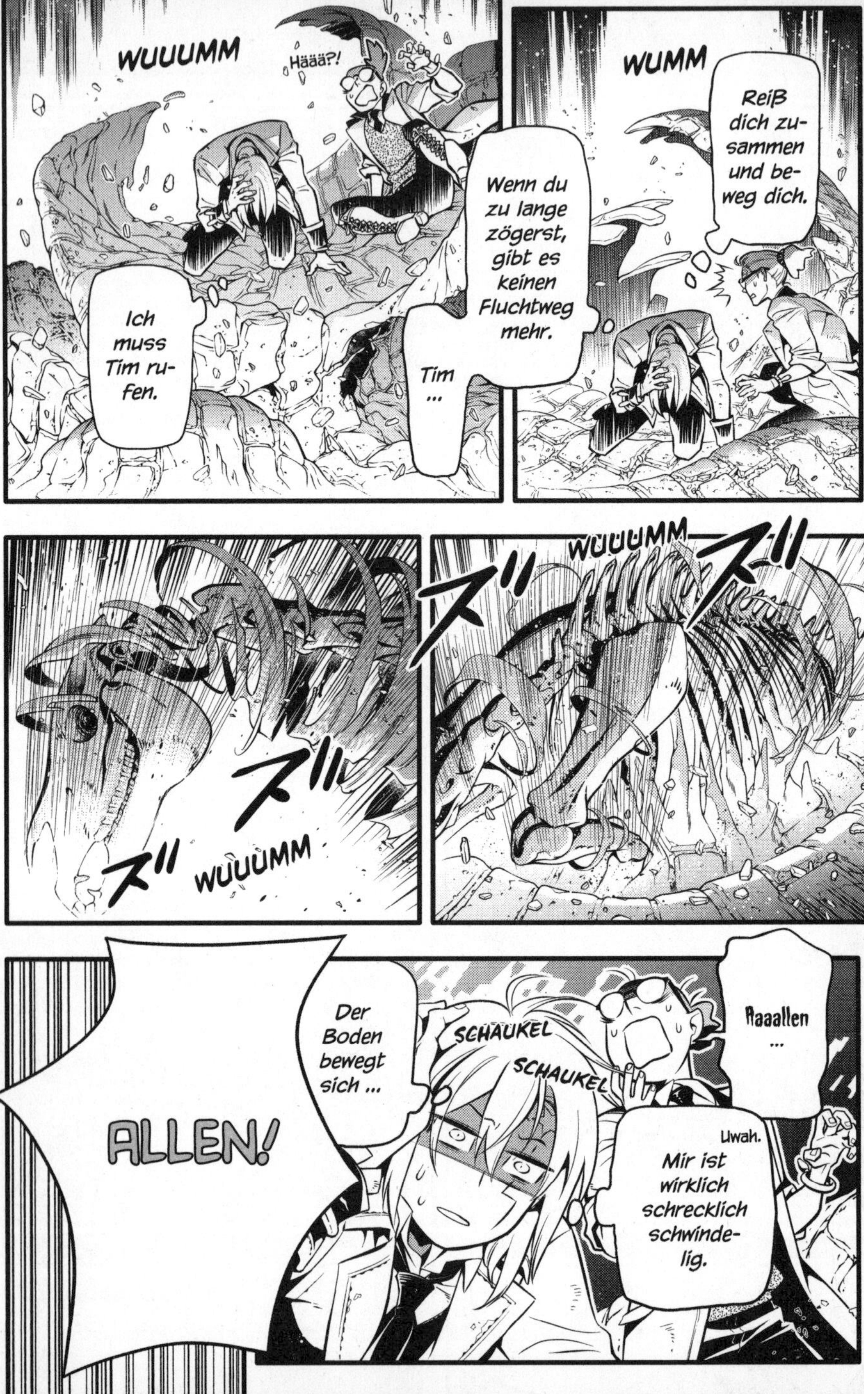
WUMM
Reiß dich zusammen und beweg dich.
WUUUMM
Hääa?!
Wenn du zu lange zögerst, gibt es keinen Fluchtweg mehr.
Tim ...
Ich muss Tim rufen.
WUUUMM
ズ
ズ
ズ
ズ
WUUUMM
Aaaallen ...
SCHAUKEL
SCHAUKEL
Der Boden bewegt sich ...
Uwah.
Mir ist wirklich schrecklich schwindelig.
ALLEN!

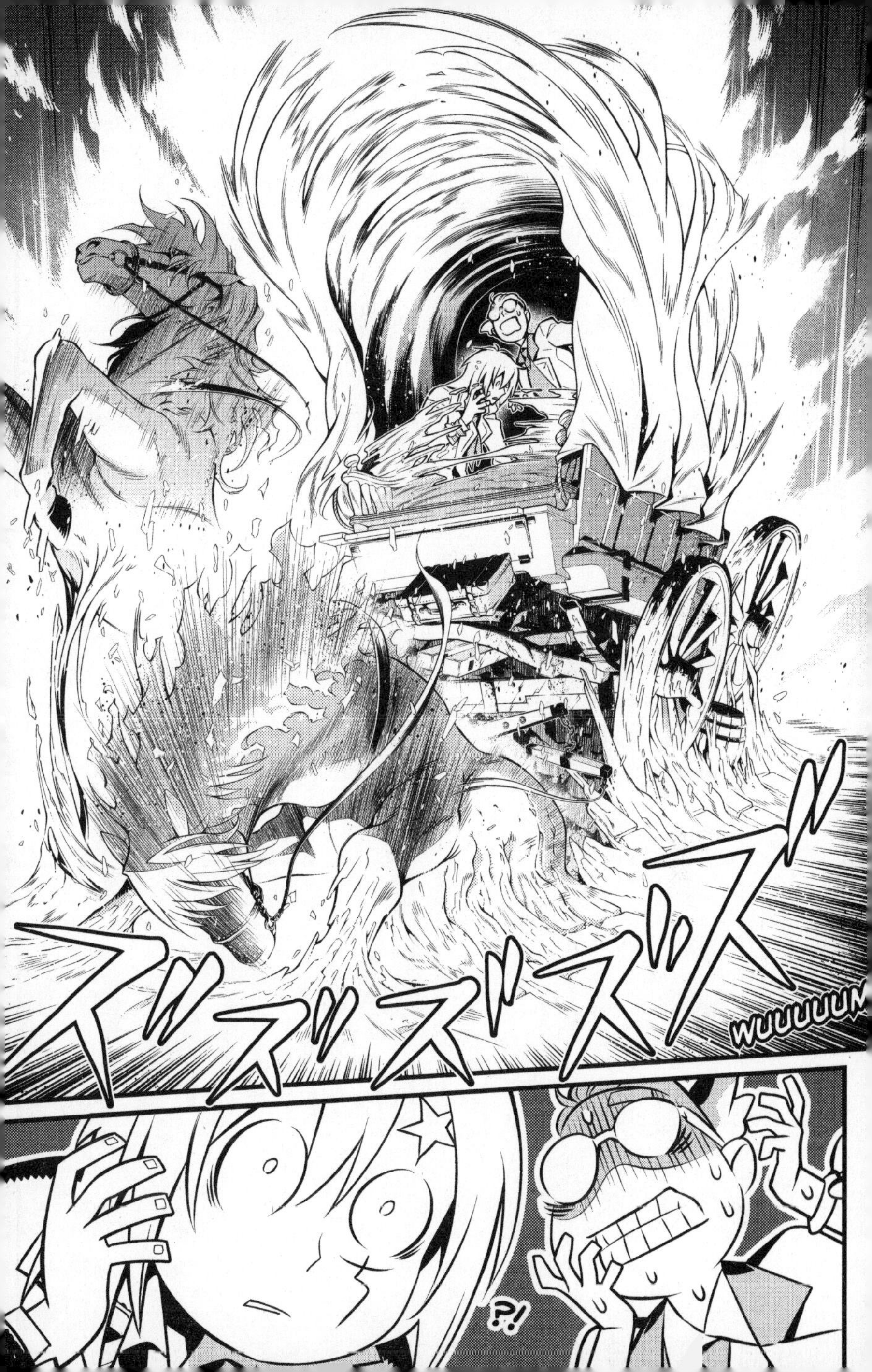

スッスズズズ
WUUUUUM
?!

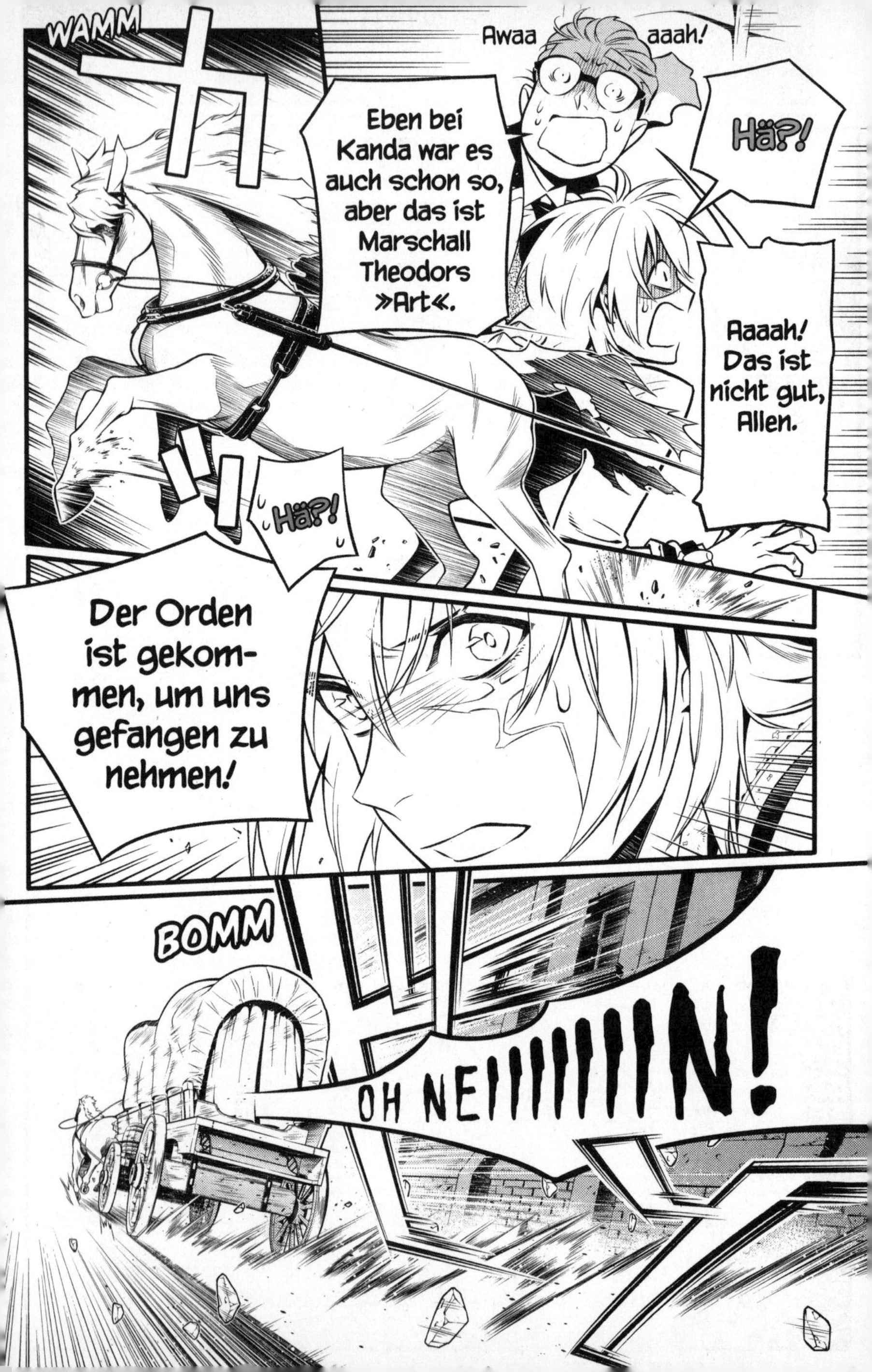
Awaa aaah!
Eben bei Kanda war es auch schon so, aber das ist Marschall Theodors »Art«.
Hä?!
Aaaah! Das ist nicht gut, Allen.
WAMM
Hä?!
Der Orden ist gekommen, um uns gefangen zu nehmen!
BOMM
OH NEIIIIIIIN!

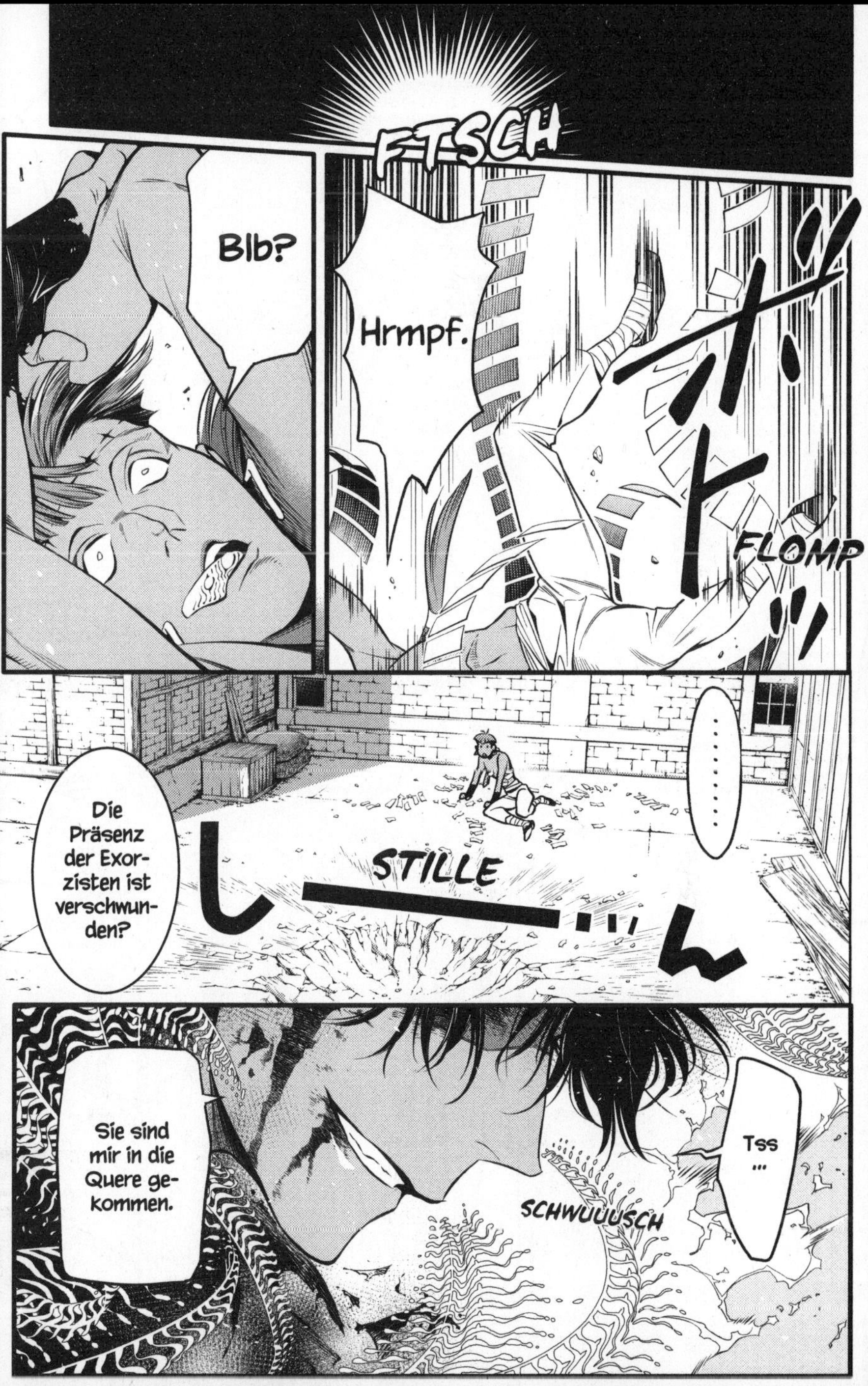
FTSCH
Hrmpf.
Blb?
FLOMP
……
Die Präsenz der Exorzisten ist verschwunden?
STILLE
Tss …
Sie sind mir in die Quere gekommen.
SCHWUUUSCH

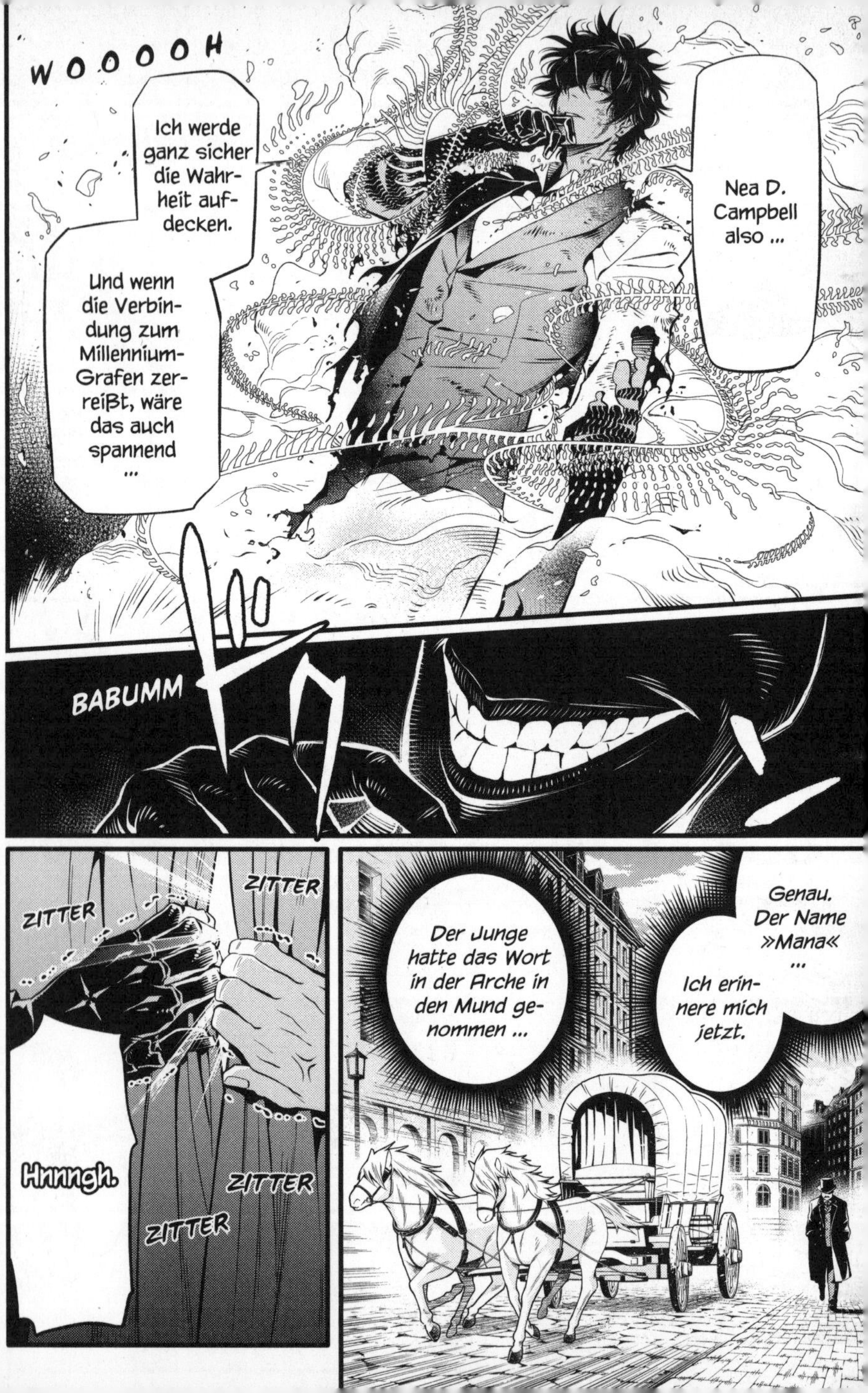
WOOOOH
Nea D. Campbell also ...
Ich werde ganz sicher die Wahrheit aufdecken.
Und wenn die Verbindung zum Millennium-Grafen zerreißt, wäre das auch spannend ...
BABUMM
Genau. Der Name »Mana« ...
Ich erinnere mich jetzt.
Der Junge hatte das Wort in der Arche in den Mund genommen ...
ZITTER
ZITTER
Hnnngh.
ZITTER
ZITTER

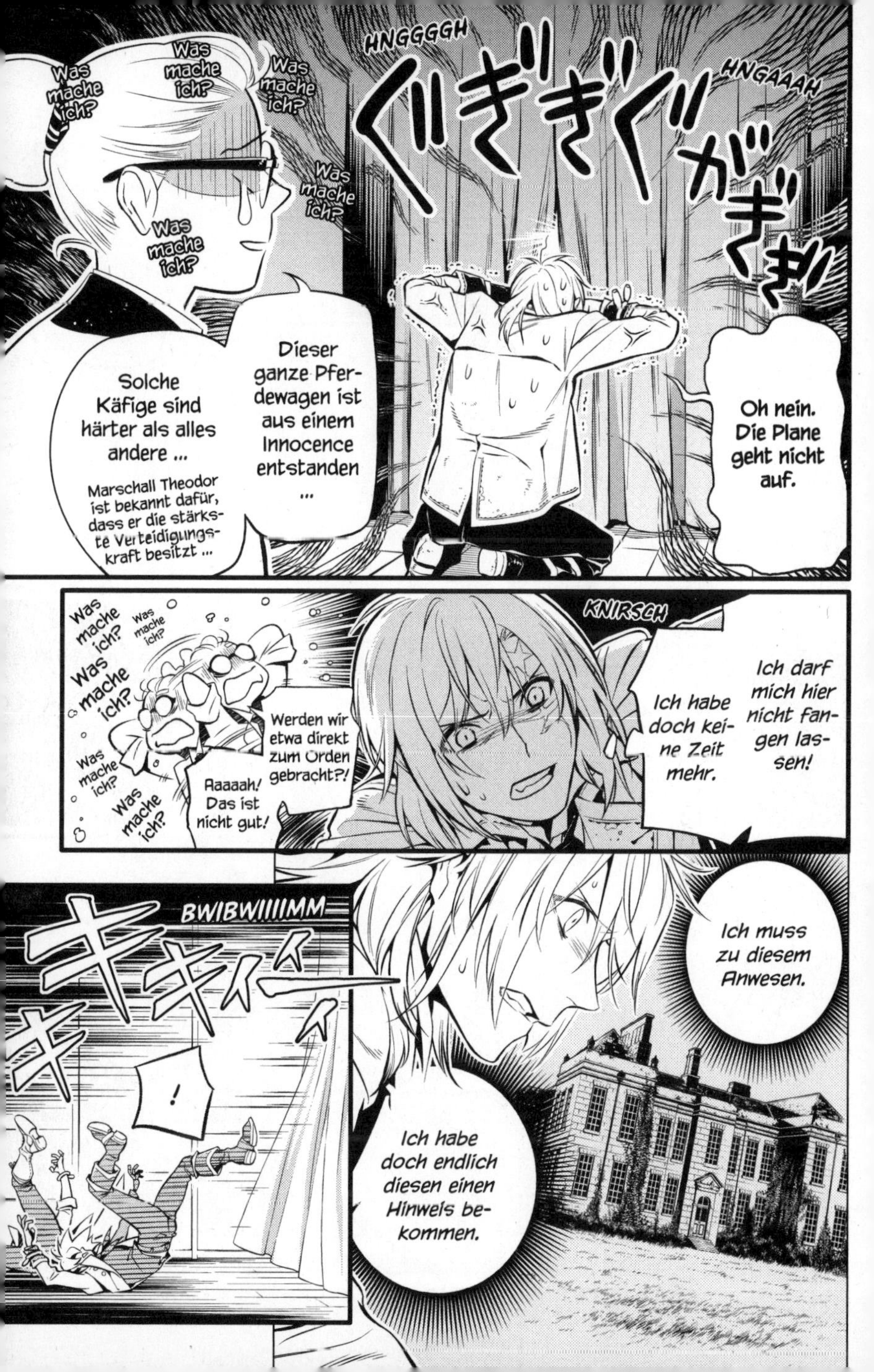
HNGGGGH
HNGAAAH
Was mache ich?
Was mache ich?
Was mache ich?
Was mache ich?
Was mache ich?
Oh nein. Die Plane geht nicht auf.
Dieser ganze Pferdewagen ist aus einem Innocence entstanden ...
Solche Käfige sind härter als alles andere ...
Marschall Theodor ist bekannt dafür, dass er die stärkste Verteidigungskraft besitzt ...
KNIRSCH
Ich darf mich hier nicht fangen lassen!
Ich habe doch keine Zeit mehr.
Werden wir etwa direkt zum Orden gebracht?!
Aaaaah! Das ist nicht gut!
Was mache ich?
Was mache ich?
Was mache ich?
Was mache ich?
Was mache ich?
Ich muss zu diesem Anwesen.
Ich habe doch endlich diesen einen Hinweis bekommen.
BWIBWIIIIMM
!

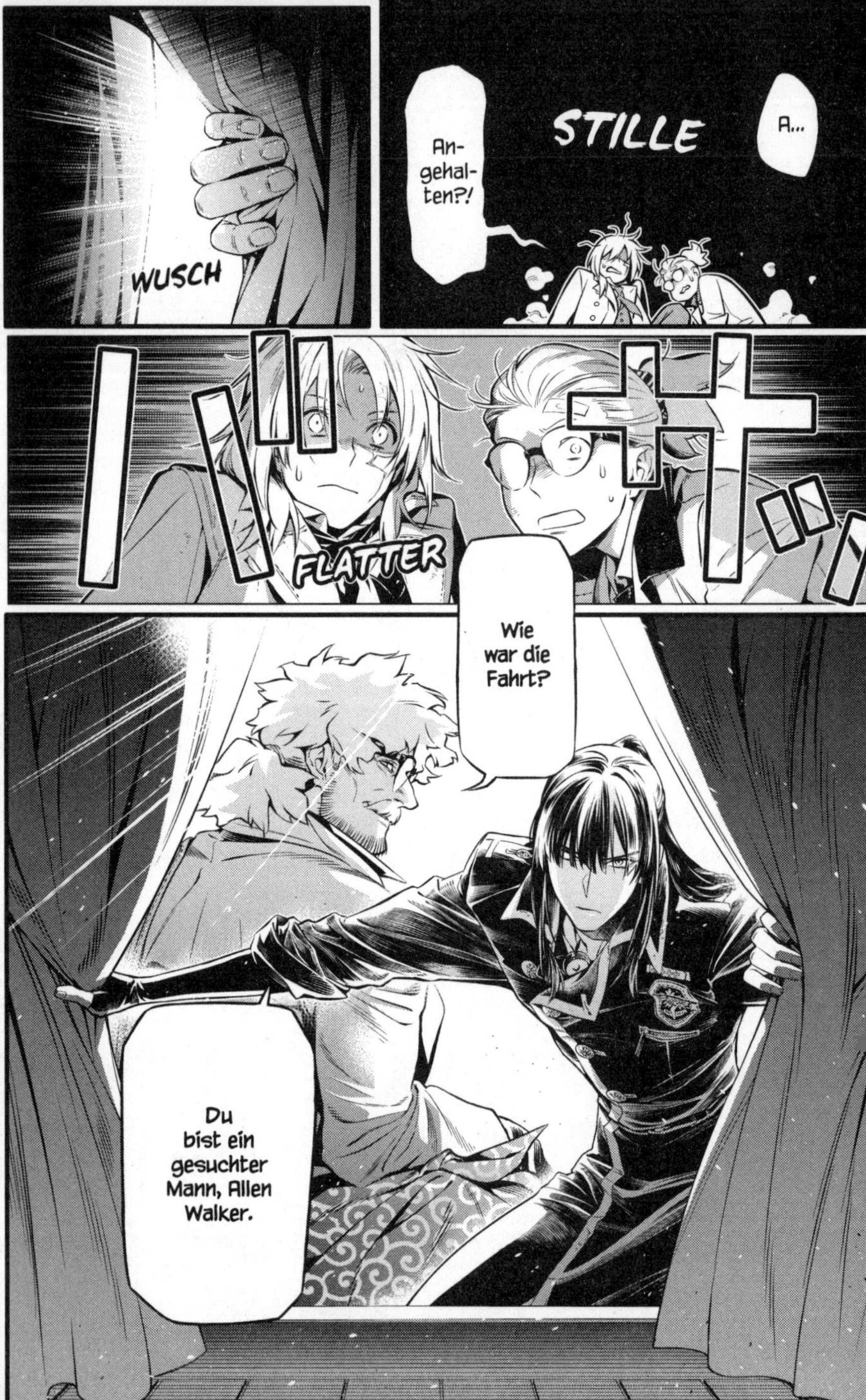
A...
STILLE
An-gehal-ten?!
WUSCH
FLATTER
Wie war die Fahrt?
Du bist ein gesuchter Mann, Allen Walker.

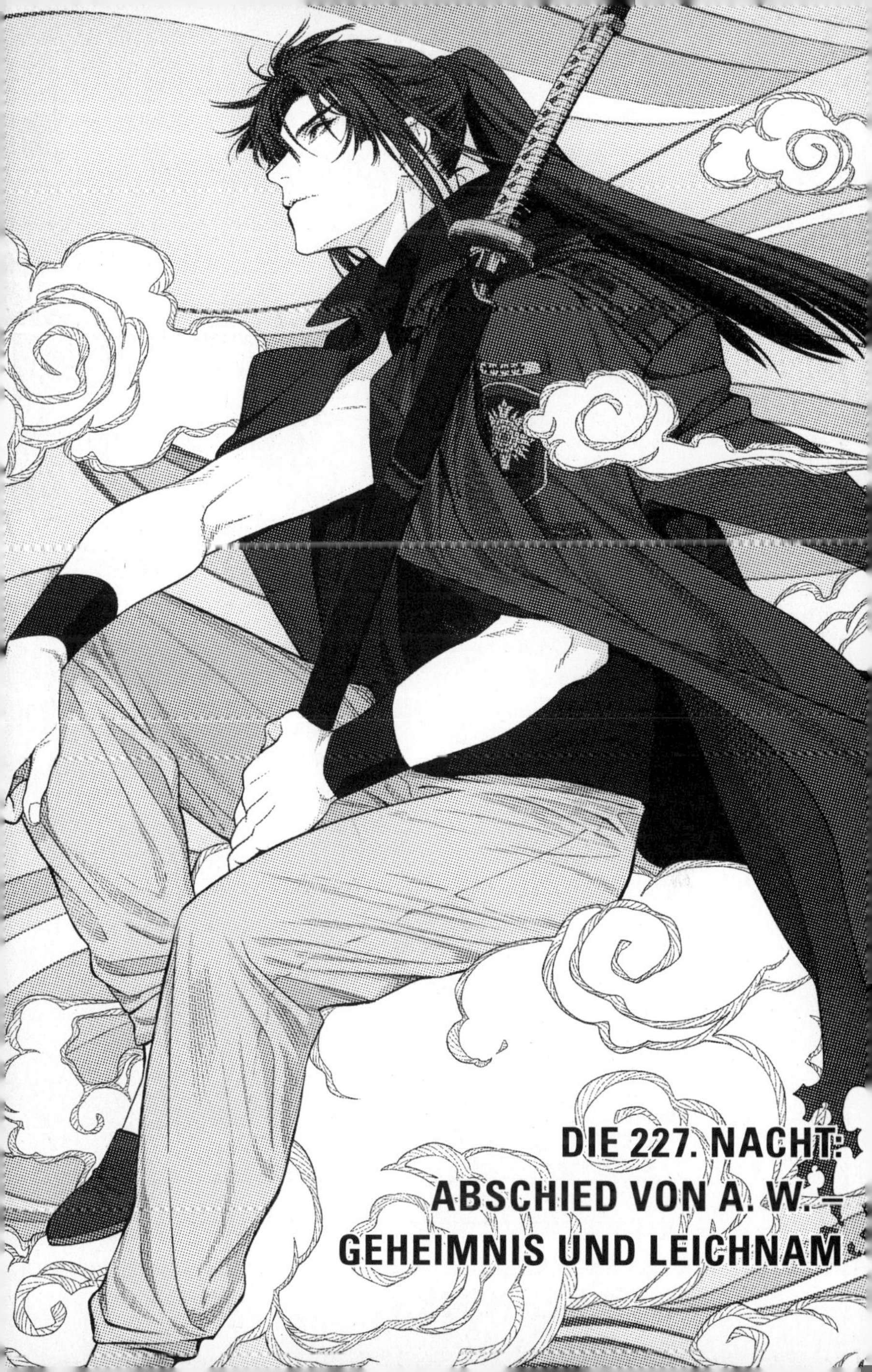
DIE 227. NACHT:
ABSCHIED VON A. W. –
GEHEIMNIS UND LEICHNAM

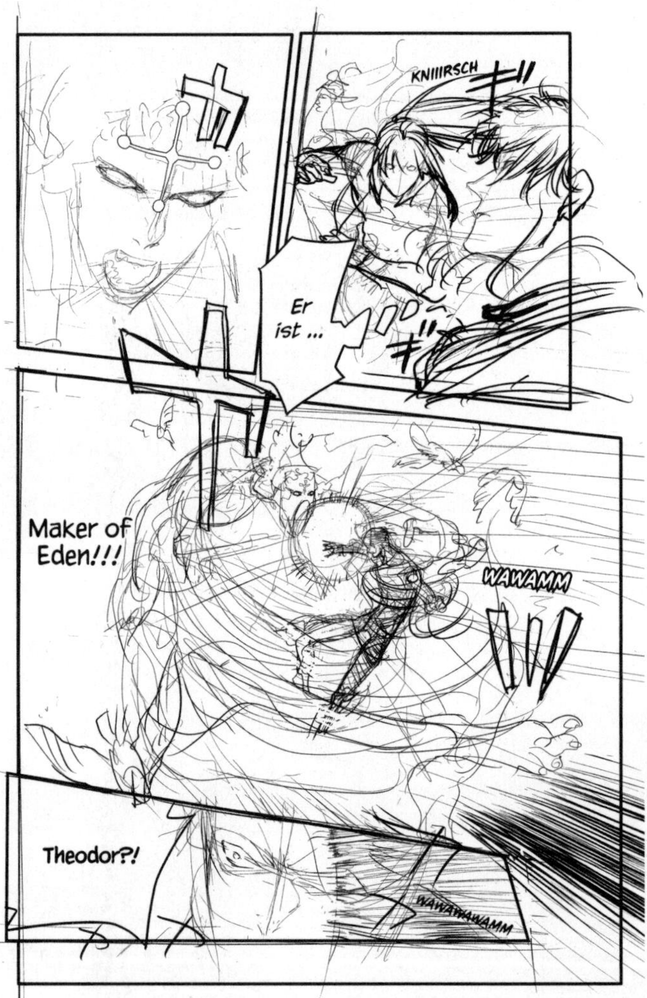

Die 226. Nacht Vorzeichnung

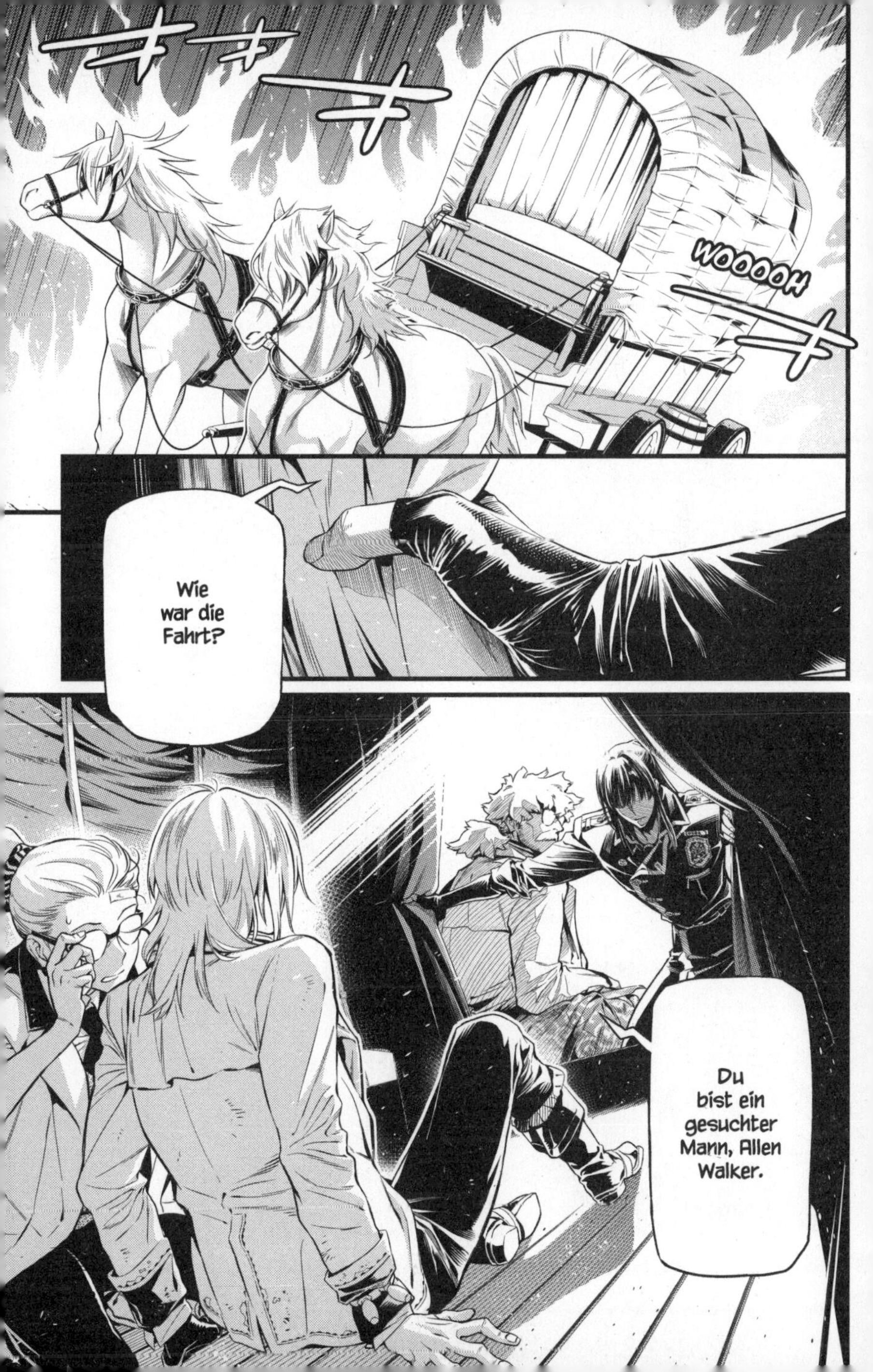
WOOOOH
Wie war die Fahrt?
Du bist ein gesuchter Mann, Allen Walker.

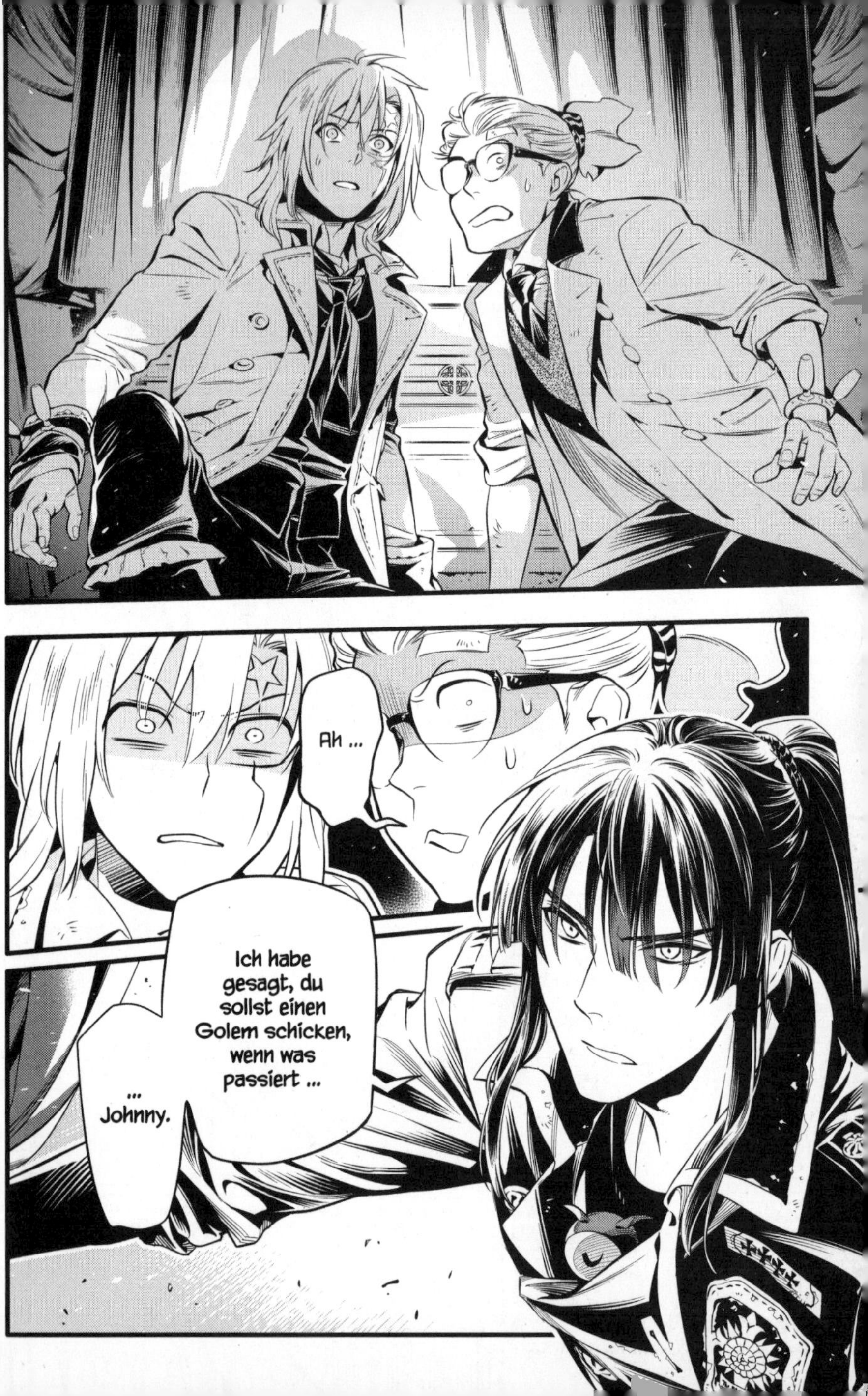
Ah ...
Ich habe gesagt, du sollst einen Golem schicken, wenn was passiert ...
... Johnny.

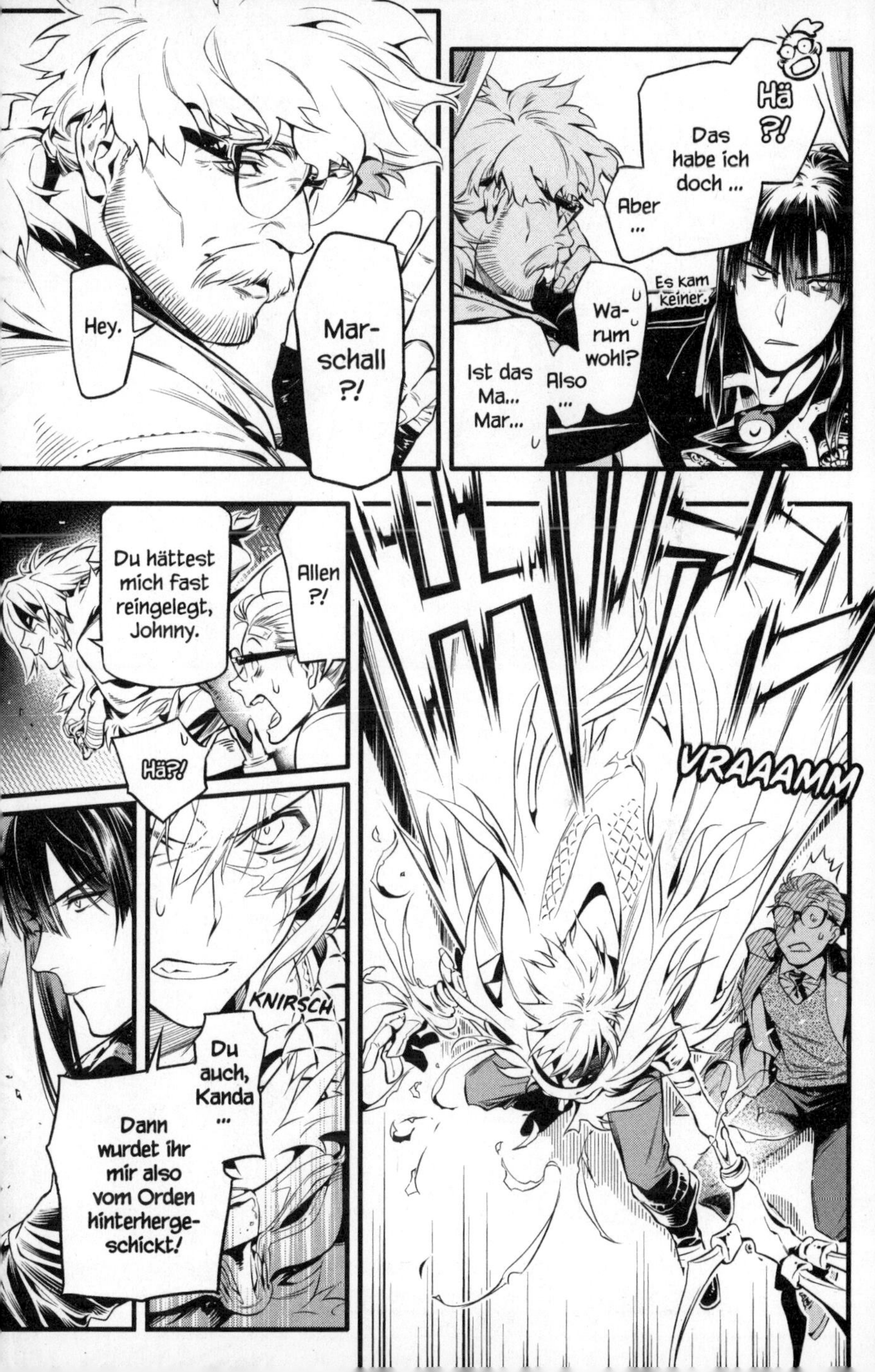
Hä ?!
Das habe ich doch ...
Aber ...
Es kam keiner.
Wa-rum wohl?
Also ...
Ist das Ma... Mar...
Mar-schall ?!
Hey.
VRAAAMM
Allen ?!
Du hättest mich fast reingelegt, Johnny.
Hä?!
KNIRSCH
Du auch, Kanda ...
Dann wurdet ihr mir also vom Orden hinterherge-schickt!

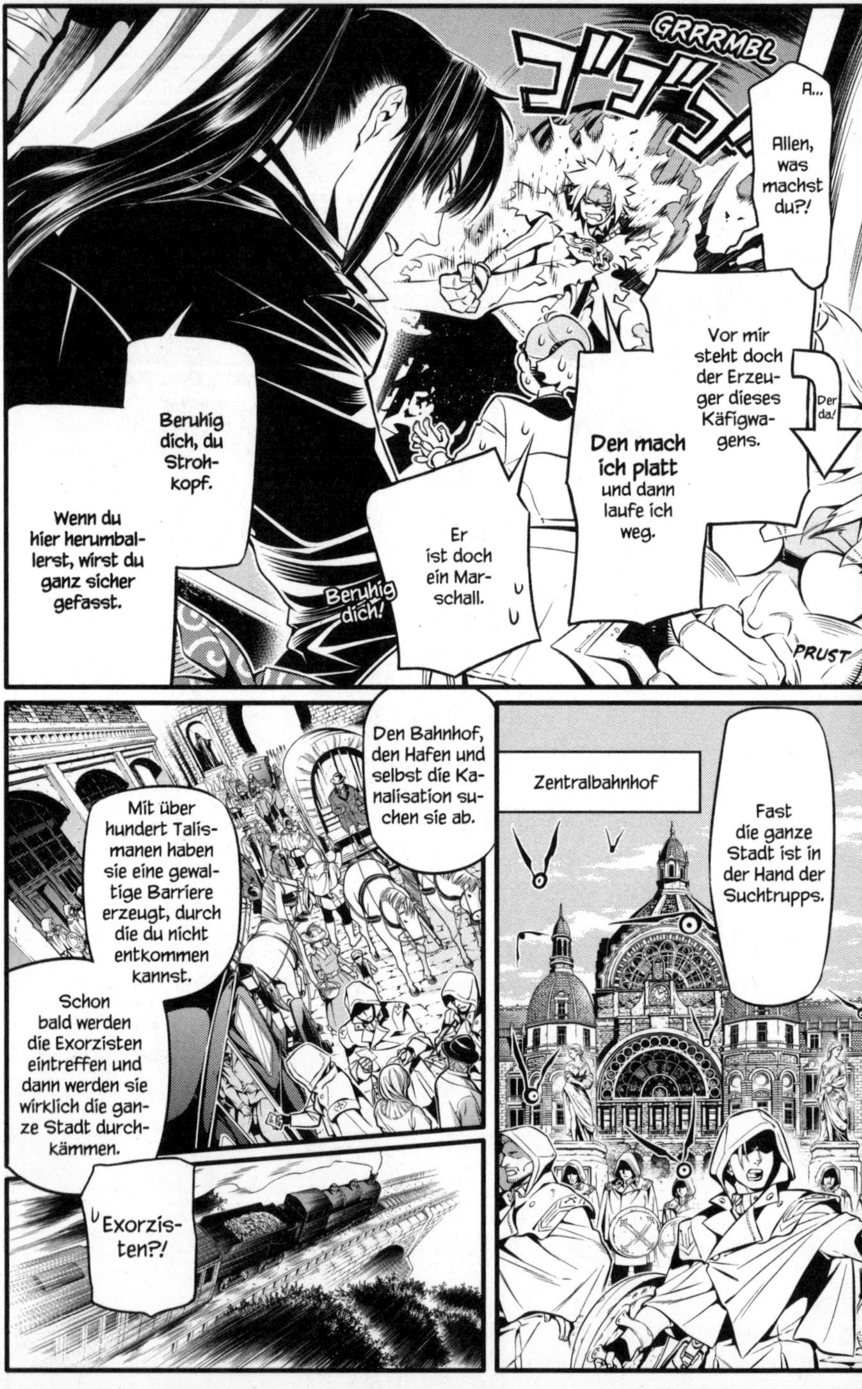
GRRRMBL
A...
Allen, was machst du?!
Vor mir steht doch der Erzeuger dieses Käfigwagens.
Der da!
Den mach ich platt und dann laufe ich weg.
Er ist doch ein Marschall.
Beruhig dich!
PRUST
Beruhig dich, du Strohkopf.
Wenn du hier herumballerst, wirst du ganz sicher gefasst.
Zentralbahnhof
Fast die ganze Stadt ist in der Hand der Suchtrupps.
Den Bahnhof, den Hafen und selbst die Kanalisation suchen sie ab.
Mit über hundert Talismanen haben sie eine gewaltige Barriere erzeugt, durch die du nicht entkommen kannst.
Schon bald werden die Exorzisten eintreffen und dann werden sie wirklich die ganze Stadt durchkämmen.
Exorzisten?!

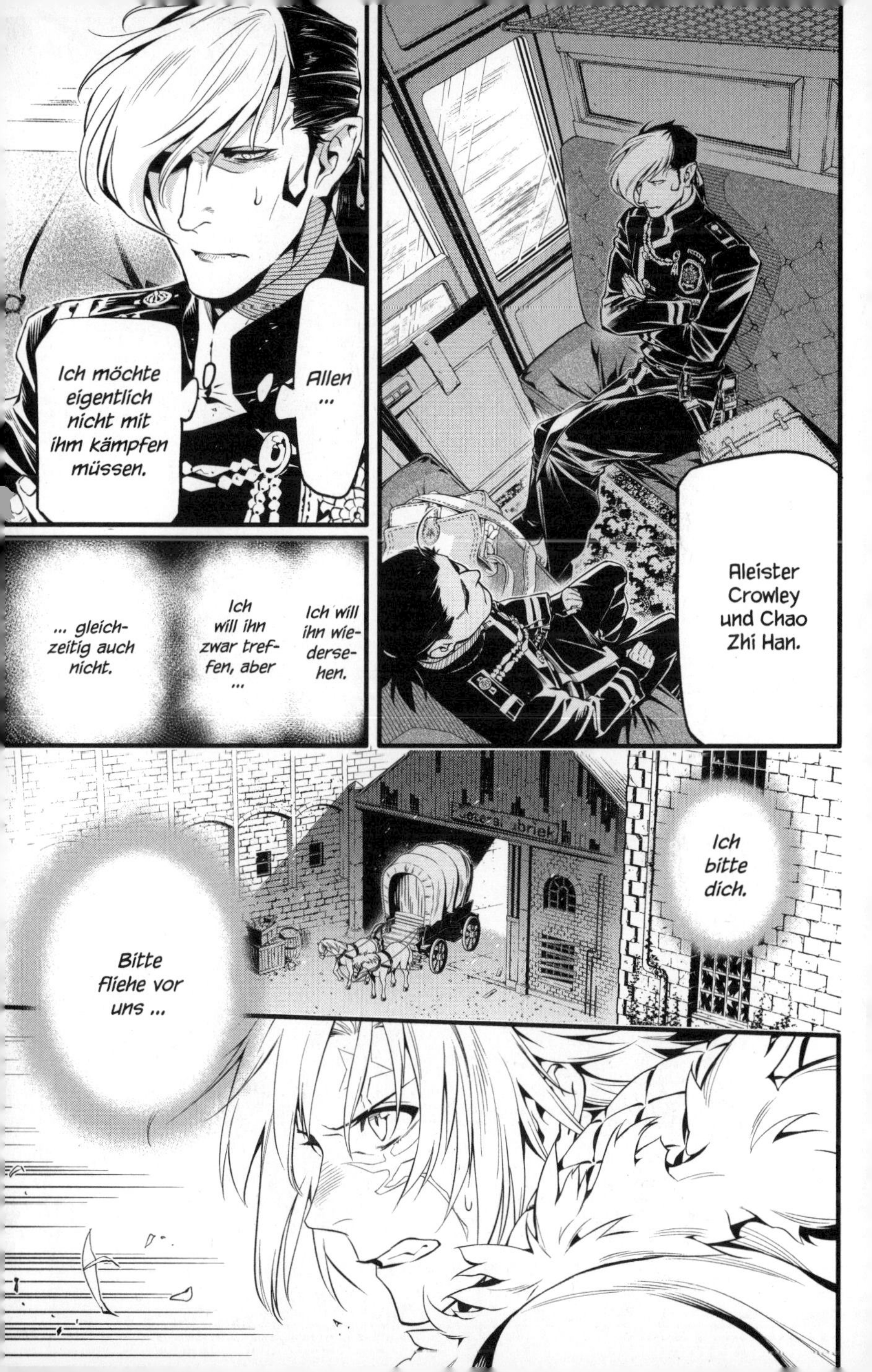
Aleister Crowley und Chao Zhi Han.
Allen ...
Ich möchte eigentlich nicht mit ihm kämpfen müssen.
Ich will ihn wiedersehen.
Ich will ihn zwar treffen, aber ...
... gleichzeitig auch nicht.
Ich bitte dich.
Bitte fliehe vor uns ...

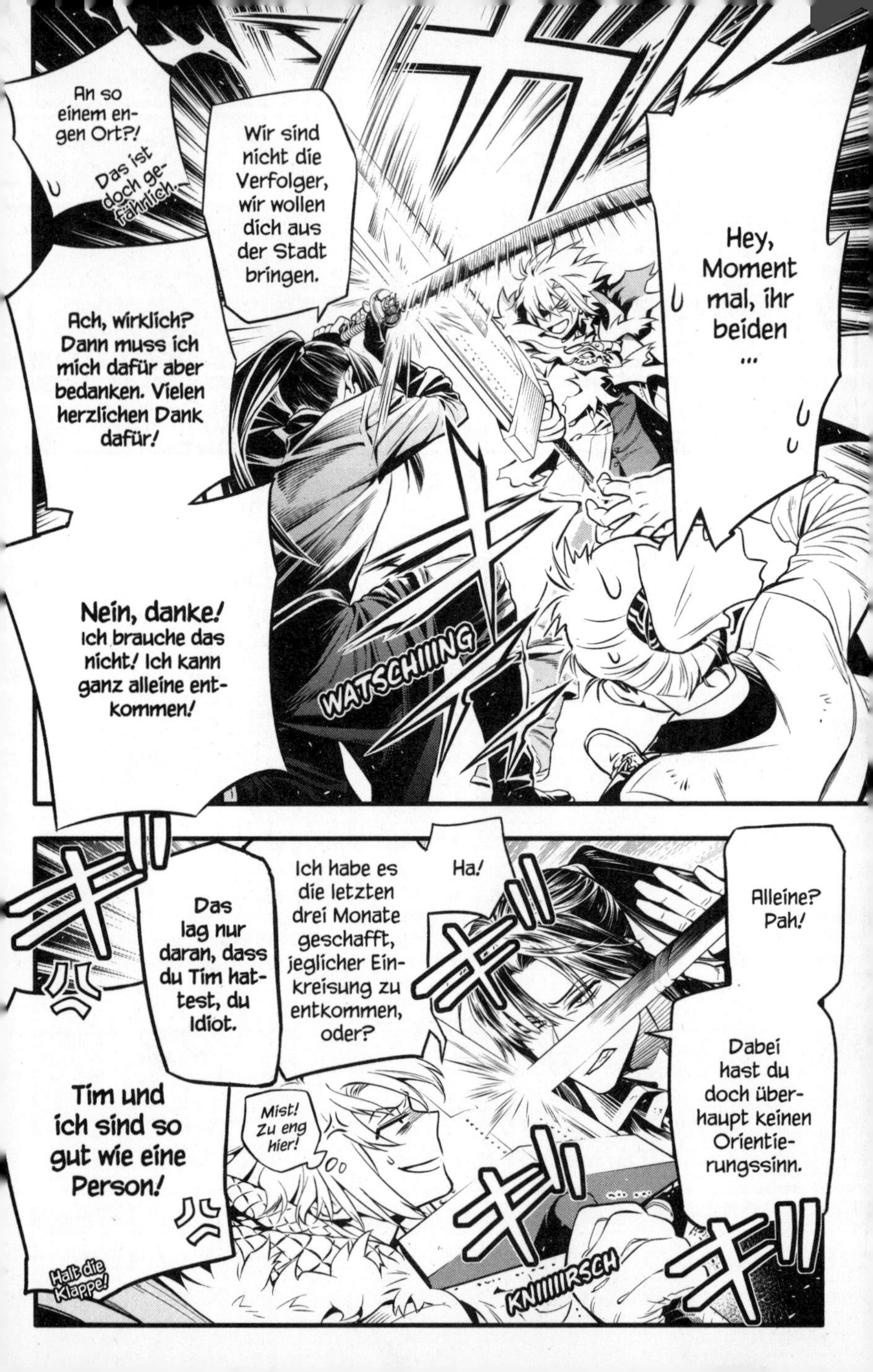

Hey, Moment mal, ihr beiden ...
Wir sind nicht die Verfolger, wir wollen dich aus der Stadt bringen.
An so einem engen Ort?!
Das ist doch gefährlich.
Ach, wirklich? Dann muss ich mich dafür aber bedanken. Vielen herzlichen Dank dafür!
WATSCHIIIING
Nein, danke! Ich brauche das nicht! Ich kann ganz alleine entkommen!
Alleine? Pah!
Ha!
Ich habe es die letzten drei Monate geschafft, jeglicher Einkreisung zu entkommen, oder?
Das lag nur daran, dass du Tim hattest, du Idiot.
Dabei hast du doch überhaupt keinen Orientierungssinn.
Mist! Zu eng hier!
Tim und ich sind so gut wie eine Person!
KNIIIIIRSCH
Halt die Klappe!

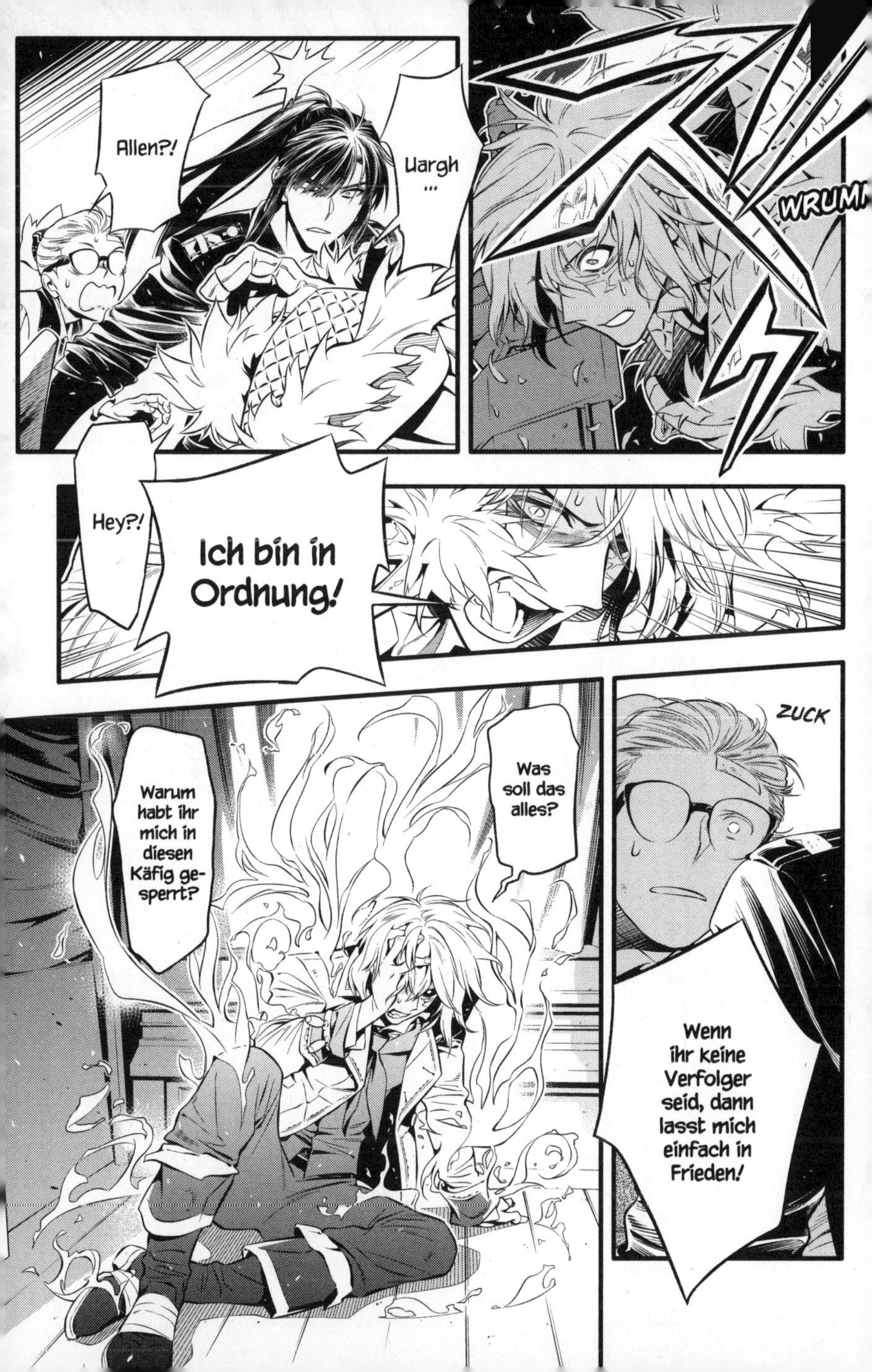
WRUM
Uargh ...
Allen?!
Hey?!
Ich bin in Ordnung!
ZUCK
Wenn ihr keine Verfolger seid, dann lasst mich einfach in Frieden!
Was soll das alles?
Warum habt ihr mich in diesen Käfig gesperrt?

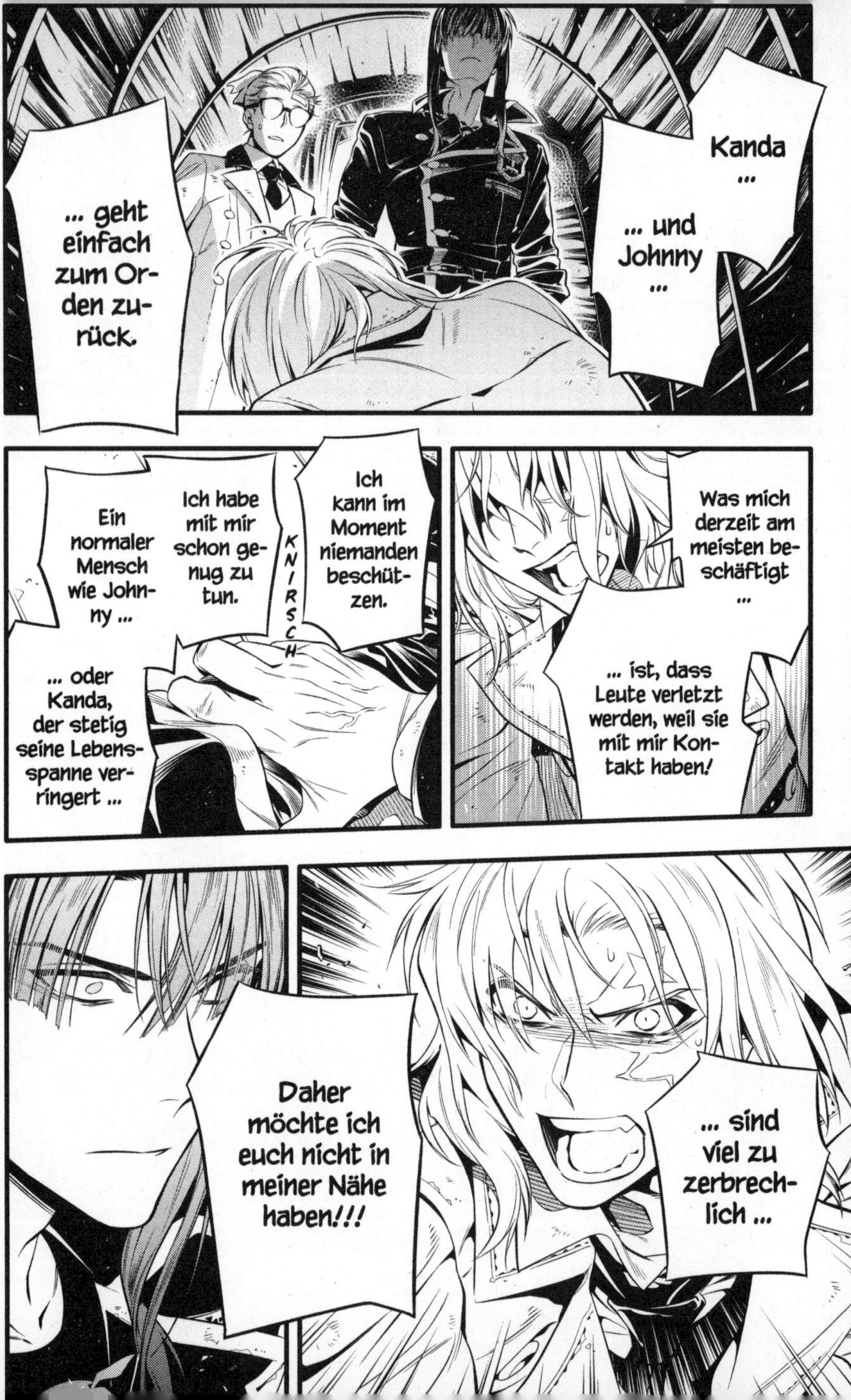

Kanda …
… und Johnny …
… geht einfach zum Orden zurück.
Was mich derzeit am meisten beschäftigt …
… ist, dass Leute verletzt werden, weil sie mit mir Kontakt haben!
Ich kann im Moment niemanden beschützen.
KNIRSCH
Ich habe mit mir schon genug zu tun.
Ein normaler Mensch wie Johnny …
… oder Kanda, der stetig seine Lebensspanne verringert …
… sind viel zu zerbrechlich …
Daher möchte ich euch nicht in meiner Nähe haben!!!

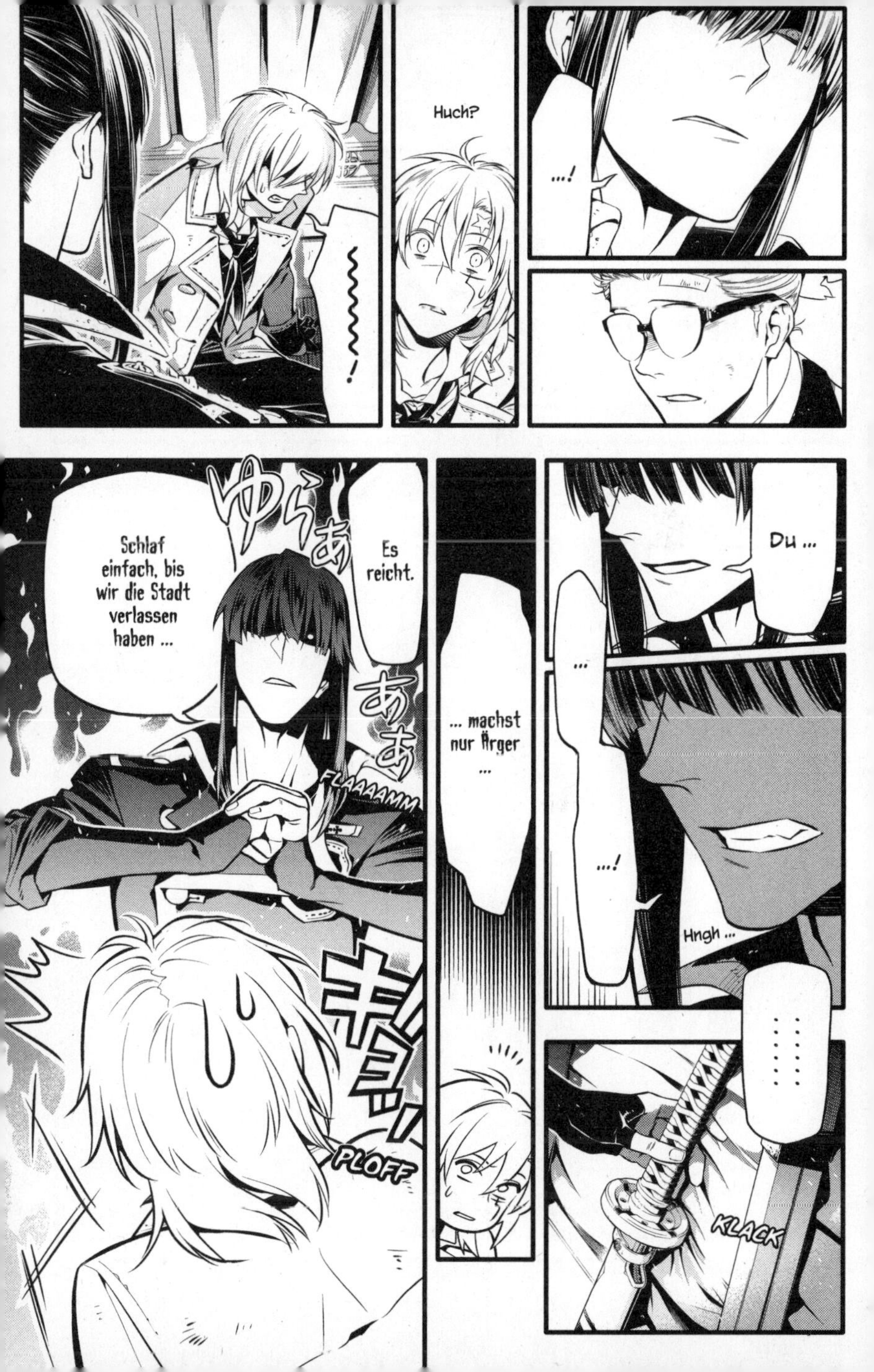

...!
Huch?
Du ...
...
... machst nur Ärger ...
...!
Hngh ...
KLACK
Es reicht.
ゆらあ
Schlaf einfach, bis wir die Stadt verlassen haben ...
ああ
FLAAAAMM
PLOFF

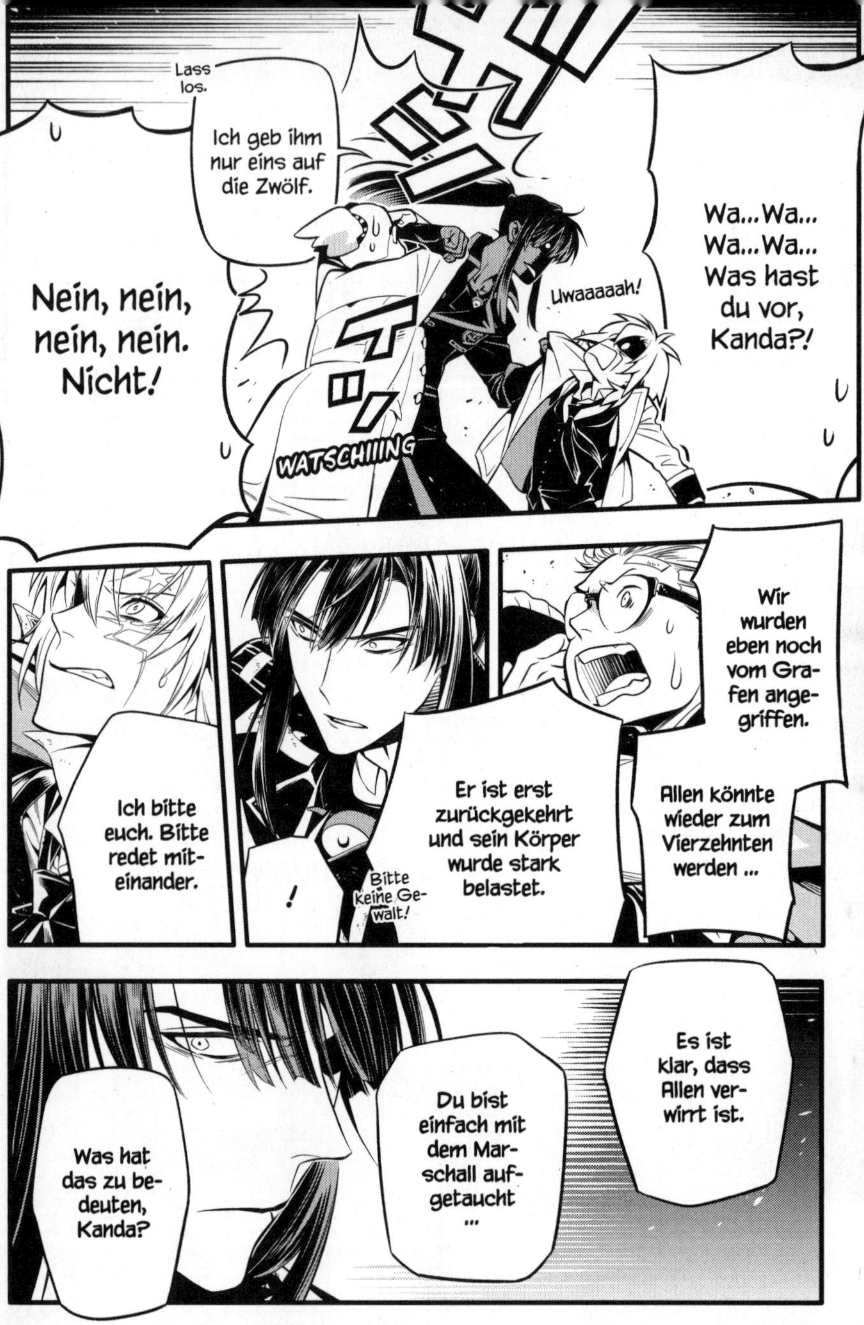

Wa...Wa... Wa...Wa... Was hast du vor, Kanda?!
Uwaaaaah!
Lass los.
Ich geb ihm nur eins auf die Zwölf.
Nein, nein, nein, nein. Nicht!
WATSCHIIING
Wir wurden eben noch vom Grafen angegriffen.
Allen könnte wieder zum Vierzehnten werden ...
Er ist erst zurückgekehrt und sein Körper wurde stark belastet.
Bitte keine Gewalt!
Ich bitte euch. Bitte redet miteinander.
Es ist klar, dass Allen verwirrt ist.
Du bist einfach mit dem Marschall aufgetaucht ...
Was hat das zu bedeuten, Kanda?

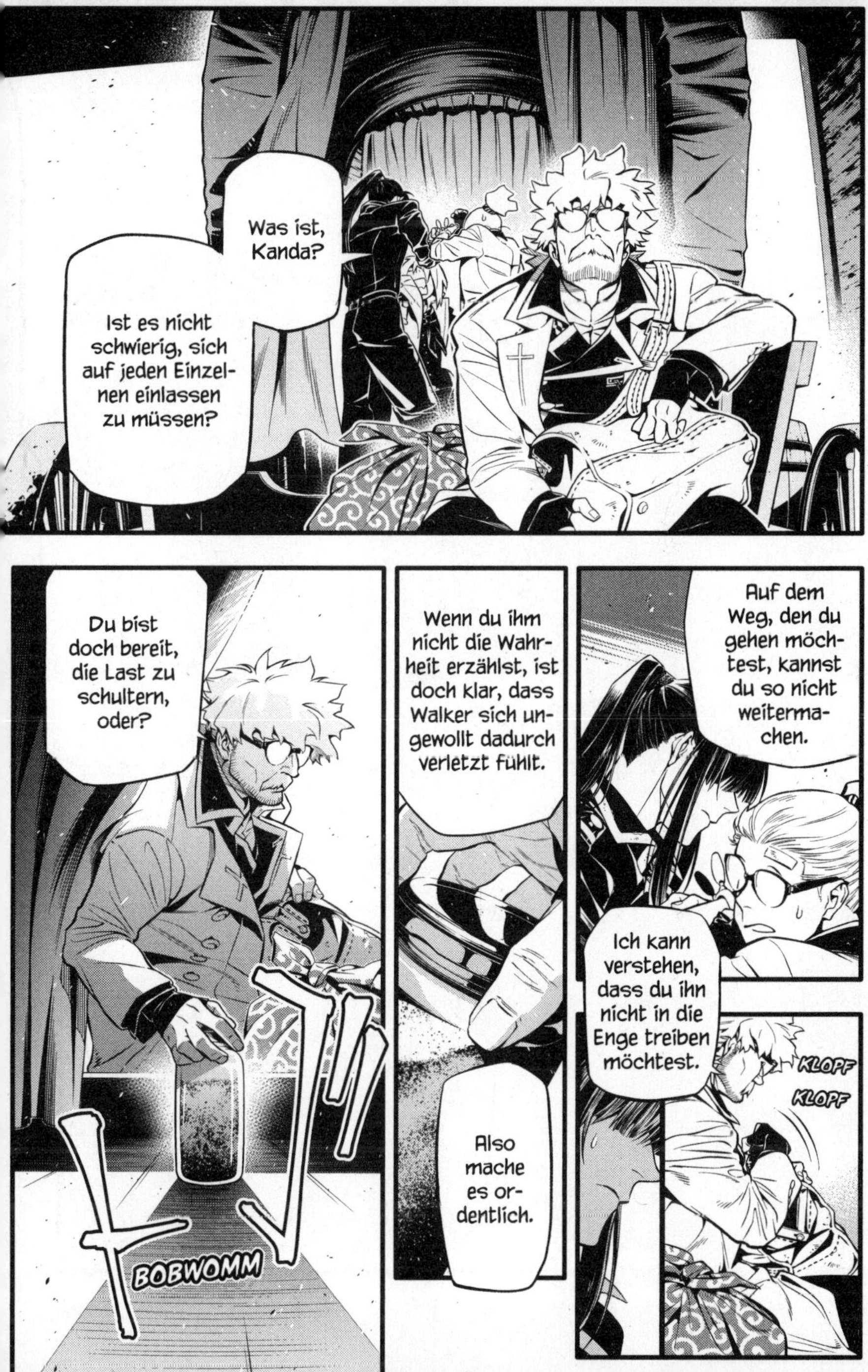

Was ist, Kanda?
Ist es nicht schwierig, sich auf jeden Einzelnen einlassen zu müssen?
Auf dem Weg, den du gehen möchtest, kannst du so nicht weitermachen.
Ich kann verstehen, dass du ihn nicht in die Enge treiben möchtest.
KLOPF
KLOPF
Wenn du ihm nicht die Wahrheit erzählst, ist doch klar, dass Walker sich ungewollt dadurch verletzt fühlt.
Also mache es ordentlich.
Du bist doch bereit, die Last zu schultern, oder?
BOBWOMM

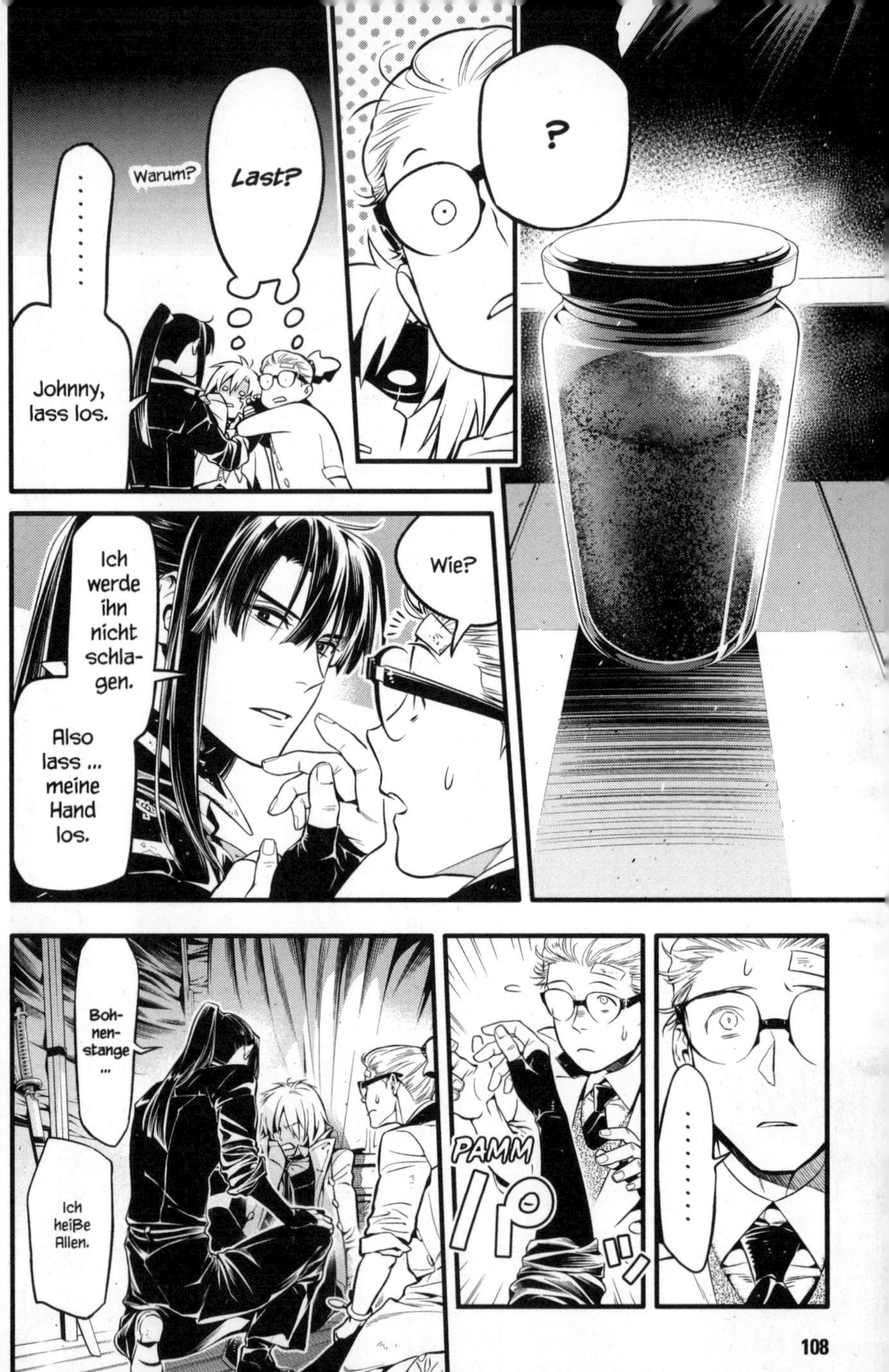
?
Last?
Warum?
......
Johnny, lass los.
Wie?
Ich werde ihn nicht schlagen.
Also lass ... meine Hand los.
......
PAMM
Bohnenstange ...
Ich heiße Allen.

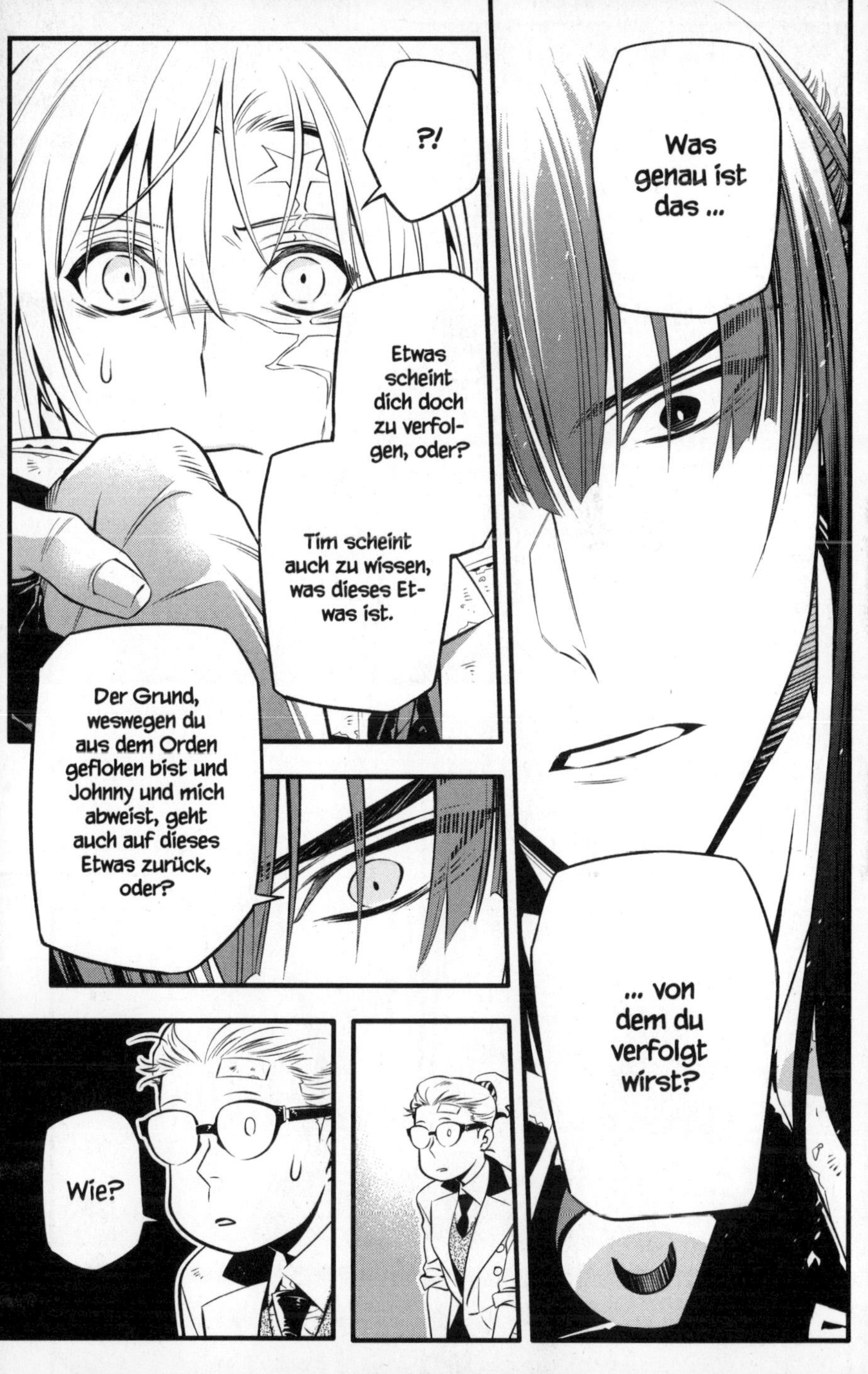
Was genau ist das ...
... von dem du verfolgt wirst?
?!
Etwas scheint dich doch zu verfol-gen, oder?
Tim scheint auch zu wissen, was dieses Et-was ist.
Der Grund, weswegen du aus dem Orden geflohen bist und Johnny und mich abweist, geht auch auf dieses Etwas zurück, oder?
Wie?

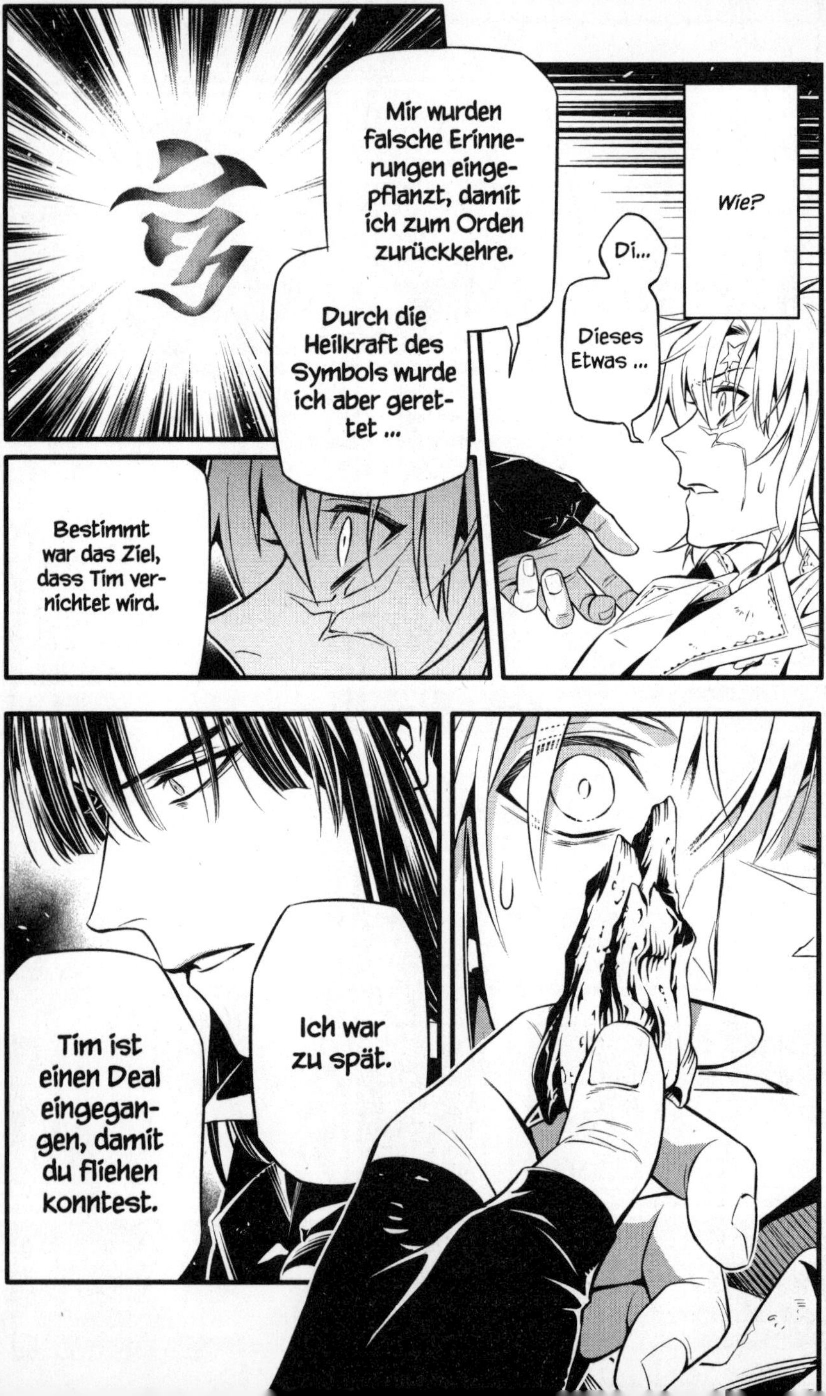
Wie?
Di...
Dieses Etwas ...
Mir wurden falsche Erinnerungen eingepflanzt, damit ich zum Orden zurückkehre.
Durch die Heilkraft des Symbols wurde ich aber gerettet ...
Bestimmt war das Ziel, dass Tim vernichtet wird.
Ich war zu spät.
Tim ist einen Deal eingegangen, damit du fliehen konntest.

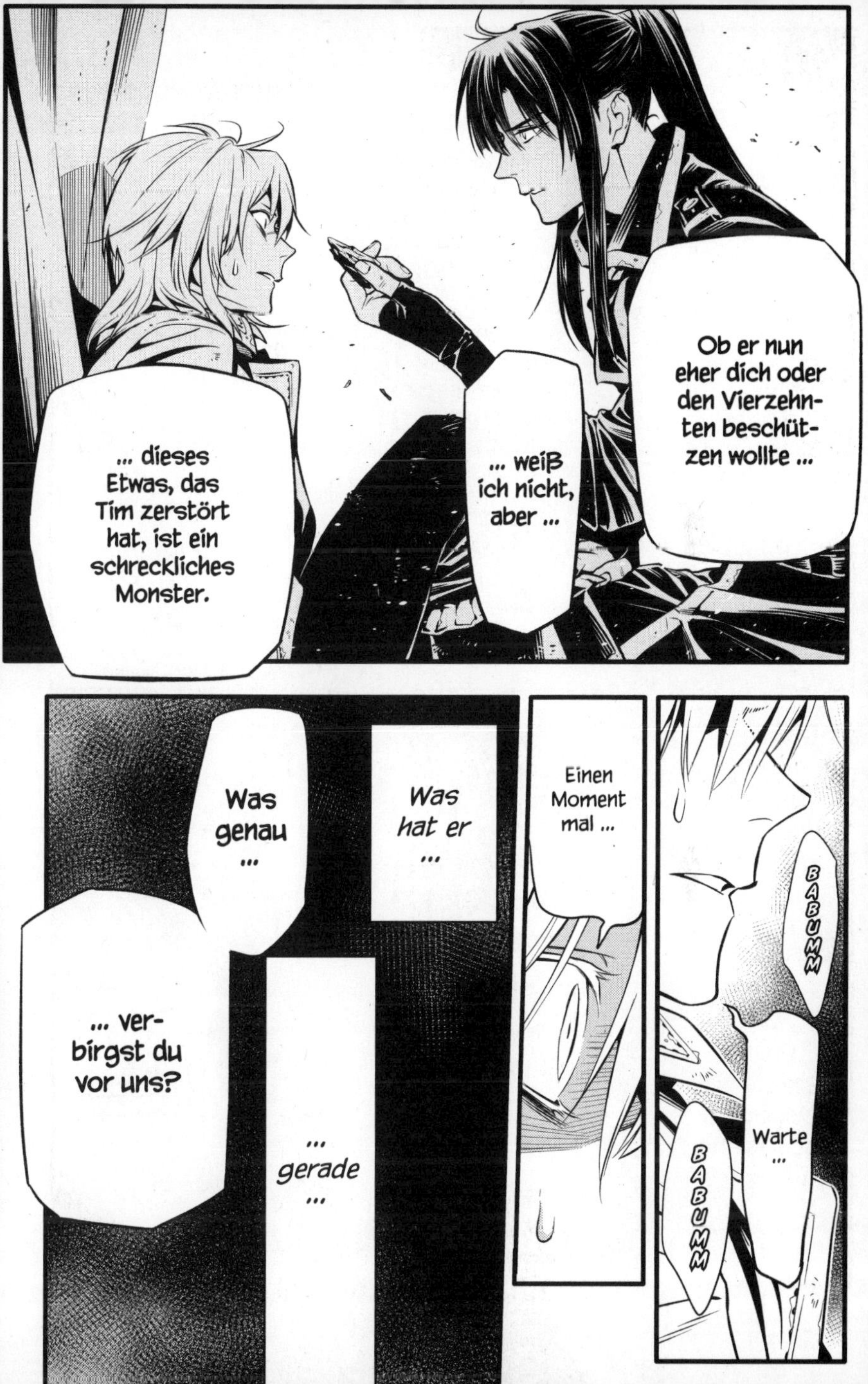
Ob er nun eher dich oder den Vierzehnten beschützen wollte ...
... weiß ich nicht, aber ...
... dieses Etwas, das Tim zerstört hat, ist ein schreckliches Monster.
BABUMM
Warte ...
BABUMM
Einen Moment mal ...
Was hat er ...
... gerade ...
Was genau ...
... verbirgst du vor uns?

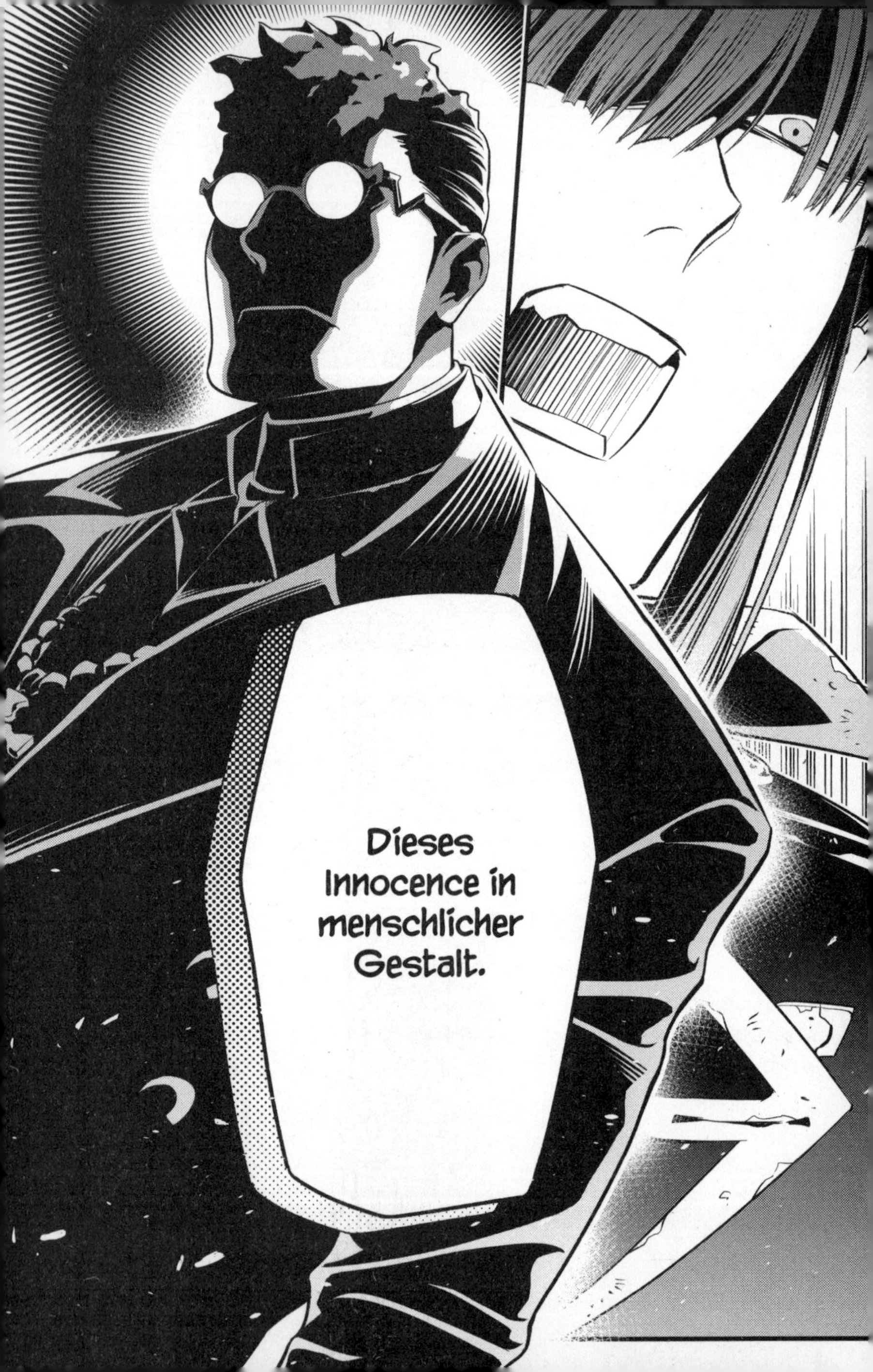
Dieses Innocence in menschlicher Gestalt.

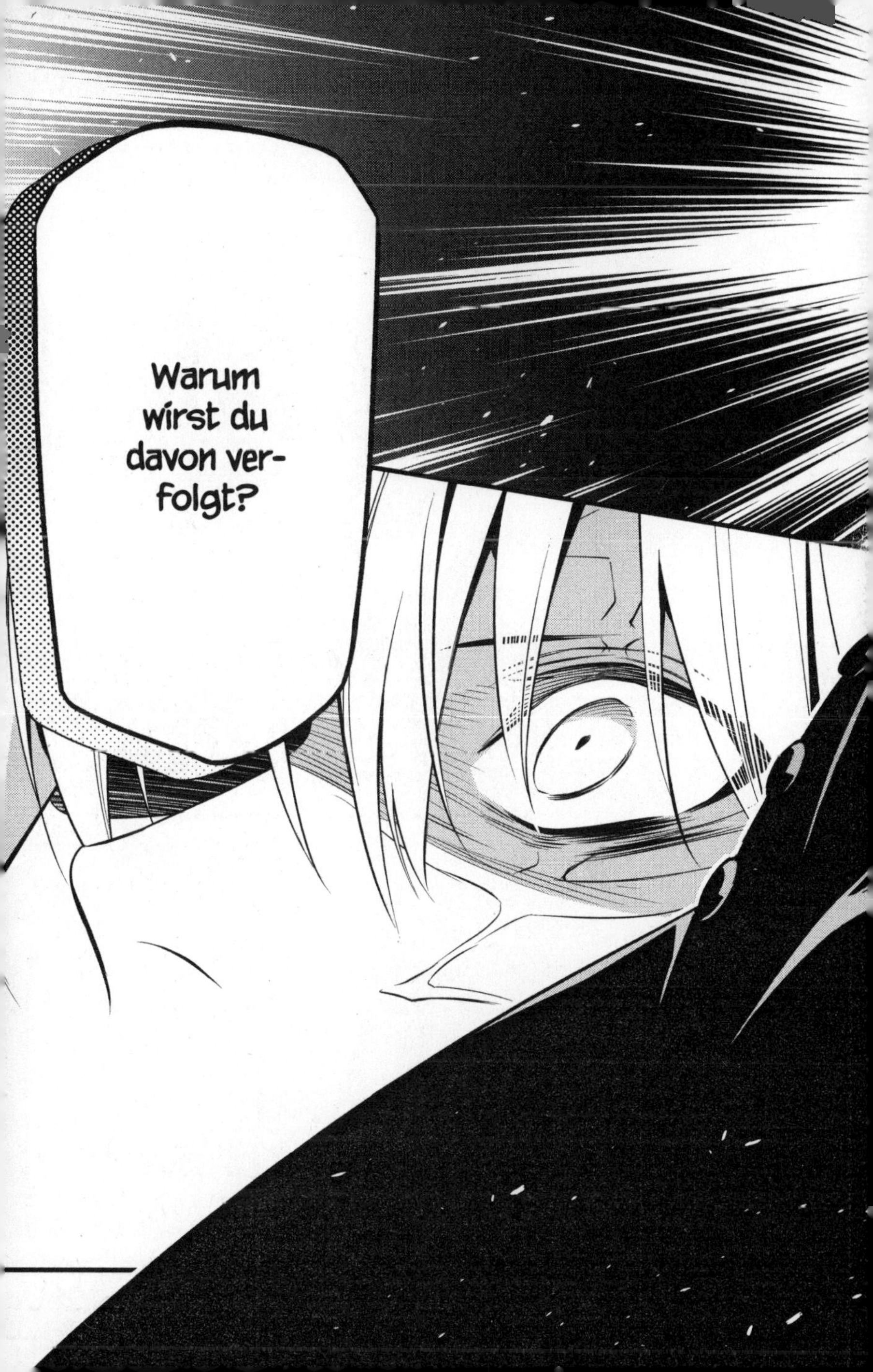
Warum wirst du davon verfolgt?

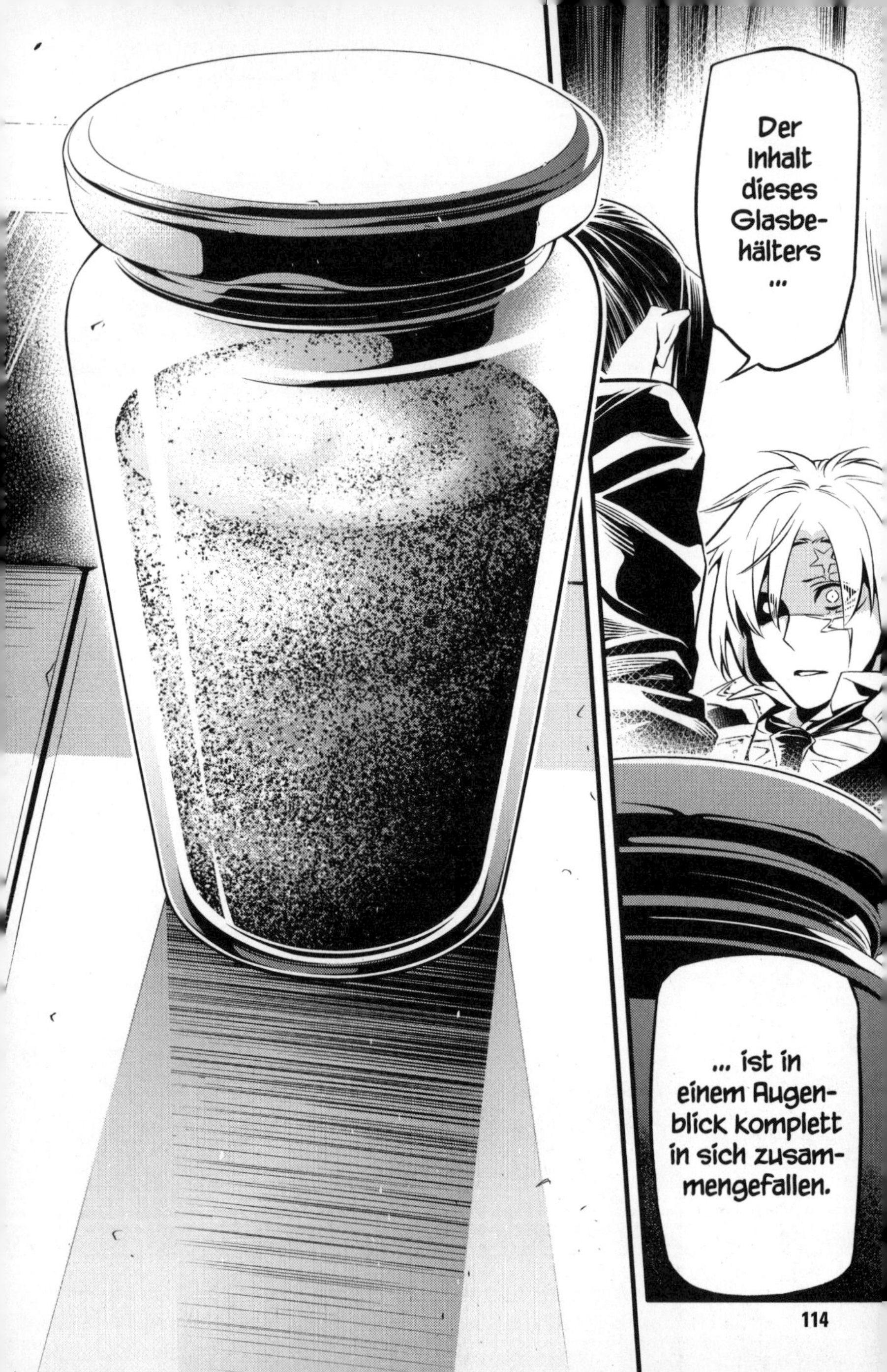
Der Inhalt dieses Glasbehälters ...
... ist in einem Augenblick komplett in sich zusammengefallen.

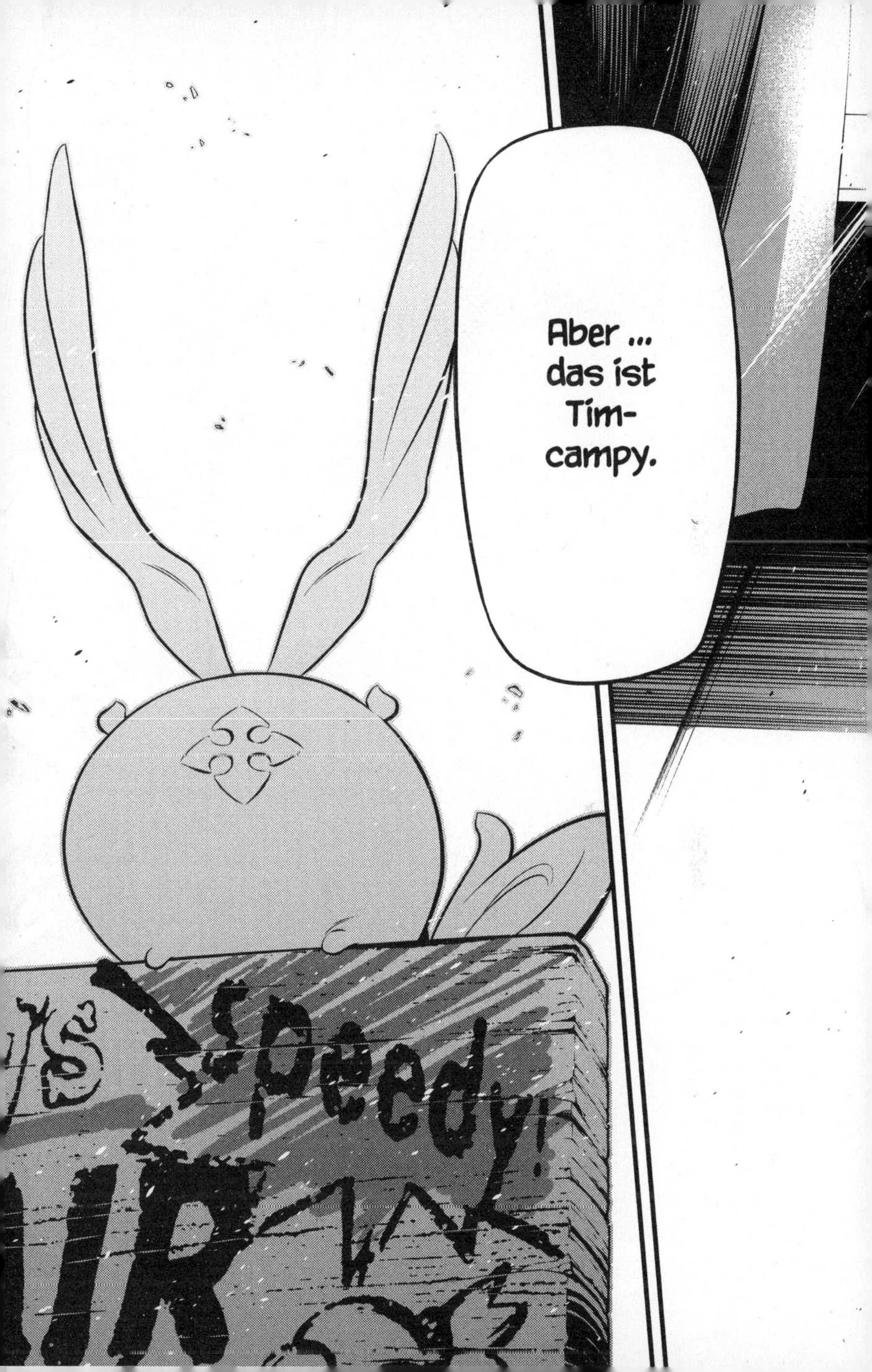
Aber ... das ist Tim-campy.
Speedy!

KOMUIS SPRECHZIMMER

Frage: War Allens erster Kuss wirklich mit Rhode?

Es sieht so aus.

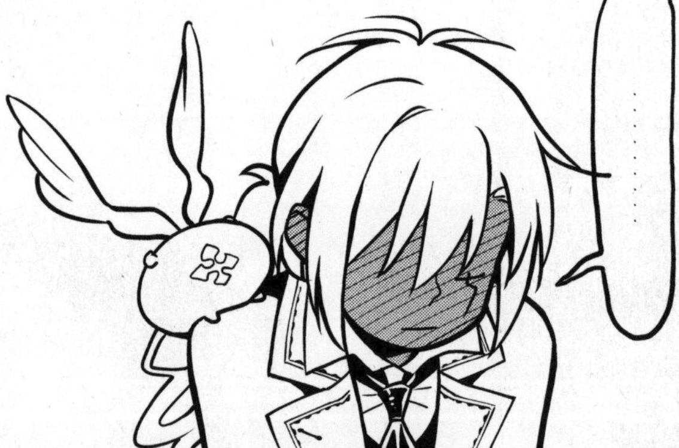

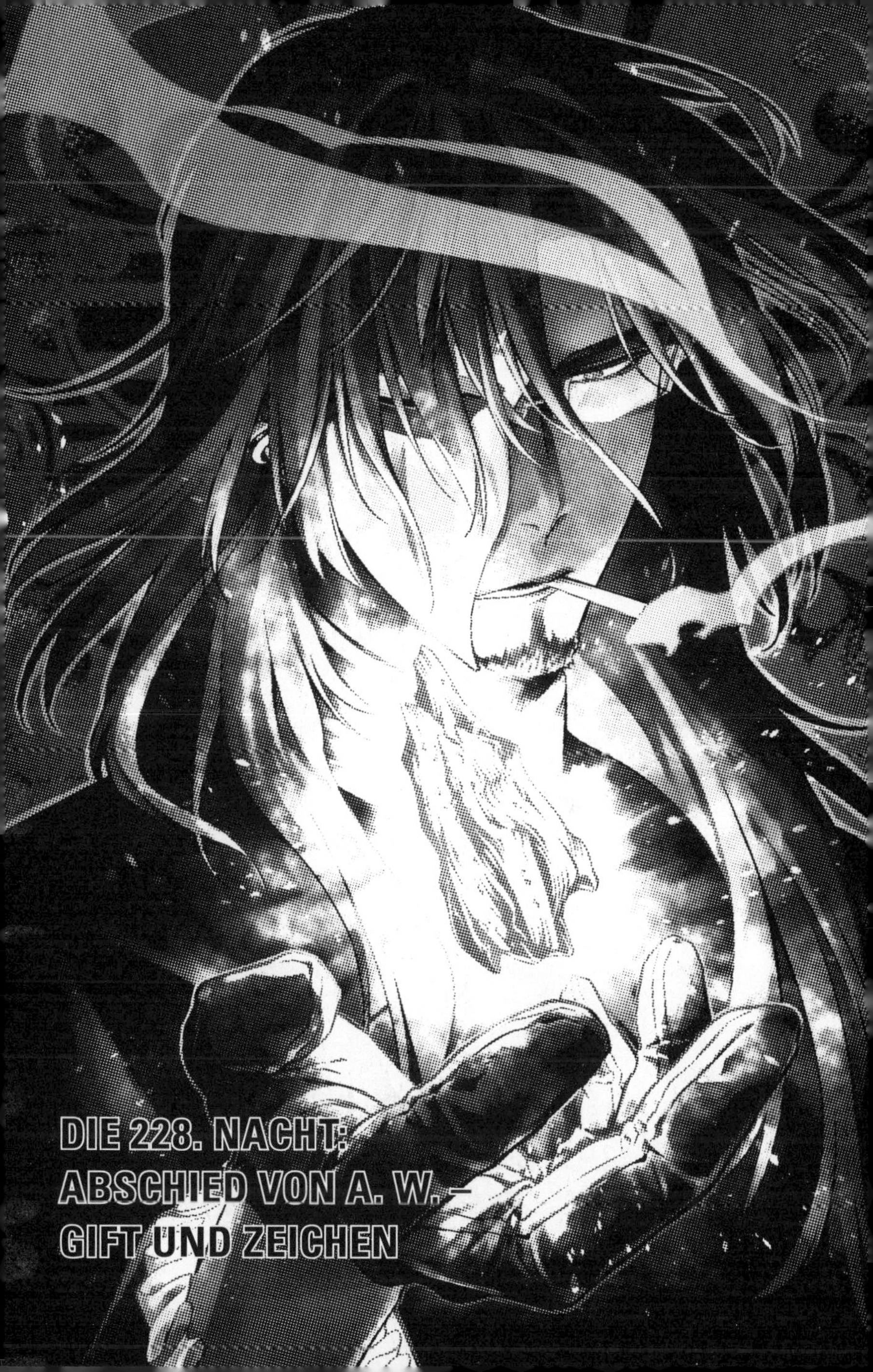
DIE 228. NACHT:
ABSCHIED VON A. W. –
GIFT UND ZEICHEN

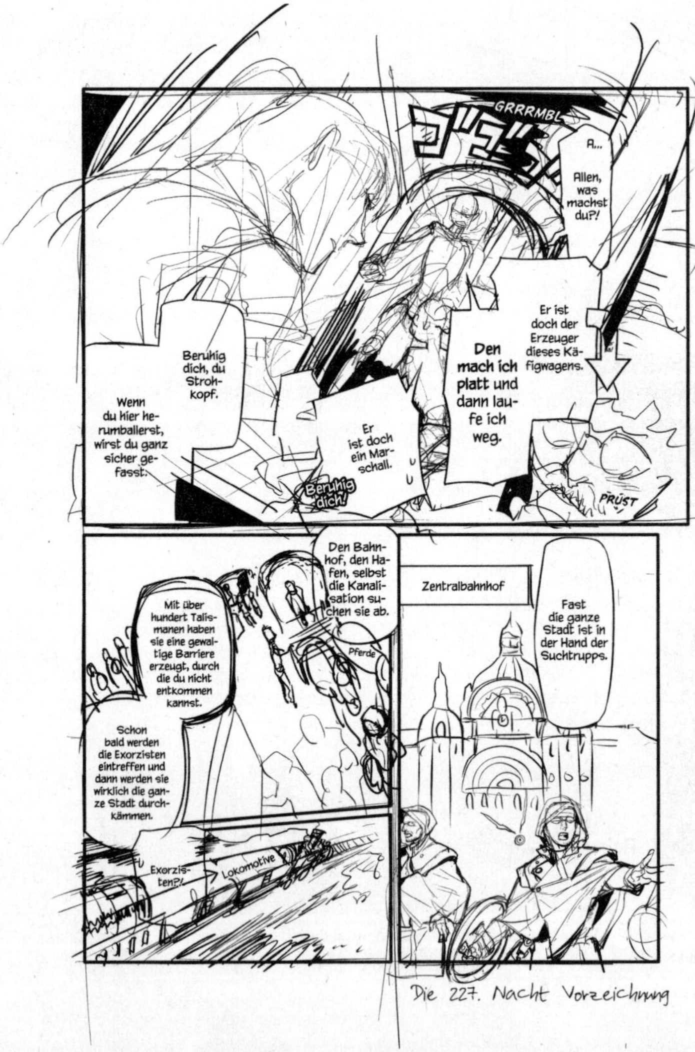

Die 227. Nacht Vorzeichnung

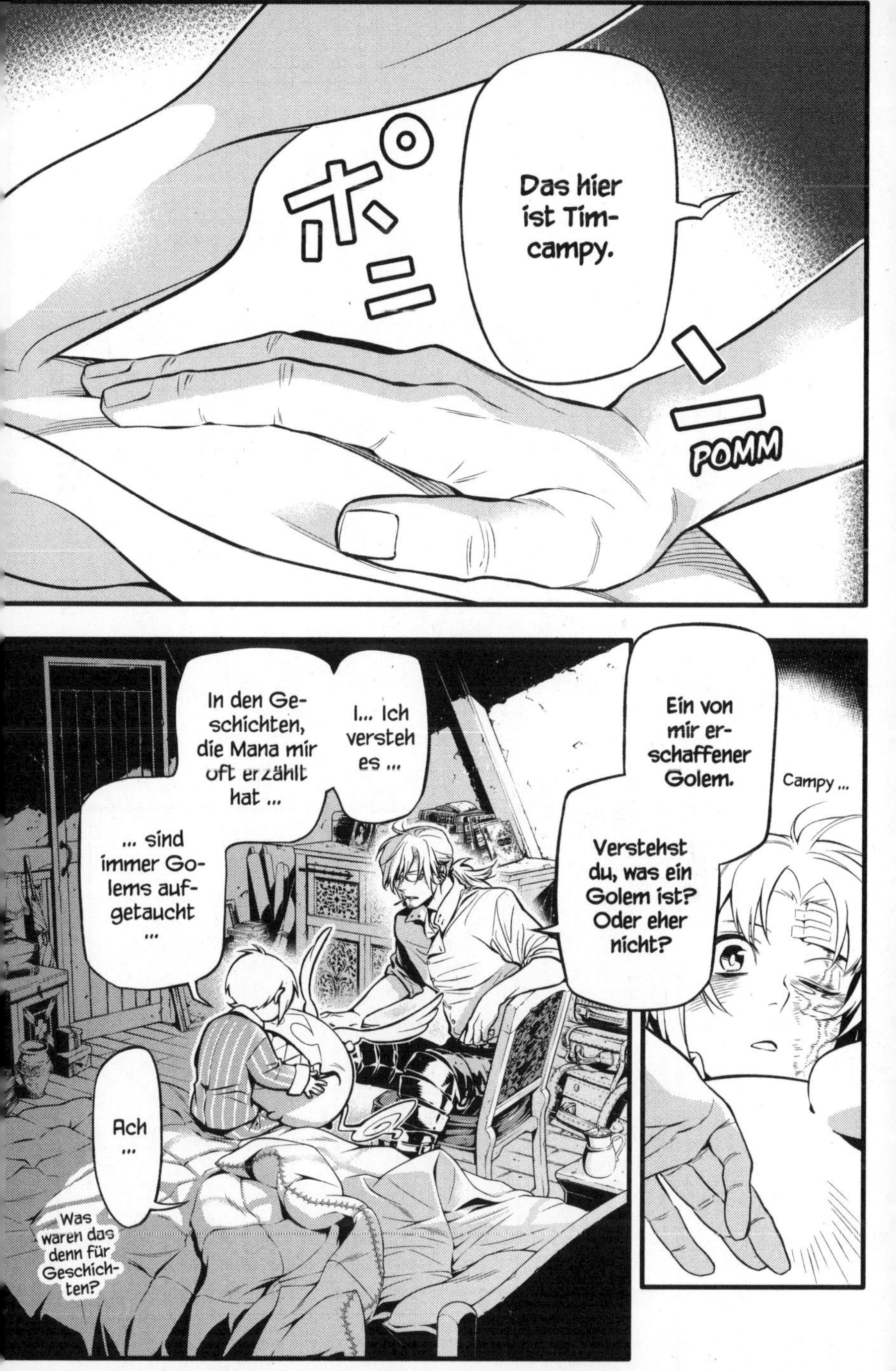
Das hier ist Tim-campy.
POMM
Ein von mir erschaffener Golem.
Campy ...
Verstehst du, was ein Golem ist? Oder eher nicht?
I... Ich versteh es ...
In den Geschichten, die Mana mir oft erzählt hat ...
... sind immer Golems aufgetaucht ...
Ach ...
Was waren das denn für Geschichten?

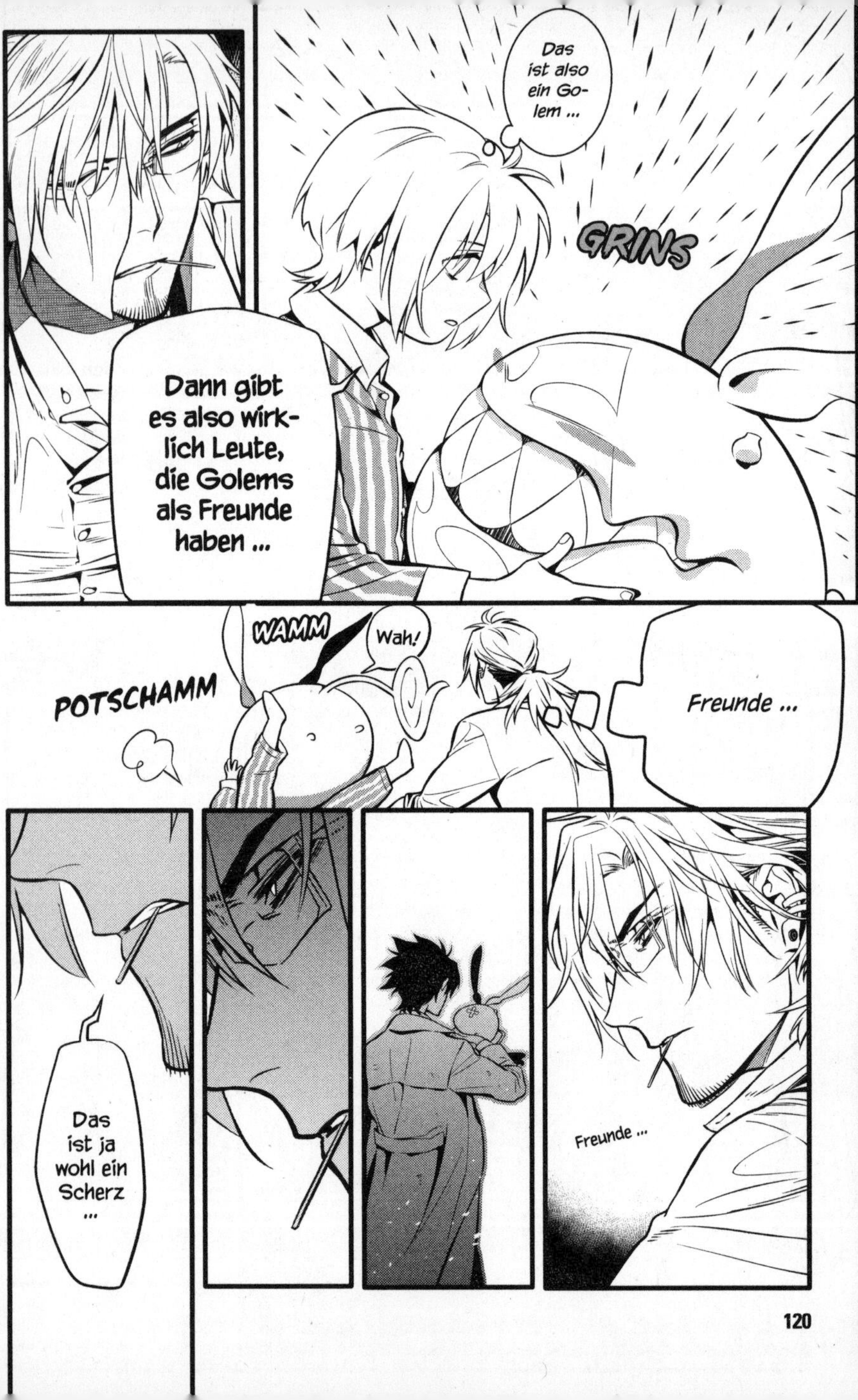
Das ist also ein Golem ...
GRINS
Dann gibt es also wirklich Leute, die Golems als Freunde haben ...
Freunde ...
Wah!
WAMM
POTSCHAMM
Freunde ...
Das ist ja wohl ein Scherz ...

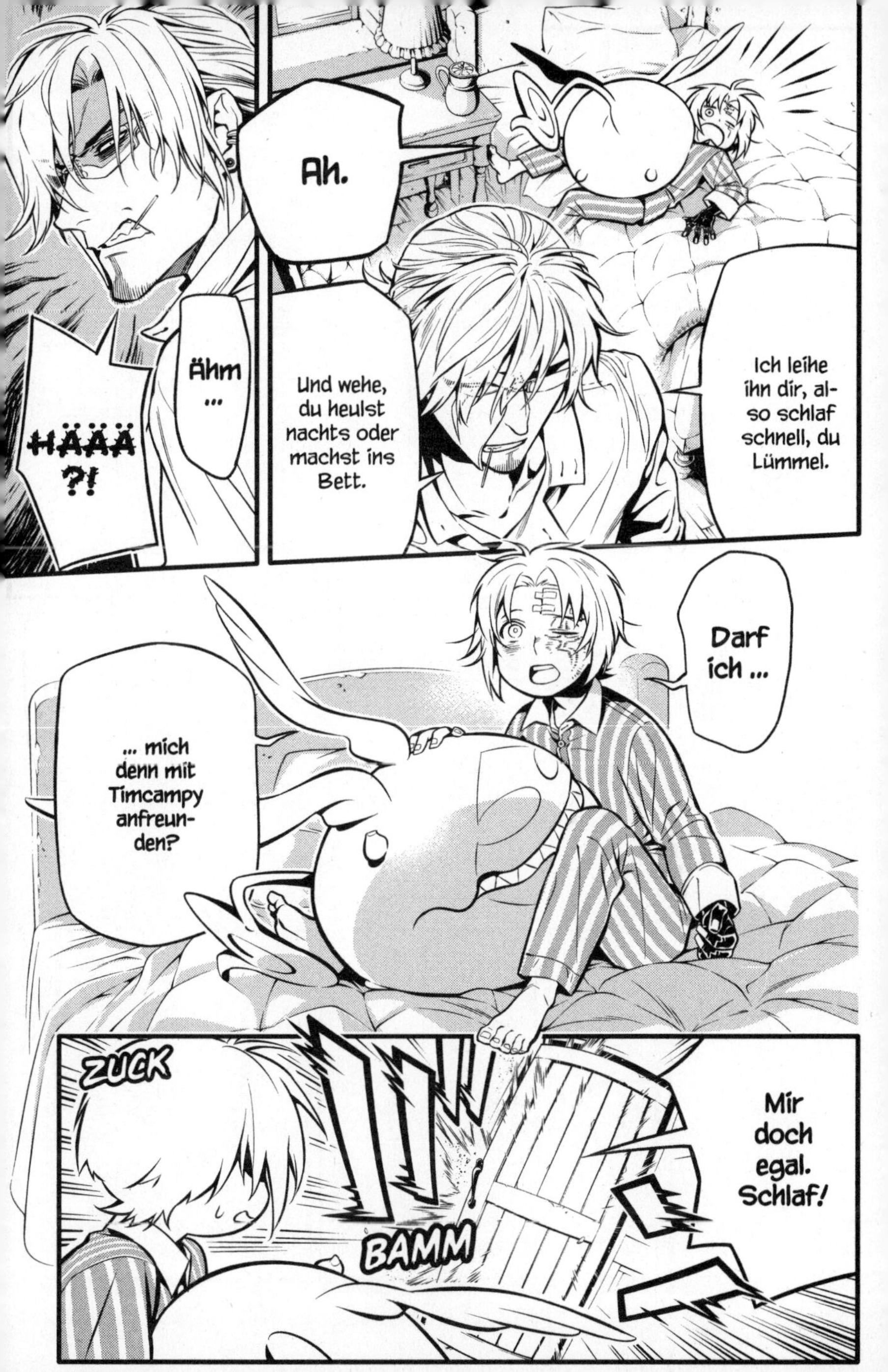
Ah.
Ich leihe ihn dir, also schlaf schnell, du Lümmel.
Und wehe, du heulst nachts oder machst ins Bett.
Ähm ...
HÄÄÄ ?!
Darf ich ...
... mich denn mit Timcampy anfreunden?
Mir doch egal. Schlaf!
ZUCK
BAMM

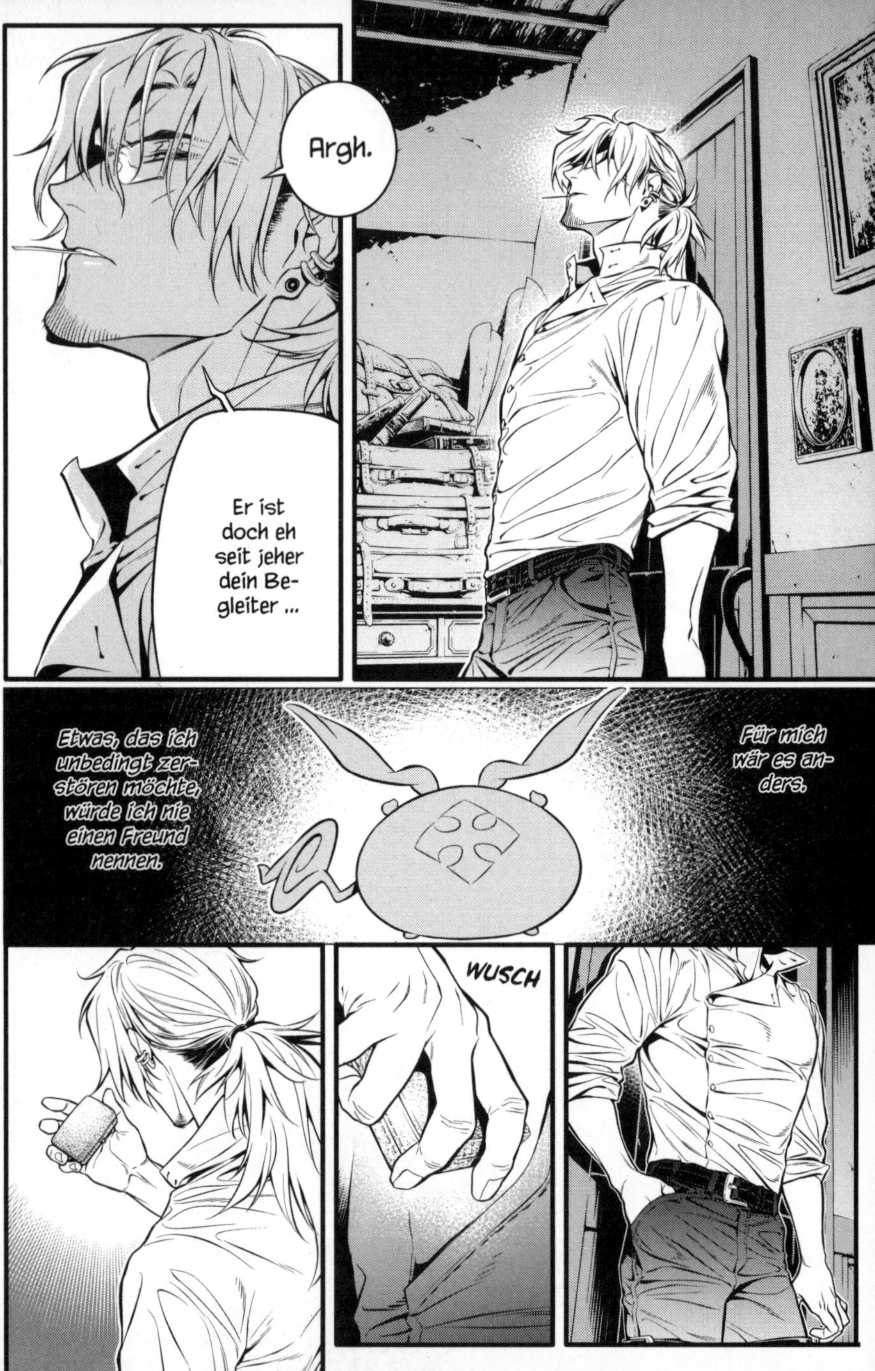
Argh.
Er ist doch eh seit jeher dein Begleiter ...
Für mich wär es anders.
Etwas, das ich unbedingt zerstören möchte, würde ich nie einen Freund nennen.
WUSCH

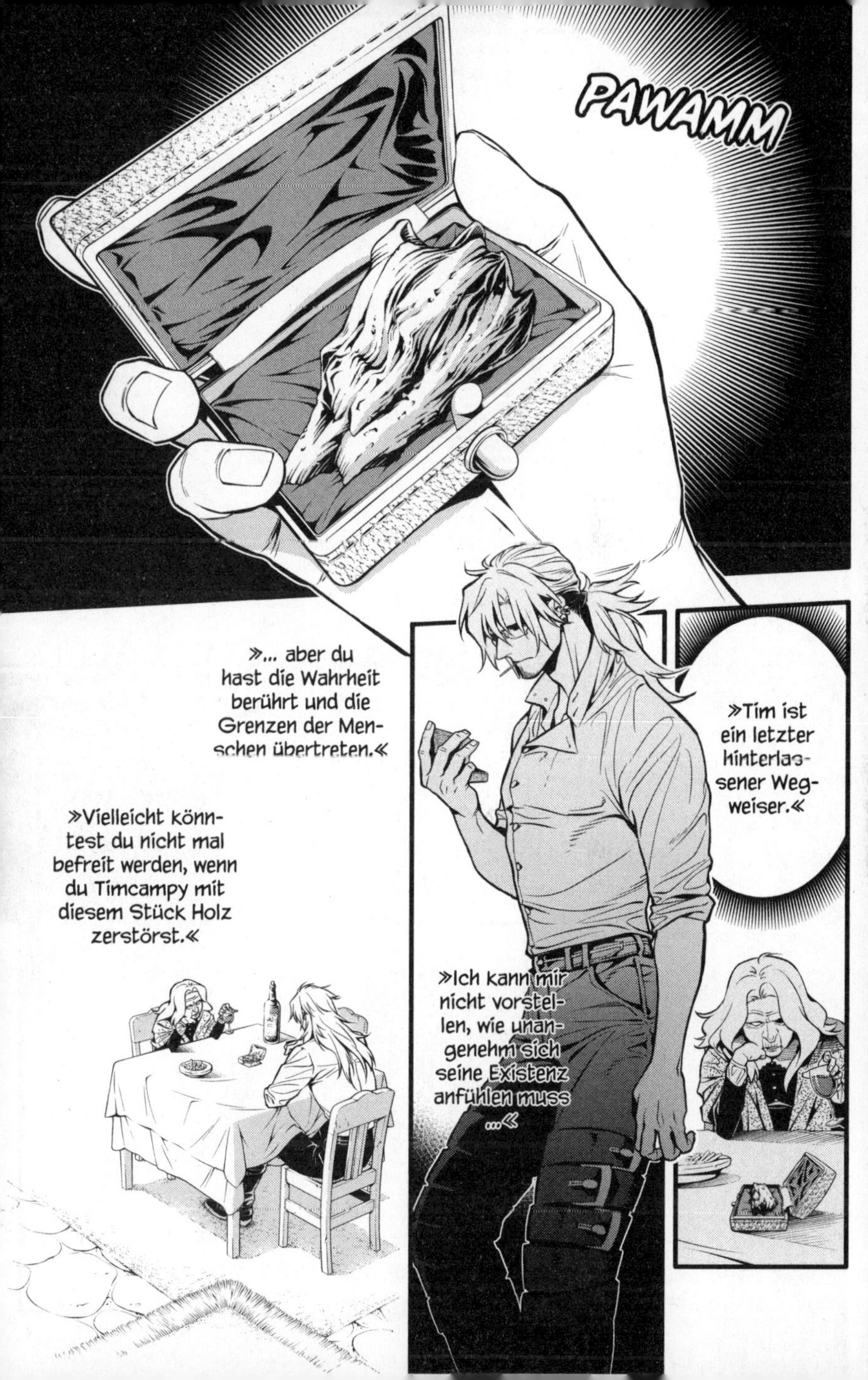
PAWAMM
»Tim ist ein letzter hinterlassener Wegweiser.«
»... aber du hast die Wahrheit berührt und die Grenzen der Menschen übertreten.«
»Ich kann mir nicht vorstellen, wie unangenehm sich seine Existenz anfühlen muss ...«
»Vielleicht könntest du nicht mal befreit werden, wenn du Timcampy mit diesem Stück Holz zerstörst.«

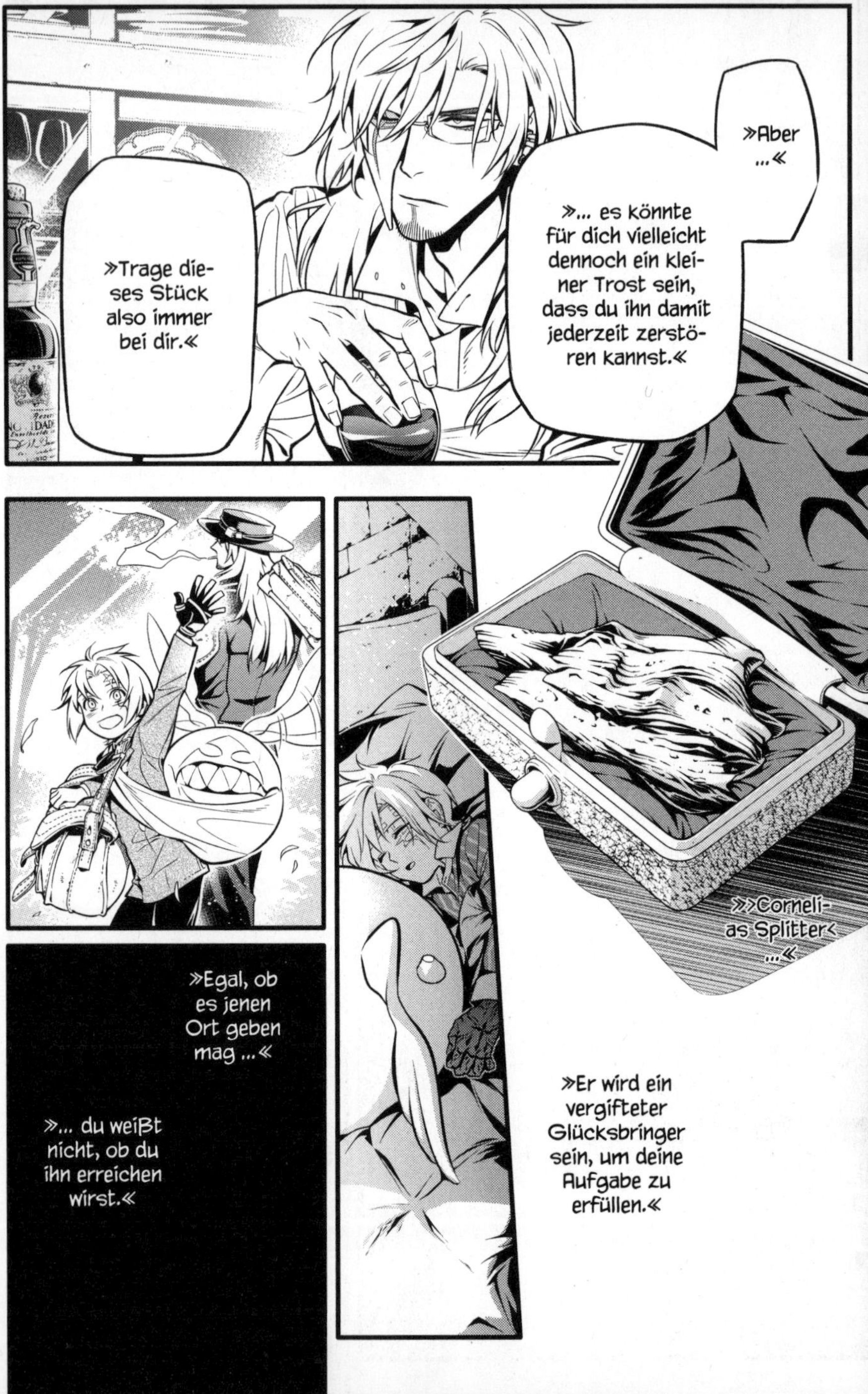
»Aber ...«
»... es könnte für dich vielleicht dennoch ein kleiner Trost sein, dass du ihn damit jederzeit zerstören kannst.«
»Trage dieses Stück also immer bei dir.«
»›Cornelias Splitter‹ ...«
»Er wird ein vergifteter Glücksbringer sein, um deine Aufgabe zu erfüllen.«
»Egal, ob es jenen Ort geben mag ...«
»... du weißt nicht, ob du ihn erreichen wirst.«

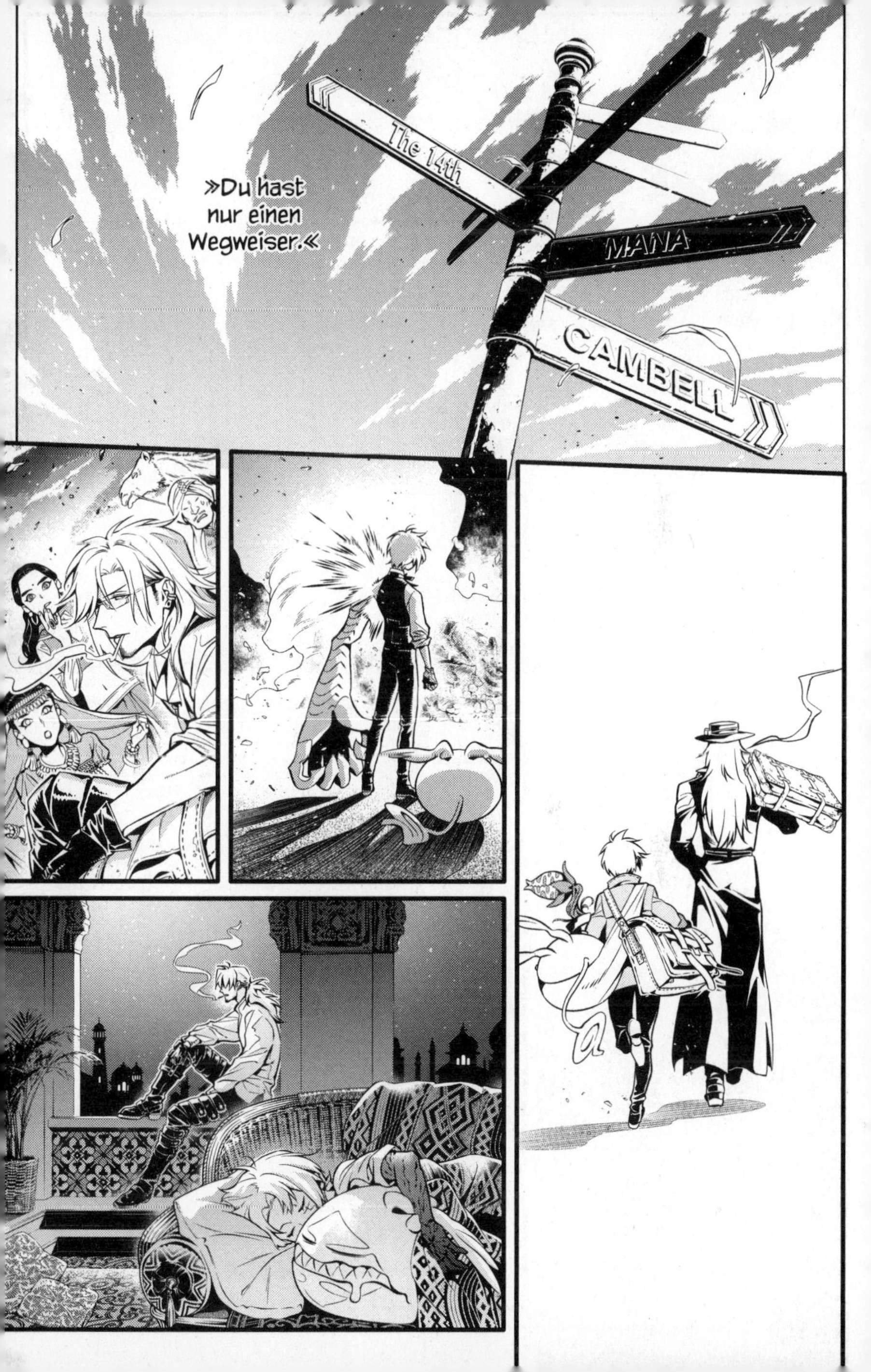
»Du hast nur einen Wegweiser.«
The 14th
MANA
CAMBELL

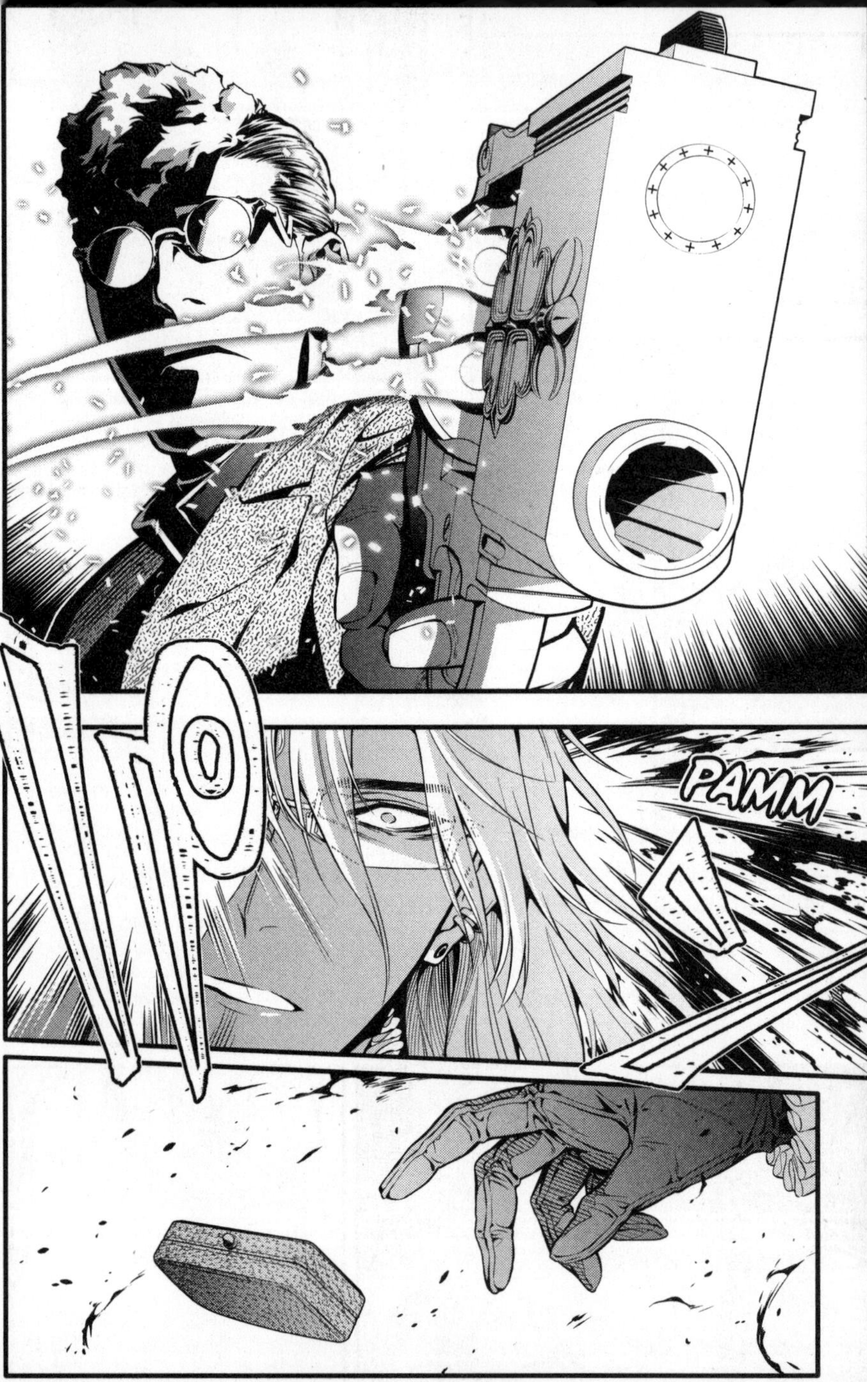
PAMM

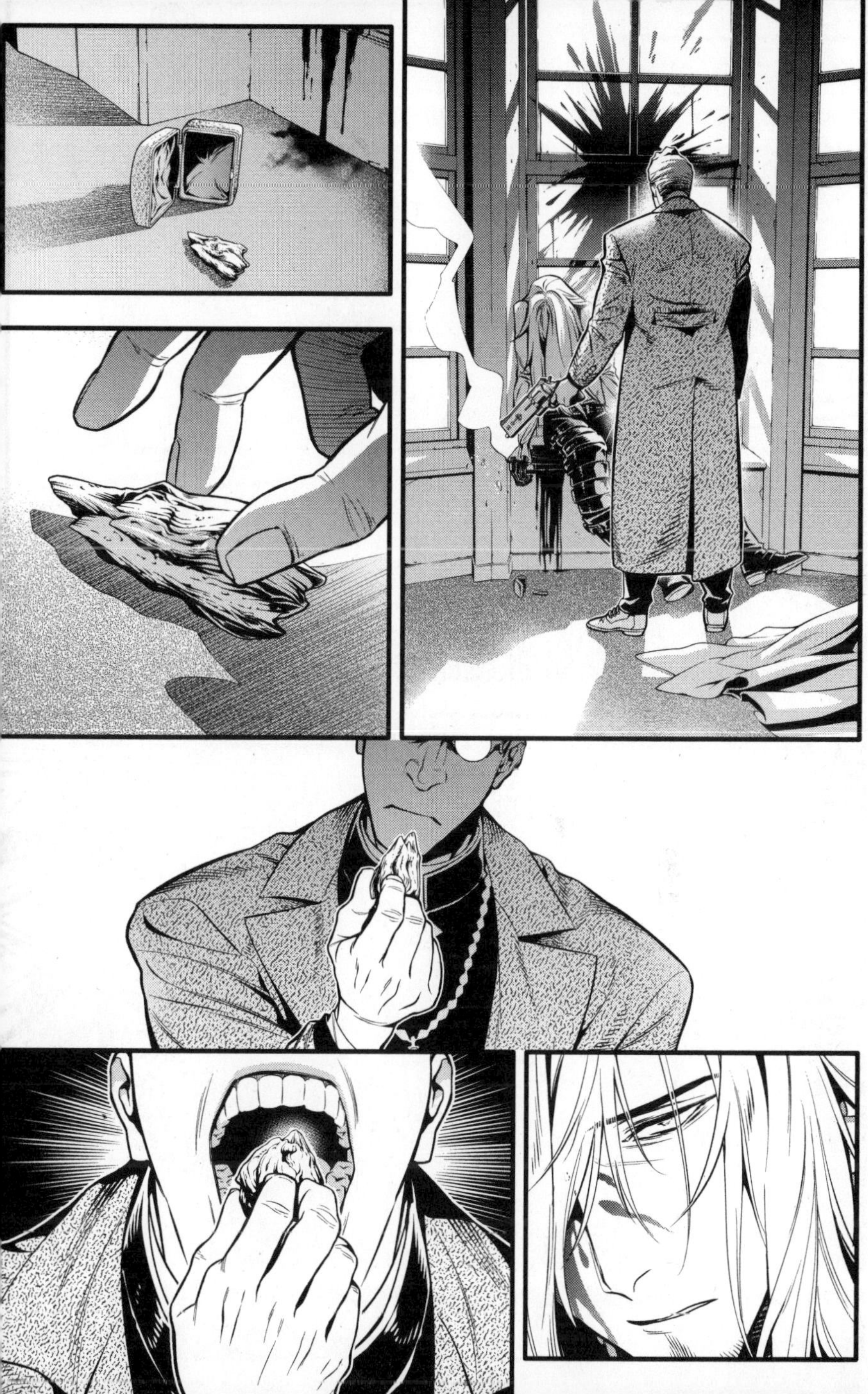

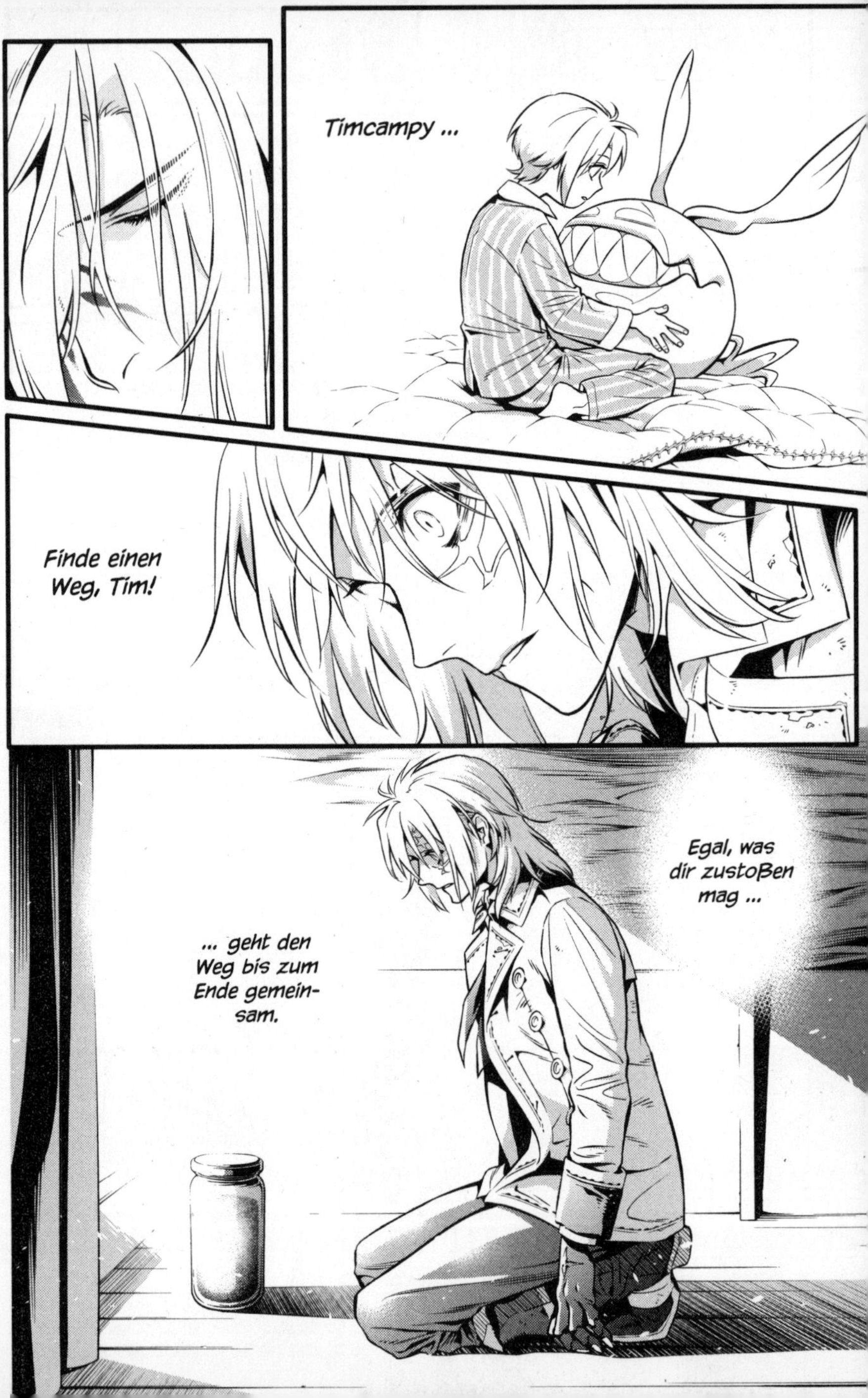
Timcampy ...
Finde einen Weg, Tim!
Egal, was dir zustoßen mag ...
... geht den Weg bis zum Ende gemein-sam.

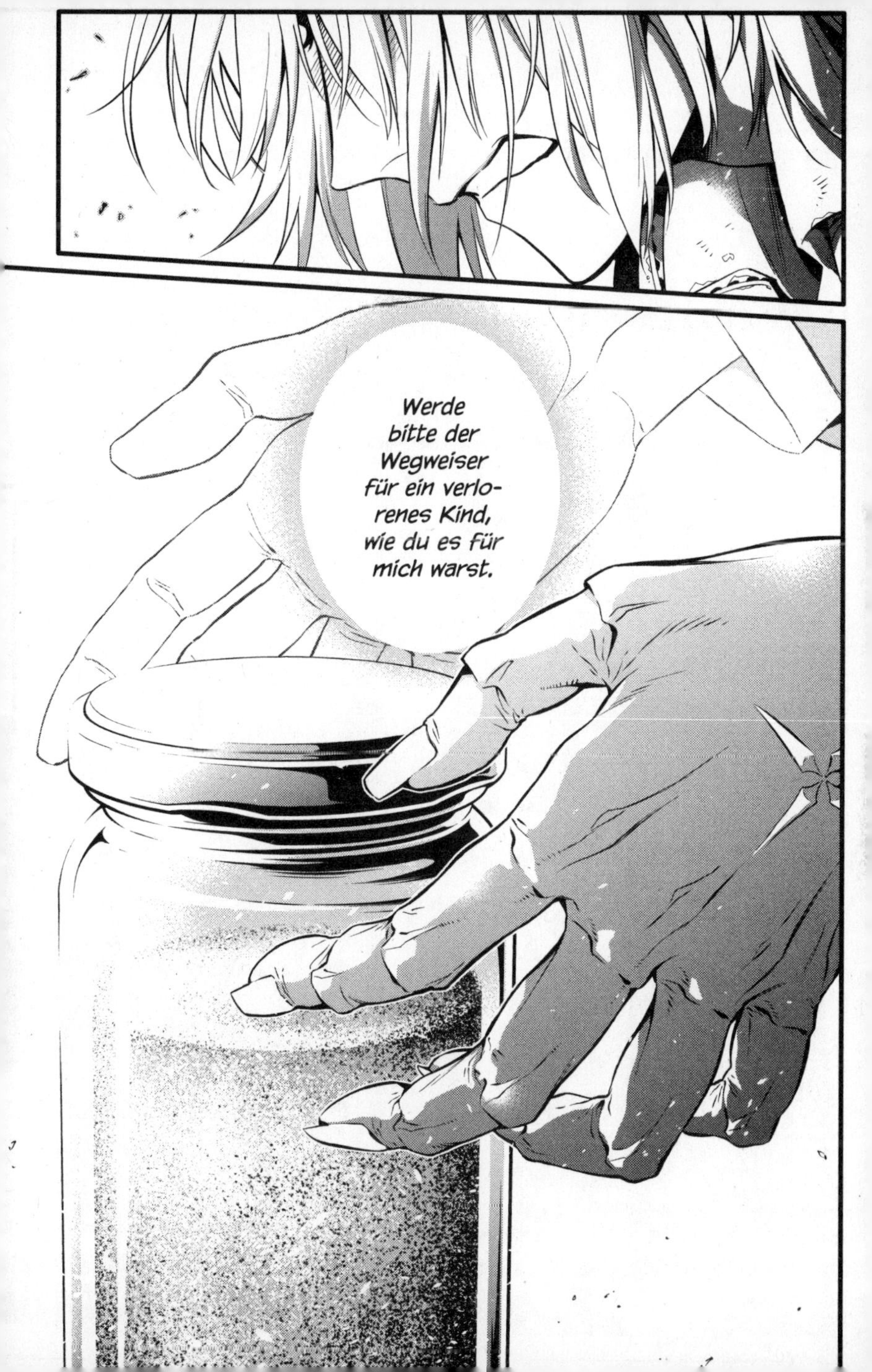
Werde bitte der Wegweiser für ein verlorenes Kind, wie du es für mich warst.

KOMUIS SPRECHZIMMER

Frage: Das Design der Kleidung hat sich ganz schön verändert. Welche Mode mögen denn Allen und Katsura Hoshino am liebsten?

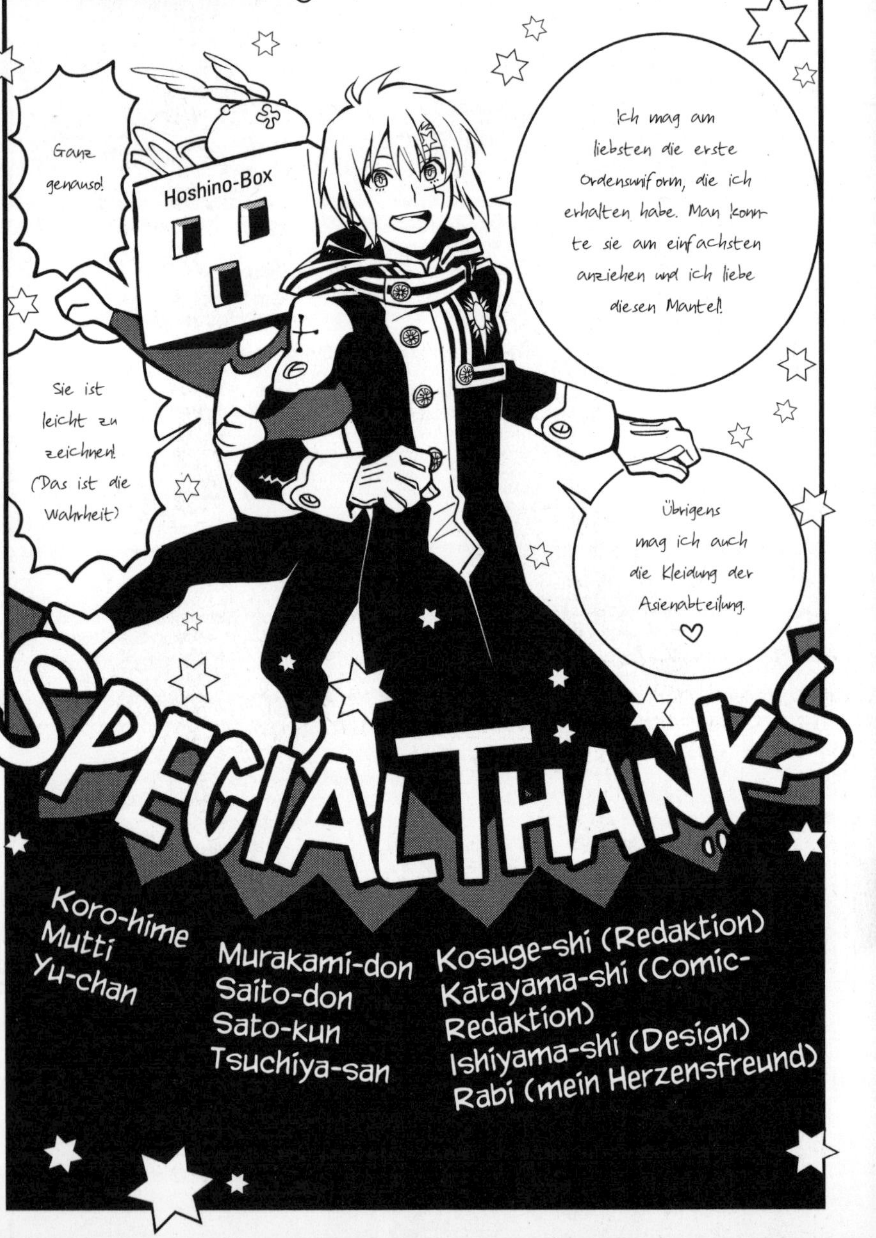

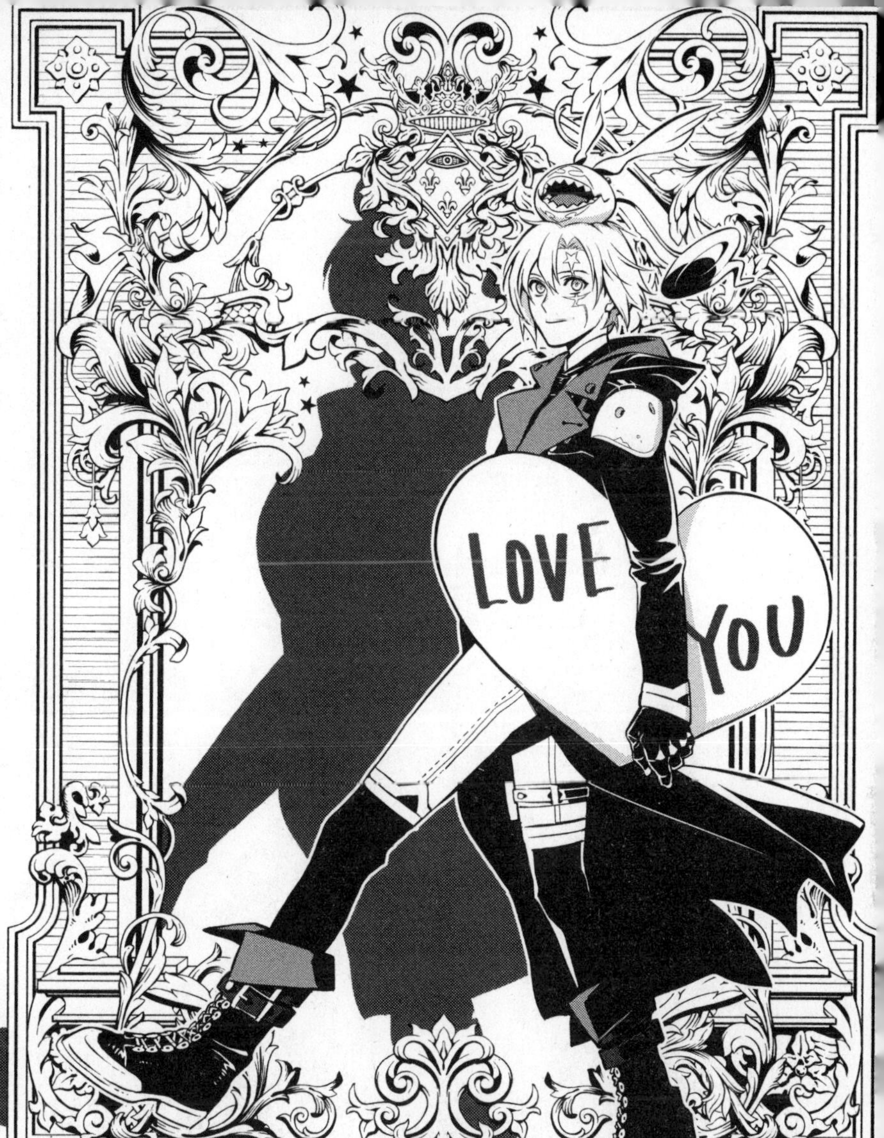

DIE 229. NACHT: ABSCHIED VON A. W. – TARNUNG UND VERTRAUTER

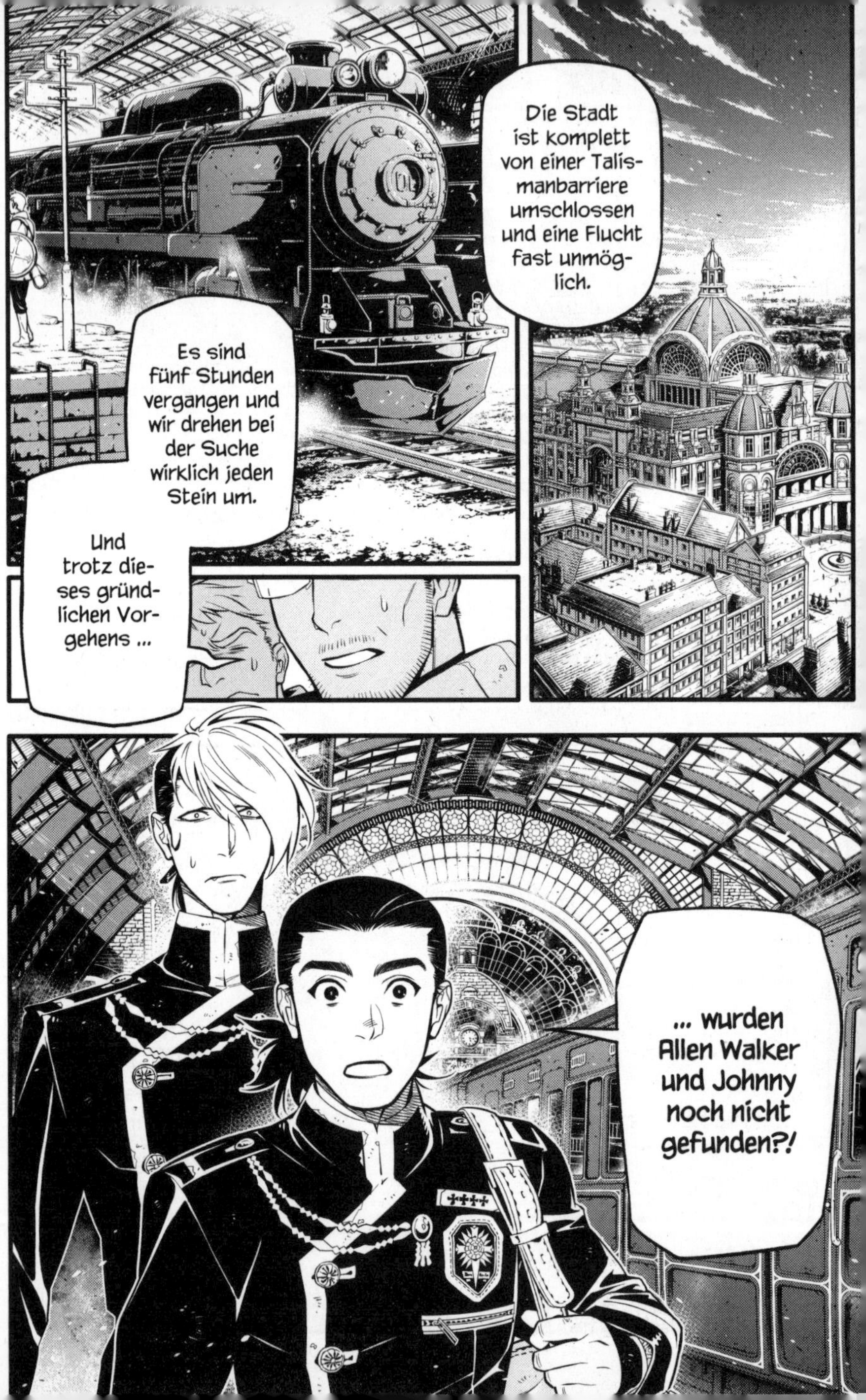
Die Stadt ist komplett von einer Talismanbarriere umschlossen und eine Flucht fast unmöglich.
Es sind fünf Stunden vergangen und wir drehen bei der Suche wirklich jeden Stein um.
Und trotz dieses gründlichen Vorgehens ...
... wurden Allen Walker und Johnny noch nicht gefunden?!

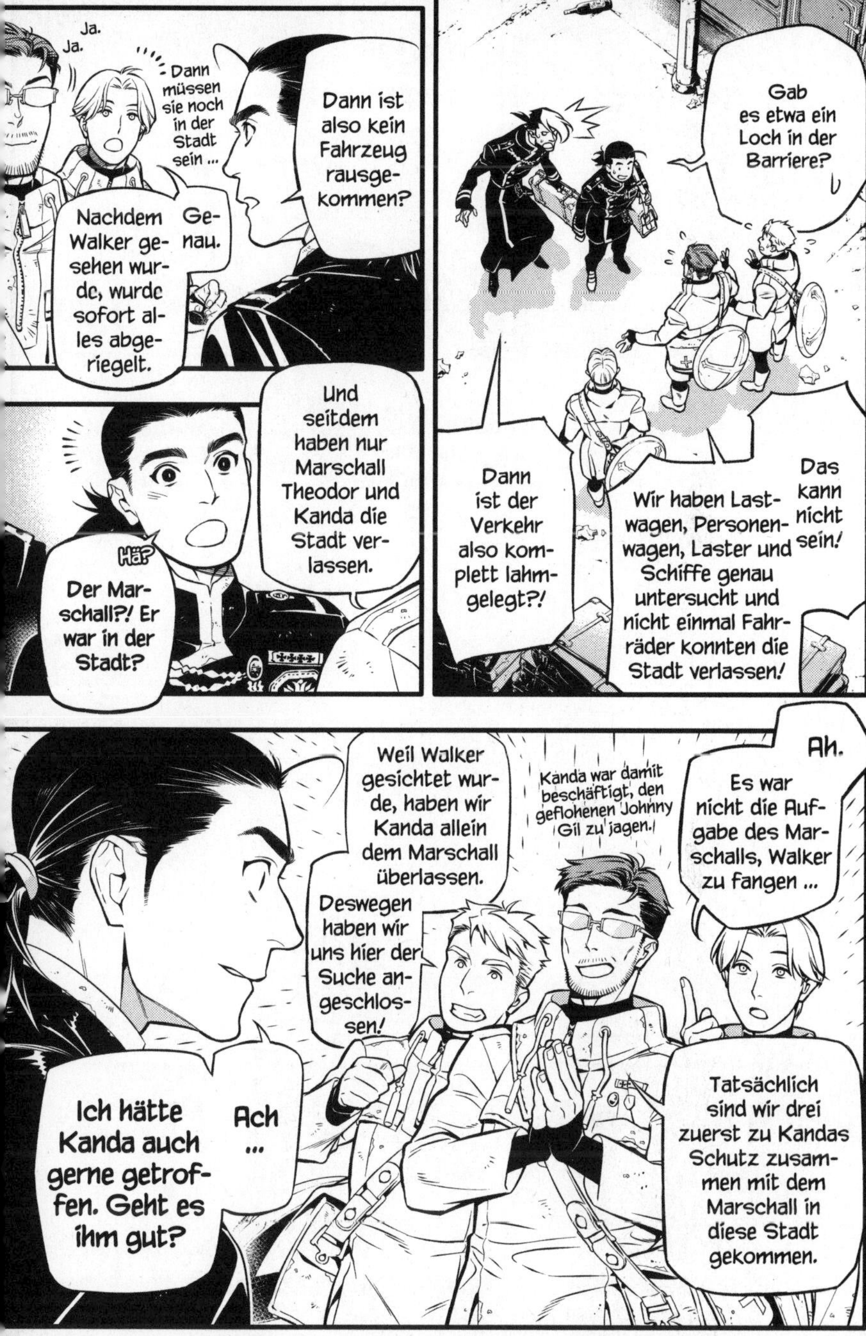

Gab es etwa ein Loch in der Barriere?
Das kann nicht sein!
Wir haben Lastwagen, Personenwagen, Laster und Schiffe genau untersucht und nicht einmal Fahrräder konnten die Stadt verlassen!
Dann ist der Verkehr also komplett lahmgelegt?!
Dann ist also kein Fahrzeug rausgekommen?
Genau.
Nachdem Walker gesehen wurde, wurde sofort alles abgeriegelt.
Dann müssen sie noch in der Stadt sein ...
Ja.
Ja.
Und seitdem haben nur Marschall Theodor und Kanda die Stadt verlassen.
Hä?
Der Marschall?! Er war in der Stadt?
Ah.
Es war nicht die Aufgabe des Marschalls, Walker zu fangen ...
Kanda war damit beschäftigt, den geflohenen Johnny Gil zu jagen.
Weil Walker gesichtet wurde, haben wir Kanda allein dem Marschall überlassen.
Deswegen haben wir uns hier der Suche angeschlossen!
Tatsächlich sind wir drei zuerst zu Kandas Schutz zusammen mit dem Marschall in diese Stadt gekommen.
Ach ...
Ich hätte Kanda auch gerne getroffen. Geht es ihm gut?

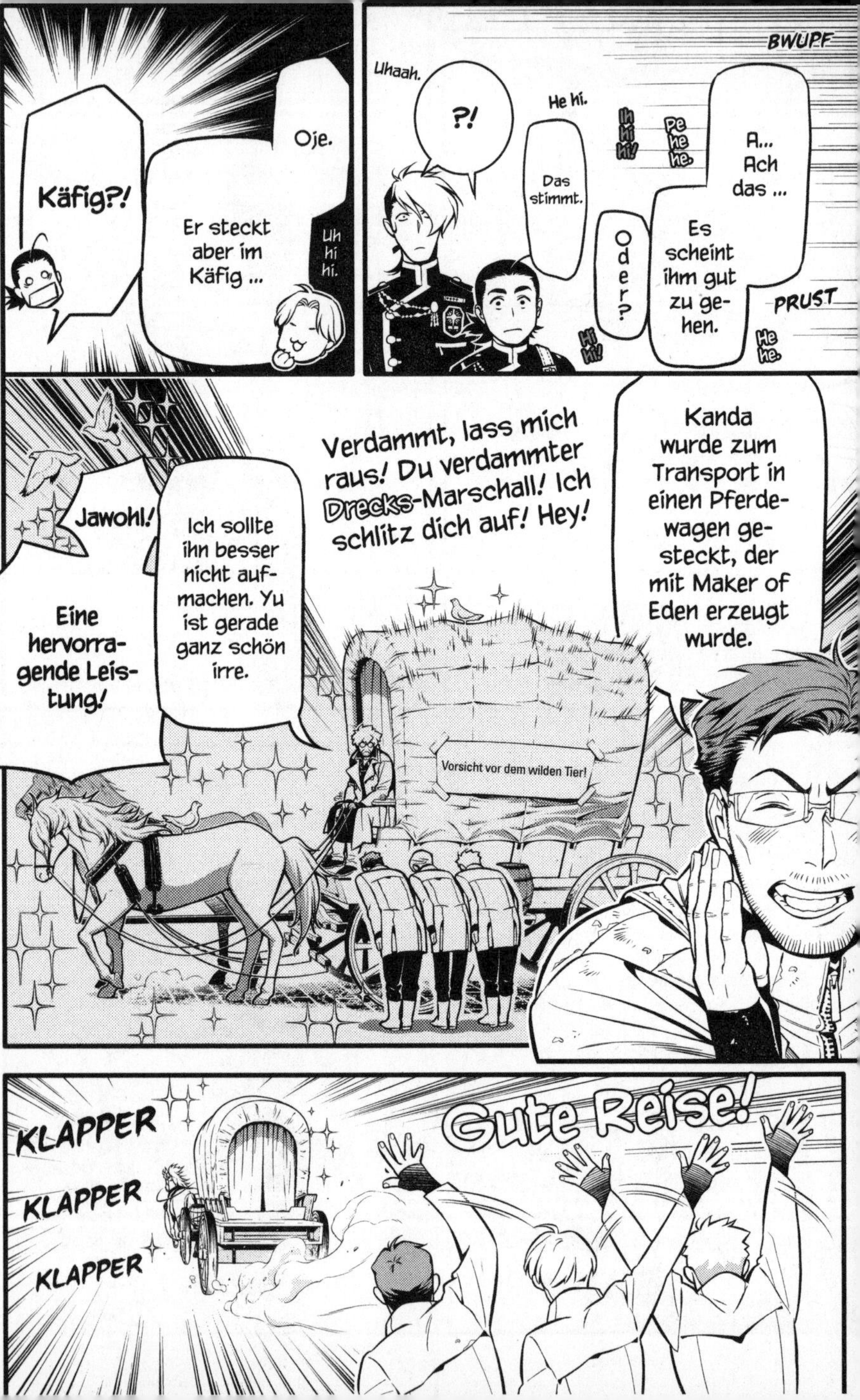
BWUPF
A... Ach das ...
Es scheint ihm gut zu ge-hen.
PRUST
He he.
Pe he he.
Ih hi hi!
Oder?
Hi hi!
He hi.
Das stimmt.
Uhaah.
?!
Oje.
Er steckt aber im Käfig ...
Uh hi hi.
Käfig?!
Kanda wurde zum Transport in einen Pferde-wagen ge-steckt, der mit Maker of Eden erzeugt wurde.
Verdammt, lass mich raus! Du verdammter Drecks-Marschall! Ich schlitz dich auf! Hey!
Vorsicht vor dem wilden Tier!
Ich sollte ihn besser nicht auf-machen. Yu ist gerade ganz schön irre.
Jawohl!
Eine hervorra-gende Leis-tung!
Gute Reise!
KLAPPER
KLAPPER
KLAPPER

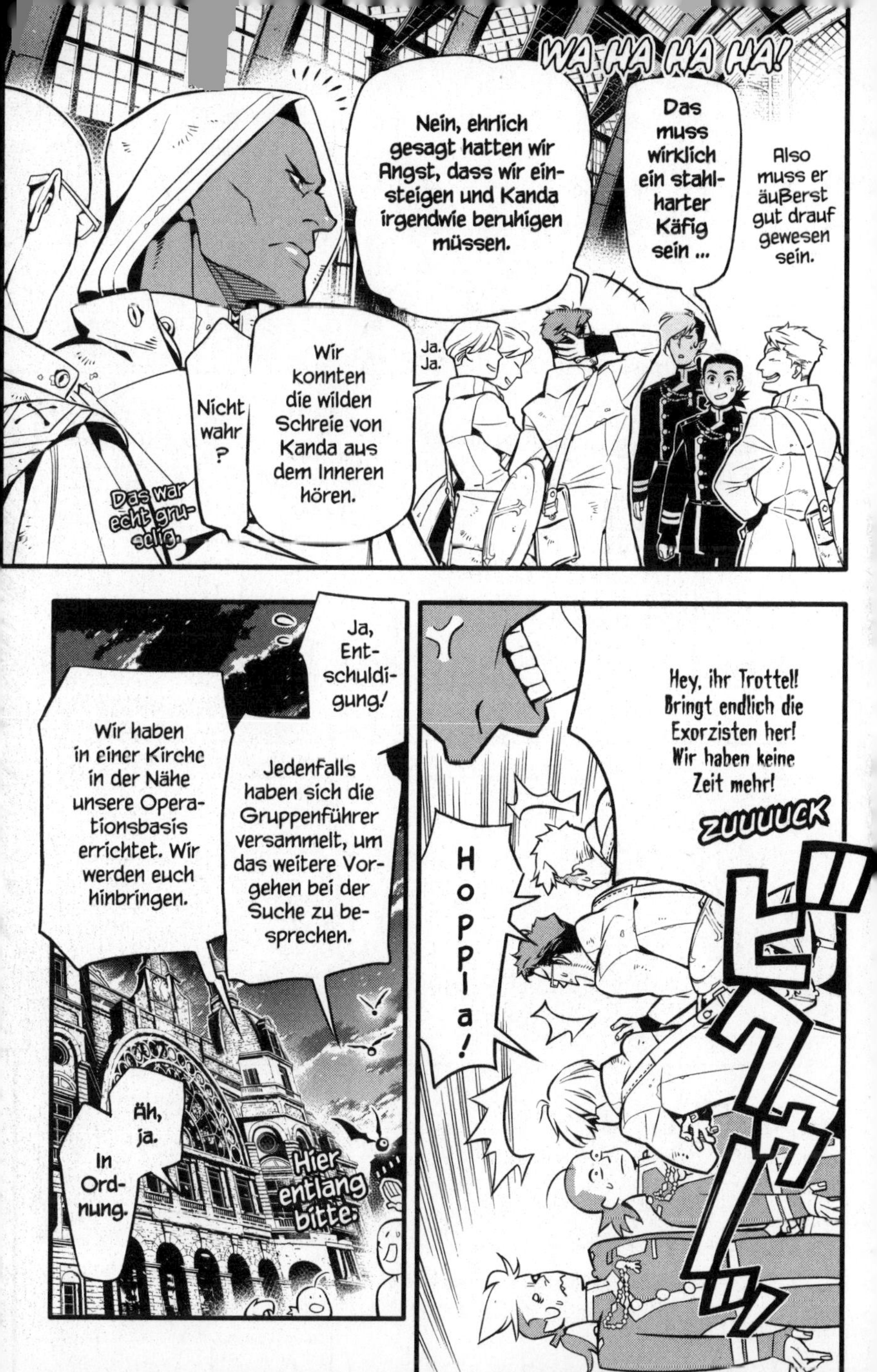
WA HA HA HA!
Also muss er äußerst gut drauf gewesen sein.
Das muss wirklich ein stahlharter Käfig sein ...
Nein, ehrlich gesagt hatten wir Angst, dass wir einsteigen und Kanda irgendwie beruhigen müssen.
Ja. Ja.
Wir konnten die wilden Schreie von Kanda aus dem Inneren hören.
Nicht wahr?
Das war echt gruselig.
Hey, ihr Trottel! Bringt endlich die Exorzisten her! Wir haben keine Zeit mehr!
ZUUUUCK
Hoppla!
Ja, Entschuldigung!
Jedenfalls haben sich die Gruppenführer versammelt, um das weitere Vorgehen bei der Suche zu besprechen.
Wir haben in einer Kirche in der Nähe unsere Operationsbasis errichtet. Wir werden euch hinbringen.
Hier entlang bitte.
Äh, ja. In Ordnung.

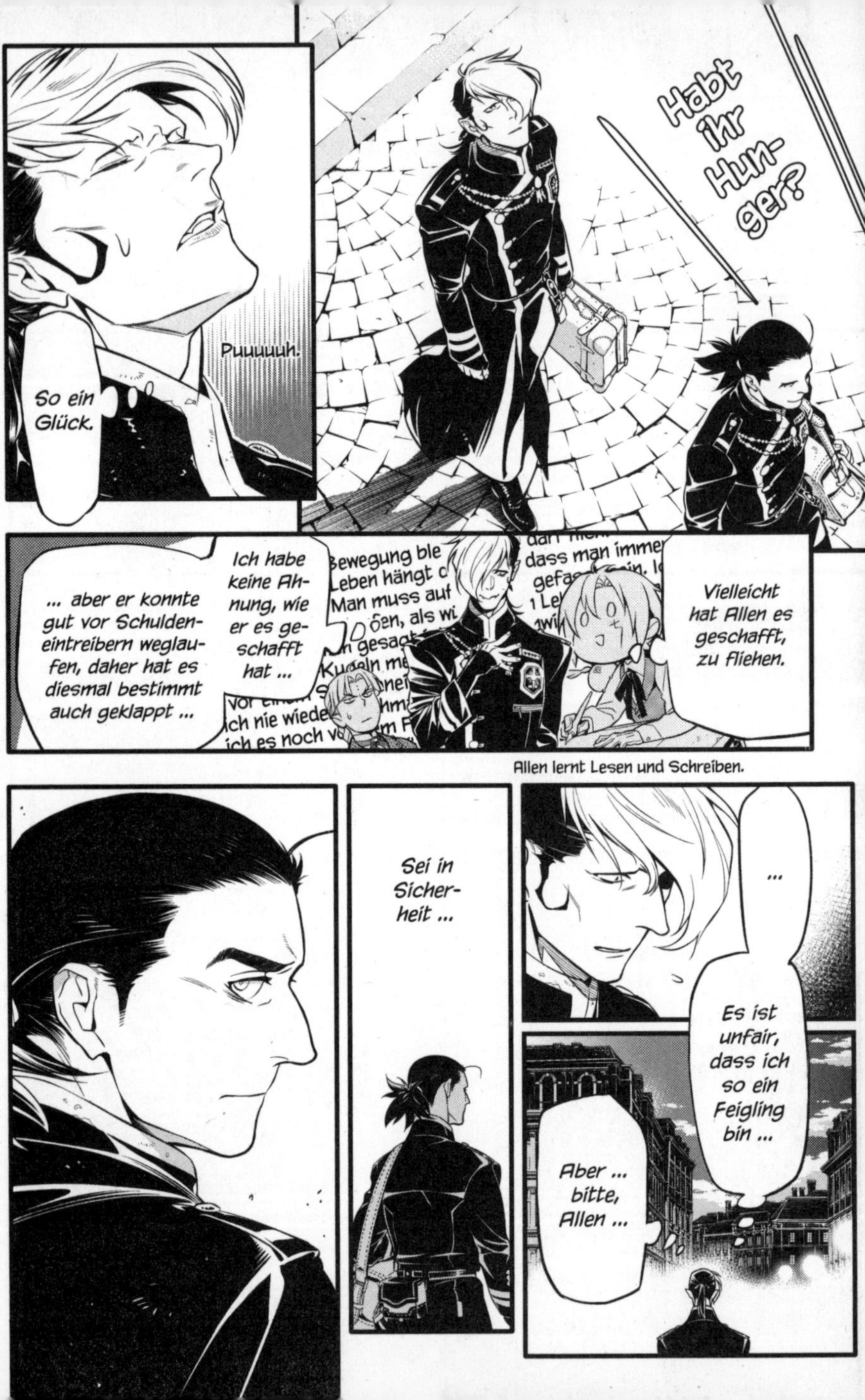
Habt ihr Hunger?
Puuuuuh.
So ein Glück.
Vielleicht hat Allen es geschafft, zu fliehen.
Ich habe keine Ahnung, wie er es geschafft hat ...
... aber er konnte gut vor Schuldeneintreibern weglaufen, daher hat es diesmal bestimmt auch geklappt ...
Allen lernt Lesen und Schreiben.
...
Es ist unfair, dass ich so ein Feigling bin ...
Aber ... bitte, Allen ...
Sei in Sicherheit ...

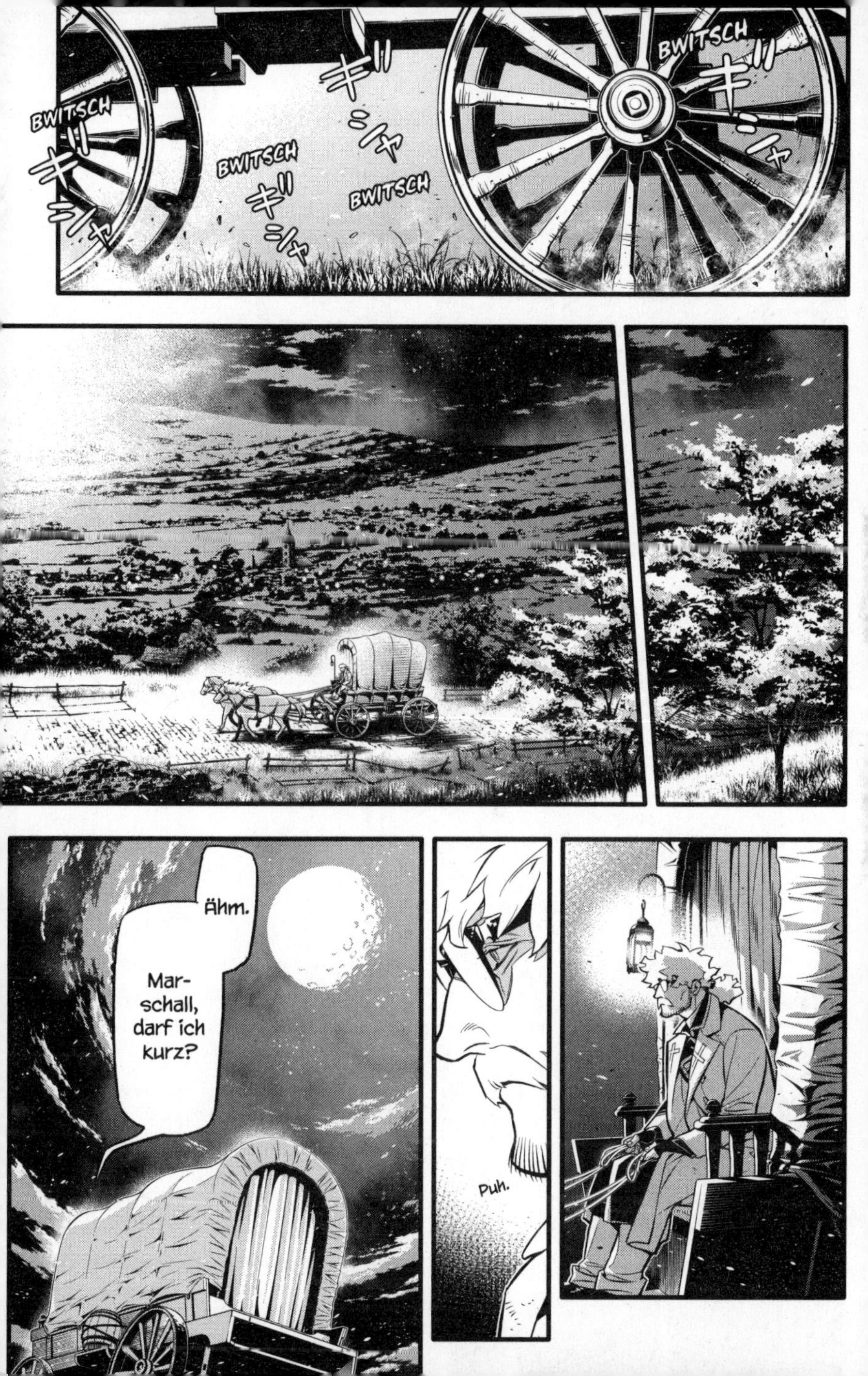
BWITSCH
BWITSCH
BWITSCH
BWITSCH
Puh.
Ähm.
Mar-schall, darf ich kurz?

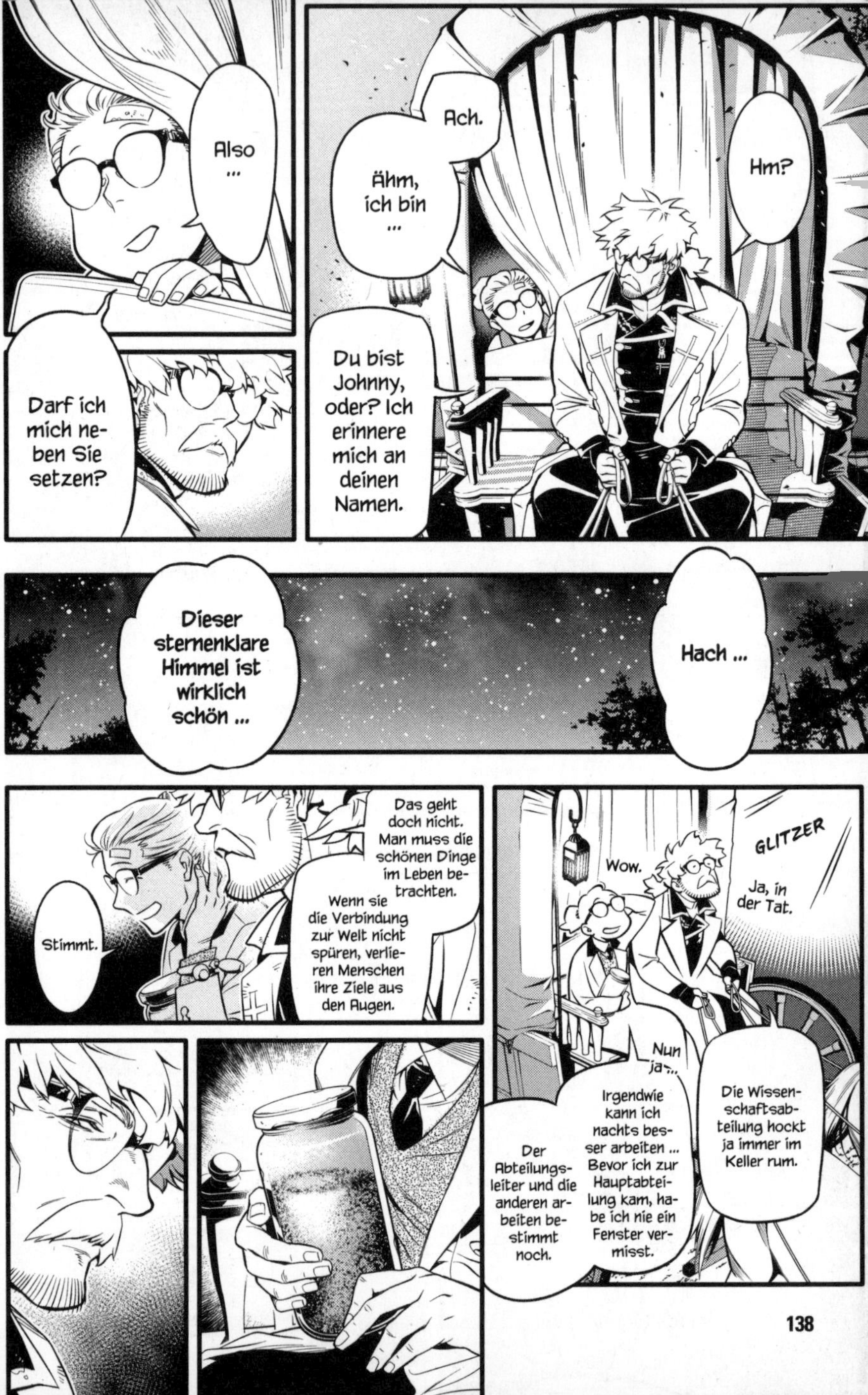
Hm?
Ach.
Ähm, ich bin ...
Du bist Johnny, oder? Ich erinnere mich an deinen Namen.
Also ...
Darf ich mich neben Sie setzen?
Hach ...
Dieser sternenklare Himmel ist wirklich schön ...
GLITZER
Ja, in der Tat.
Wow.
Das geht doch nicht. Man muss die schönen Dinge im Leben betrachten.
Wenn sie die Verbindung zur Welt nicht spüren, verlieren Menschen ihre Ziele aus den Augen.
Stimmt.
Nun ja ...
Die Wissenschaftsabteilung hockt ja immer im Keller rum.
Irgendwie kann ich nachts besser arbeiten ... Bevor ich zur Hauptabteilung kam, habe ich nie ein Fenster vermisst.
Der Abteilungsleiter und die anderen arbeiten bestimmt noch.

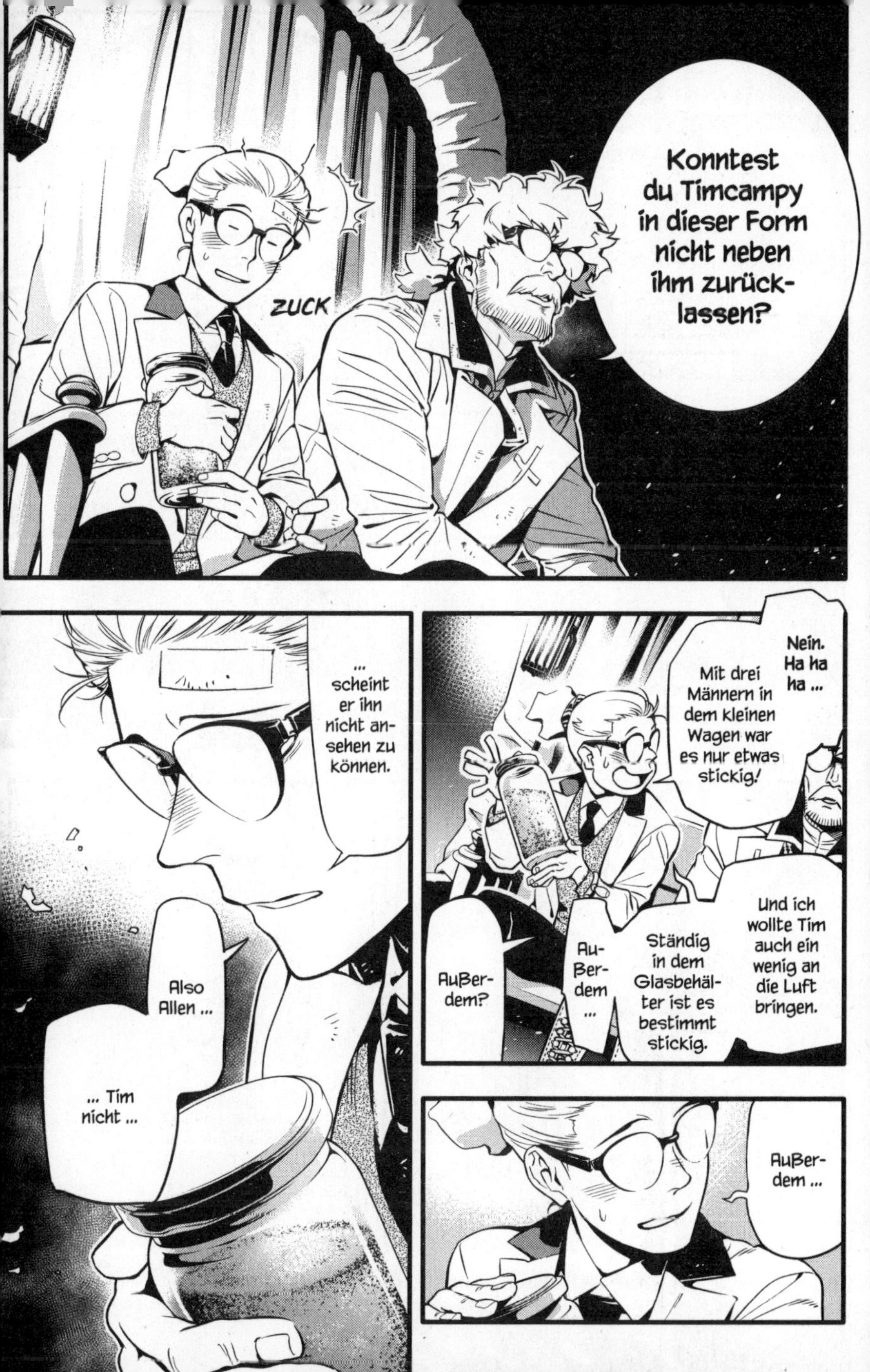
Konntest du Timcampy in dieser Form nicht neben ihm zurücklassen?
ZUCK
Nein. Ha ha ha ...
Mit drei Männern in dem kleinen Wagen war es nur etwas stickig!
Und ich wollte Tim auch ein wenig an die Luft bringen.
Ständig in dem Glasbehälter ist es bestimmt stickig.
Außerdem ...
Außerdem?
Außerdem ...
Also Allen ...
... Tim nicht ...
... scheint er ihn nicht ansehen zu können.

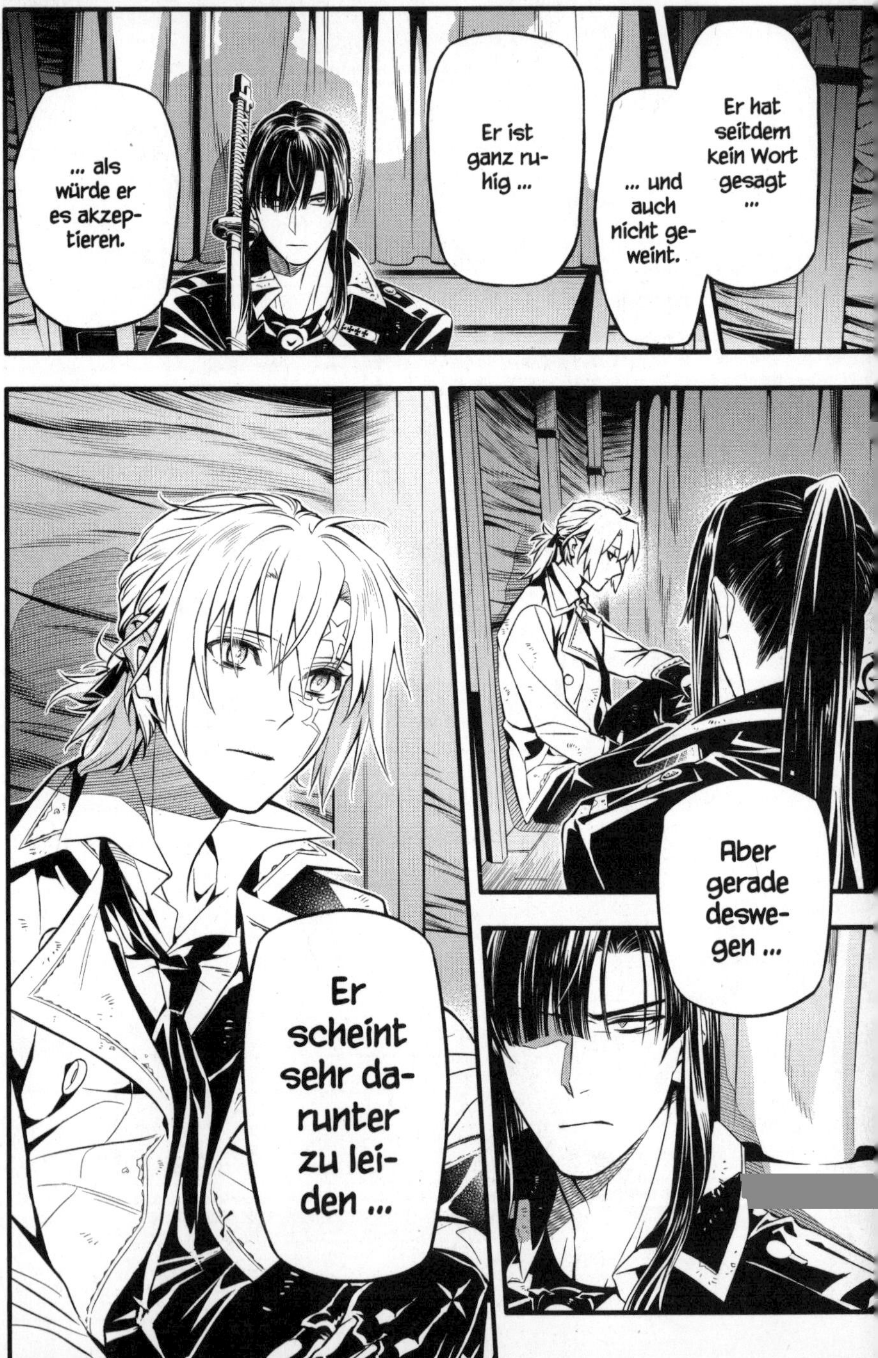

Er hat seitdem kein Wort gesagt ...
... und auch nicht geweint.
Er ist ganz ruhig ...
... als würde er es akzeptieren.
Aber gerade deswegen ...
Er scheint sehr darunter zu leiden ...

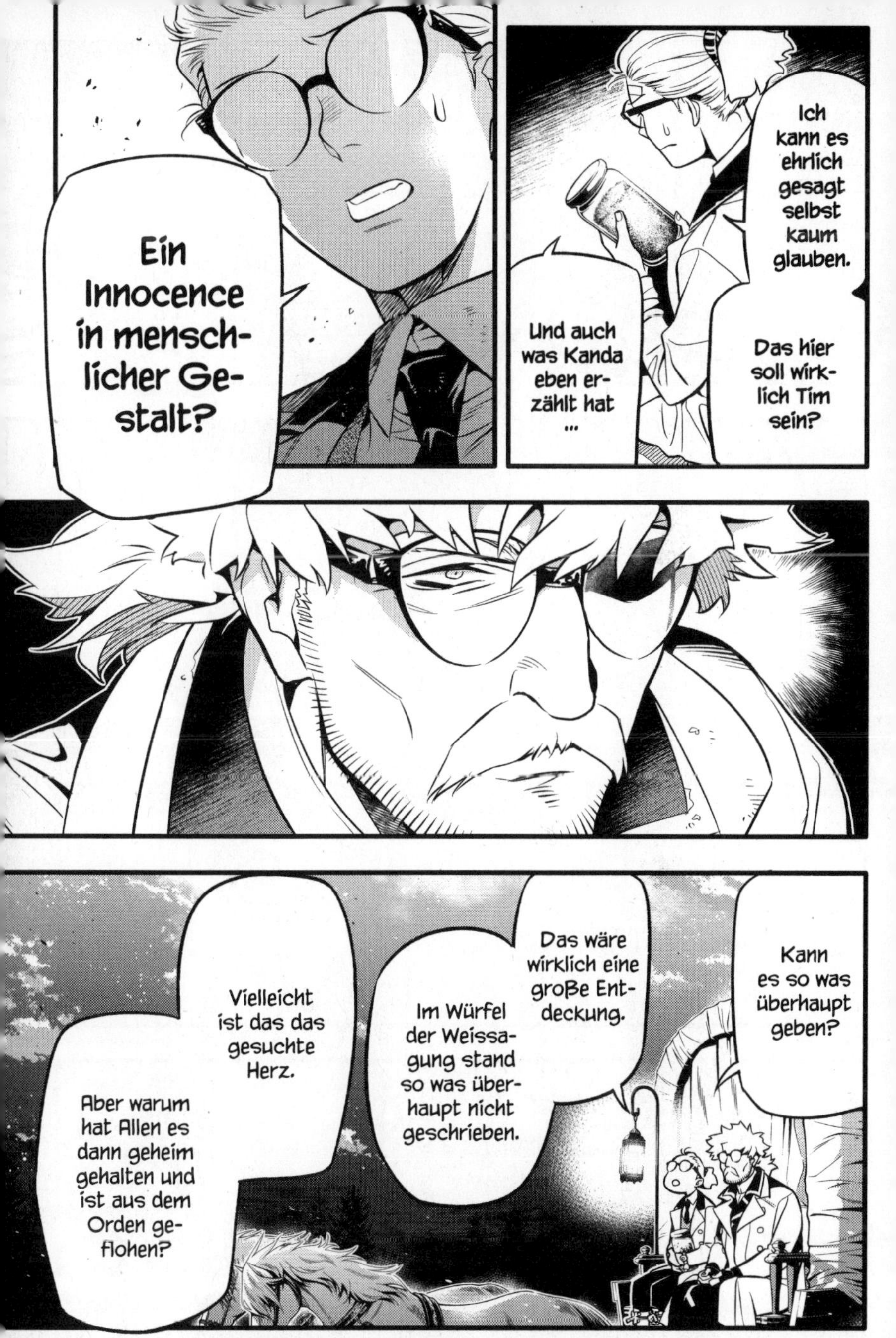
Ich kann es ehrlich gesagt selbst kaum glauben.
Das hier soll wirklich Tim sein?
Und auch was Kanda eben erzählt hat ...
Ein Innocence in menschlicher Gestalt?
Kann es so was überhaupt geben?
Das wäre wirklich eine große Entdeckung.
Im Würfel der Weissagung stand so was überhaupt nicht geschrieben.
Vielleicht ist das das gesuchte Herz.
Aber warum hat Allen es dann geheim gehalten und ist aus dem Orden geflohen?

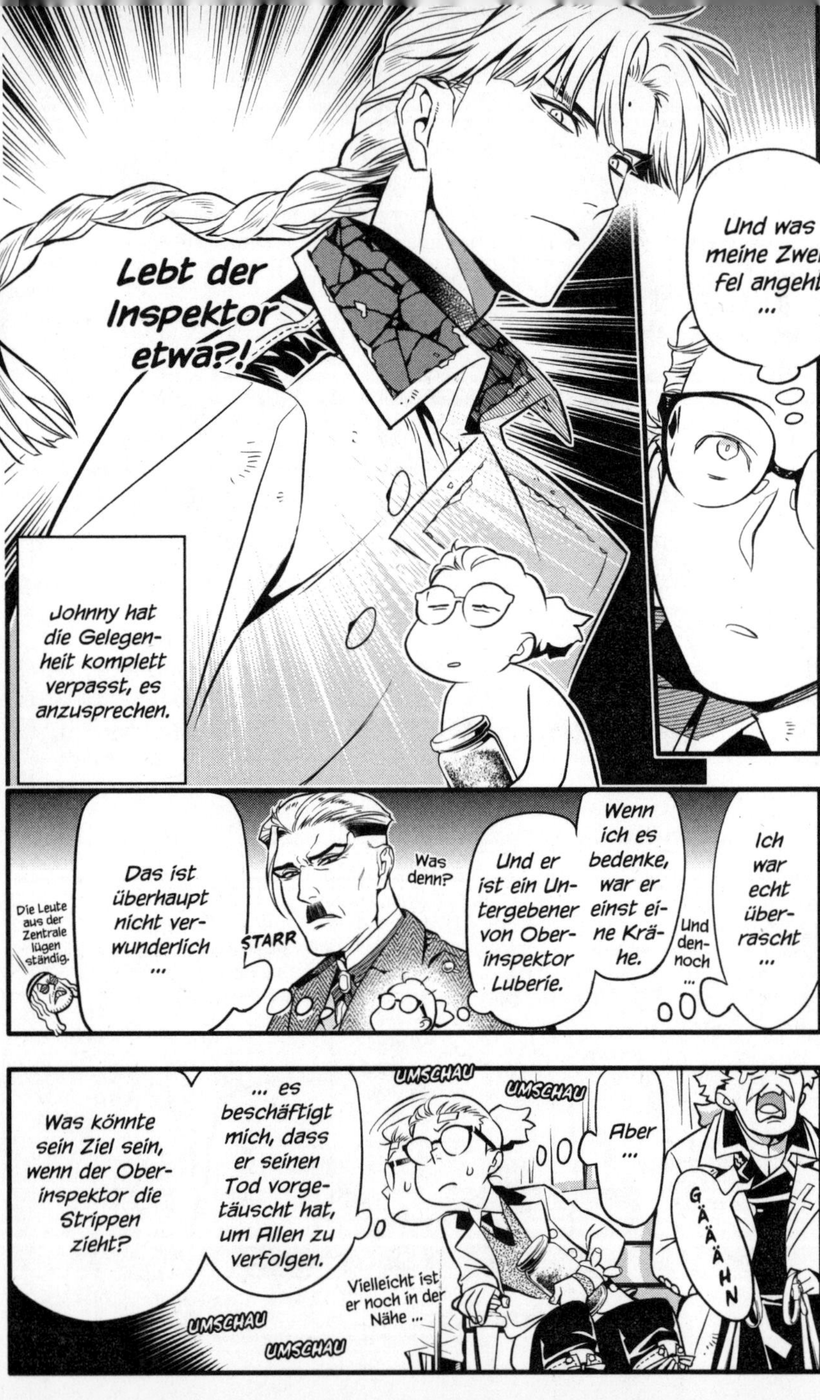
Und was meine Zweifel angeht ...
Lebt der Inspektor etwa?!
Johnny hat die Gelegenheit komplett verpasst, es anzusprechen.
Ich war echt überrascht ...
Und dennoch ...
Wenn ich es bedenke, war er einst eine Krähe.
Und er ist ein Untergebener von Oberinspektor Luberie.
Was denn?
STARR
Das ist überhaupt nicht verwunderlich ...
Die Leute aus der Zentrale lügen ständig.
Aber ...
GÄÄÄHN
UMSCHAU
UMSCHAU
... es beschäftigt mich, dass er seinen Tod vorgetäuscht hat, um Allen zu verfolgen.
Was könnte sein Ziel sein, wenn der Oberinspektor die Strippen zieht?
Vielleicht ist er noch in der Nähe ...
UMSCHAU
UMSCHAU

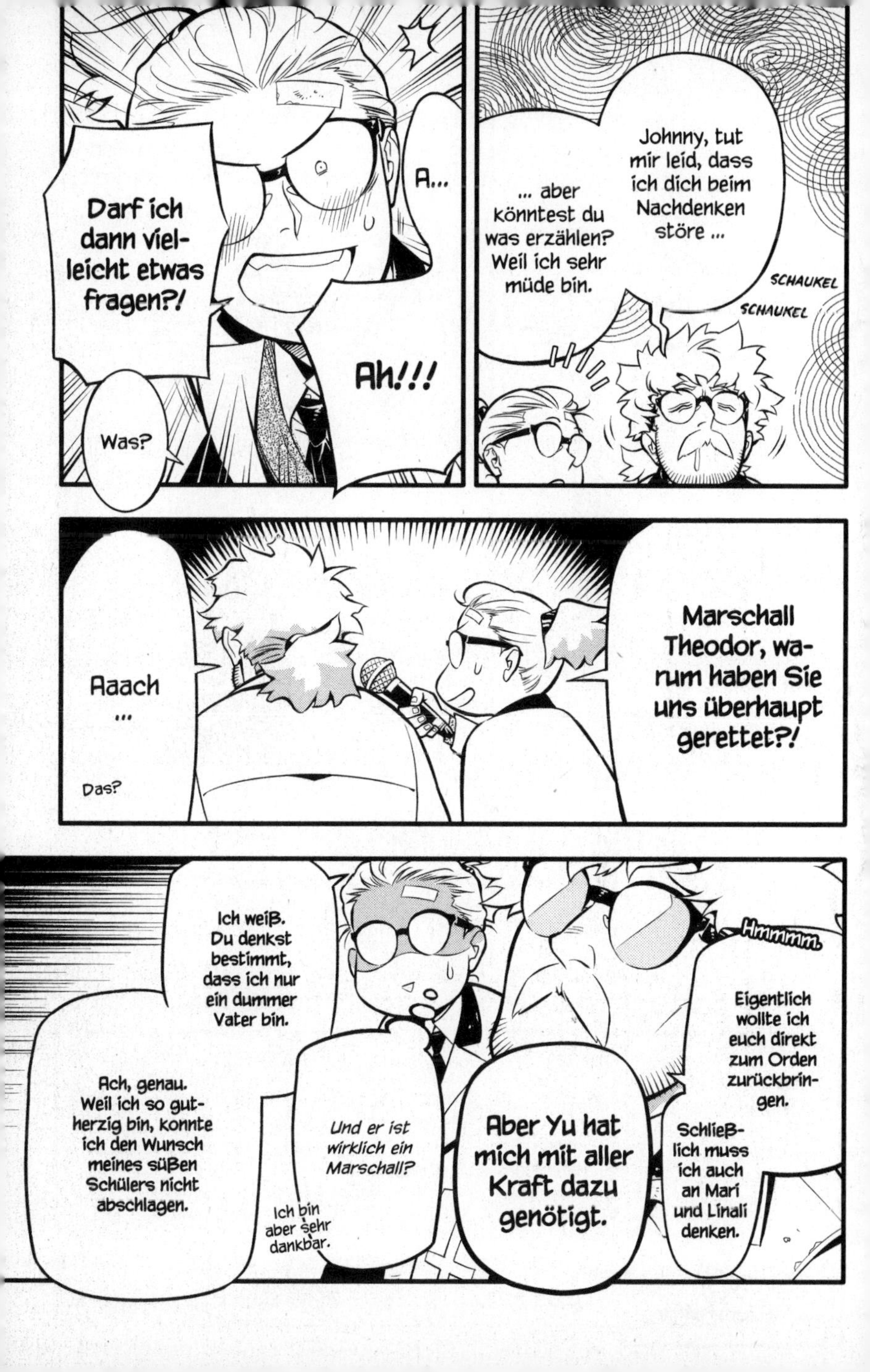
Johnny, tut mir leid, dass ich dich beim Nachdenken störe ...
... aber könntest du was erzählen? Weil ich sehr müde bin.
SCHAUKEL
SCHAUKEL
A...
Ah!!!
Darf ich dann vielleicht etwas fragen?!
Was?
Marschall Theodor, warum haben Sie uns überhaupt gerettet?!
Aaach ...
Das?
Hmmmm.
Eigentlich wollte ich euch direkt zum Orden zurückbringen.
Schließlich muss ich auch an Mari und Linali denken.
Aber Yu hat mich mit aller Kraft dazu genötigt.
Und er ist wirklich ein Marschall?
Ich bin aber sehr dankbar.
Ich weiß. Du denkst bestimmt, dass ich nur ein dummer Vater bin.
Ach, genau. Weil ich so gutherzig bin, konnte ich den Wunsch meines süßen Schülers nicht abschlagen.

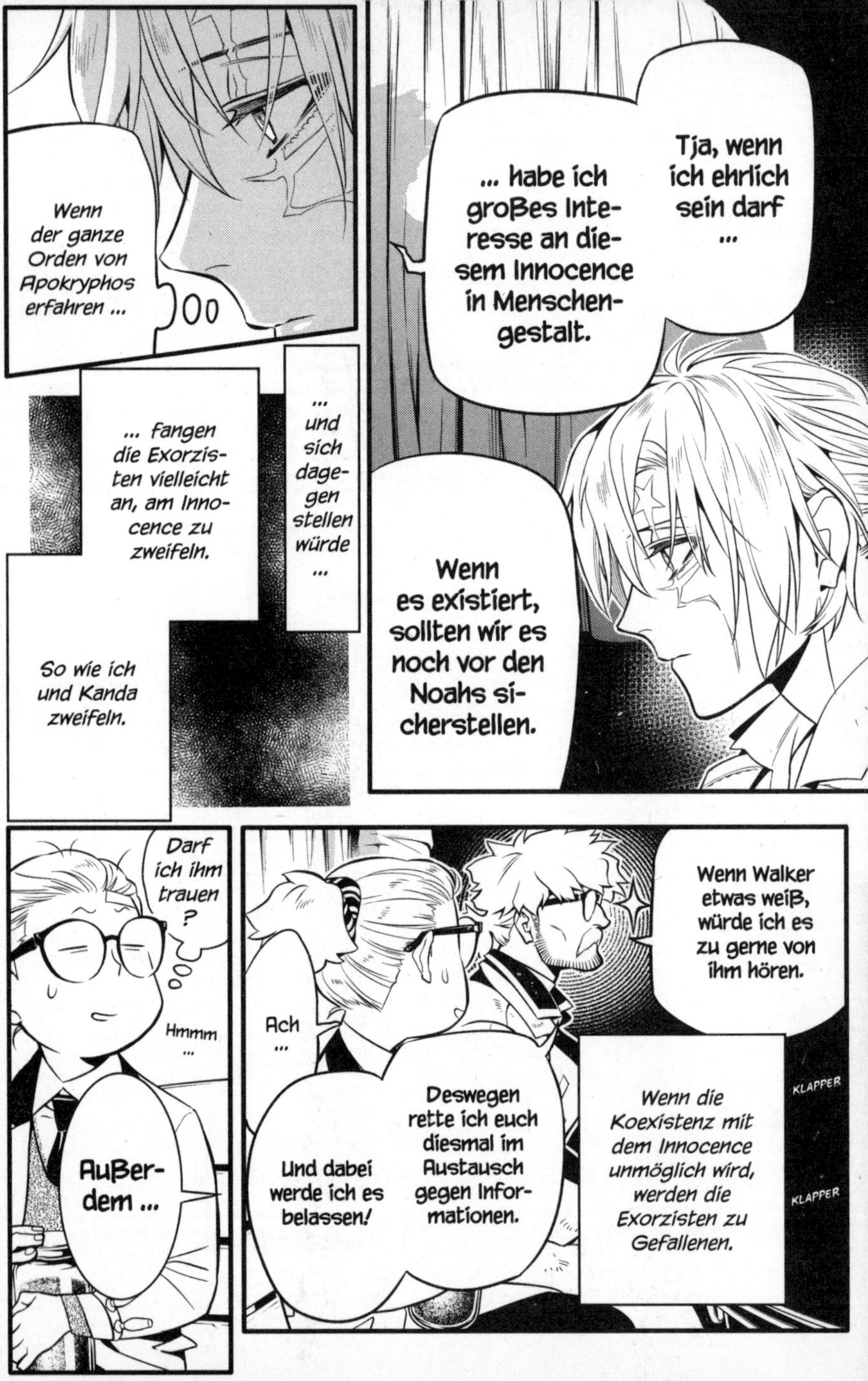

Tja, wenn ich ehrlich sein darf ...
... habe ich großes Interesse an diesem Innocence in Menschengestalt.
Wenn es existiert, sollten wir es noch vor den Noahs sicherstellen.
Wenn der ganze Orden von Apokryphos erfahren ...
... und sich dagegen stellen würde ...
... fangen die Exorzisten vielleicht an, am Innocence zu zweifeln.
So wie ich und Kanda zweifeln.
Wenn Walker etwas weiß, würde ich es zu gerne von ihm hören.
KLAPPER
Wenn die Koexistenz mit dem Innocence unmöglich wird, werden die Exorzisten zu Gefallenen.
KLAPPER
Deswegen rette ich euch diesmal im Austausch gegen Informationen.
Und dabei werde ich es belassen!
Ach ...
Darf ich ihm trauen ?
Hmmm ...
Außerdem ...

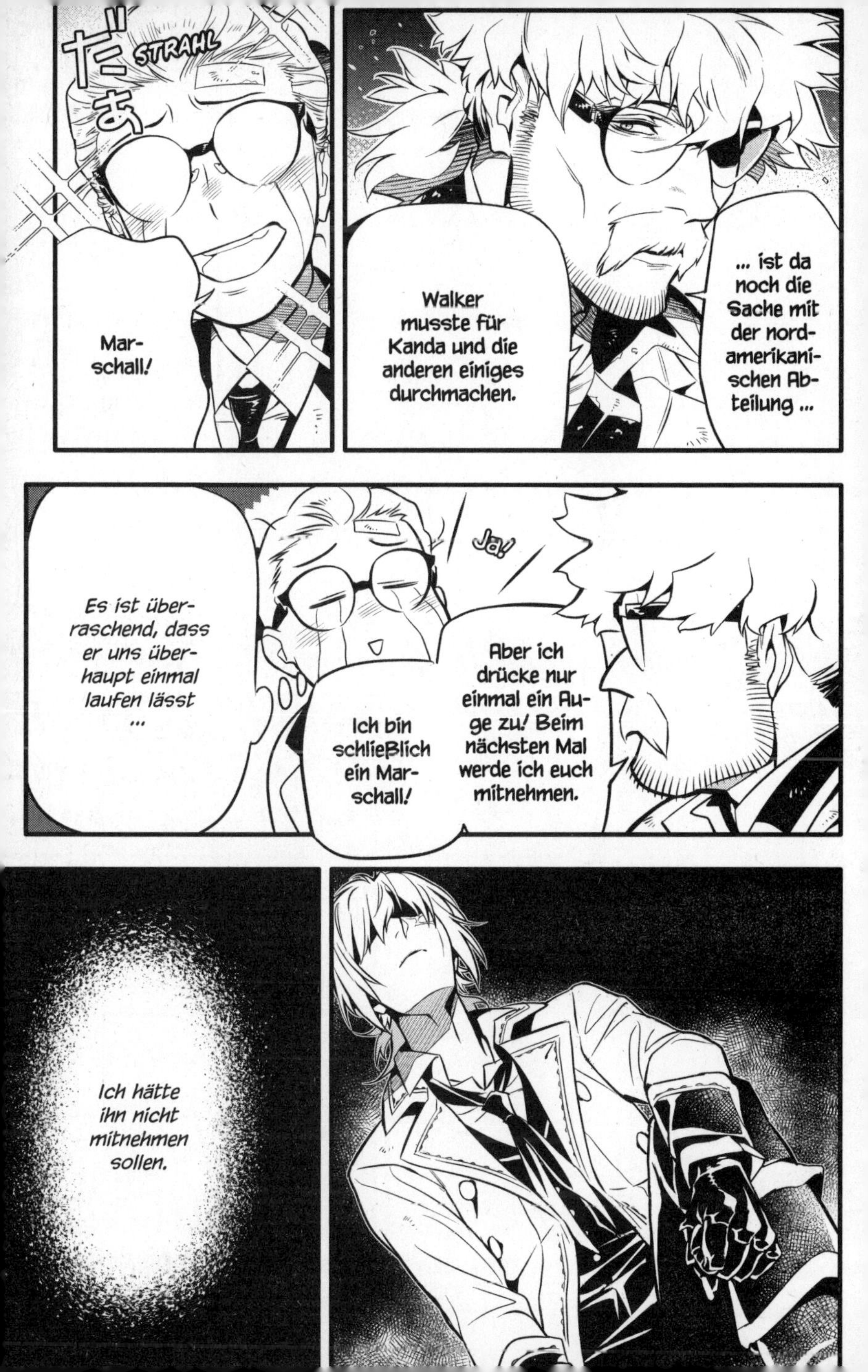
... ist da noch die Sache mit der nordamerikanischen Abteilung ...
Walker musste für Kanda und die anderen einiges durchmachen.
だぁ
STRAHL
Marschall!
Aber ich drücke nur einmal ein Auge zu! Beim nächsten Mal werde ich euch mitnehmen.
Ja!
Ich bin schließlich ein Marschall!
Es ist überraschend, dass er uns überhaupt einmal laufen lässt ...
Ich hätte ihn nicht mitnehmen sollen.

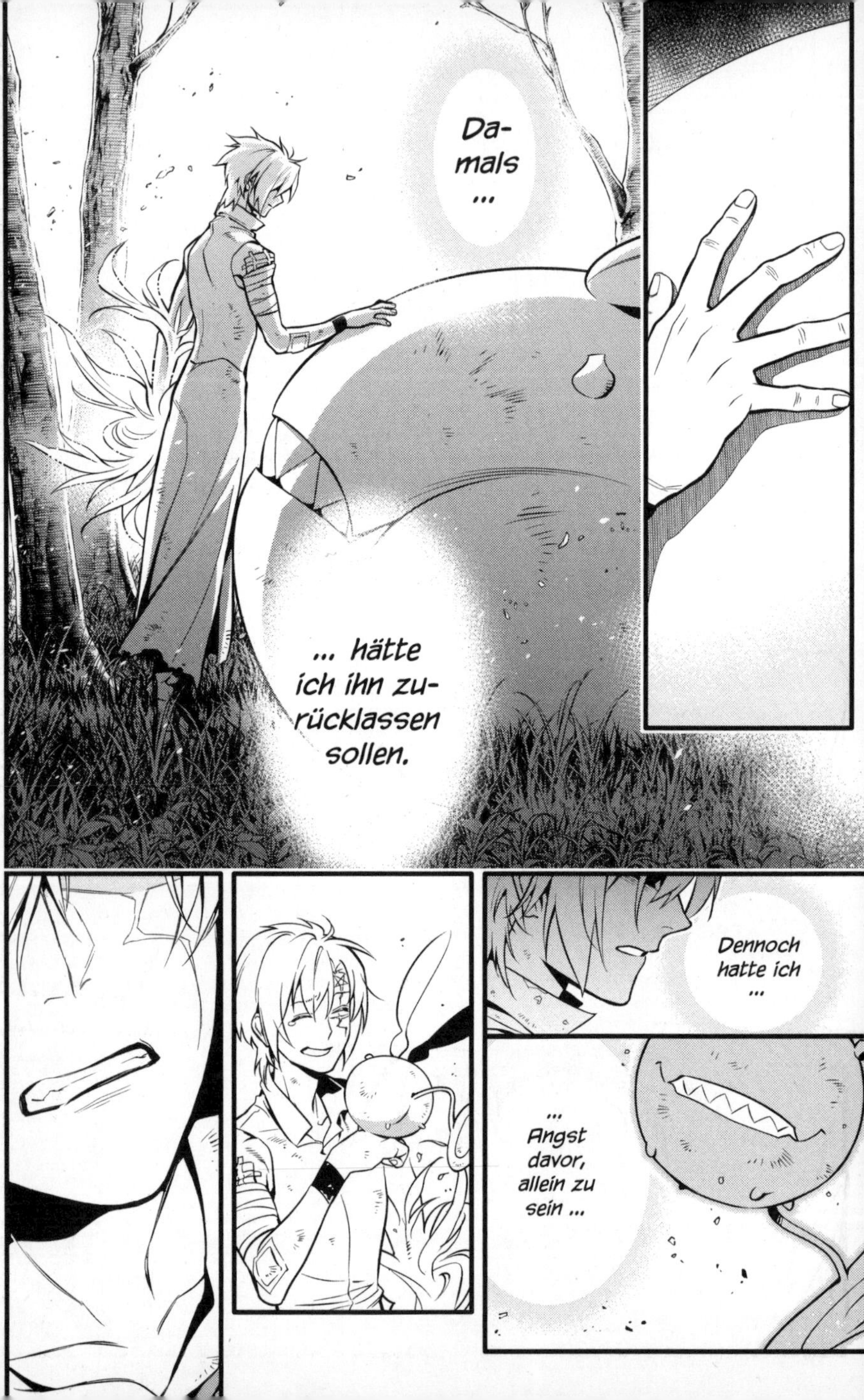
Damals ...
... hätte ich ihn zurücklassen sollen.
Dennoch hatte ich ...
... Angst davor, allein zu sein ...

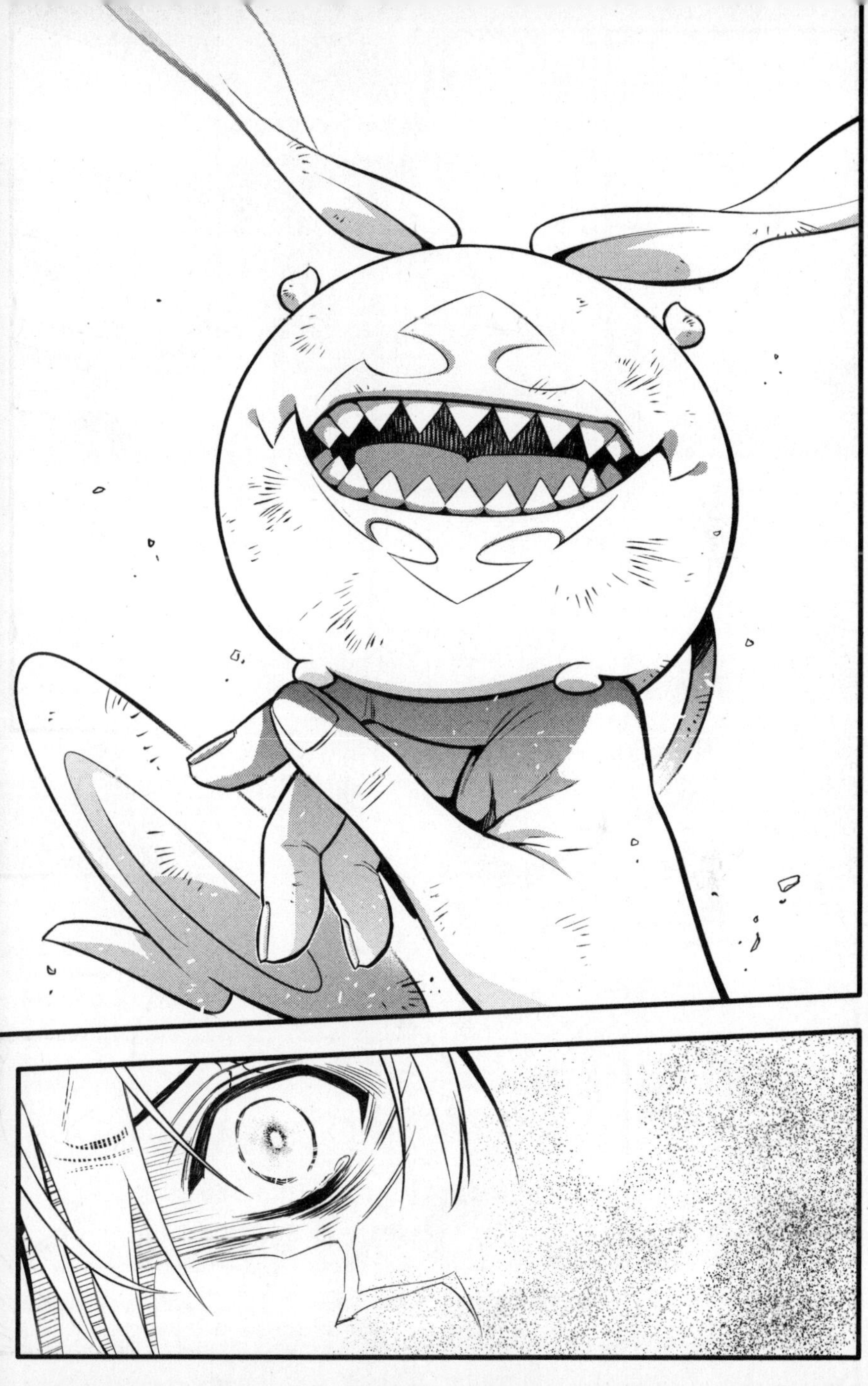

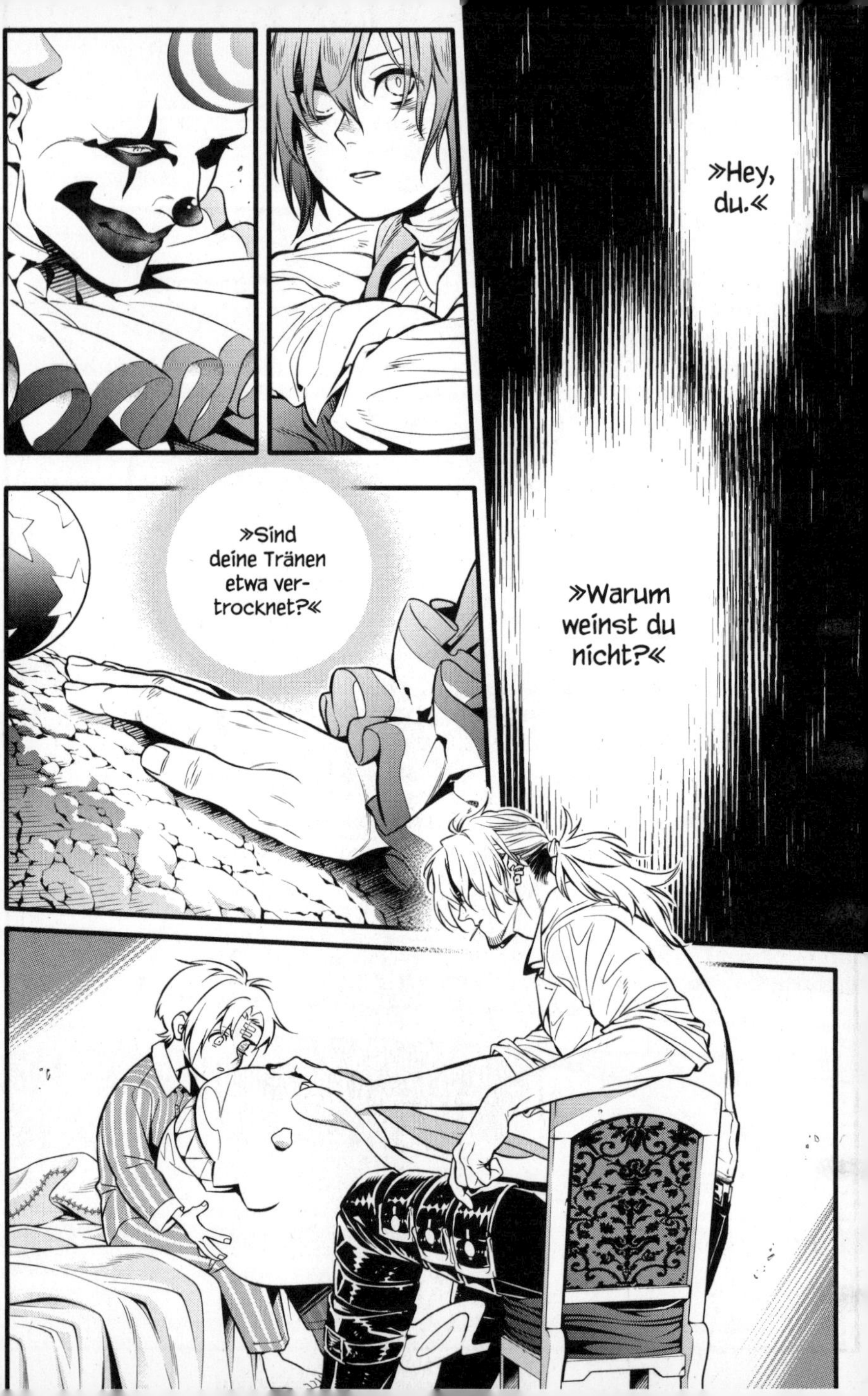
»Hey, du.«
»Warum weinst du nicht?«
»Sind deine Tränen etwa ver-trocknet?«

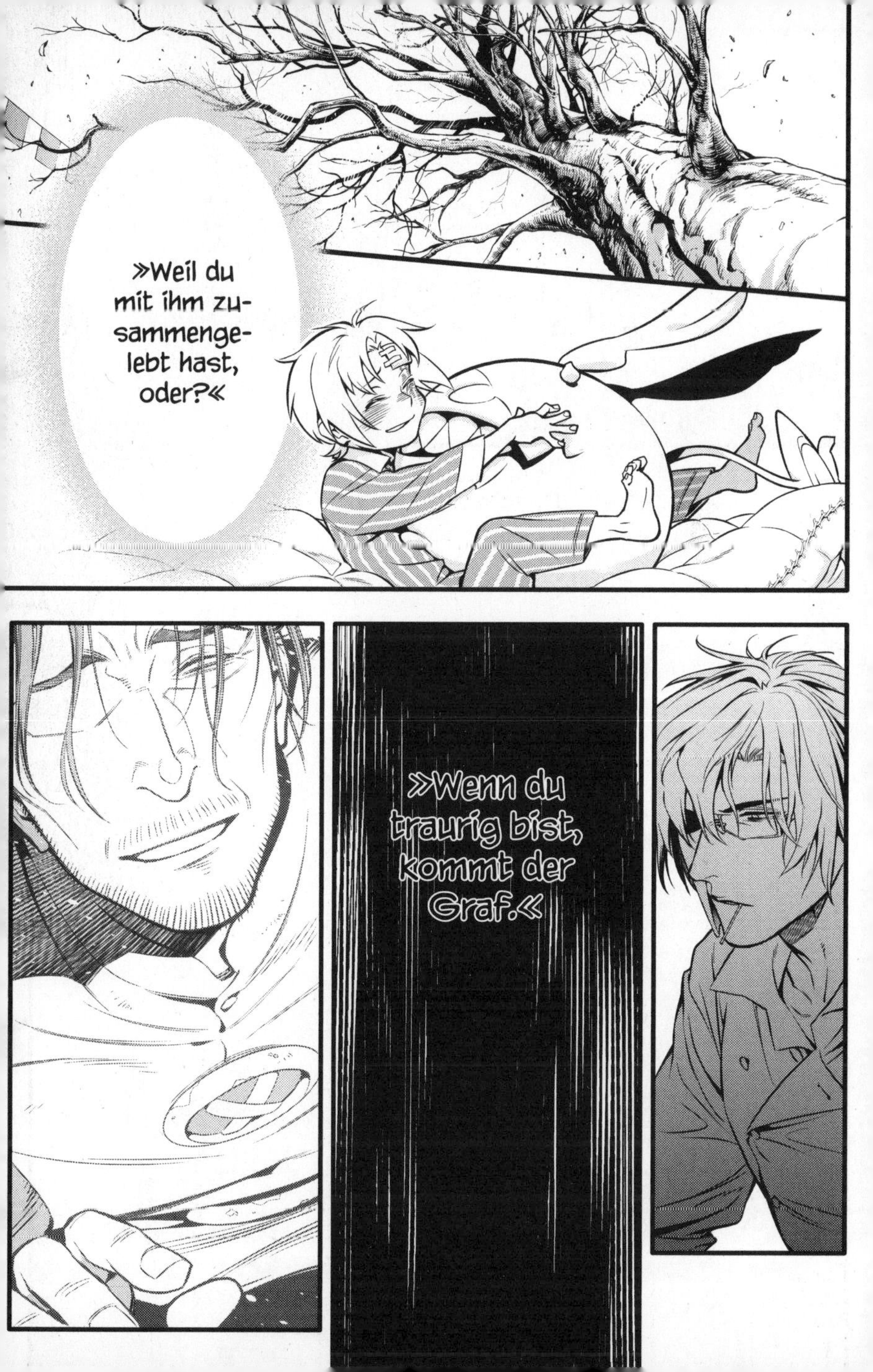
»Weil du mit ihm zusammengelebt hast, oder?«
»Wenn du traurig bist, kommt der Graf.«

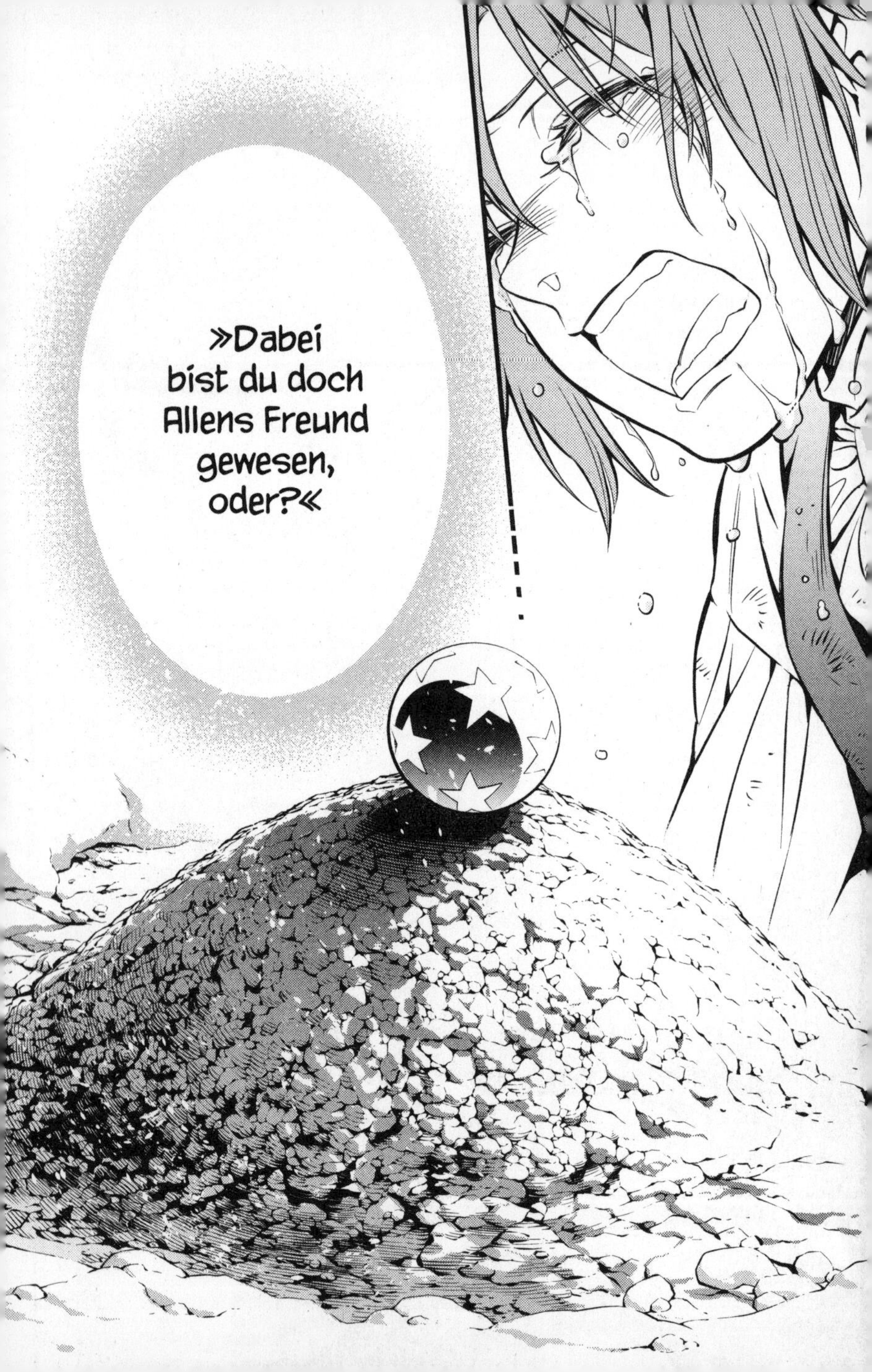
»Dabei bist du doch Allens Freund gewesen, oder?«

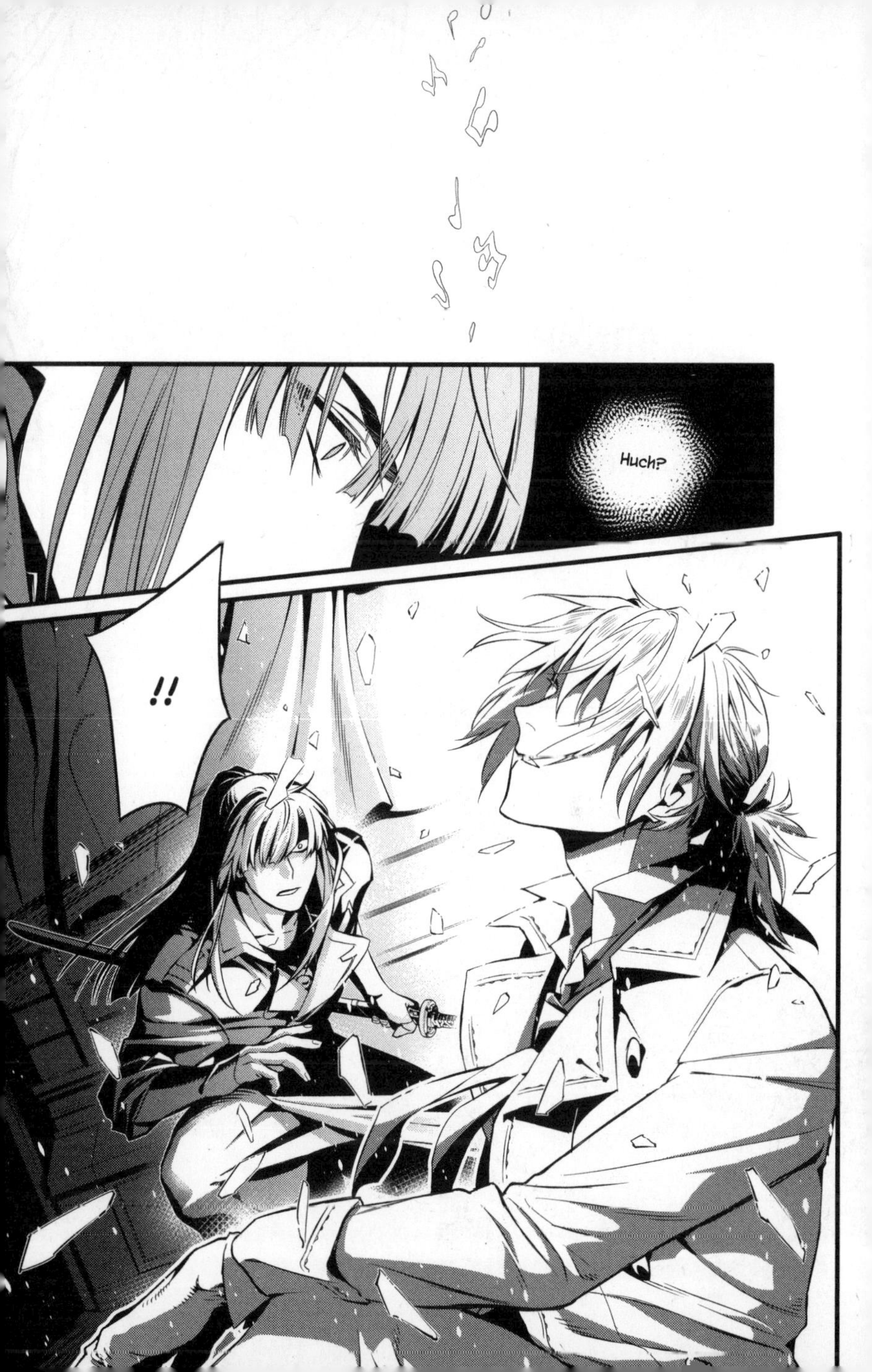
Huch?
!!

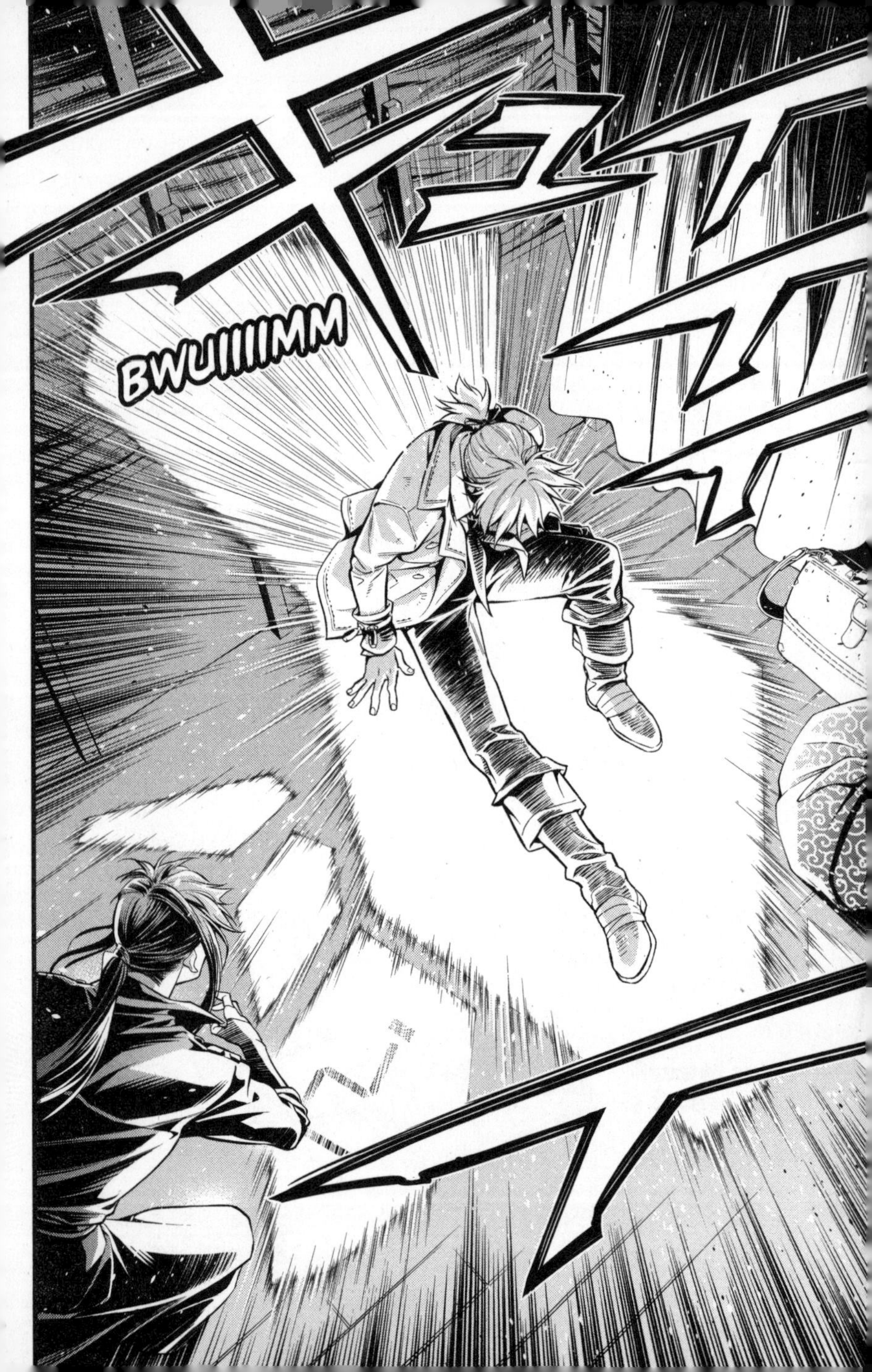
BWUIIIIIMM

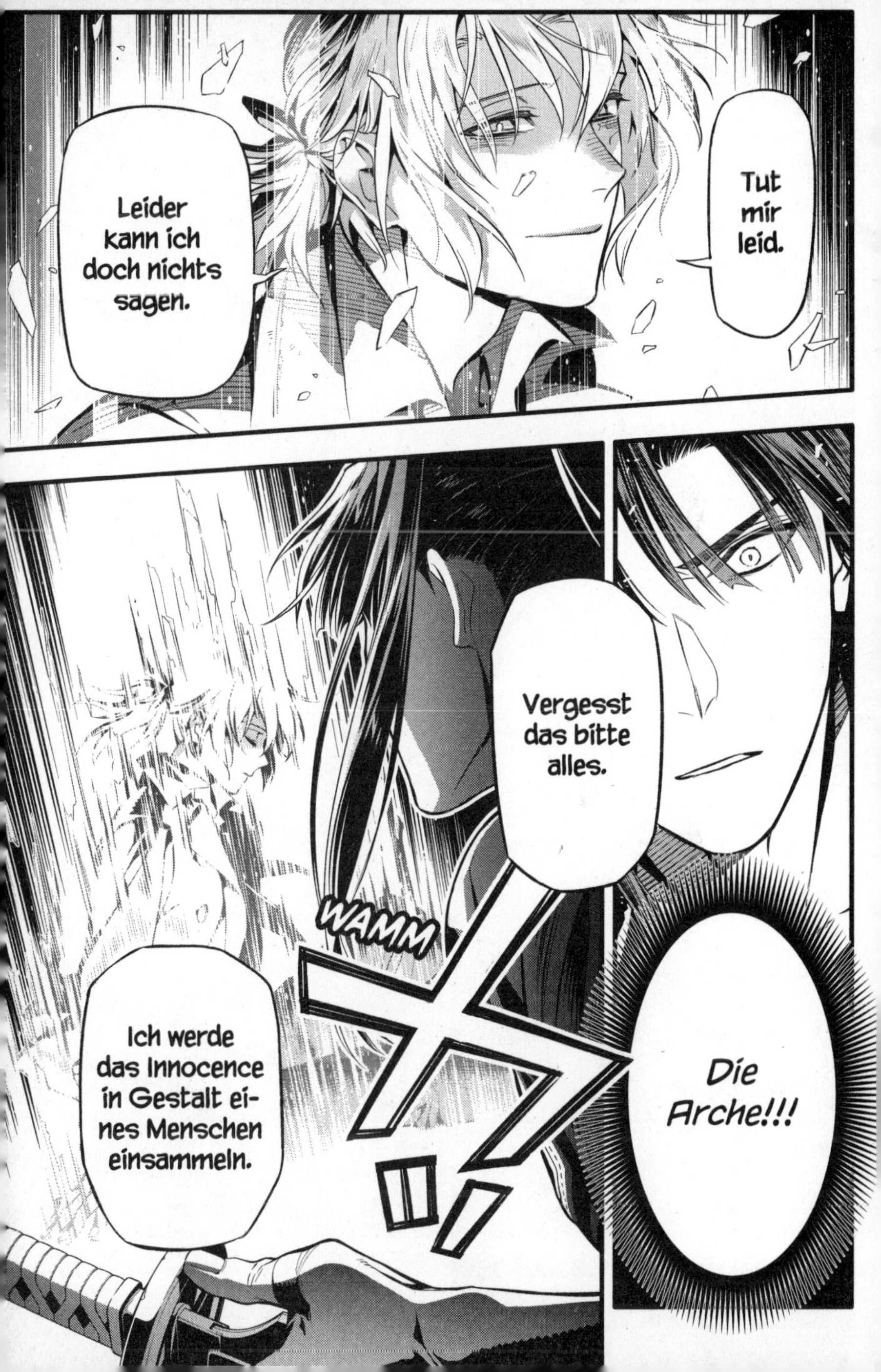
Tut mir leid.
Leider kann ich doch nichts sagen.
Vergesst das bitte alles.
Ich werde das Innocence in Gestalt ei-nes Menschen einsammeln.
WAMM
Die Arche!!!

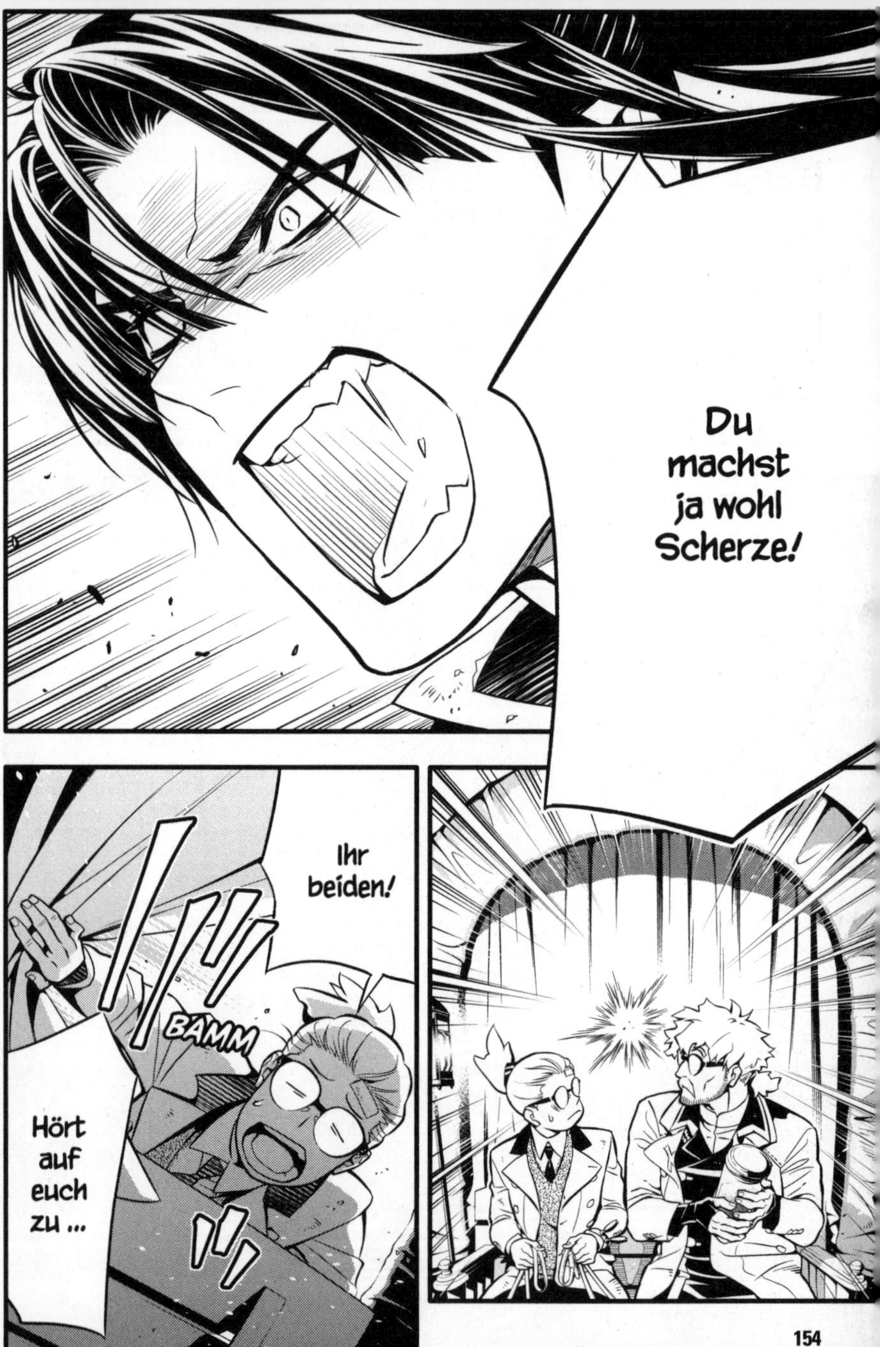
Du machst ja wohl Scherze!
Ihr beiden!
BAMM
Hört auf euch zu ...

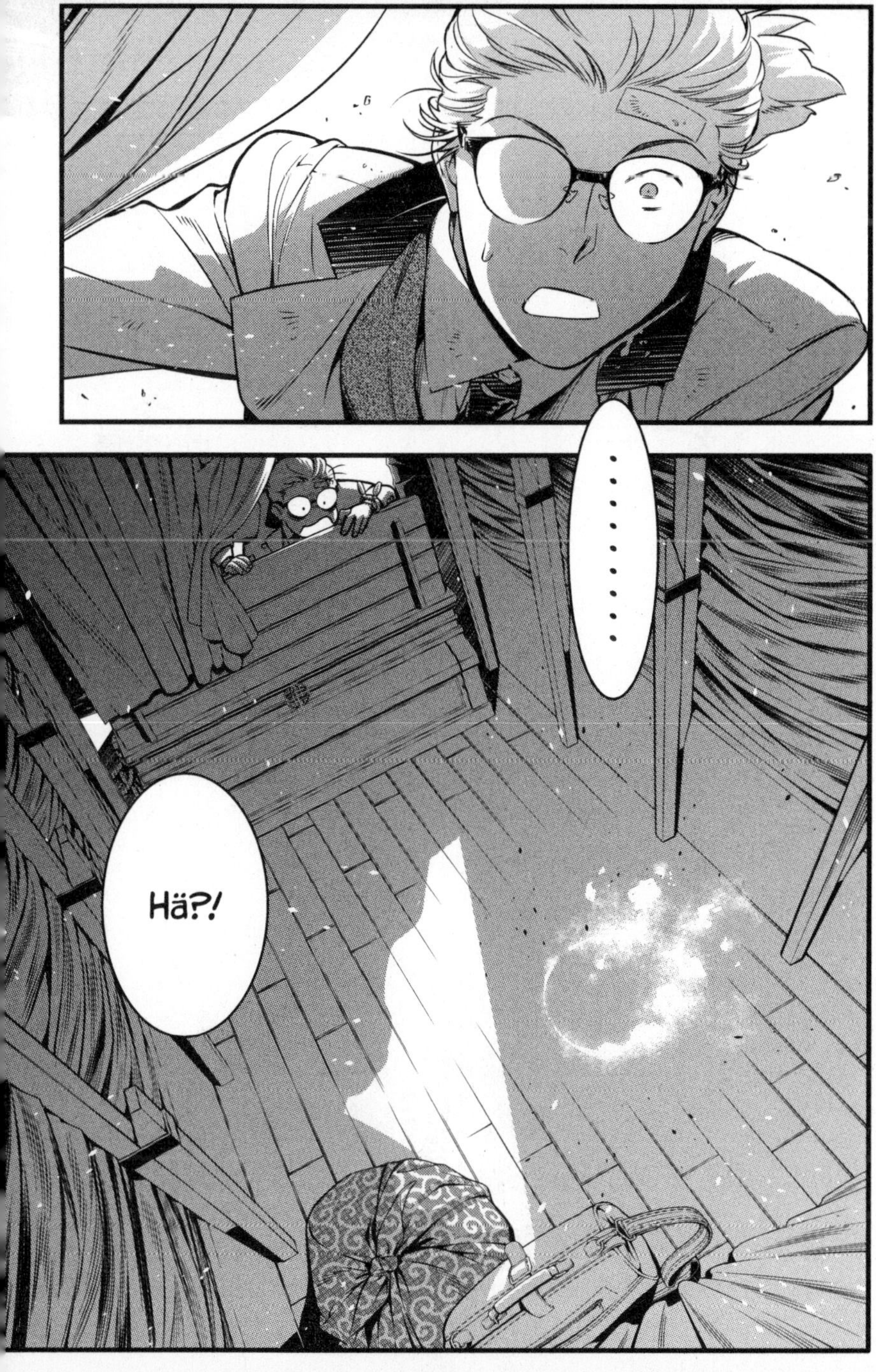

....
Hä?!

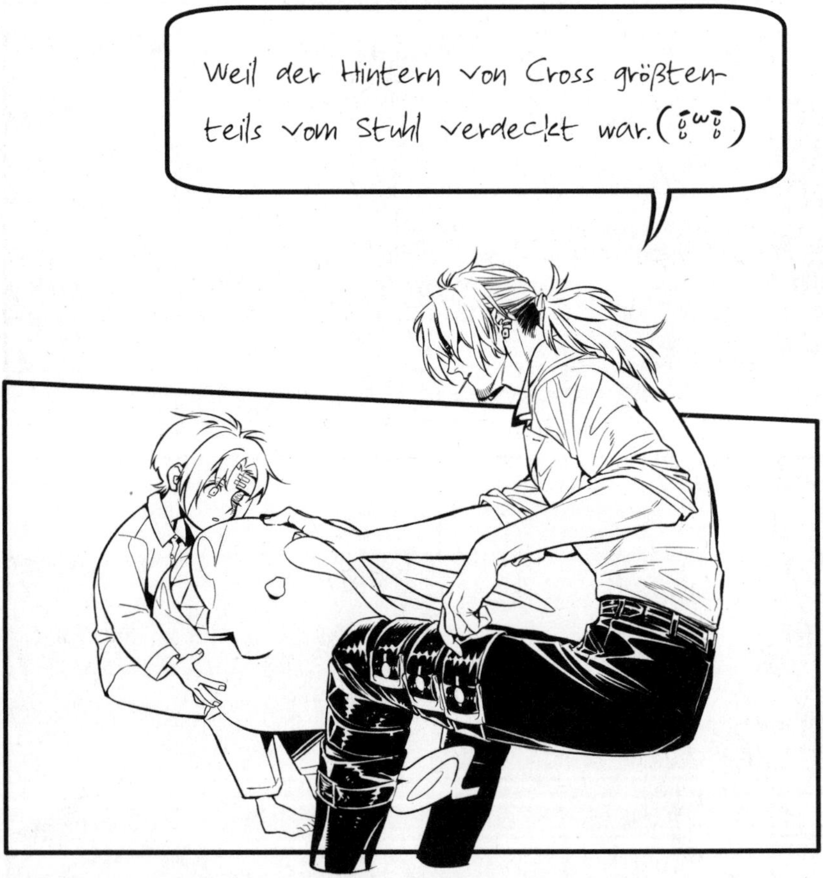
Weil der Hintern von Cross größten-
teils vom Stuhl verdeckt war.(;ω;)

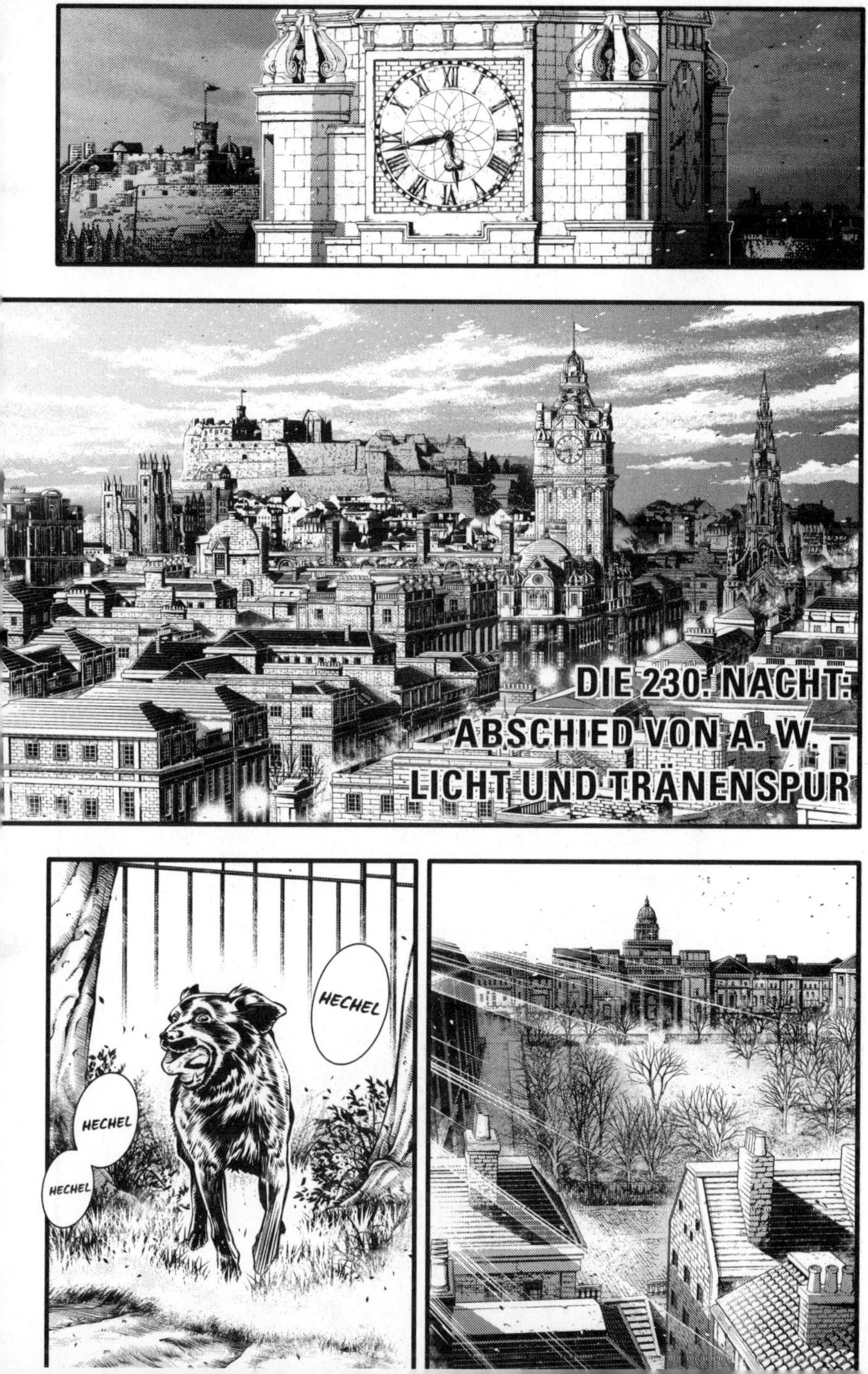
DIE 230. NACHT:
ABSCHIED VON A. W.
LICHT UND TRÄNENSPUR
HECHEL
HECHEL
HECHEL

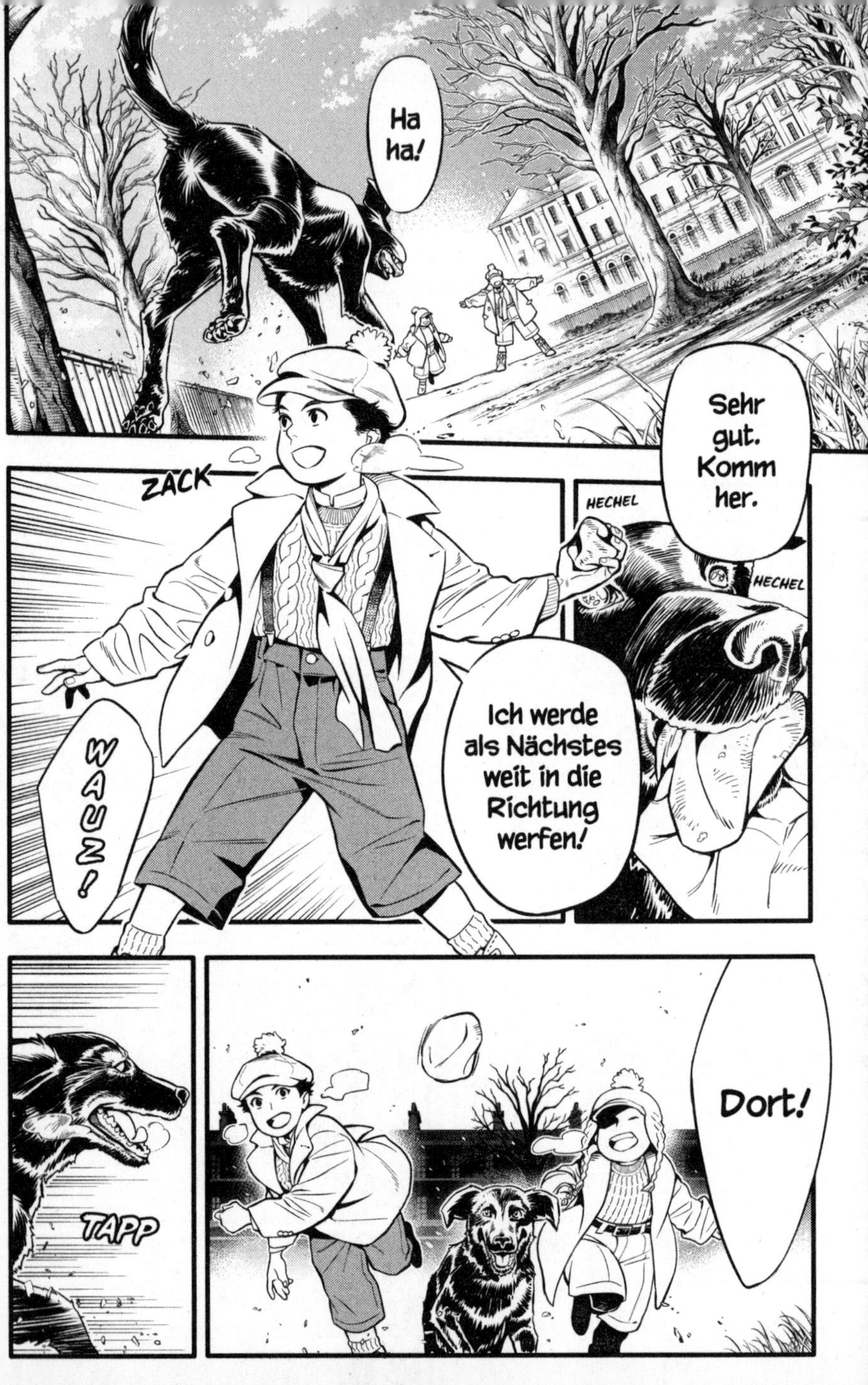
Ha ha!
Sehr gut. Komm her.
ZACK
HECHEL
HECHEL
Ich werde als Nächstes weit in die Richtung werfen!
WAUZ!
TAPP
Dort!

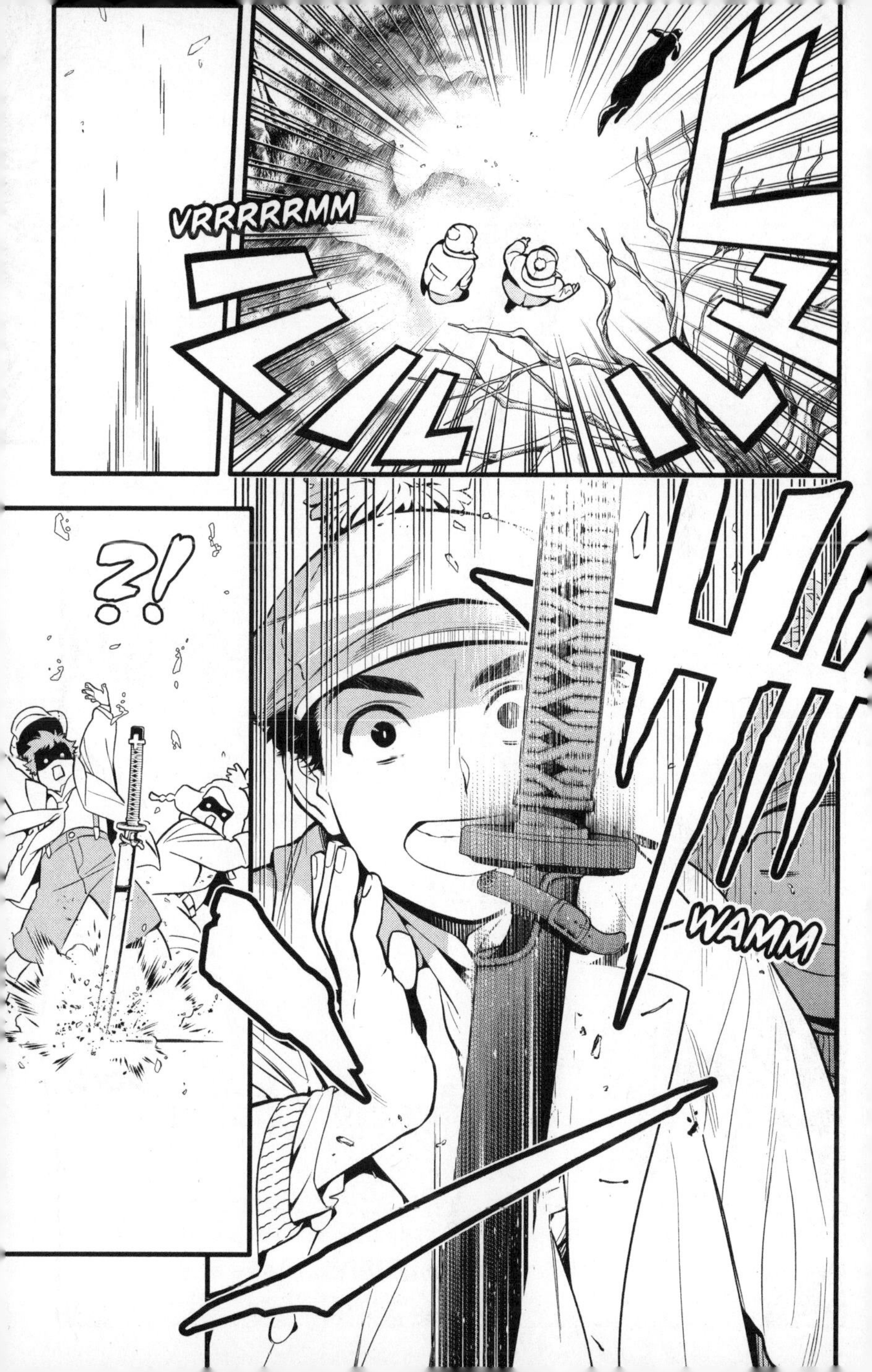
VRRRRRMM
?!
WAMM

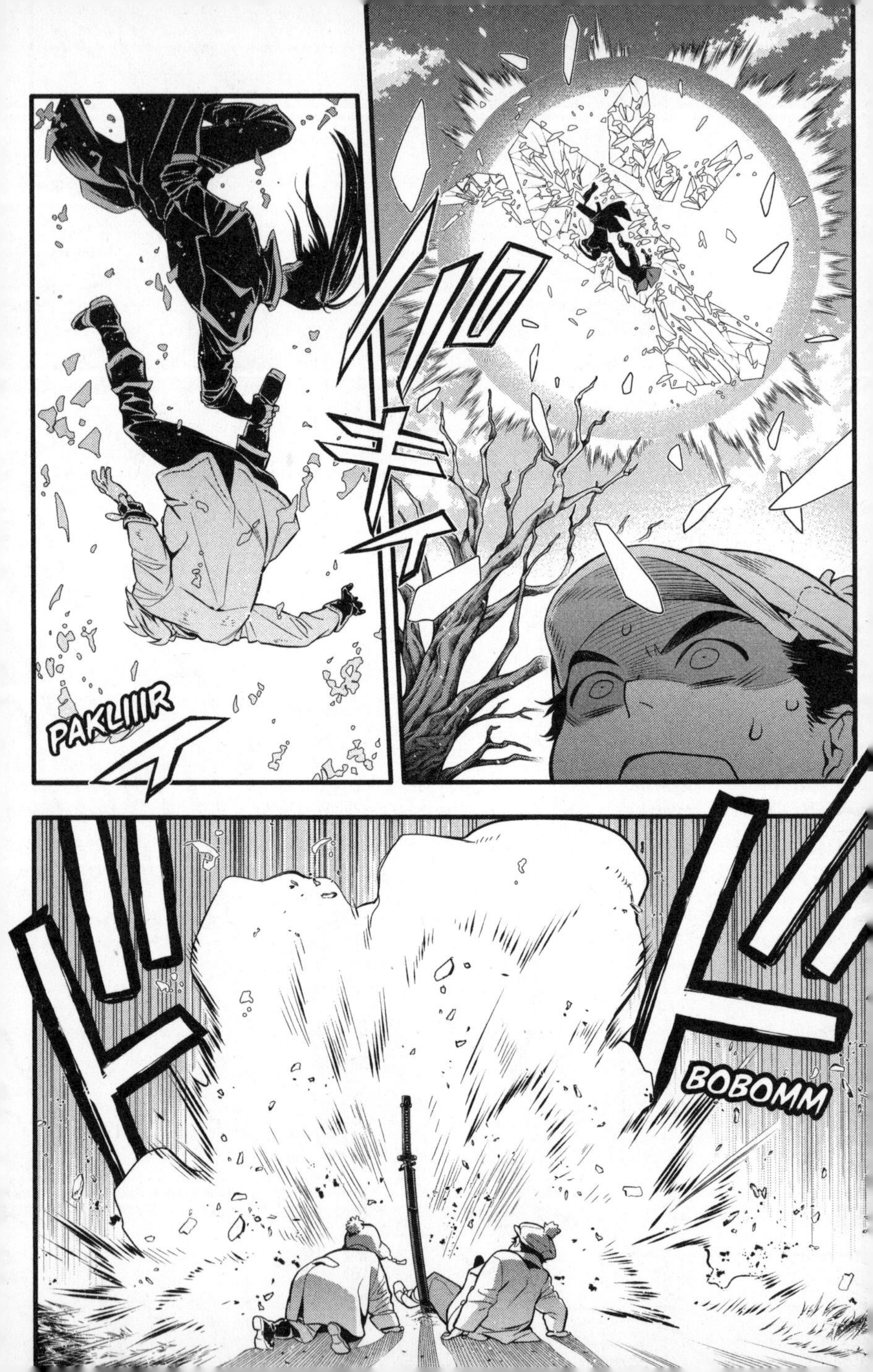
PAKLIIIR
BOBOMM

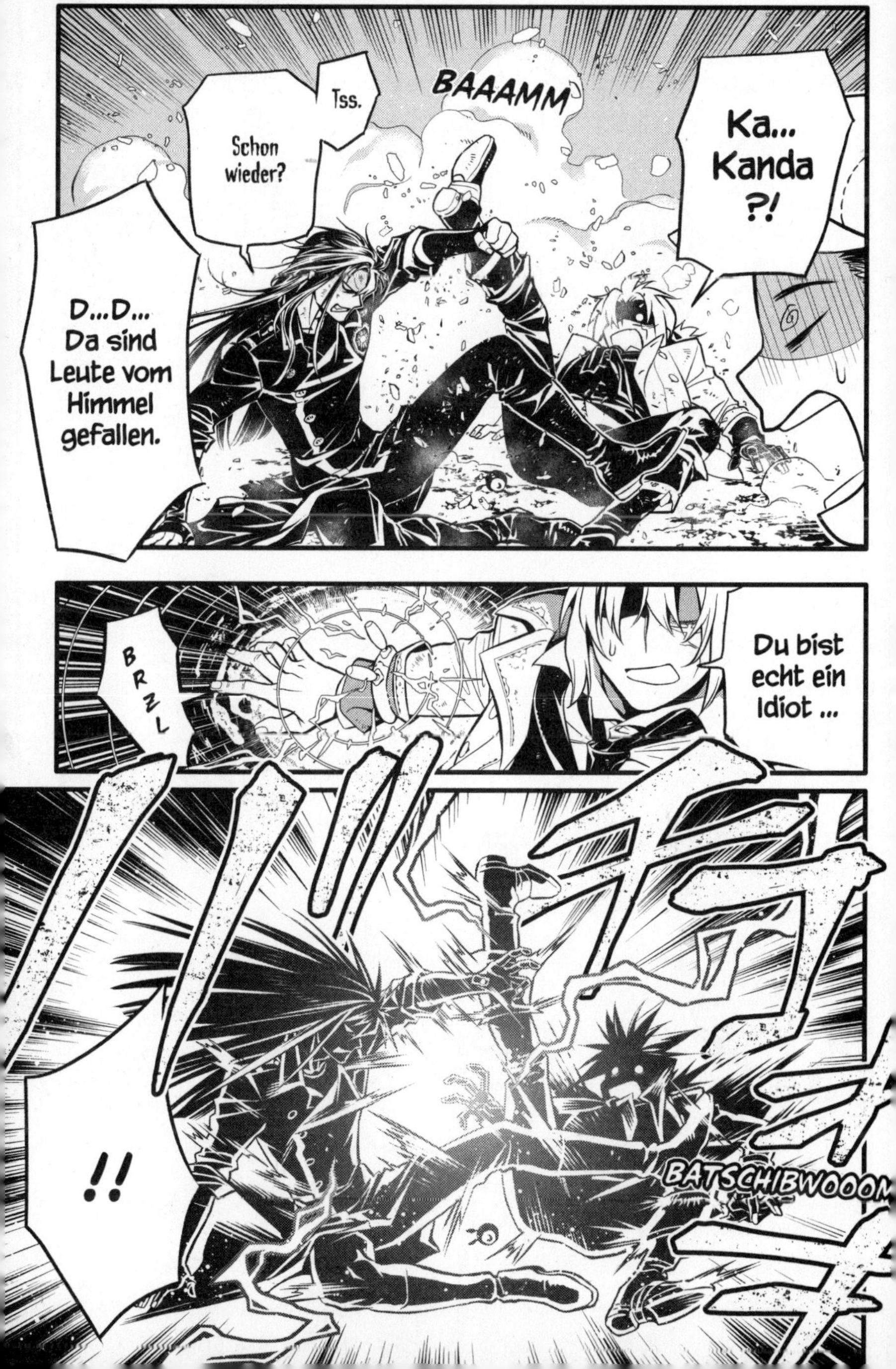
Ka... Kanda ?!
BAAAMM
Tss.
Schon wieder?
D...D... Da sind Leute vom Himmel gefallen.
Du bist echt ein Idiot ...
BRZL
BATSCHIBWOOOM
!!

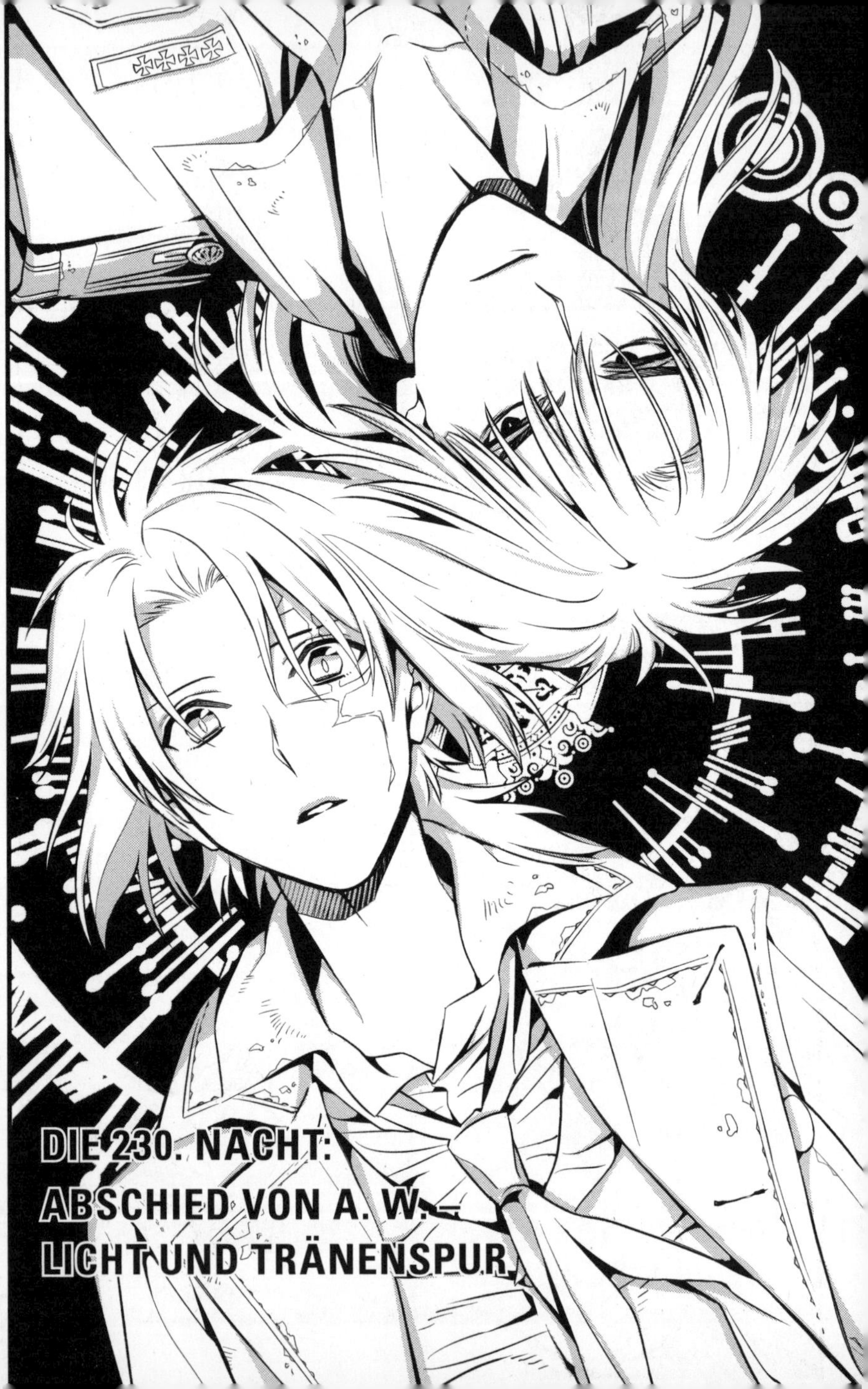
DIE 230. NACHT:
ABSCHIED VON A. W. –
LICHT UND TRÄNENSPUR

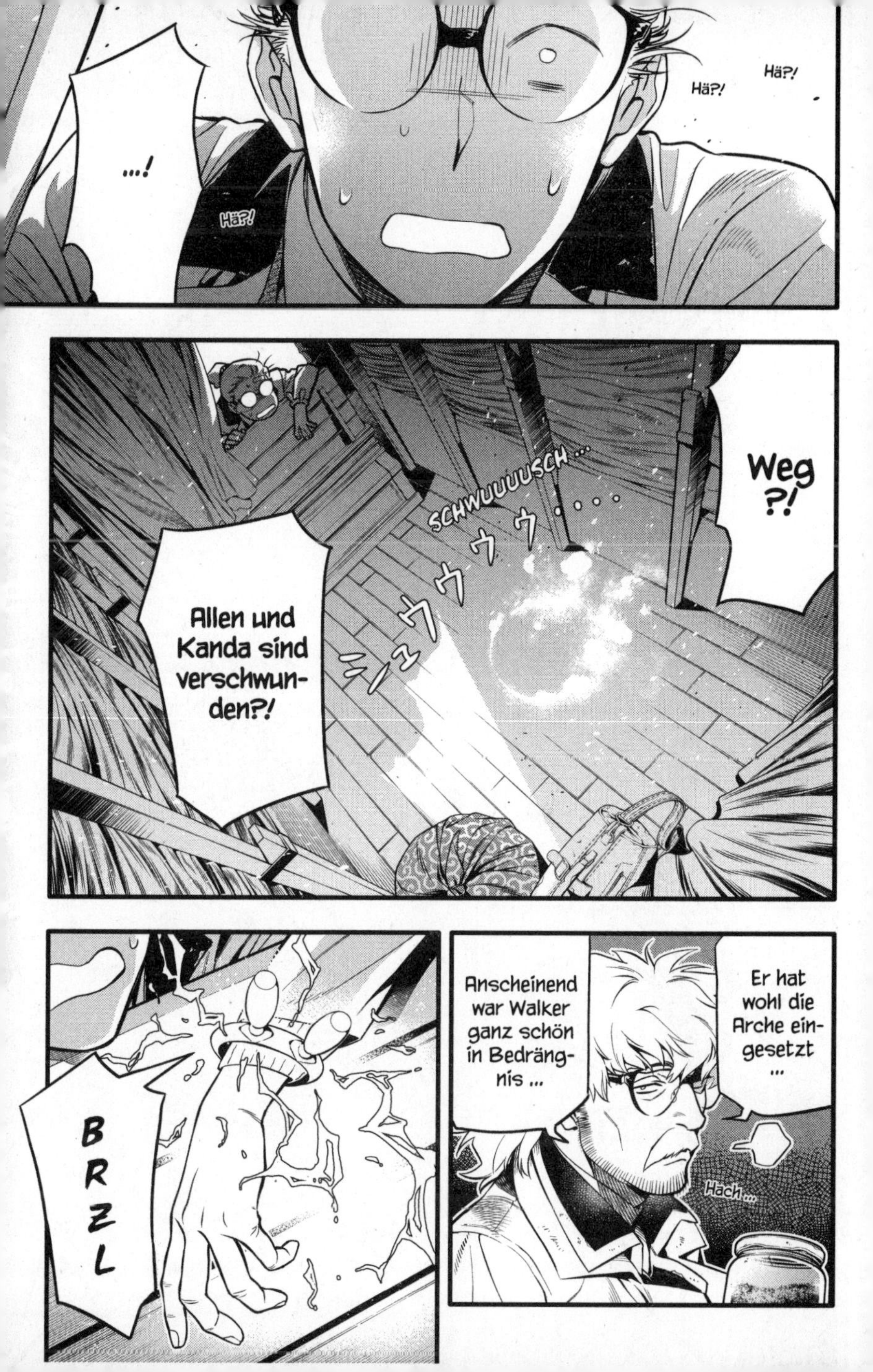
Hä?!
Hä?!
...!
Hä?!
Weg ?!
SCHWUUUUSCH ...
シュウウウ・・・
Allen und Kanda sind verschwunden?!
Er hat wohl die Arche eingesetzt ...
Anscheinend war Walker ganz schön in Bedrängnis ...
Hach ...
BRZL

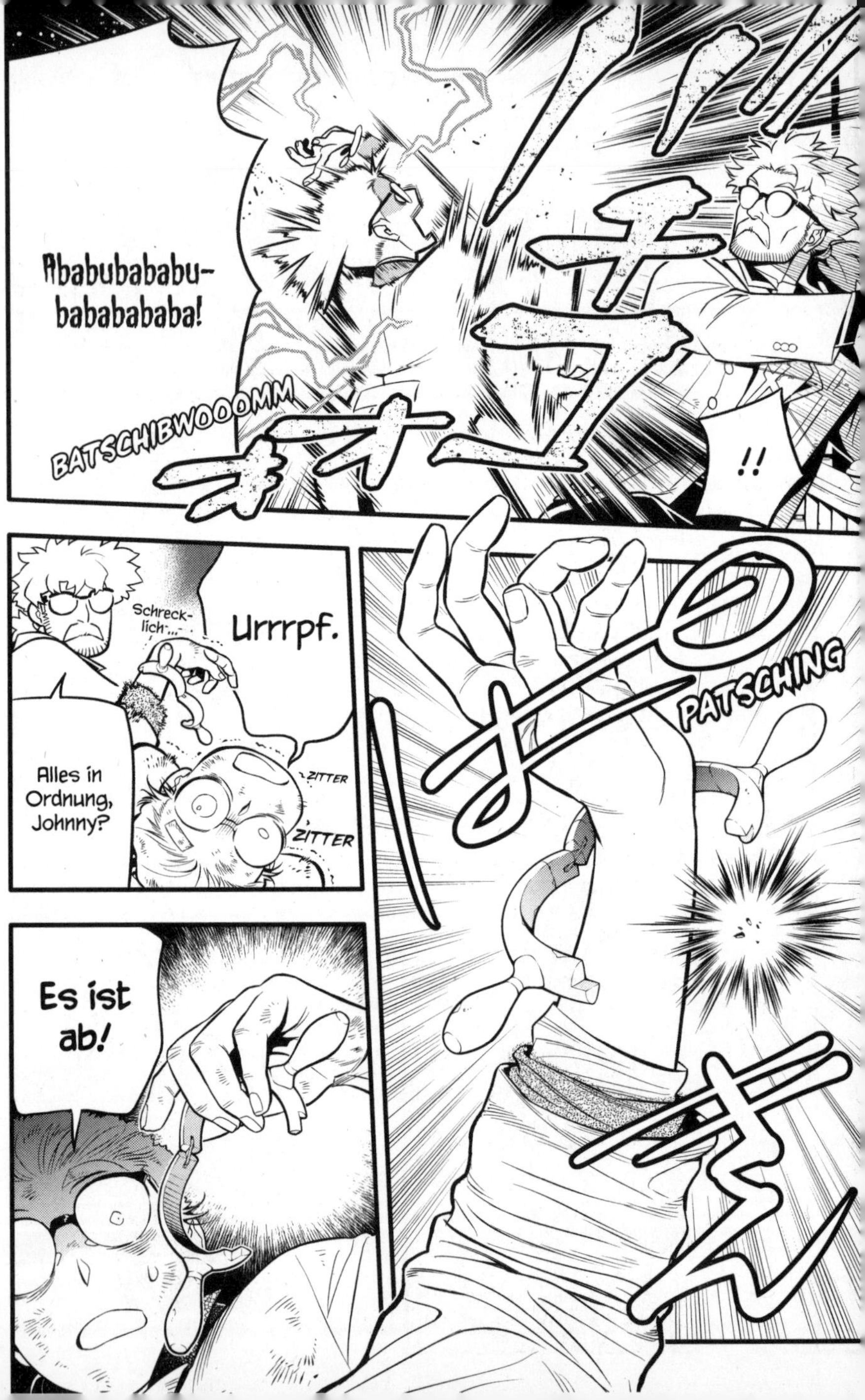
Ababubababu-bababababa!
BATSCHIBWOOOMM
!!
PATSCHING
Urrrpf.
Schreck-lich...
Alles in Ordnung, Johnny?
ZITTER
ZITTER
Es ist ab!

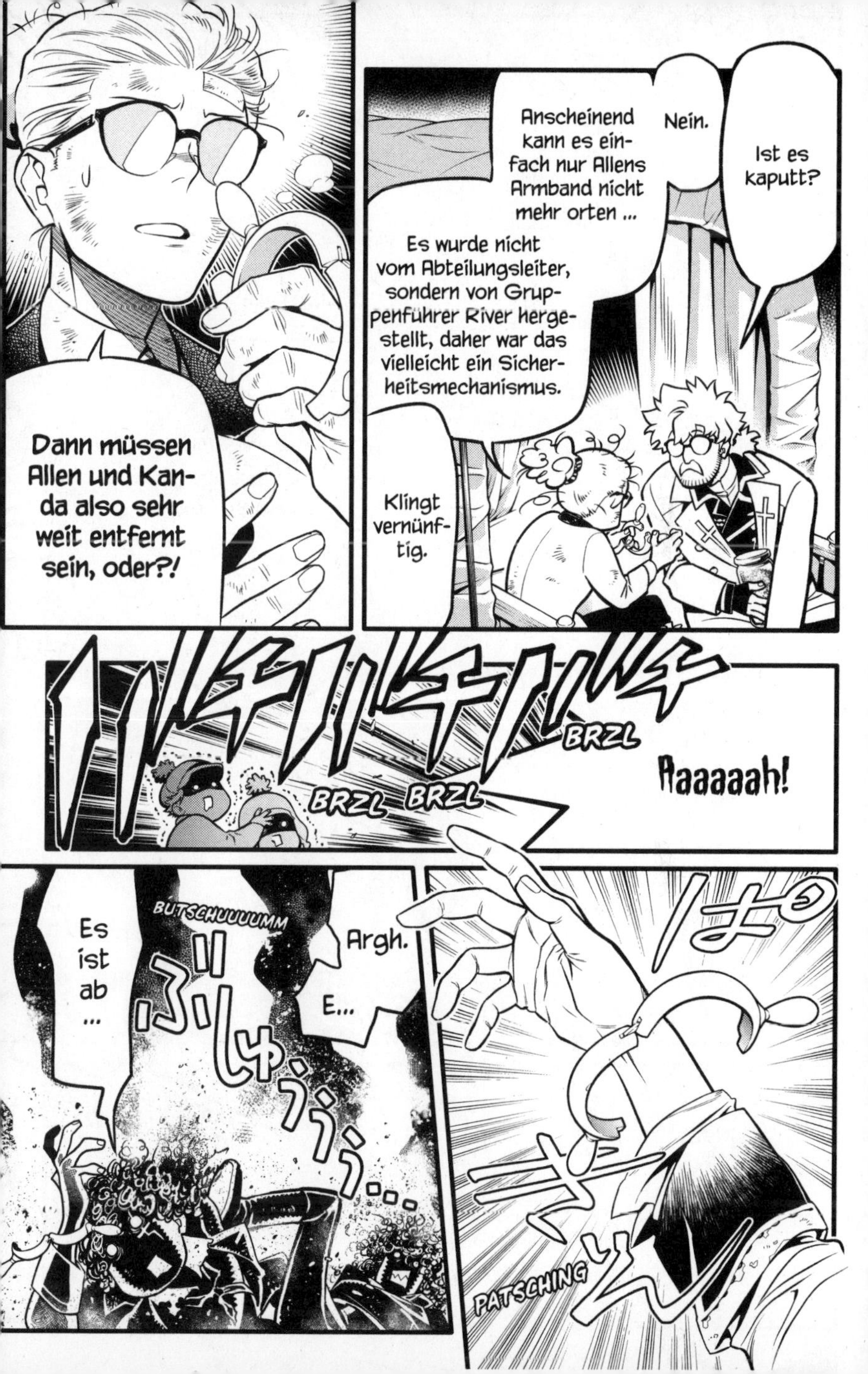
Ist es kaputt?
Nein.
Anscheinend kann es einfach nur Allens Armband nicht mehr orten ...
Es wurde nicht vom Abteilungsleiter, sondern von Gruppenführer River hergestellt, daher war das vielleicht ein Sicherheitsmechanismus.
Klingt vernünftig.
Dann müssen Allen und Kanda also sehr weit entfernt sein, oder?!
Raaaaaah!
BRZL
BRZL
BRZL
PATSCHING
Argh.
E...
BUTSCHUUUUMM
Es ist ab ...

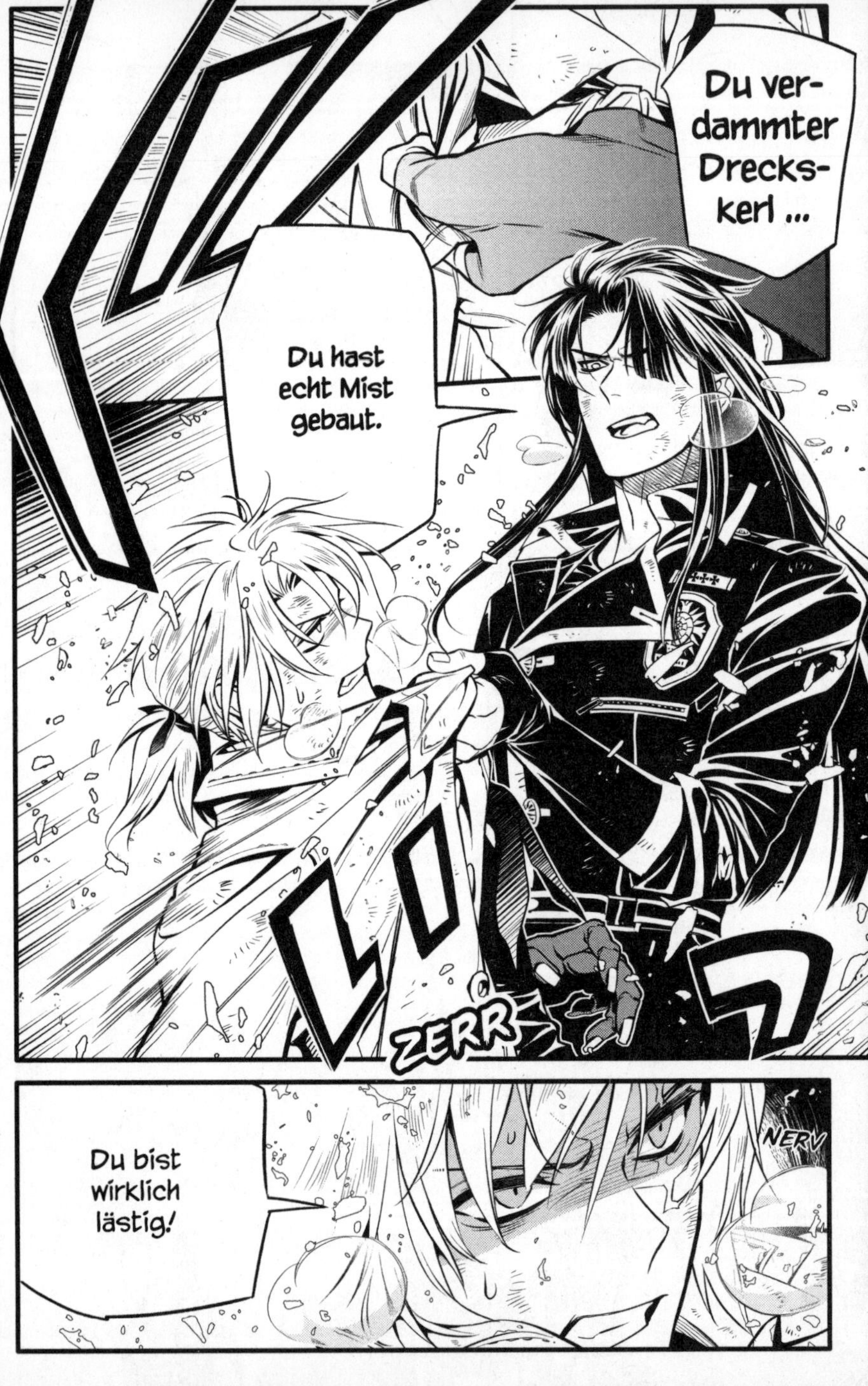
Du verdammter Dreckskerl ...
Du hast echt Mist gebaut.
ZERR
NERV
Du bist wirklich lästig!

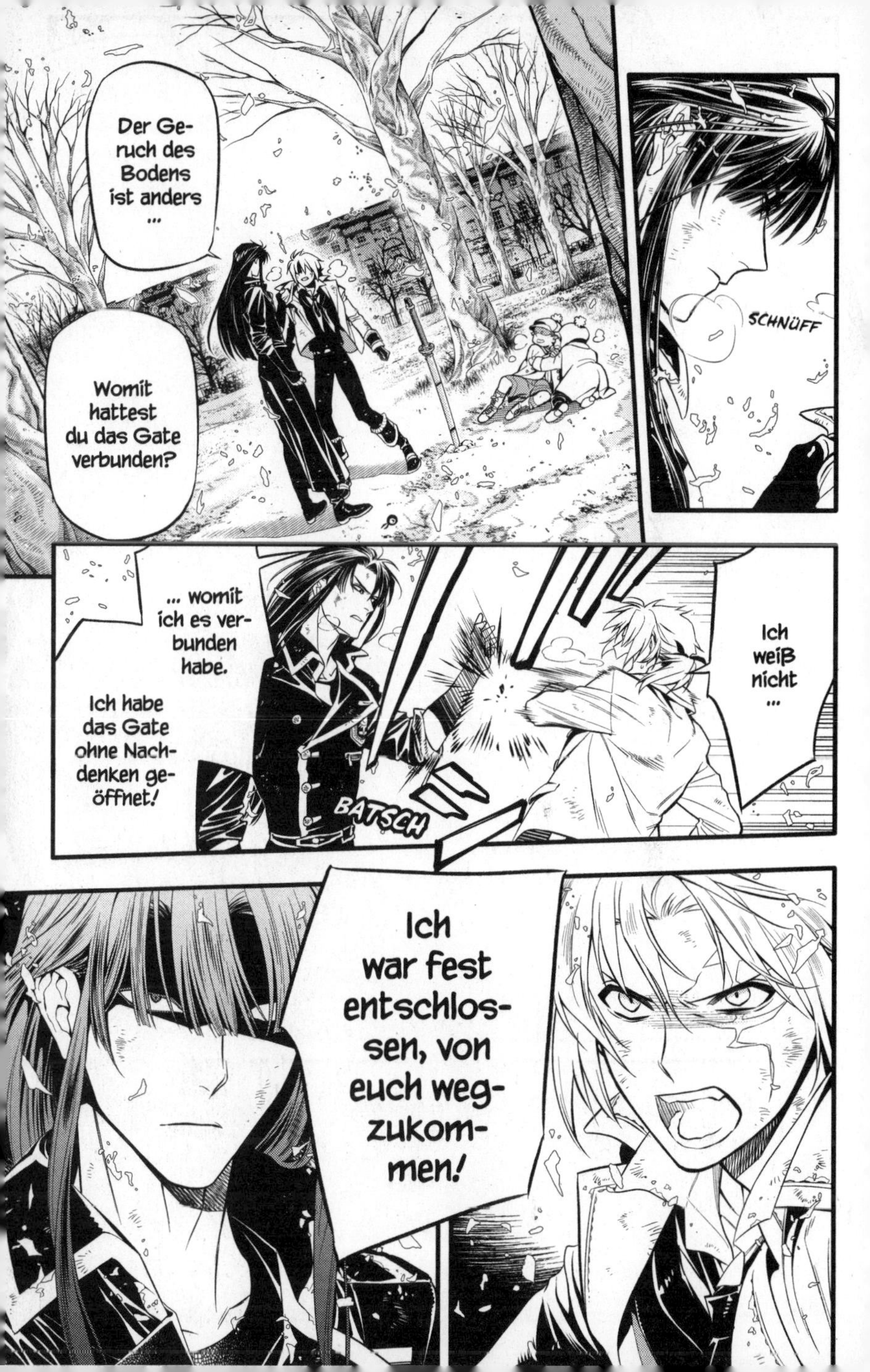
SCHNÜFF
Der Geruch des Bodens ist anders …
Womit hattest du das Gate verbunden?
Ich weiß nicht …
BATSCH
… womit ich es verbunden habe.
Ich habe das Gate ohne Nachdenken geöffnet!
Ich war fest entschlossen, von euch wegzukommen!

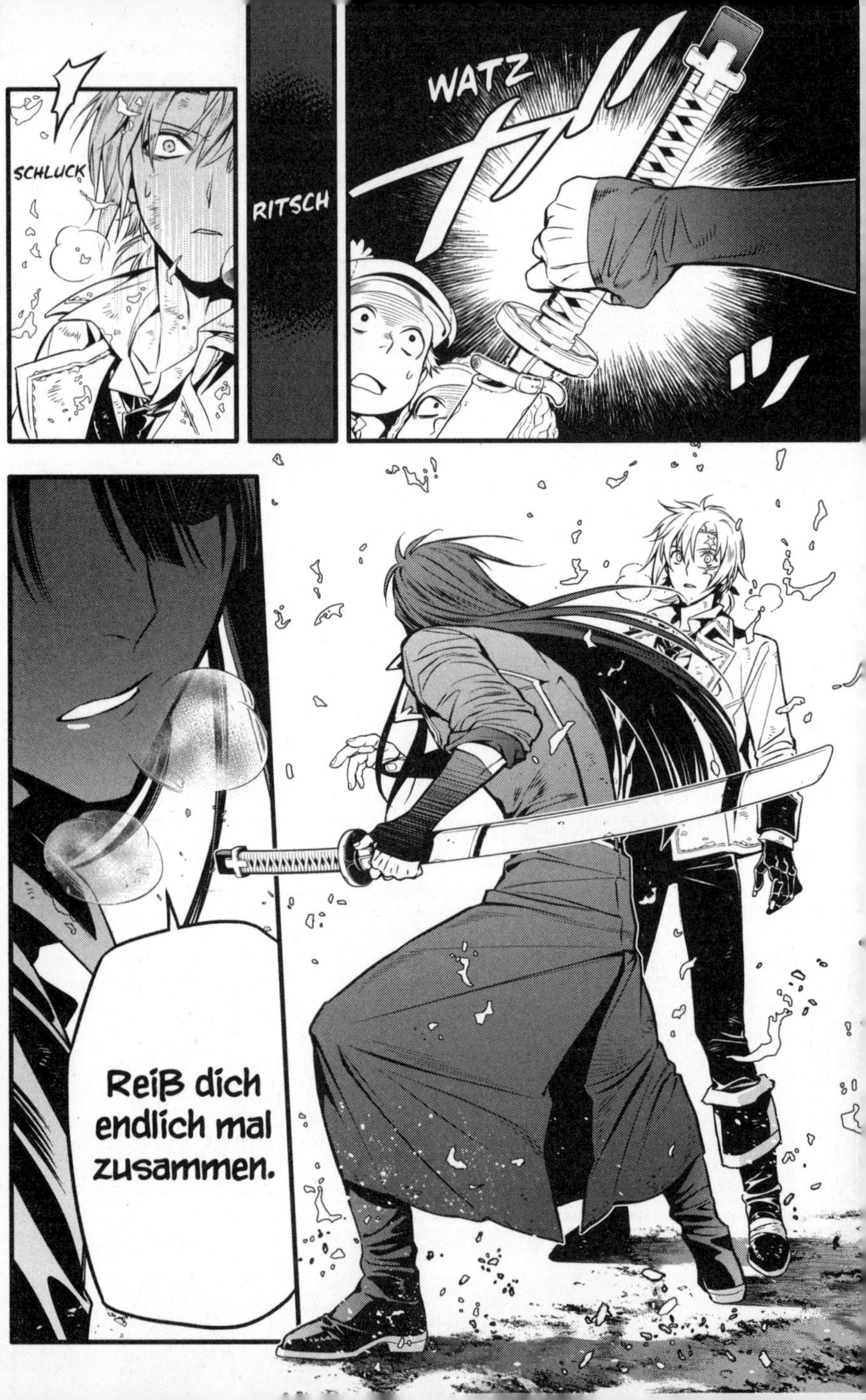
WATZ
RITSCH
SCHLUCK
Reiß dich endlich mal zusammen.

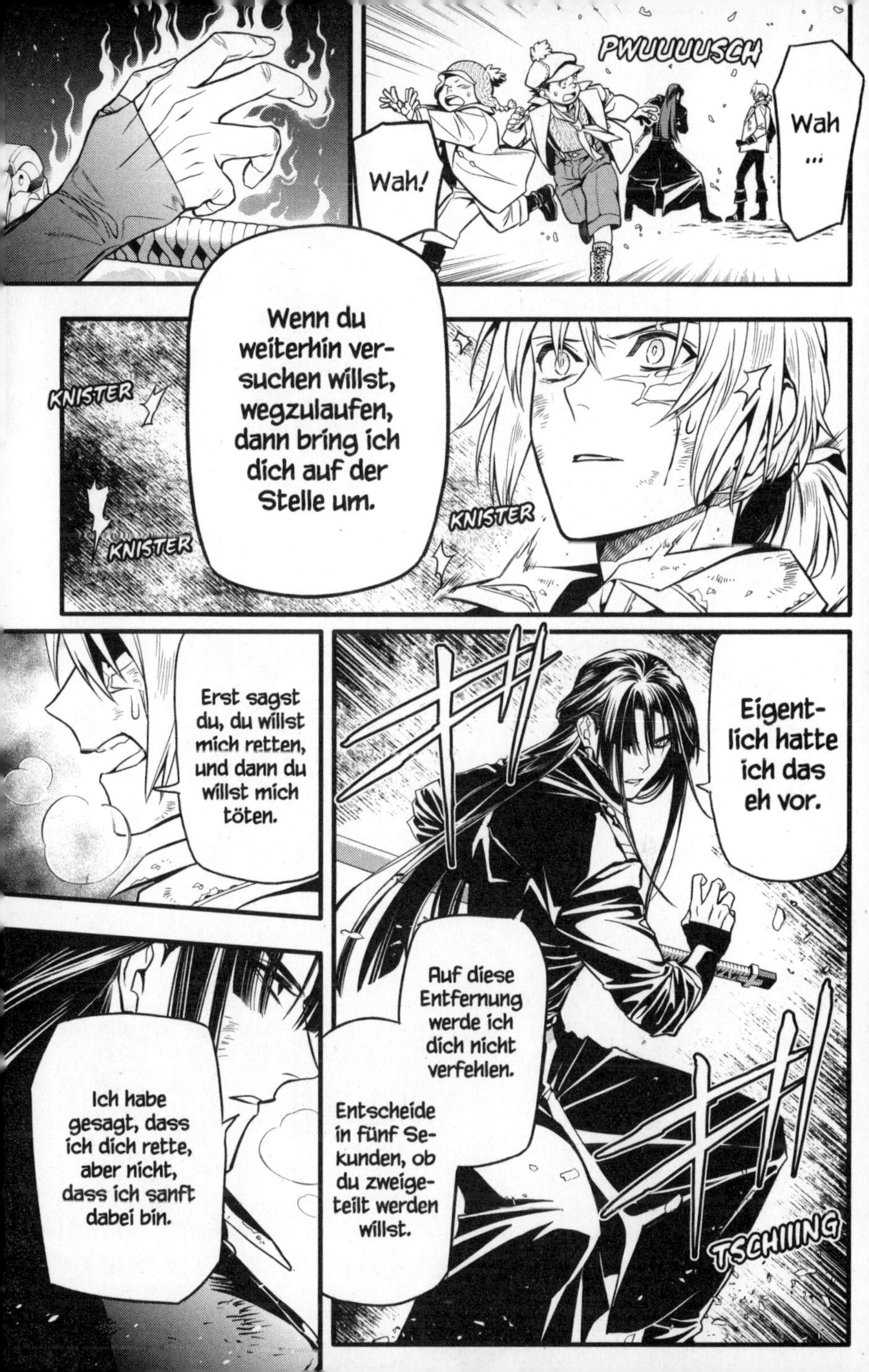
PWUUUUSCH
Wah ...
Wah!
Wenn du weiterhin ver-suchen willst, wegzulaufen, dann bring ich dich auf der Stelle um.
KNISTER
KNISTER
KNISTER
Eigent-lich hatte ich das eh vor.
Erst sagst du, du willst mich retten, und dann du willst mich töten.
Auf diese Entfernung werde ich dich nicht verfehlen.
Entscheide in fünf Se-kunden, ob du zweige-teilt werden willst.
TSCHIIING
Ich habe gesagt, dass ich dich rette, aber nicht, dass ich sanft dabei bin.

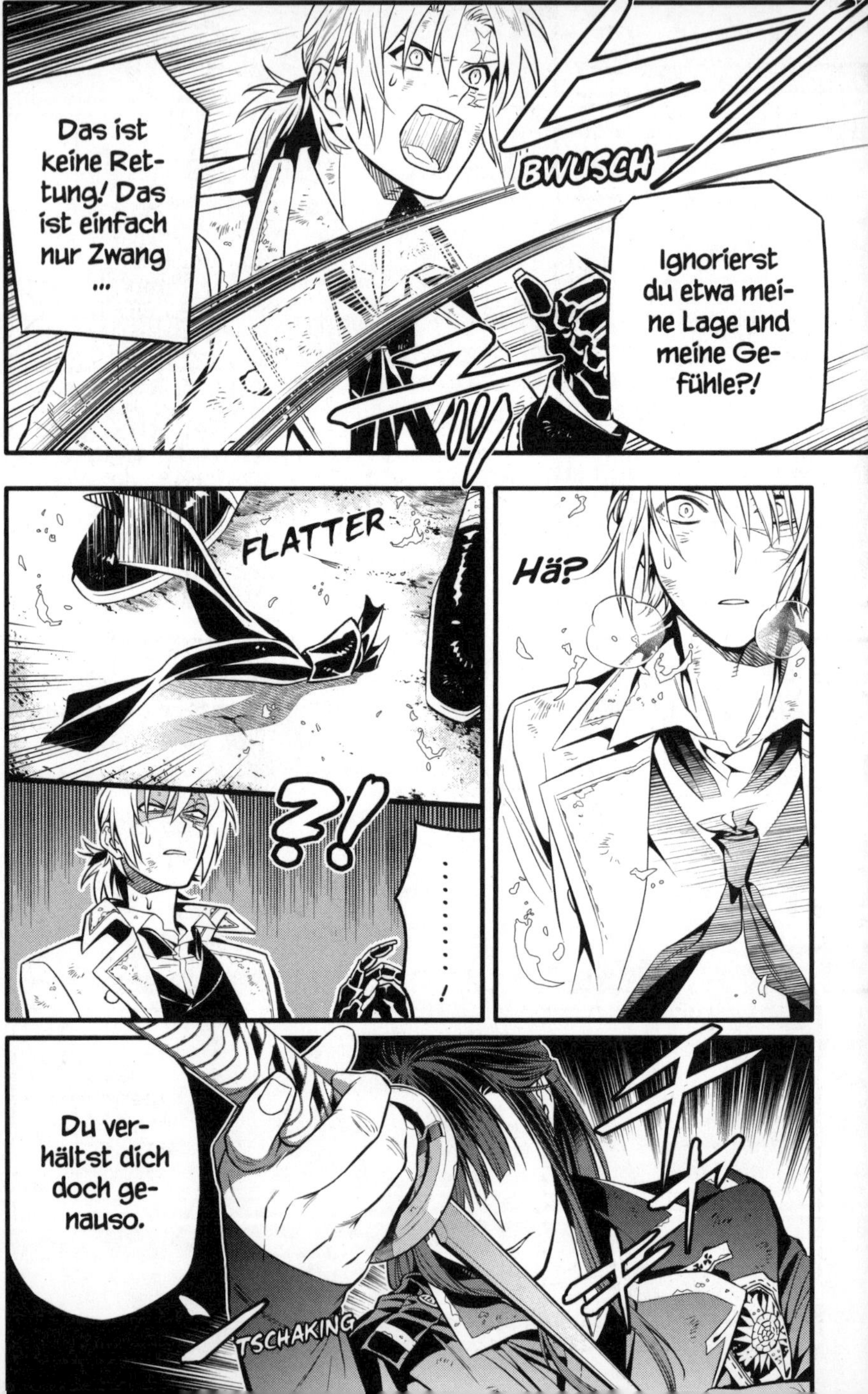

Das ist keine Rettung! Das ist einfach nur Zwang …
BWUSCH
Ignorierst du etwa meine Lage und meine Gefühle?!
FLATTER
Hä?
?!
……!
Du verhältst dich doch genauso.
TSCHAKING

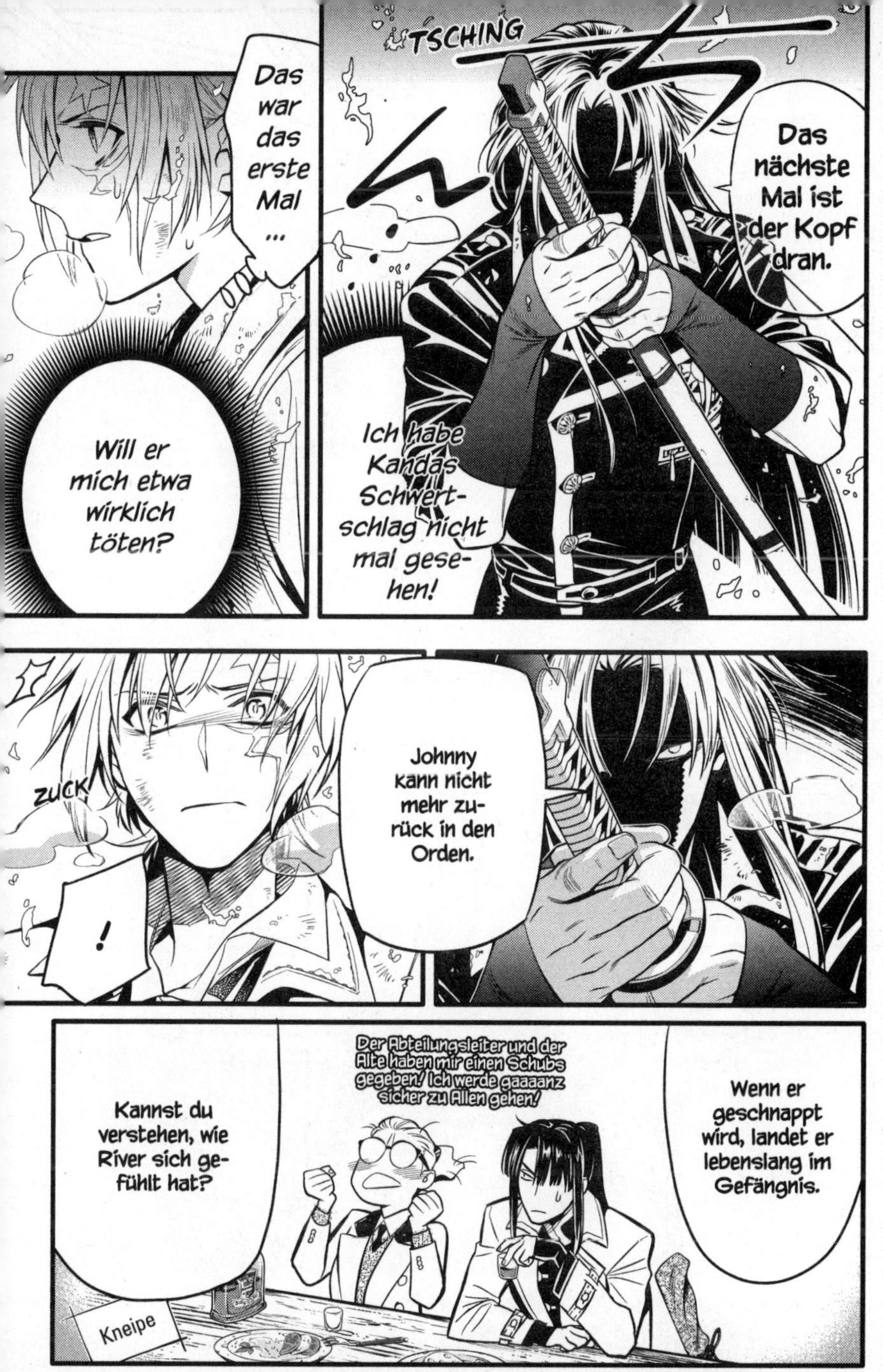
TSCHING
Das nächste Mal ist der Kopf dran.
Ich habe Kandas Schwertschlag nicht mal gesehen!
Das war das erste Mal ...
Will er mich etwa wirklich töten?
Johnny kann nicht mehr zurück in den Orden.
ZUCK
!
Wenn er geschnappt wird, landet er lebenslang im Gefängnis.
Der Abteilungsleiter und der Alte haben mir einen Schubs gegeben! Ich werde gaaaanz sicher zu Allen gehen!
Kannst du verstehen, wie River sich gefühlt hat?
Kneipe

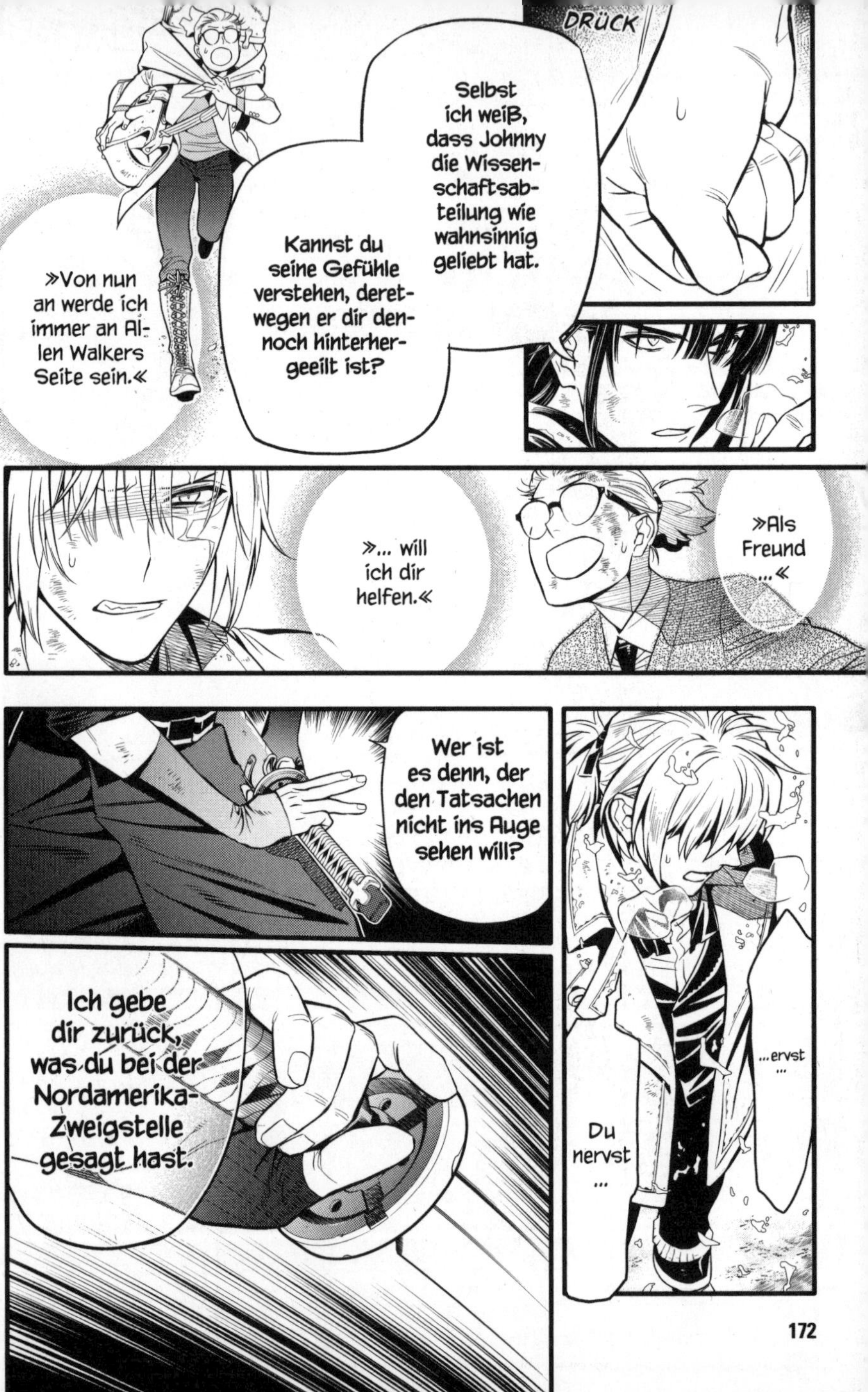
DRÜCK
Selbst ich weiß, dass Johnny die Wissenschaftsabteilung wie wahnsinnig geliebt hat.
Kannst du seine Gefühle verstehen, deretwegen er dir dennoch hinterhergeeilt ist?
»Von nun an werde ich immer an Allen Walkers Seite sein.«
»Als Freund ...«
»... will ich dir helfen.«
Du nervst ...
...ervst ...
Wer ist es denn, der den Tatsachen nicht ins Auge sehen will?
Ich gebe dir zurück, was du bei der Nordamerika-Zweigstelle gesagt hast.

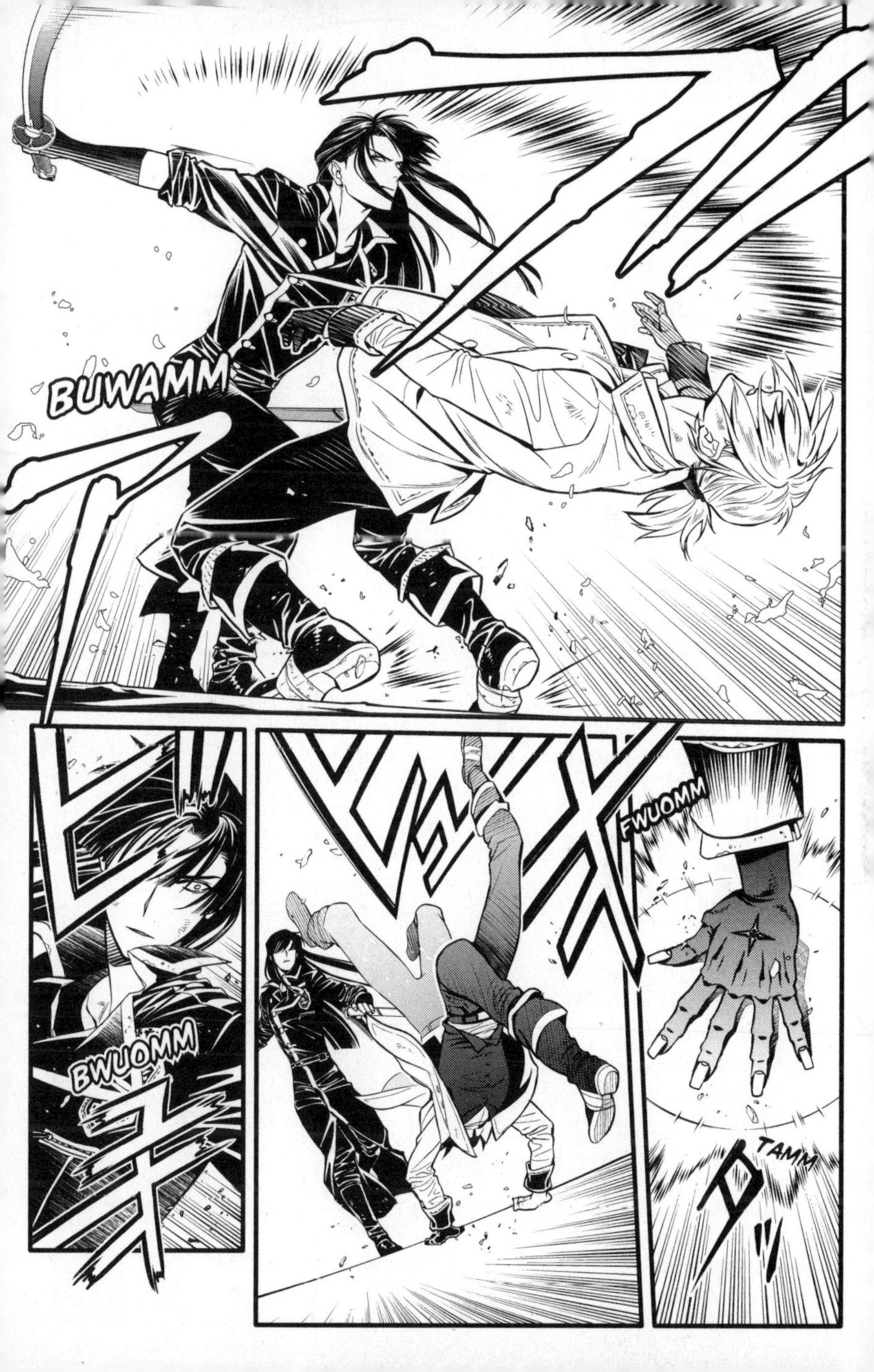
BUWAMM
BWUOMM
FWUOMM
TAMM

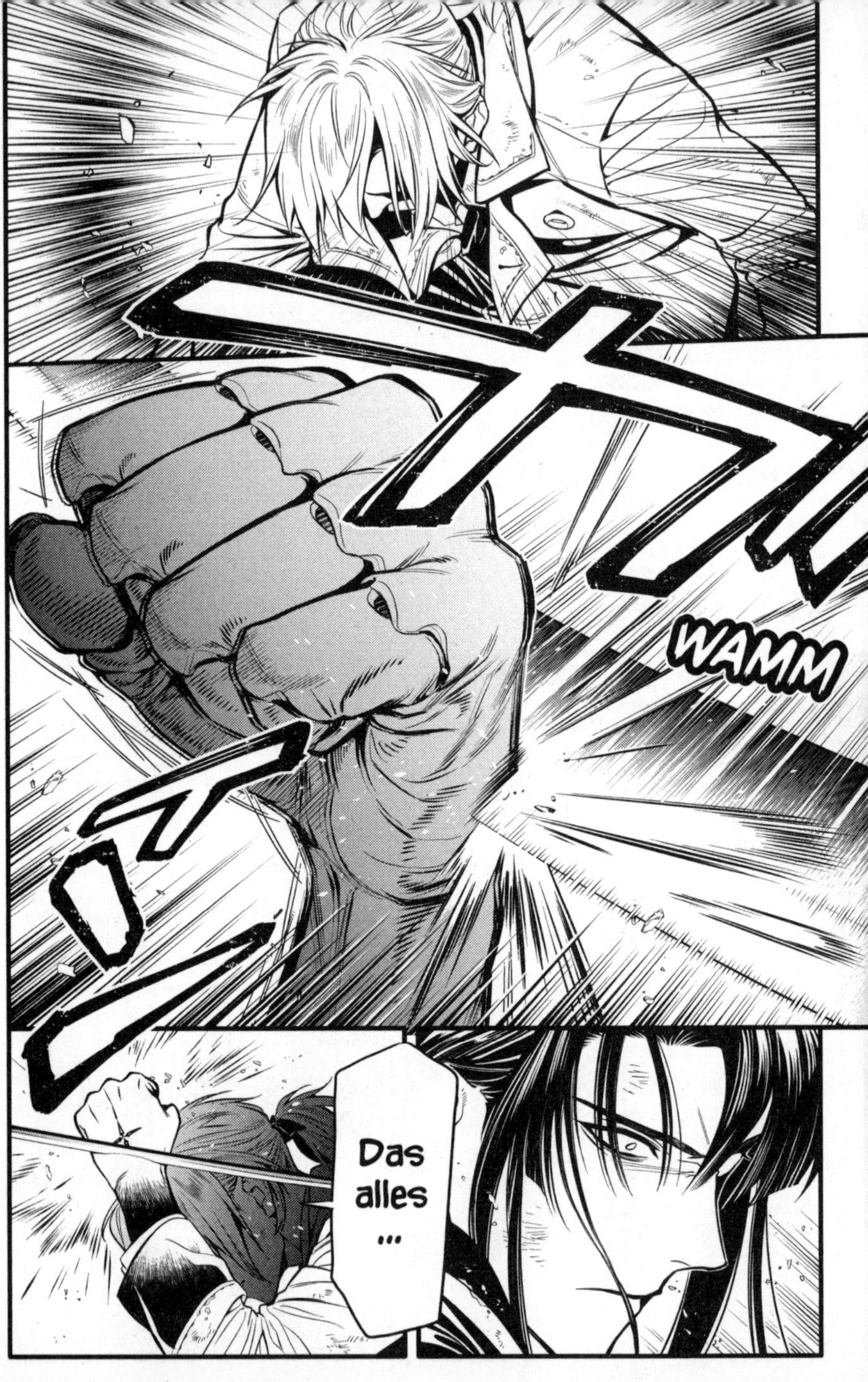
WAMM
Das alles ...

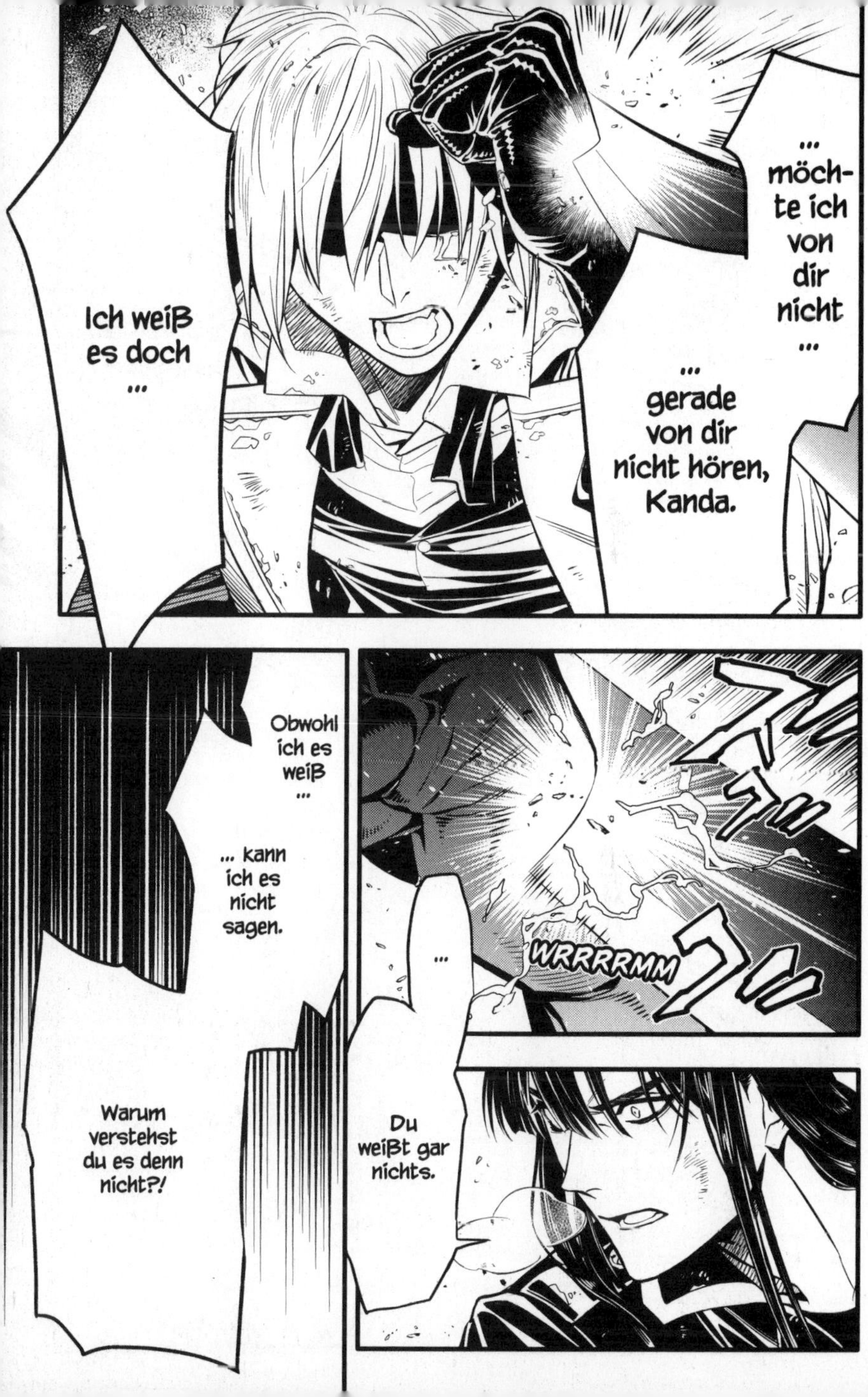

... möchte ich von dir nicht ...
... gerade von dir nicht hören, Kanda.
Ich weiß es doch ...
WRRRRMM
...
Obwohl ich es weiß ...
... kann ich es nicht sagen.
Du weißt gar nichts.
Warum verstehst du es denn nicht?!

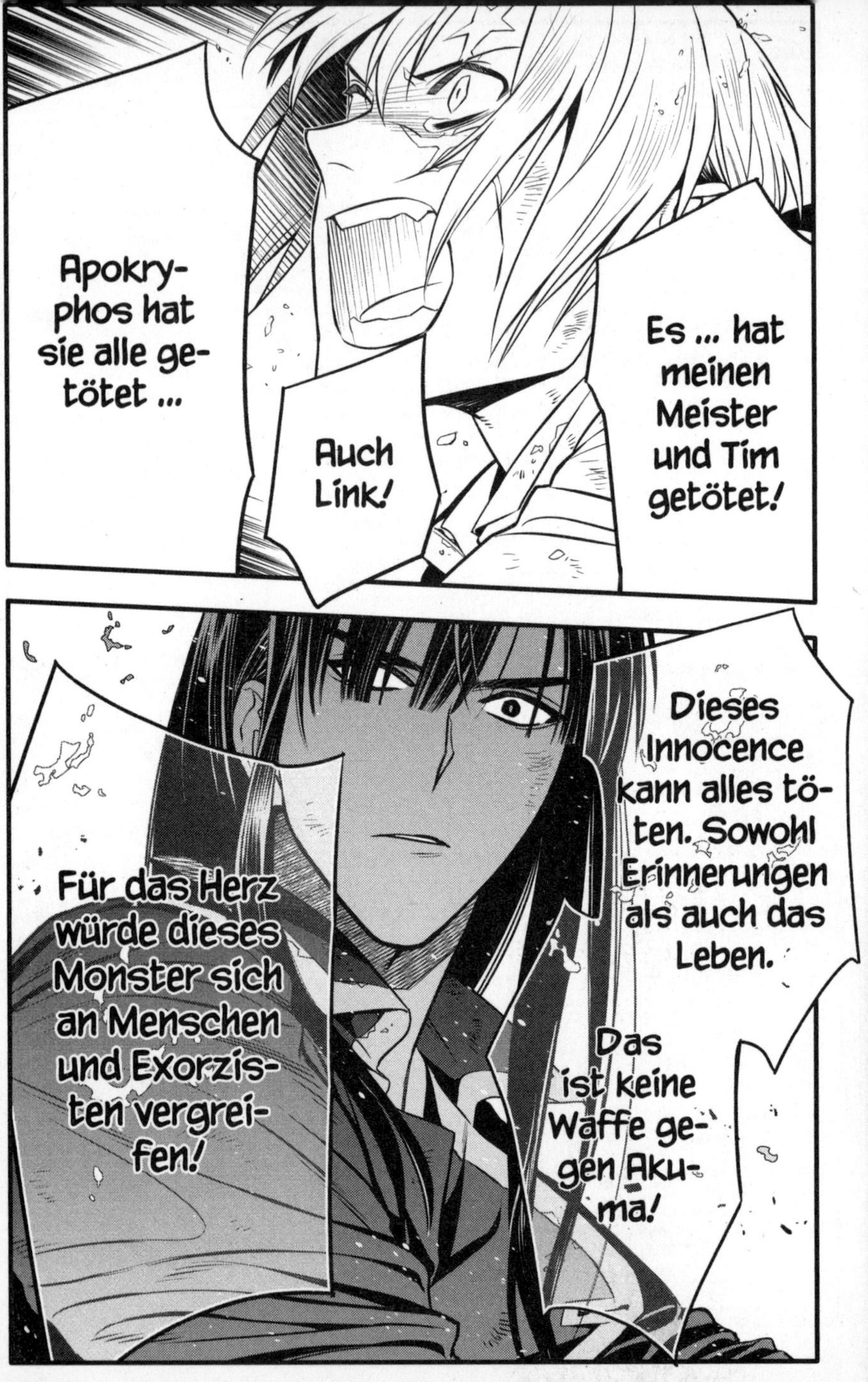

Es ... hat meinen Meister und Tim getötet!
Auch Link!
Apokryphos hat sie alle getötet ...
Dieses Innocence kann alles töten. Sowohl Erinnerungen als auch das Leben.
Das ist keine Waffe gegen Akuma!
Für das Herz würde dieses Monster sich an Menschen und Exorzisten vergreifen!

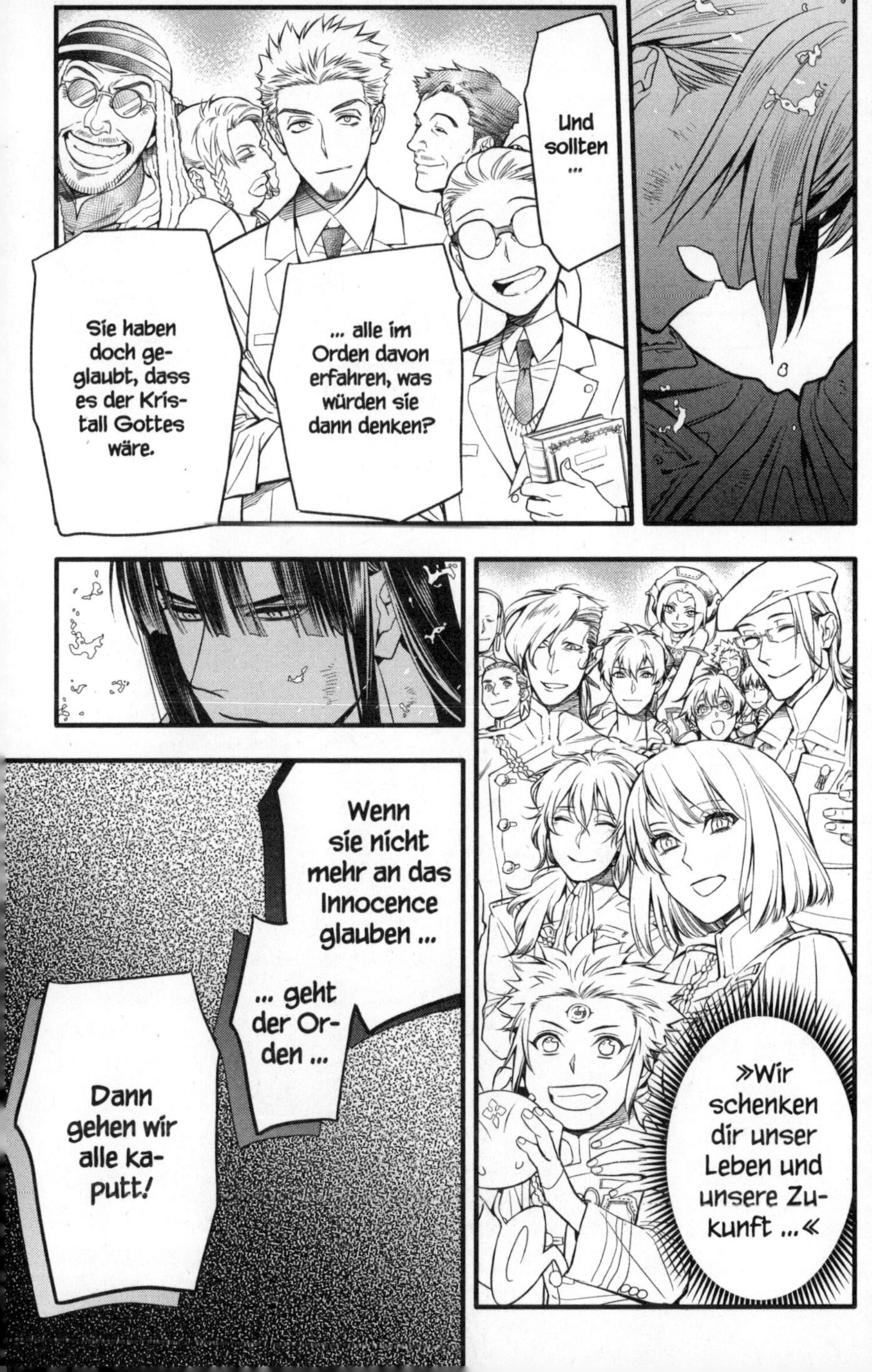

Und sollten ...
... alle im Orden davon erfahren, was würden sie dann denken?
Sie haben doch geglaubt, dass es der Kristall Gottes wäre.
»Wir schenken dir unser Leben und unsere Zukunft ...«
Wenn sie nicht mehr an das Innocence glauben ...
... geht der Orden ...
Dann gehen wir alle kaputt!

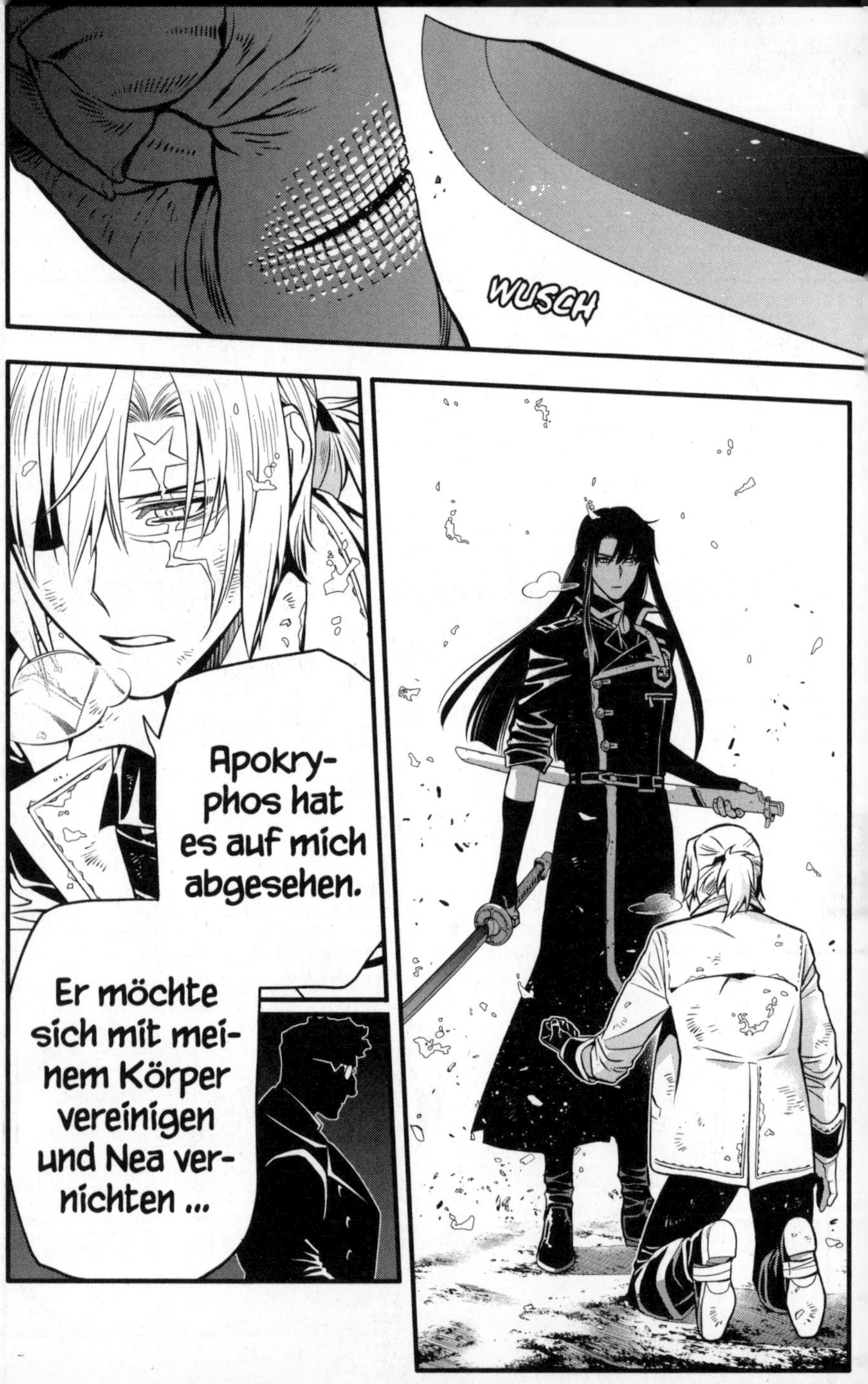
WUSCH
Apokryphos hat es auf mich abgesehen.
Er möchte sich mit meinem Körper vereinigen und Nea vernichten ...

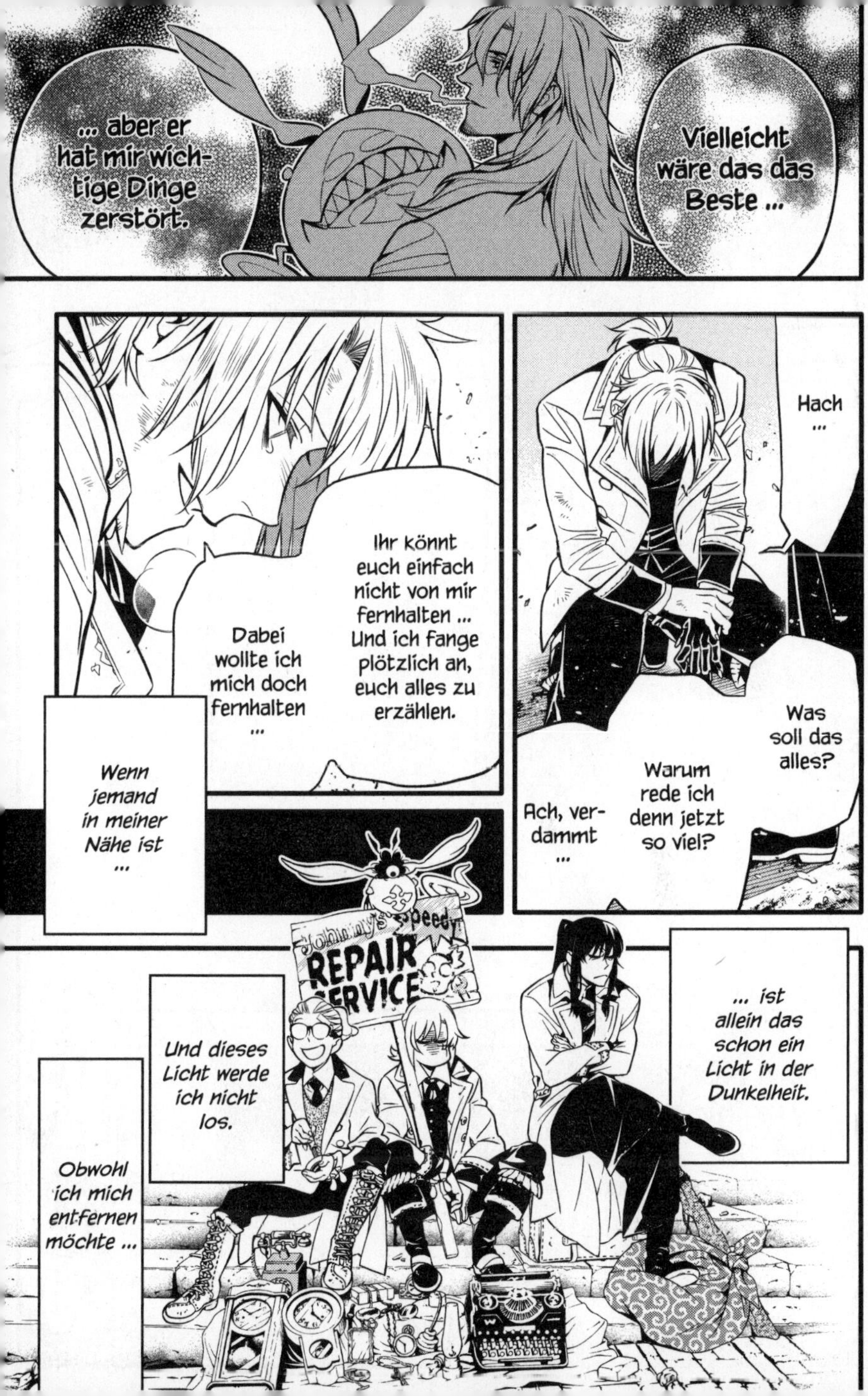
Vielleicht wäre das das Beste ...
... aber er hat mir wichtige Dinge zerstört.
Hach ...
Was soll das alles?
Warum rede ich denn jetzt so viel?
Ach, verdammt ...
Ihr könnt euch einfach nicht von mir fernhalten ... Und ich fange plötzlich an, euch alles zu erzählen.
Dabei wollte ich mich doch fernhalten ...
Wenn jemand in meiner Nähe ist ...
REPAIR SERVICE
... ist allein das schon ein Licht in der Dunkelheit.
Und dieses Licht werde ich nicht los.
Obwohl ich mich entfernen möchte ...

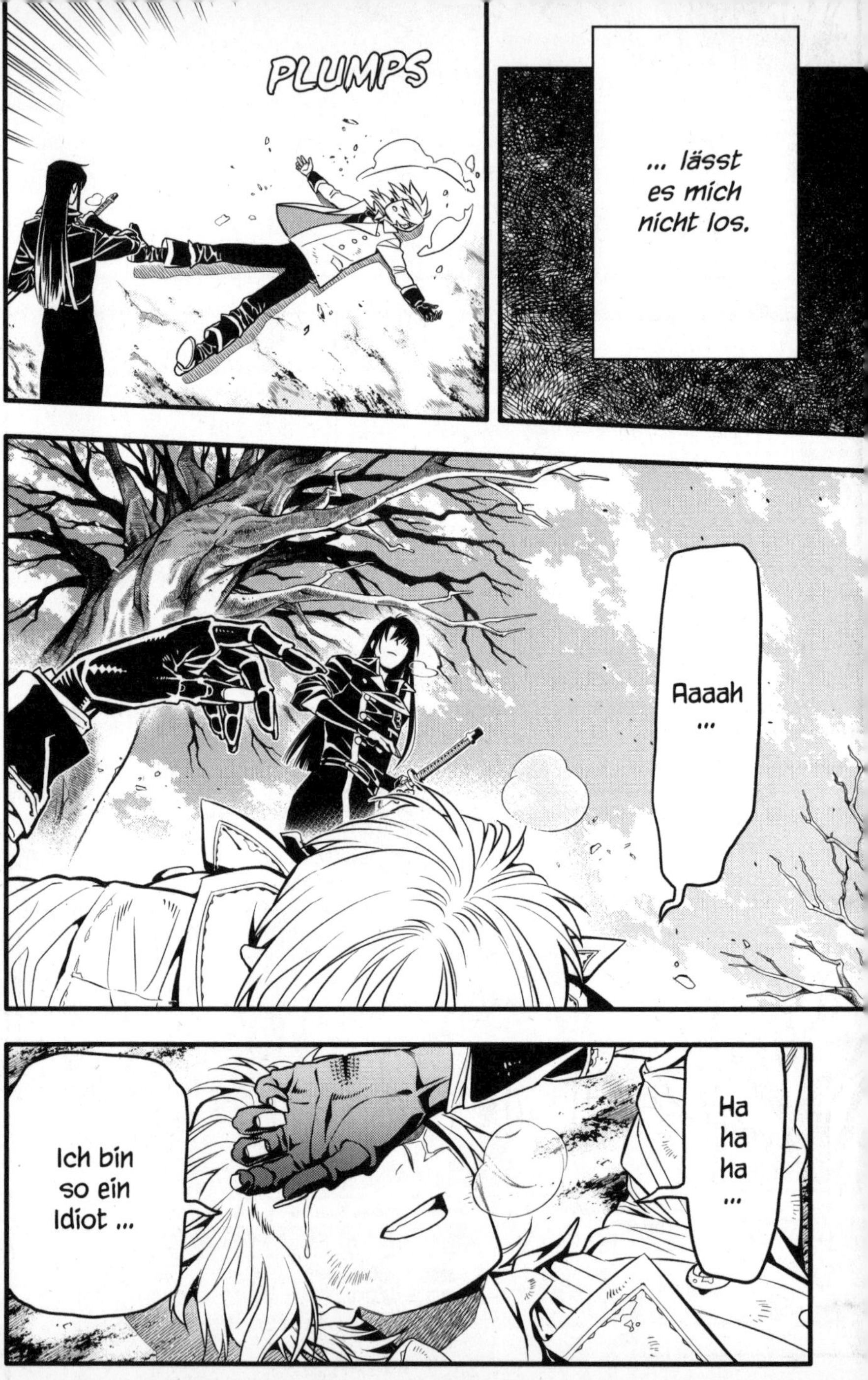
... lässt es mich nicht los.
PLUMPS
Aaaah ...
Ha ha ha ...
Ich bin so ein Idiot ...

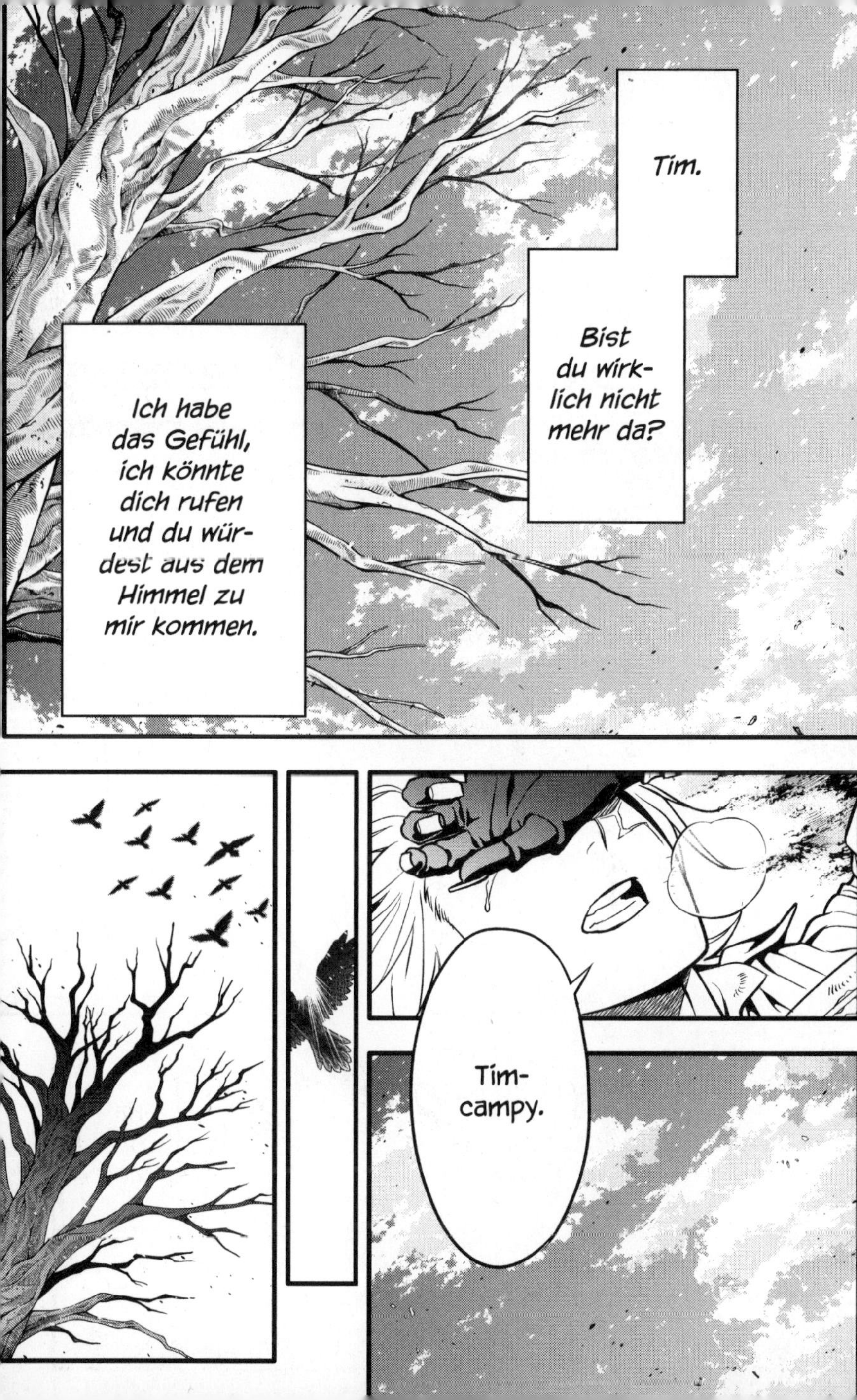
Tim.
Bist du wirklich nicht mehr da?
Ich habe das Gefühl, ich könnte dich rufen und du würdest aus dem Himmel zu mir kommen.
Timcampy.

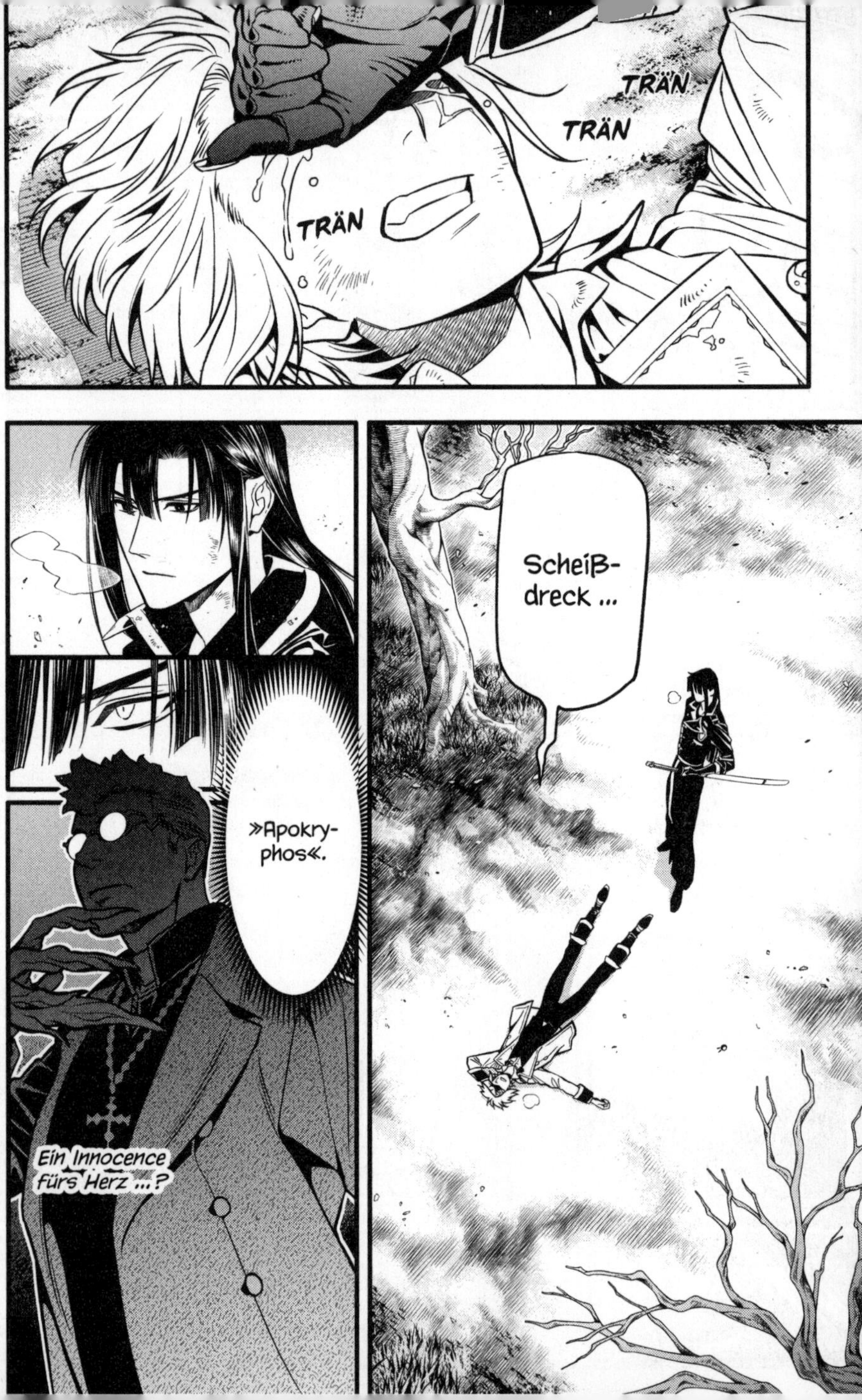
TRÄN
TRÄN
TRÄN
Scheiß-
dreck ...
»Apokry-
phos«.
Ein Innocence
fürs Herz ...?

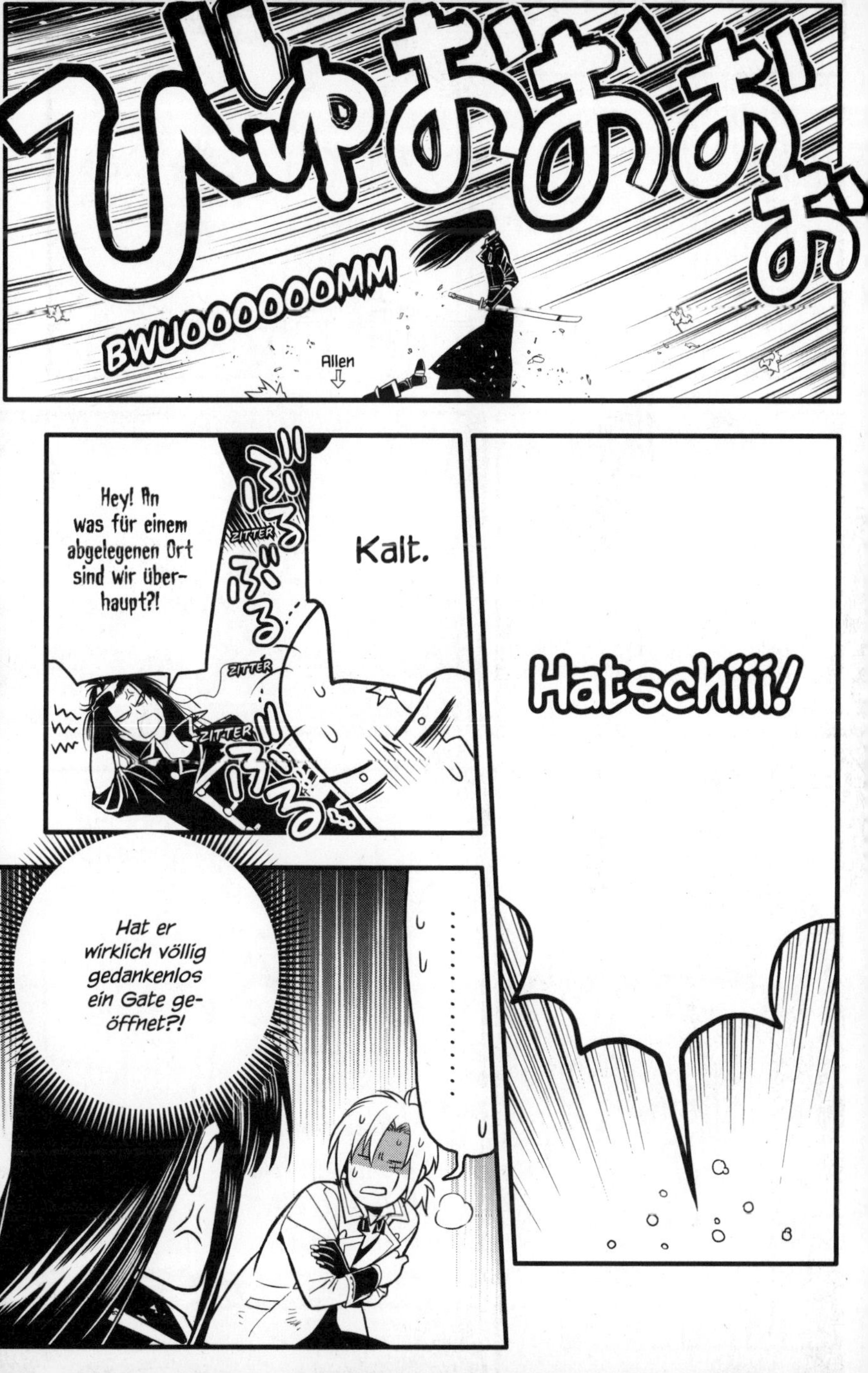

ひゅおおおお
BWUOOOOOOOMM
Allen
Kalt.
Hatschiii!
Hey! An was für einem abgelegenen Ort sind wir überhaupt?!
ZITTER
ぶるぶる
ZITTER
ZITTER
ぶるぶる
Hat er wirklich völlig gedankenlos ein Gate geöffnet?!
......

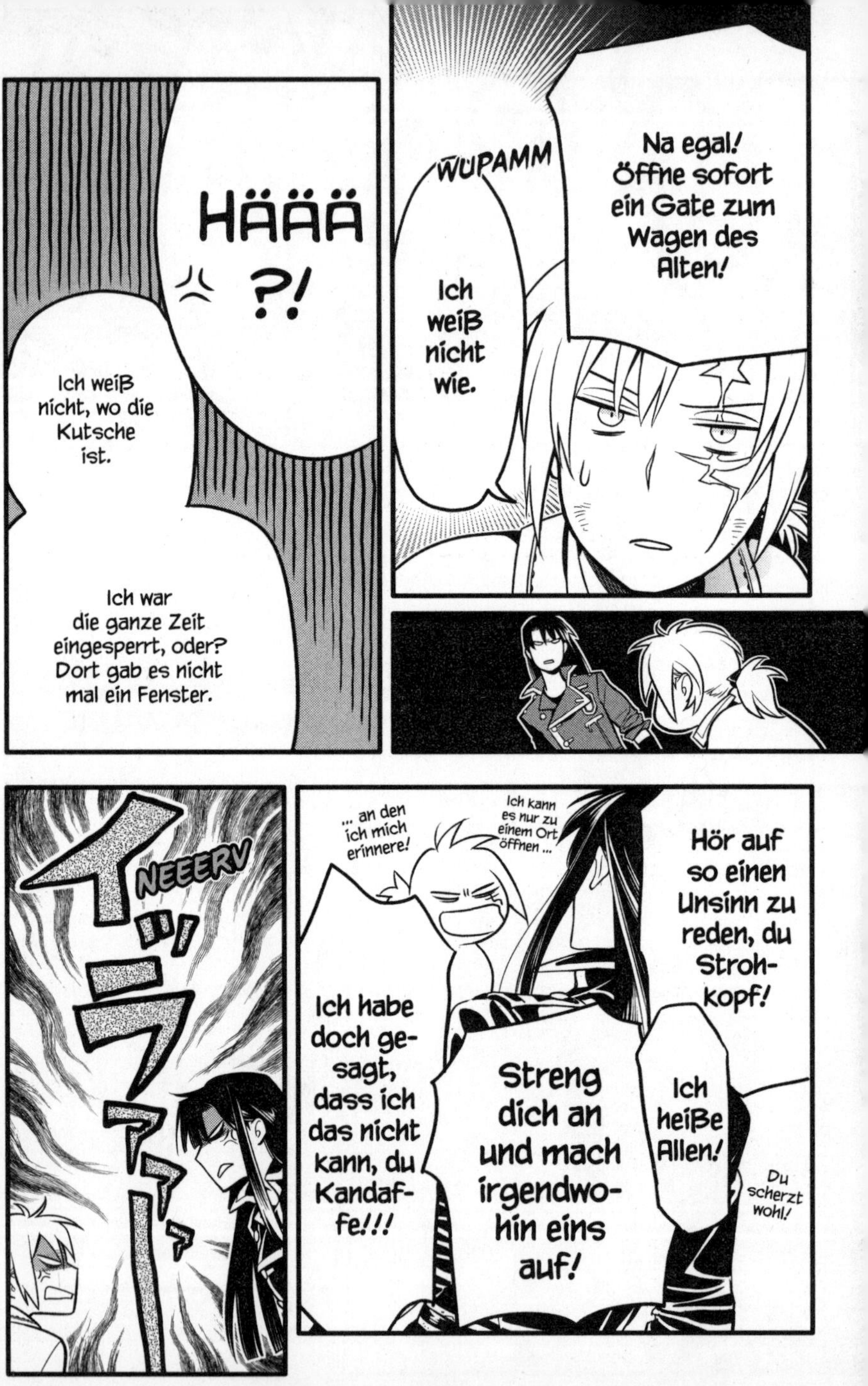

Na egal! Öffne sofort ein Gate zum Wagen des Alten!
WUPAMM
Ich weiß nicht wie.
HÄÄÄ ?!
Ich weiß nicht, wo die Kutsche ist.
Ich war die ganze Zeit eingesperrt, oder? Dort gab es nicht mal ein Fenster.
Hör auf so einen Unsinn zu reden, du Strohkopf!
Ich kann es nur zu einem Ort öffnen ...
... an den ich mich erinnere!
Ich heiße Allen!
Du scherzt wohl!
Streng dich an und mach irgendwohin eins auf!
Ich habe doch gesagt, dass ich das nicht kann, du Kandaffe!!!
NEEERV

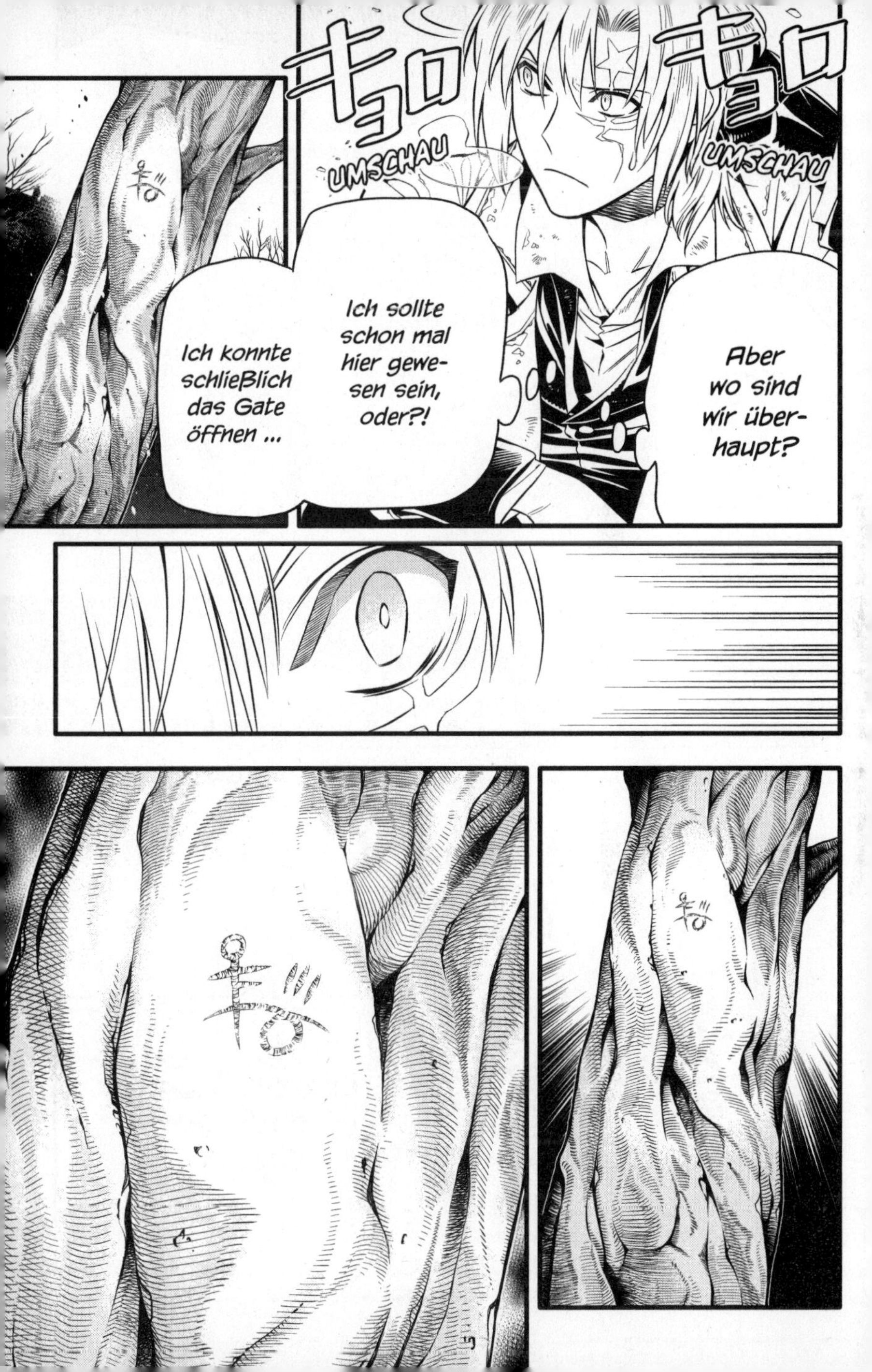
キョロ
UMSCHAU
キョロ
UMSCHAU
Aber wo sind wir überhaupt?
Ich sollte schon mal hier gewesen sein, oder?!
Ich konnte schließlich das Gate öffnen ...

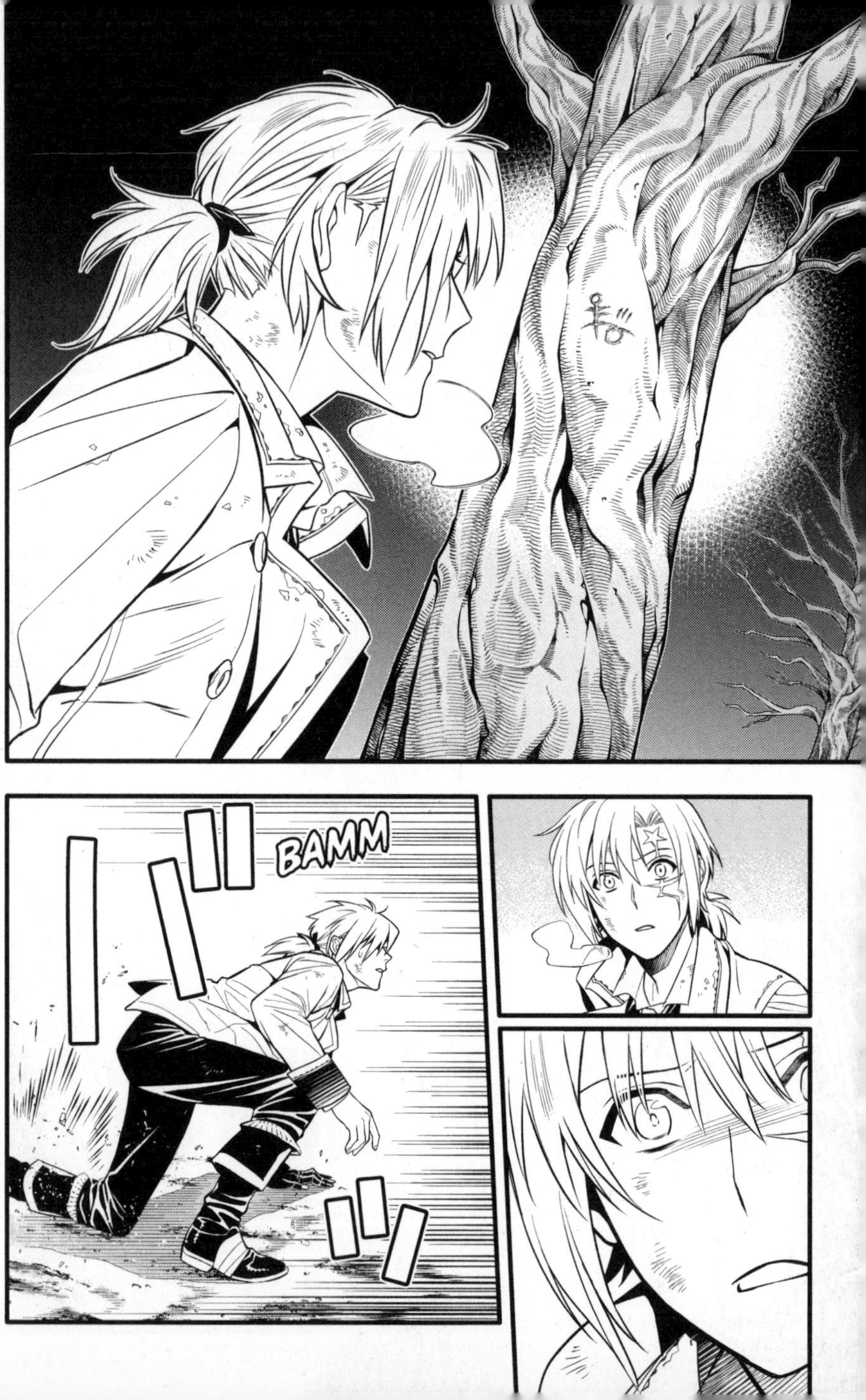
BAMM

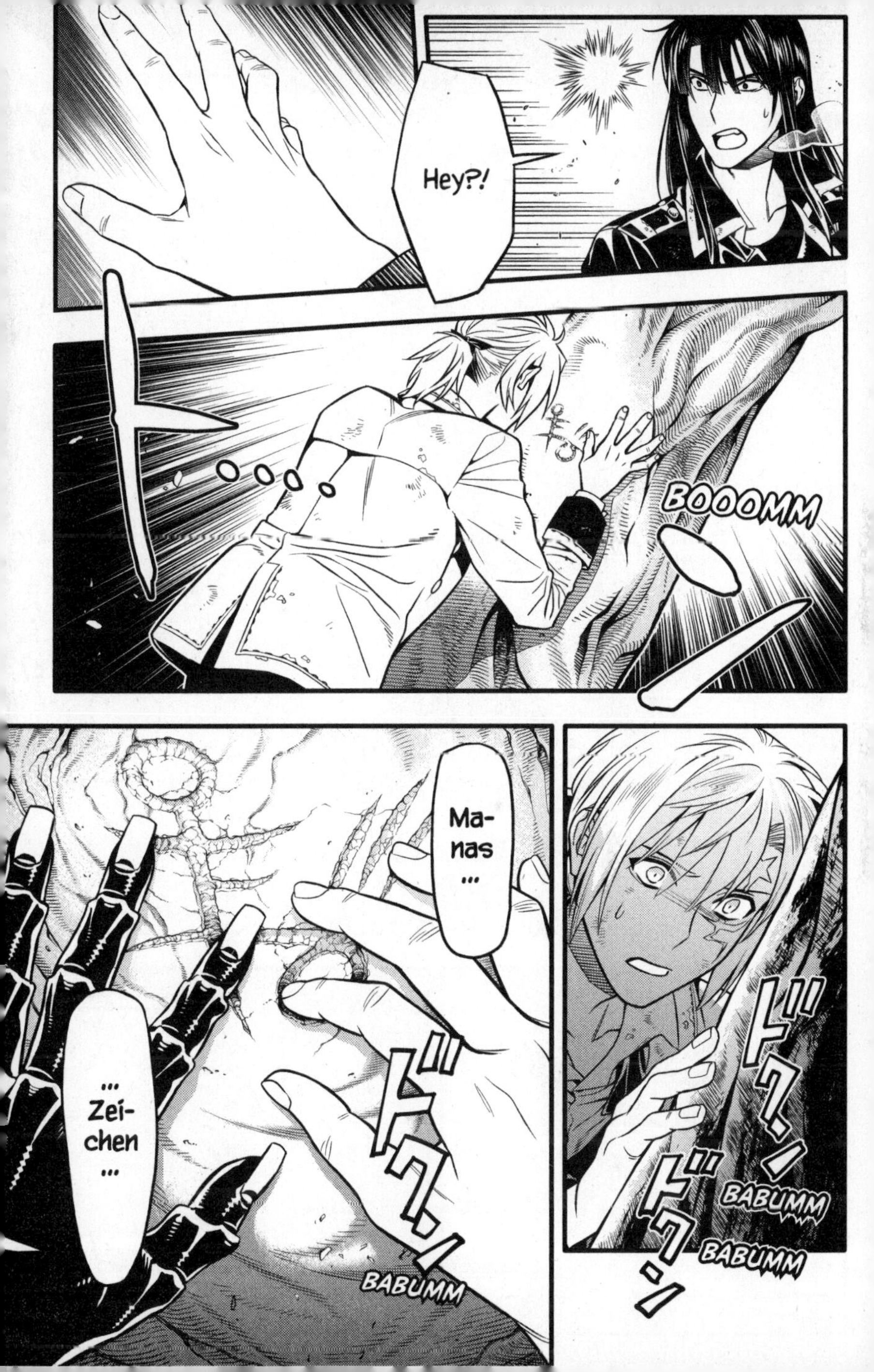
Hey?!
…
BOOOMM
Ma-
nas
…
BABUMM
BABUMM
… Zei-
chen
…
BABUMM

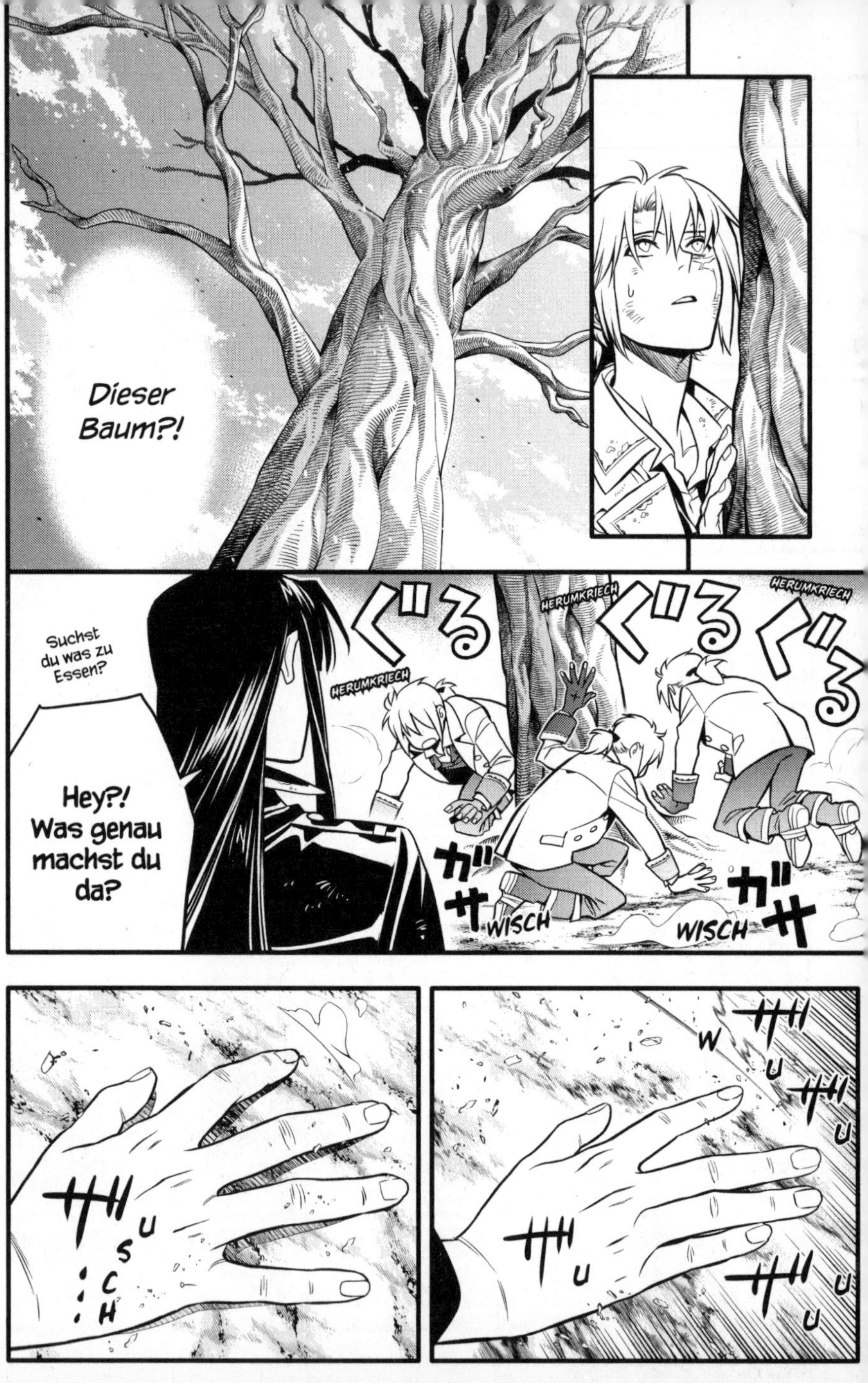
Dieser Baum?!
HERUMKRIECH
ぐる
HERUMKRIECH
ぐる
ぐる
HERUMKRIECH
ガサ
WISCH
ガサ
WISCH
Suchst du was zu Essen?
Hey?! Was genau machst du da?
W U U U U U
ザザ
U S C H

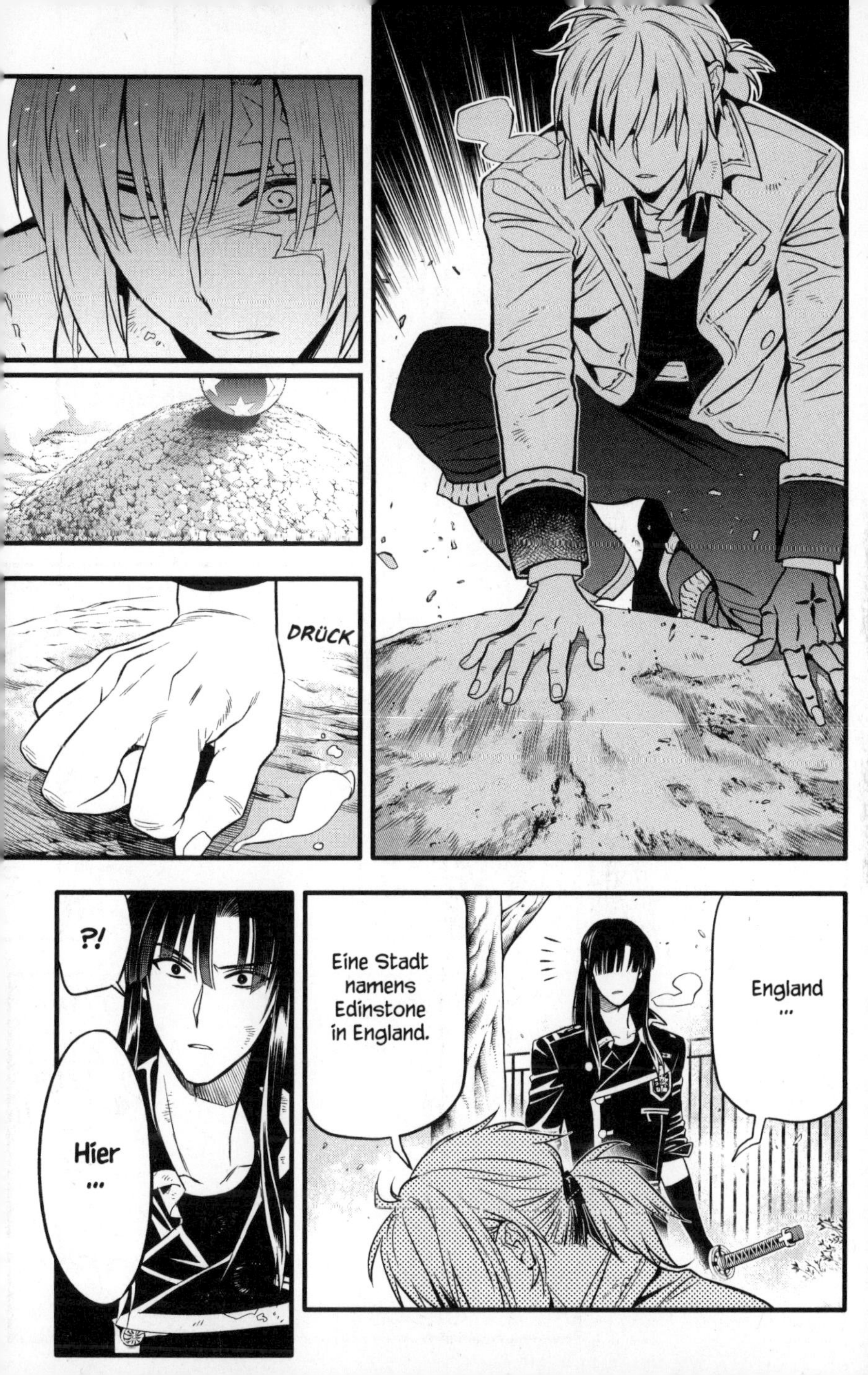
DRÜCK
England ...
Eine Stadt namens Edinstone in England.
?!
Hier ...

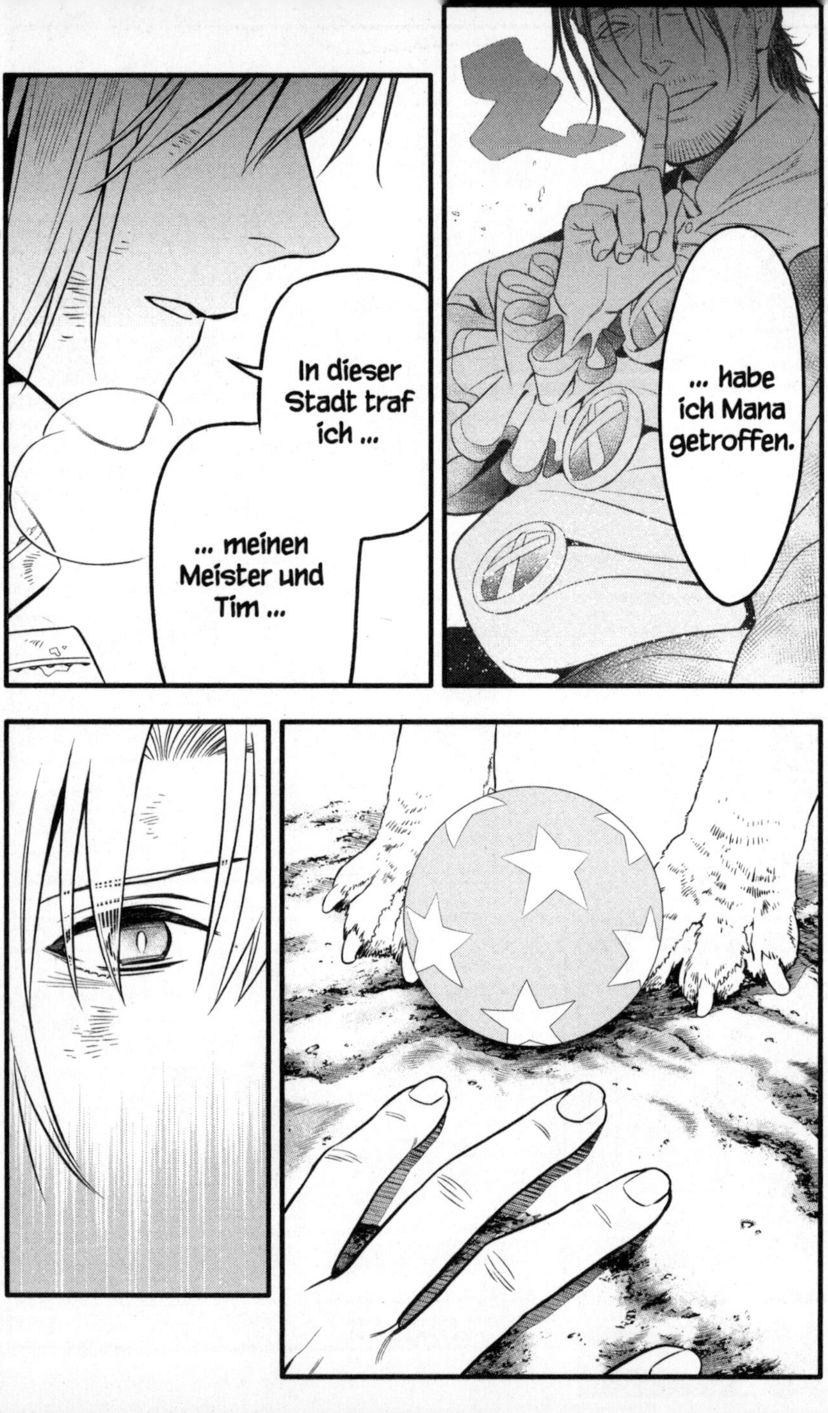
In dieser Stadt traf ich ...
... meinen Meister und Tim ...
... habe ich Mana getroffen.

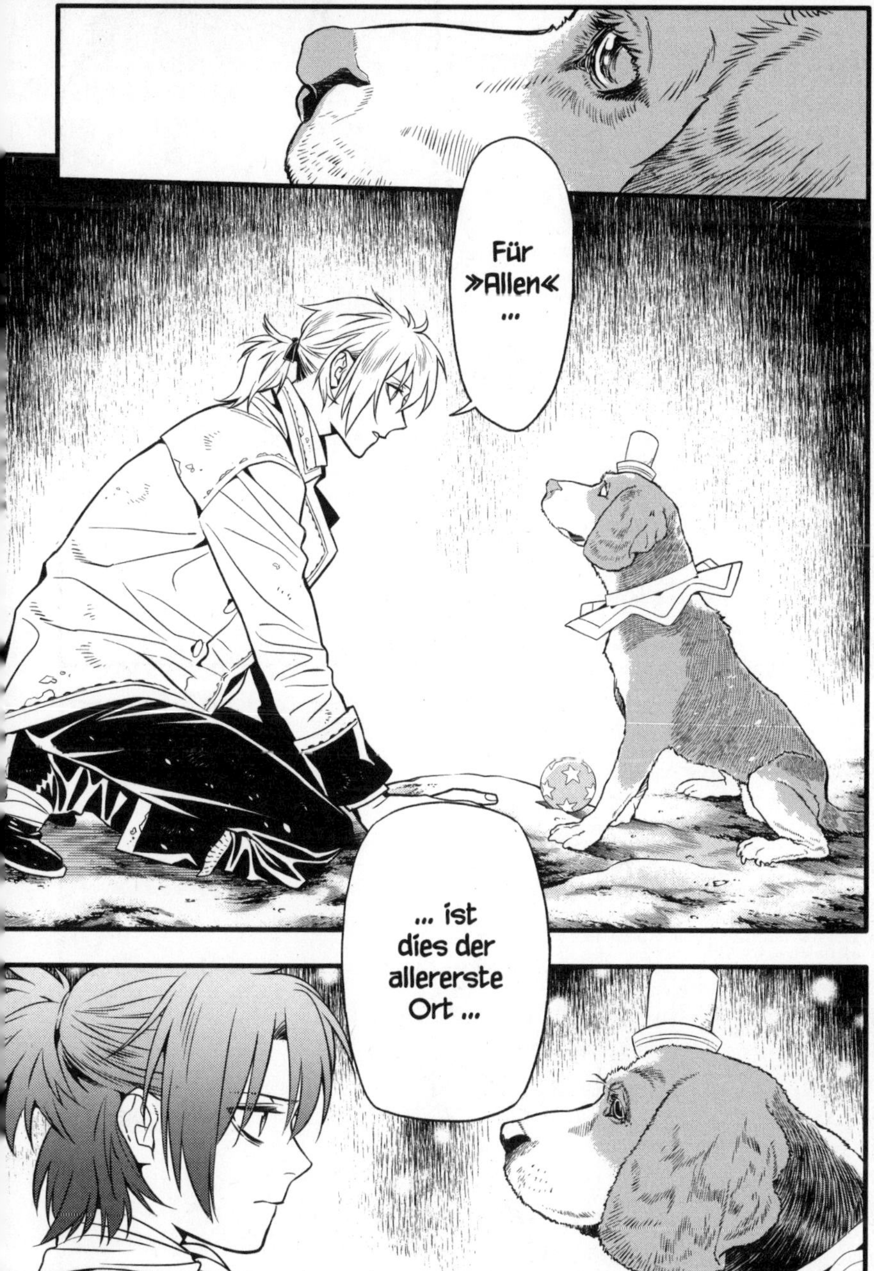

BAND 26 - GEHEIMNIS UND LEICHNAM - ENDE

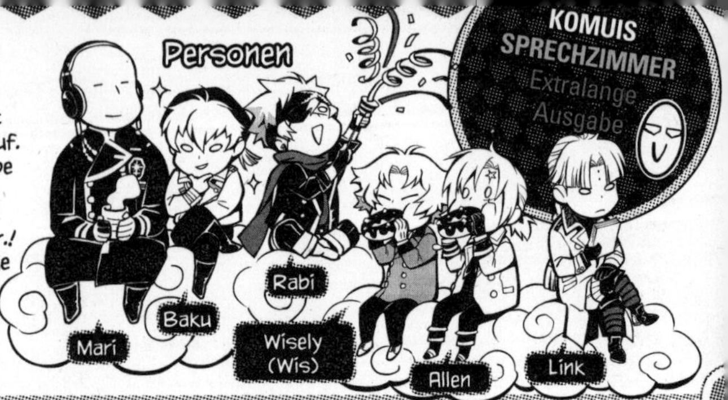

Rabi: Tach auch! Auch diesmal taucht Komui nicht in *Komuis Sprechzimmer* auf. Die heutigen Teilnehmer habe ich ausgesucht! (*PIFF PAFF* ♫)
Link: Sei ruhig, Bookman Jr.!
Baku: Ich habe wirklich lange gewartet, aber das ist mein großer Auftritt! Ich bin noch vor Komui da! Ha ha ha ha ha!

Mari: Ich bin solche Dinge nicht gewohnt, aber ich werde mich anstrengen.
Wis: Ich bin Wisely, der Noah mit dem magischen Auge. Ich bin wieder mit dabei. (*DOPPEL-PEACE!*)
Allen: Einen Moment mal. Neben zwei Neuen sind auch zwei Tote dabei, oder?
Rabi: Ich bin doch noch gar nicht tot!!!
Allen: Niemand hat von dir gesprochen, Rabi. Aber so bist du nun mal.
Rabi: Allen, du hattest mich im 24. Band in *Komuis Sprechzimmer* eingeladen, oder?! Warum bist du so abweisend?! Wie gemein!
Allen: Ich habe die ganze Zeit nichts gegessen und bin deswegen leicht reizbar.
Link: (legt eine Hand auf Allens Schulter) Vergiss jetzt einfach, was in der eigentlichen Geschichte passiert ist. Es verfallen alle schon wieder in den alten Trott. Dabei möchte die Mangaka doch hier nur ein wenig experimentieren.
Allen: Die Mangaka übertreibt es aber.
Wis: Aber selbst die Mangaka hatte wohl keine Lust, dass Bookman Jr. hier auftaucht. Sie muss dafür einen vortrefflichen Grund gehabt haben.
Rabi: Verdammte Hoshino ... Aber es stimmt! Tatsächlich habe ich diesmal am meisten Fragen bekommen! Die Leser rufen nach mir! Ich habe eure Stimmen gehört! Natürlich muss ich diesmal dabei sein. ♥
Allen: Selbst ich könnte die Fragen an Rabi beantworten.
Rabi: Du sagst doch nur irgendwelchen Kram.
Link: Walker, ich gebe dir einen Donut, aber beruhig dich wieder. Bookman Jr. soll sich auch mal wieder einkriegen. Beim letzten und vorletzten Mal haben wir schon die Textlänge überschritten, weswegen sich die Redaktion und die Designer beschwert haben. Also hört auf mit dem unnötigen Gelaber!
Allen, Rabi & Wis: Okay.
Mari: Ha ha ... (*VERLEGEN*) So ein Glück, dass der Inspektor hier ist.
Baku: Habt ihr mich etwa schon vergessen?!

Frage: Was war in dem kleinen Beutel um Kandas Hals, als er Mari und Linali wiedergetroffen hat?

Allen: Das ist offensichtlich eine Frage an Kanda ...
Rabi: Yu ist echt zu beliebt ... Eigentlich sollte es doch mit einer Frage an mich losgehen.
Wis: Es gab wie immer viele Fragen an Yu Kanda. Der Kerl ist echt sündhaft.
Link: Hey! Schluss mit dem unnötigen Gerede!
Baku: Ach? War da überhaupt ein Beutel? Er hatte damals die Kleidung mit der der asiatischen Zweigstelle getauscht, da gab es doch gar keinen Beutel, oder?
Mari: Ach, ich hatte ihn. Das war ein kleiner Geldbeutel, oder? Anscheinend waren Silbermünzen drin.
Allen: Geld?!! (*SCHOCK*)
Rabi: Beruhig dich, Allen.
Mari: Anscheinend hatte er ihn von einer alten Frau bekommen, der er auf der Reise geholfen hat. Tut mir leid ... Mehr weiß ich auch nicht.
Rabi: Argh.
Allen: Kanda wird ganz sicher in Zukunft ein Heiliger werden. (*WÜRG*)
Mari: Anscheinend hat er das Geld aber kaum gebraucht.

Frage: Ist Kanda Rechts- oder Linkshänder?

Rabi: Schon wieder?
Link: Er ist beidhändig.
Allen: Wie? Ach, wirklich?
Link: Das sieht man doch auf den ersten Blick.
Rabi: Obwohl du so oft mit ihm gekämpft hast, hast du das nicht begriffen, Allen? Seine Faustschläge tun mit rechts und links weh.
Allen: Die tun sogar verdammt weh.
Mari: Ganz genau. Kanda ist beidhändig.
Baku: Übrigens ist Alma auch beidhändig.
Wis: Bei den Noahs ist der Millennium-Graf beidhändig.

Frage: Durch die Kraft des Zeichens der Zweiten verträgt Kanda keinen Alkohol mehr, aber erkältet er sich dadurch auch öfter?

Rabi: Schon wieder Yu ... Jetzt ist ja wohl klar, dass Frau Hoshino gemein ist!
Allen: Er erkältet sich nicht, weil er ein Idiot ist. Gut, und weiter!
Wis: Wir Noahs würden uns freuen, wenn er sich erkälten würde. Aber dafür ist er wohl zu dumm.
Mari: Hey, hey. (*SCHWITZ*)
Link: Hört mit den Scherzen auf und antwortet ordentlich!
Baku: Als Vertreter der Chan-Familie werde ich antworten! Nur durch das Zeichen wird sein Körper nicht sofort besonders schwach. Zwar ist die Regenerationskraft im Vergleich zu einem normalen Menschen niedriger, aber die Zweiten Exorzisten besitzen Körper, die für den Kampf gemacht sind, weswegen sie viel robuster sind als normale Menschen. Er muss in Zukunft einzig auf eine ausgewogenere Ernährung achten, weil er eventuell leichter krank werden kann. Er darf also nicht immer nur Buchweizen essen.

Frage: Was für einen Zweck erfüllen die Kunai (?), mit denen Howard Link wirft? Ich frage mich, ob die Krähen sie schon früher hatten.

Link: Sie heißen Schnabelnadeln und werden nur von Krähen eingesetzt, die den höchsten Rang innehaben. Diese Nadeln können die hundertfache Wirkung eines Talismans (von denen ich häufig die Fesselflügel oder Feuerflügel einsetze) entfalten. Ich benutze die Schnabelnadeln, die früher Meister Zhu verwendet hat, ein altes Modell, aber man kann sie immer noch einsetzen. Es ist zwar etwas umständlich, sie ständig in der Hand zu halten, aber wenn mir die Talismane ausgehen, kann ich auch nur damit kämpfen. Besonders da ich jetzt gerade nur wenige Talismane bei mir trage, sind sie für mich eine wichtige Waffe.
Allen: Hm? Was soll denn »jetzt gerade« bedeuten?
Link: Ich habe auch einen Schokodonut für dich, Walker.
Allen: Juhu! (*MAMPF*)
Wis: Pass bloß auf, Junge ... Du wirst mit den Donuts nur abgelenkt ...
Link: Willst du auch einen haben?
Wis: Juhu! (*MAMPF*)
Rabi: Ich habe von dem alten Mann gehört, dass die Techniken der Krähen von den Chans entwickelt worden sein sollen.
Baku: Ja, die Krähen wurden von Opa Zhu gegründet, als er noch jung war. Auch jetzt noch werden die Talismane und die Schnabelnadeln von der Chan-Familie hergestellt.
Mari: Interessant. Das ist also der Einfluss der Chan-Familie, die seit Generationen die asiatische Zweigstelle leitet ... Dann ist sie also für die Zentralverwaltung komplett unersetzlich, oder?
Baku: Ja, schon.
Allen: Ich habe mich schon öfter gefragt, warum die Chan-Familie so starke Magie anwenden kann.
Wis: Das würde aber eine lange Geschichte werden, womit wir weit über die vorhandene Textlänge kommen würden.
Link: Weil wir an die Begrenzung denken müssen, sollten wir es also diesmal lassen.

Frage: Erinnern sich Rabi und Bookman noch an ihre eigenen Namen?

Rabi: Yeah! Endlich ist es so weit! Ich erinnere mich niiiiicht! Als ich die Nachfolge des Alten antrat, wurde mein Name ausgelöscht!
Allen: Sag mal, Rabi. Warum muss man als Bookman denn seinen eigentlichen Namen abwerfen? Ist das nicht ganz schön hart?
Mari: Für Allen ist sein Name wohl sehr wichtig.
Baku: Als Chronist der dunklen Geschichte ist er aber wohl nicht nötig.
Link: Stimmt eigentlich. Es gab schon mehrere Fragen zu Bookmans Decknamen.
Rabi: Solange ich Jr. bin, muss ich bei jedem Ortswechsel der Chronik auch meinen Namen ändern. Und das wird dann gleichzeitig der Titel der Chronik. Deswegen war der Titel der Chronik des heiligen Kriegs auch »Rabi«. Dadurch ist dann auch die Suche einfacher. Aber ob es hart ist, wenn man seinen Namen verliert? Hm, ehrlich gesagt weiß ich das nicht. Es ließ sich nicht ändern, dass ich Bookman geworden bin. Übrigens hat der Alte die Namen der Chroniken alle selbst bestimmt.
Wis: Oho, dann ist der Name »Rabi« also ...
Rabi: Was denn?
Wis: Ach, nichts ... Nom. Nom. Dieser Donut ist echt lecker.
Allen: Moment mal! Du isst zu viele Donuts!

Frage: Wie haben Rabi und Bookman denn während der Reisen Geld verdient? Etwa auf die Allen-Art?

Allen: Was ist denn meine Art?
Rabi: Glücksspiel oder so?
Wis: Etwa einen Mafiaboss im Glücksspiel betrogen und dann weggelaufen?
Baku: Mafia?! (*AUFREG*)
Mari: Hast du so was etwa gemacht, Allen?! Das geht doch nicht ... Du bist doch noch ein Kind. Wenn Linali das erfährt, weint sie bestimmt.
Allen: Verrat Linali nichts davon! Ich bitte dich, Mari! (ZITTER)
Link: Deinen Hundeblick kann Mari Noise ganz sicher nicht sehen, Walker. Da können wir später noch mal nachfragen, aber geben wir die Frage erst mal zurück an Bookman Jr.!
Allen: Äääääh ...
Rabi: Was denn? Ach, das Geldauftreiben auf Reisen. Da haben uns die Bookman-Familien an den unterschiedlichen Orten geholfen. Weder ich noch der Alte mussten also arbeiten.
Mari: Dann hast du also Verwandte auf der ganzen Welt?
Rabi: Genau! Damit sich Bookman als Anführer um die Chronik kümmern kann, unterstützt ihn die ganze Familie.
Baku: Ich habe nicht gewusst, dass die Bookman-Familie so groß ist.
Rabi: Sie verheimlichen alle, dass sie mit uns verwandt sind, und führen ein ganz normales Leben. Daher weiß das niemand.
Allen: Und warum halten sie es geheim?
Rabi: Hm? Das ist ein Geheimnis.

Frage: War es ein Zufall, dass bei Bookman und Rabi Lehrer und Schüler eine Verbindung zum Innocence aufbauen konnten?

Wis: Das ist aber eine gefährliche Frage. Ich weiß die Antwort, aber ich verrate sie nicht. ♫
Rabi: Das hat mich auch beschäftigt, aber als ich den Alten fragte, meinte er nur: »Das wirst du irgendwann begreifen.« Ich glaube, dass es etwas mit dem »Geheimnis des heiligen Kriegs« zu tun hat, von dem Marschall Cross gesprochen hat.
Allen: Wie? Ihr seid zum Orden gekommen, weil ihr wusstet, dass ihr geeignet seid?
Link: Nicht doch.
Rabi: Beim Alten scheint es so zu sein. Er hat wortwörtlich gesagt: »Wir werden jetzt Exorzisten werden und Chroniken über den heiligen Krieg anfertigen.«
Mari: Das überrascht mich. Von so einer Kompatibilität habe ich noch nie gehört.
Baku: Ganz genau. Bookman ist fast so mysteriös wie die Noahs.

Frage: Wenn Allen noch Schreiben und Lesen übt, wie hat er denn bisher die Berichte über seine Aufträge schreiben können?

Allen: Es ist ja nicht so, als könnte ich überhaupt nicht lesen oder schreiben. Aber manchmal musste ich sie schon neu schreiben.
Rabi: Zuerst haben Linali oder ich ihm oft geholfen, aber Allens Schrift ist nicht besonders schön und schwer lesbar.
Baku: In der Tat.
Link: Ich hoffe, Walker kann noch etwas an seiner Schönschrift arbeiten. Er schreibt zu ungenau. Bei der Kontrolle kann man meist über die Hälfte des Textes überhaupt nicht entziffern.
Wis: Ohoho. Selbst Tickys Schrift kann man besser lesen.
Allen: Sei ruhig. (***ROTWERD***)
Mari: Ganz ruhig. Seit Crowley ihn unterrichtet, ist es schon besser geworden. Oder, Allen? Du bist toll.
Allen: Mari! (***SCHNIEF***)
Link: Bitte verhätschle ihn nicht so sehr, Mari. Auch für Walkers Zukunft muss man streng mit ihm sein. Wenn er als Erwachsener so schreibt, wäre das äußerst peinlich.
Allen: Weil Link immer nervt, kann ich nicht ordentlich schreiben!
Link: Red keinen Unsinn! Ah, hey! Versteck dich nicht hinter Mari!

Frage: Ich möchte wissen, wie die Mitglieder der Wissenschaftsabteilung vom Orden erfahren und sich ihm angeschlossen haben.

Baku: Der Großteil wurde angeworben. Es wurden fähige Personen angesprochen. Bei den anderen Abteilungen läuft es aber ein wenig anders ab.
Rabi: Im Orden gibt es viele, die aufgrund ihres Hasses auf Akuma eingetreten sind, aber in der Wissenschaftsabteilung sind es vergleichsweise wenig. Daher sind sie nicht so wild.
Mari: Ja. Es ist wirklich angenehm, dass die Wissenschaftsabteilung so fröhlich ist.
Allen: So kann man dort zum Spielen hingehen.
Link: Die Wissenschaftsabteilung ist kein Ort für Spiele, Walker.
Allen: Ja, ja, ja.
Link: Ein »Ja« reicht!
Wis: Dieser Inspektor ist ein wenig wie Desires. Ich kann nicht so gut mit ihm.

Frage: Die Forschungsabteilung Nummer sechs wurde zerstört und ist danach an einen anderen Ort verlegt worden, oder? Oder wurde sie von einem Teil der asiatischen Zweigstelle wiederaufgebaut?

Mari: Die Anlage wurde von Foh zerstört.
Baku: Ja, aufgrund der letzten Worte meiner Mutter ... der vorherigen Zweigstellenleiterin. Die verstorbenen Forscher und Mitglieder wurden mitsamt der Anlage von Foh tief unter der Erde begraben. Das ist nur meine Vorstellung, aber die Personen, die dort geforscht hatten, waren bereit dazu, dass der Ort ihr Grab wird. Das Gebiet ist immer noch abgeriegelt und nur Foh, Leni und ich dürfen dorthin. Dort ist auch das Grab vom alten Zhu. Es war sein Wunsch.
Wis: Bestimmt wollten der Orden und die Zentralverwaltung diesen Ort gerne geheim halten.
Link: ...
Allen: Wie wurdest du damals eigentlich gerettet, Mari?
Mari: Ich war verletzt und bewusstlos, aber anscheinend hat Kanda mich gerettet. Das geschah noch bevor die Forschungsanlage komplett versunken war. Als ich aufgewacht bin, war Kanda neben mir und hatte mich auf Trümmer gelegt. Danach wurden wir von Foh und Zweigstellenleiter Baku gefunden ... Damals war er noch Truppenleiter, aber Leni Epstein und Meister Zhu hatten es heimlich schon beschlossen.
Baku: Leni wurde von meiner Mutter und dem alten Zhu gerettet. Sie ist schließlich die letzte Erbin der Epstein-Familie.
Rabi: Dann sind die Herkunftsaufzeichnungen über Yu also doch gefälscht. Sie kamen mir eh schon komisch vor.
Mari: Aber damals wurde Kanda und mir vom Orden und den Zweigstellenleitern nicht geglaubt. Aufgrund seiner Erinnerungen an das vorherige Leben und der Schuldgefühle waren wir unsicher, weswegen ich mit Kanda aus der Zweigstelle geflohen bin. Wenn ich es jetzt bedenke, konnten wir überraschend einfach fliehen. Dabei wurden der Zutritt und das Verlassen der asiatischen Zweigstelle doch von Foh genau überwacht ...
Baku: Dann hat Foh euch wohl geholfen.
Mari: Dann war sie es also doch.

Baku: Ich hatte Angst. Die Leute von der Zentralverwaltung waren ganz schön aufgeregt. Nach einer Weile kam eine Nachricht von Marschall Theodor und eure Position wurde bekannt, aber der Marschall war damals echt wütend. Aber das ist ja auch klar.
Allen: Baku, du hast aber nichts von diesem Zweite-Exorzisten-Plan gewusst, oder?
Baku: Dennoch werde ich die Schuld als Erbe meiner Familie auf meinen Schultern tragen.
Rabi: Mari ist aber auch tapfer zum Orden zurückgekommen. Durch die Eignung für das Innocence hattest du vielleicht auch keinen anderen Ort, an den du zurückkonntest.
Mari: Ich konnte Kanda natürlich nicht allein lassen. Ich habe ihm nun mal mein Leben zu verdanken. Außerdem muss ich mir bei seinem Charakter wirklich ständig Sorgen machen ...

Frage: Forschungsleiter Komui und Zweigstellenleiter Baku hatten früher lange Haare. Gibt es einen Grund, warum sie jetzt kurze Haare haben?

Link: Es gibt ziemlich viele Fragen über Haare. Beispielsweise über die Qualität der Haare von Yu Kanda oder Bookman Jr. oder aber, wo die Exorzisten sich die Haare schneiden lassen. Auch wie viele Perücken Jasdero wohl hat ... Ich glaube kaum, dass es darauf interessante Antworten gibt, aber da es die Fragen nun mal gibt, sollten wir antworten.
Allen: Die Frauen im Orden gehen normalerweise zum Friseur, der zur Organisation gehört. Aber dort braucht man einen Termin, was zu viel Aufwand ist, weswegen ich noch nie dort war. Rabis Haare sind übrigens ziemlich steif.
Rabi: Meine Haare sind dick! Steif würde ich sie nicht nennen! Ich war auch noch nie beim Friseur des Ordens. Der Alte schneidet mir die Haare. Und manchmal schneidet sie auch Johnny.
Allen: Mir auch. Wenn ich bei der Wissenschaftsabteilung vorbeischaue, meint er oft: »Deine Haare sind aber lang. Die stören doch.« Und dann schneidet der liebe Johnny sie mir schnell.
Mari: Seit jeher muss Johnny bei der Wissenschaftsabteilung immer Überstunden machen, weil er so vielen die Haare schneidet. Er ist echt geschickt. Da fällt mir ein. Bis Linali 13 Jahre alt war, hat er auch dem Forschungsleiter oft die Haare geschnitten. Jetzt schneidet Linali aber Komui die Haare.
Baku: Linali?! Da ... Da werde ich richtig neidisch! Aber wenn ich es bedenke, ist Komui auch viel besser gelaunt, seit Linali ihm die Haare schneidet ... Ach so! Das ist also der Grund dafür!
Wis: Der Zweigstellenleiter ist gerade richtig eifersüchtig. Übrigens hat Dero ganze zehn blonde Perücken.
Allen: Warum trägt er überhaupt Perücken?
Wis: Alles Weitere wäre ein Eingriff in die Privatsphäre. Zipp! Ich mache den Mund zu.
Allen: Du hast doch damit angefangen.
Link: Zweigstellenleiter, du hast auf deine Frage immer noch nicht geantwortet.
Rabi: Der Inspektor ist echt voll bei der Sache. (*FLÜSTER*)
Allen: Diesmal können wir gar keinen Unsinn machen ... Link ist echt streng. (*FLÜSTER*)
Wis: Er denkt diesmal eben an die Autorin und möchte das Textlimit einhalten. (*FLÜSTER*)
Link: Ihr da! Schluss mit dem unnötigen Gerede!
Baku: (I... Ich hab Angst ...) Ich habe meine Haare geschnitten, als ich Zweigstellenleiter wurde. Es hatte keinen tieferen Sinn. Wenn ich etwas sagen müsste, war es nur ein Zeichen der Entschlossenheit oder so ...

Frage: Gibt es ein Cosplay, was Sie allen – egal ob Orden oder Noah – anziehen möchten?

Link: Ist das eine Frage an die Autorin?
Allen: Ich habe ein ungutes Gefühl.
Rabi: Die Antworten von Frau Hoshino sind meistens eh nicht sehr sinnvoll.
Wis: Ich werde mit den magischen Augen kurz nachschauen! (*SCHIEL*) Oho. Ich seh schon. Interessant.
Mari: Und?
Wis: Die Autorin liebt doch Idols. Mehr muss ich nicht sagen, oder?
Allen & Rabi: Also doch!
Link: Zum Glück gibt es hier im Sprechzimmer keine Bilder.
Rabi: Fast hätte ich Idolklamotten tragen müssen!

Frage: Wer entscheidet über die Posen für die Cover der Bände und das *Jump SQ RISE*-Magazin?

Rabi: Über die Posen auf den Einzelbänden kann die Mangaka alleine entscheiden, aber für die Cover des Magazins erhält sie genaue Aufträge von einem Designer.
Allen: Du kennst dich gut aus, Rabi. Du bist anscheinend ein enger Freund der Autorin!
Rabi: Sollte das etwa ein Dis sein, Allen?
Mari: Dann entscheidet der Designer also über die Charaktere und die Pose.
Rabi: Genau. Manchmal gibt es sogar Anweisungen zur Farbgestaltung. Die Vorderseite ist gleichzeitig das Aushängeschild des Magazins, daher ist Frau Hoshino anscheinend sehr aufgeregt beim Zeichnen.
Link: Übrigens hat Marschall Cross auf diesem Band einen Zahnstocher im Mund.
Allen: Warum solche Kleinigkeiten ...
Link: Ich dachte, dass es bestimmt irgendjemanden interessieren würde.
Rabi: Anscheinend hat sie Ärger bekommen, weil es auf dem 14. Band eine Zigarette war.
Baku: Warum denn? Ich dachte, sie durfte dort zeichnen, was sie will.
Rabi: Tja, eigentlich ist dies aber ein Manga für Jungen.
Wis: Also Erwachsenenprobleme.

Frage: Mag Link lieber englischen oder französischen Tee?

Link: Es gab so einige Fragen zum Thema Getränke. Wie viele Stücke Zucker nimmt der Millennium-Graf zur Tea Time? Wie schmackhaft ist der Kaffee von Linali Li? Wenn ich mich entscheiden müsste, mag ich lieber englischen Tee. Der Oberinspektor liebt aber französischen Tee, weswegen ich den auch häufig trinke. Mag der Millennium-Graf lieber englischen Tee?
Wis: Ganz genau. Der Millennium-Graf mag Süßes unfassbar gerne, weswegen er eine Tasse Tee mit zwanzig Zuckerstücken und ganz viel Milch trinkt. Niedlich, oder? In letzter Zeit leidet er aber darunter, dass Desires schimpft, er solle sich mit dem Zucker zurückhalten. Niedlich, oder?
Allen: Warum findest du alles niedlich?
Rabi: Du tust aber auch viel Zucker hinein. Oder, Allen?
Allen: Süßer Tee mit etwas Salzigem ist eben eine göttliche Kombination!!!
Rabi: Musst du deswegen gleich schreien?
Link: Putz dir danach ordentlich die Zähne, Walker. Du gehst ja direkt nach dem Essen schlafen.
Allen: Ja, ja, ja.
Link: Ein »Ja« reicht!
Mari: Allen trifft sich manchmal mit Linali und Miranda zum Teetrinken.
Baku: Wie bitte?! Walker, du ...
Allen: Wie, nein. Sie haben schließlich Kuchen ... Ich habe keine Hintergedanken! Außerdem ist das vielleicht eine Teerunde, aber eigentlich unterhalten sich da meistens nur Link und Linali über irgendwelche Dinge, während ich dabeisitze ...
Link: Was redest du denn da? Ich bin nur deinetwegen dabei!
Allen: Aber du hast doch am meisten von allen geredet.
Link: Weil du die ganze Zeit nur gegessen hast. Linali Li gehört zur Wissenschaftsabteilung und so hat sie großes Interesse daran, wie man Tee aufgießt. Wir haben dazu nur unsere Meinungen ausgetauscht. Sie weiß mehr über Tee als ich.
Mari: Anscheinend macht sie sich für alle in der Wissenschaftsabteilung schlau. Jerry, der Küchenchef der Wissenschaftsabteilung, macht auch leckeren Kaffee.
Rabi: Und wenn sie ihn mit ihrem hübschen Gesicht serviert, schmeckt er noch besser. Allen, wusstest du eigentlich, dass Linali sich sehr bei ihrer Handpflege anstrengt? Sie möchte schließlich den Tee mit hübschen Händen servieren. Sie ist wirklich eine Frau.
Allen: Da kriegt man richtig Herzklopfen.
Baku: Linali ... Sie ist die Beste ... (♡)

Frage: Wäscht Rabi sich sein Gesicht mit der Augenbinde? Oder nimmt er sie ab und wäscht es heimlich?

Allen: Er trägt sie dabei einfach.
Rabi: Ich nehme sie aaaaab. Natürlich nehme ich sie aaaaab. Aber ich wasch es im Geheimen!
Allen: Als wir gemeinsam im großen Bad waren, hast du sie aber drangelassen. Warum versteckst du es denn so sehr? Stell dich nicht so an und zeig dich einfach.
Rabi: Wah! Hör auf, Allen! Nicht ziehen! Ah!
Mari: Hey, Allen. Rabi mag das doch nicht.
Link: Walker, wenn du Bookman Jr. ärgerst, verschwendest du damit nur Platz auf diesen Seiten.
Wis: Ganz ruhig. Warum denn nicht? Die Fragestunde ist viel zu streng und die Leser langweilen sich bestimmt schon. Außerdem freut sich der Kleine doch, endlich Bookman Jr. wiederzusehen.
Allen: Gar nicht.
Baku: Aber was versteckst du so? Gibt es da etwa ein Geheimnis?
Rabi: Das kann ich leider nicht sagen.

Frage: Seit wann sind Komui und Jerry eigentlich Busenkumpel?

Mari: Seit wann? Als Jerry der Zentrale des Ordens zugeteilt wurde, waren die beiden schon gut miteinander bekannt, oder?
Baku: Komui war es, der Jerry für die Zentrale vorgeschlagen hatte. Jerry war eigentlich Teil der asiatischen Zweigstelle und hat sich sehr um Komui gekümmert, als dieser dem Orden beitrat. Es war zwar ein wenig gefährlich, aber Jerry konnte ihn nicht einfach ignorieren. Zuerst konnte Komui Jerry überhaupt nicht ausstehen, aber dieser blieb an ihm dran und so lernten sie sich besser kennen. Als Komui Leiter der Wissenschaftsabteilung wurde, hat er als Erstes Jerry eingestellt. Ich glaube, er hat es vor allem für Linali getan, die damals großen Kummer hatte.
Link: Es ist ja schön und gut, dass sie sich gut verstehen, aber ich weiß nicht, ob sie sich unbedingt Kosenamen geben müssen.
Wis: Aber das Essen von Jerry scheint ganz schön lecker zu sein. Ich würde es gerne mal probieren.
Allen: Nein. Jerry gehört mir.
Rabi: Er gehört nicht nur dir.

Frage: Enthält das Noah-Gedächtnis Erinnerungen an die Vergangenheit von allen? Die Erinnerungen der Noahs werden über unterschiedliche Personen weitergegeben. Kann man davon ausgehen, dass manchmal die Erinnerungen der ursprünglichen Person als Noah-Erinnerung von einem Noah, der sie aufnehmen könnte, nicht aufgenommen werden?

Rabi: Das ist eine interessante Frage.
Wis: Hm. Sie werden aber aufgenommen. Wenn wir als Noah erwachen, dringen auf einen Schlag gewaltige Mengen an Erinnerungen und Informationen in unseren Kopf ein, aber darin sind auch Erinnerungen und Emotionen enthalten, die die vorherigen Generationen der Noahs hatten.

Allen: Als Suman zu einem Gefallenen wurde, sind seine Erinnerungen in meinen Kopf eingedrungen. Ich hatte das Gefühl, als würde ich nicht mehr ich selbst sein und mein Kopf würde sich spalten. Ich hatte gewaltige Angst. Wie können denn Noahs problemlos die Erinnerungen und Emotionen von so vielen Menschen aufnehmen?
Wis: Problemlos geht das nicht vonstatten. Es sind einige Noahs zugrunde gegangen, weil der Wille der Vergangenheit in den Erinnerungen sie aufgefressen hat. Damit das nicht passiert, unterdrücken die meisten Noahs unterbewusst die Erinnerungen. Wenn man das macht, kann man die Erinnerungen der vorherigen Noahs abkapseln. Aber wenn man vom Innocence verletzt wird, kann man dies nicht und die Erinnerungen strömen heraus. Wir haben es auch nicht leicht.
Allen: Stimmt eigentlich. Noahs werden immer verrückter, je mehr Angriffe sie einstecken.
Wis: Das passiert durch die tiefe Trauer des Innocence verbunden mit vielen Erinnerungen. Also seid lieber sanft zu uns. ♡
Allen: Genau solche Typen kann ich nicht leiden.
Rabi: Stimmt es, dass allein der Millennium-Graf unter den Noahs über mehrere Tausend Jahre gelebt hat?
Wis: Genau.
Baku: Haben alle Menschen die Möglichkeit, als Noah zu erwachen?
Wis: Das haben sie.
Mari: Kann man das Erwachen nicht irgendwie unterbinden?
Wis: Das geht nicht. Wenn man seine Bestimmung als Noah kennt, dann muss man sie auch annehmen
Link: Was ist denn die Bestimmung eines Noahs?
Wis: Ohoho. Das ist ein Geheimnis. ♫
Link: Tss.

Frage: Allen scheint Interesse am Sparen zu haben. Hat er noch andere Jobs, außer in der Mensa auszuhelfen?

Rabi: Du warst größtenteils nur in der Mensa, oder? Weil du dort naschen kannst.
Allen: Das war wirklich der ideale Job. Ich habe nur in der Mensa des Ordens und manchmal bei der Wissenschaftsabteilung ausgeholfen. Aber weil ich Berichte korrigieren, Lesen und Schreiben üben und trainieren musste, hatte ich an den freien Tagen viel zu tun.
Link: Was guckst du denn so niedergeschlagen? Es ist doch selbstverständlich, dass du deine Aufgaben als Exorzist erfüllen musst. Außerdem erhältst du als Exorzist doch ein Gehalt, oder?
Allen: Das reicht vorne und hinten nicht.
Wis: Ist ja klar bei dem lausigen Betrag ...
Baku: Du bist noch jung, aber musst ganz schön leiden, Walker. Ich komme aus gutem Hause und kann mir das kaum vorstellen.
Allen: Statt Mitleid kannst du mir lieber etwas Geld schenken. (hält die Almosendose hin)
Mari: Beim Orden? Hast du denn noch woanders gearbeitet?
Allen: Während meiner Ausbildung und des Kampftrainings habe ich mit meinem Meister gemeinsam häufiger Karawanen beschützt. Es war ganz schön hart, aber bei dem Job gab es gutes Geld. Essen war kostenlos und ich wurde von den Schuldeneintreibern nicht bis in die Wüste verfolgt.
Rabi: Du scheinst ja überall überleben zu können.
Link: Karawanen ... Dort hatte er sich also versteckt. Kein Wunder, dass wir Marschall Cross nicht finden konnten.

Frage: Was ist eigentlich aus Kandas Unterhose geworden, die Rabi mal versteckt hat?

Mari: Hey, Rabi! Du bist echt unmöglich.
Rabi: Wa...Wa... Es tut mir leid! Aber Yu ist immer so cool. Ich wollte ihn mal in Verlegenheit bringen.
Baku: Du machst echt gruselige Dinge.
Link: Wie abartig ...
Allen: Und war Kanda verlegen?
Wis: Du siehst glücklich aus, Junge.
Rabi: Nein, das ist so ... Er hat sich einfach so angezogen und ist nachts zum Training in den Wald ...
Allen: Ohne Unterwäsche?!
Mari: Tja, das kann schon sein. Kanda stört sich an solchen Dingen eben nicht.
Wis: Oho ... Ticky passiert so was auch manchmal. Schöne Leute sind eben selbst ohne Höschen schön ...
Allen: Ich habe keine Ahnung, was du da redest.
Rabi: Yu hat dann einfach ohne Hose im Wald geschlafen. Es hatte gar keinen Sinn, sie zu verstecken. Ein Ärger. Echt ein Ärger.
Mari: Von wegen Ärger. Gib sie Kanda in so einem Fall einfach wieder zurück.
Rabi: Häää?! In so einer Situation würde Yu doch nicht merken, wenn ich sie ihm zurückgebe. »Oh? Was ist das denn?«, würde er sagen und davonstapfen! Und dann wäre ich nur ein peinlicher Kerl, der das Höschen nicht zurückgeben konnte.
Mari: Deine Scham richtet sich in die falsche Richtung. Es ist peinlich genug, Unterwäsche zu verstecken. Du bist wirklich ein hoffnungsloser Typ. (***VERZWEIFEL***)
Allen: Mari, du könntest Rabi das ruhig etwas wütender sagen.
Rabi: D... Du Verräter! Dabei hast du eben glücklich geguckt, als du von Yus versteckter Unterwäsche gehört hast, Allen!
Allen: Das habe ich gar nicht. Ich bin doch nicht so ein Kleinkind wie du, Rabi.
Rabi: Jetzt sagst du so was, aber du stibitzt Yu doch ständig den Nachtisch in der Mensa! Ich weiß das!
Allen: Kanda macht sich immer lustig über meine fehlende Kontaktfreudigkeit. Das ist seine Strafe! Ich weiß doch auch, dass du in Kandas Tasche für eine Mission einfach ein Pornoheft gepackt hast, Rabi! Und du hast Kandas Zahnpasta ...
Rabi: Das mit der Zahnpasta warst du genauso!
Baku: Gibt es etwa noch mehr?
Wis: Ohoho. (***LACH***) Ich glaube, dass die beiden gute Freunde werden.
Mari: Hört auf, ihr zwei. Es ist ja schön, dass ihr euch um Kanda sorgt, aber das ist jetzt zu viel Quatsch. Er ist das doch gar nicht gewöhnt.
Allen & Rabi: Aber ...
Link: Für diese lächerliche Unterhaltung dürfen wir hier nicht noch mehr Platz verschwenden!

Frage: Wie viele Kopfhörer hat Mari? Unterscheiden sie sich in der Funktionalität?

Mari: Ich habe im Moment nur die neuste Version, die von der Wissenschaftsabteilung kreiert wurde. Außer im Bett trage ich sie eigentlich immer.
Baku: Ich habe bei der Planung auch mitgeholfen. (STOLZ)
Mari: Stimmt das? Vielen Dank, Zweigstellenleiter.
Rabi: Damit kann man ein breites Spektrum an Geräuschen und Stimmen hören, oder? Ist das nicht anstrengend?
Wis: Oho, so viel kann man damit hören? Dann muss ich wohl etwas besser auf meine Privatsphäre achten.
Allen: Das solltest gerade du nicht sagen.
Mari: Es war hart, bis ich mich daran gewöhnt hatte, aber ich habe trainiert, aus den vielen Geräuschen nur die wichtigen herauszuhören. Deswegen kann ich die alltäglichen Unterhaltungen anderer fast komplett überhören und ich würde natürlich nie einfach jemanden privat belauschen.
Link: Hmpf. Du bist ein anständiger Kerl, Mari Noise. Walker kann von dir noch was lernen.
Allen: Warum bringst du jetzt mich ins Spiel?
Link: Du hast Timcampys Aufnahmefunktion genutzt, um mich zu erpressen. Sag nicht, dass du das vergessen hast.

Frage: Ich interessiere mich für die Zeitdauer, für die Crowley durch das Trinken von Akuma-Blut seinen Körper verstärken kann. Könnte er diese Dauer durch Training verlängern?

Baku: Derzeit kann er mit 250 ml Blut von einem Akuma bis Level 3 ganze zehn Minuten erreichen. Eine Verlängerung der Verstärkungsdauer wird von der Wissenschaftsabteilung untersucht und er strengt sich auch selbst an.
Rabi: Ändert sich die Zeit nicht, wenn er mehr davon zu sich nimmt?
Baku: Nein, sie ändert sich nicht. Wenn er hingegen weniger als 250 ml zu sich nimmt, dann verkürzt sich die Verstärkungsdauer auf drei Minuten.
Mari: Du hast bis Level 3 gesagt. Wurde es denn nicht mit Level-4-Blut ausprobiert?
Baku: Die Beschaffung von Blut dieses Levels ist äußerst schwierig ...
Wis: Pah ha ha. Nicht wahr. ♪
Allen: Wenn ich sehe, wie genüsslich Crowley Akuma-Blut trinkt, frage ich mich manchmal, ob es nicht vielleicht wirklich schmecken könnte.
Link: Das solltest du besser nicht ausprobieren, Walker.

Frage: Hat Miranda auf Missionen immer Bonbons dabei? Und was für einen Geschmack mag sie wohl?

Link: Ich habe gehört, dass sie immer Bonbons dabeihat, weil sie zum langen Aufrechterhalten des Innocence so viele Kalorien braucht, aber was den Geschmack angeht ...
Mari: Miranda hat mir erzählt, dass sie gerne Minze mag.
Allen: Ist das so? Miranda gibt mir häufig Bonbons, wenn mein Magen knurrt, aber es sind eigentlich immer nur welche mit Fruchtgeschmack wie Erdbeere oder Ananas.
Rabi: Aber nur weil du Fruchtbonbons magst.
Allen: Hm? Was meinst du damit?
Mari: Ha ha. Das heißt, dass sie extra für dich Fruchtbonbons bei sich trägt.
Allen: Wie? Stimmt das wirklich?!
Baku: Übrigens hat Lofa, als bekannt wurde, dass du in die Zweigstelle kommst, extra für dich Mitarashi-Dango zubereitet, Walker.
Allen: Hä?! Stimmt eigentlich. Immer wenn ich in der asiatischen Zweigstelle war, gab es Mitarashi-Dango ...
Wis: Ohoho. Wenn du so gerne isst, warum hast du dann die Einladung von Ticky abgelehnt?
Allen: Ich habe nichts gegen Essen. Ich kann nur diesen geföhnten Kerl nicht leiden. Er war es doch, der ein Loch in mein Herz bohren wollte, oder? Ich könnte mein Essen nicht genießen, wenn so ein Perverser dabei wäre.
Link: Lass dich nicht von deinem Appetit überwältigen, Walker.
Allen: Was?
Link: Nichts. Ich bin beruhigt.

Frage: Hat Rabi mit einem Dolch gekämpft, bevor er Exorzist wurde?

Rabi: Wie? Warum?
Wis: Ist damit etwa die Sache in der Arche gemeint? Schaut mal. In dem Traum von Rhode ...
Rabi: Ach, das? Woher weißt du das überhaupt?
Wis: No, no, no. ♪
Mari: Rabi ist genauso wie Bookman eher ein Allrounder.
Allen: Was soll das denn sein?
Mari: Er kann passend zur Situation jegliche Waffen einsetzen.
Rabi: Bei der Arbeit als Bookman muss man oft auf Schlachtfeldern Aufzeichnungen machen, weswegen der Alte mir alle möglichen Kampftechniken eingebläut hat.
Link: Und mit welcher Waffe bist du am geschicktesten?
Rabi: Hm. Ich mag gerne Stangenwaffen.
Allen: Ich habe häufig mit Rabi trainiert und dachte eigentlich, dass er schwach wäre. Gegen Kanda verliert er auch immer.
Rabi: Wie? Es ist doch viel zu viel Arbeit, Ernst zu machen.
Baku: Aber als du damals gegen Foh gekämpft hast, hast du ganz schön Ernst gemacht.
Rabi: Das war ja nicht nur ein Duell, sondern Foh hatte es wirklich auf meinen Tod abgesehen. Hätte ich rumgescherzt, wäre ich gestorben.
Allen: Foh macht bei solchen Dingen eben immer Ernst.
Baku: Sie ist weniger eine Beschützerin und eher ein Berserker.
Link: Ich verstehe. Dann machst du also nur Ernst, wenn dein Leben in Gefahr ist.

Frage: Haben Nea und der Vierzehnte den gleichen Charakter?

Wis: Oho? Da scheint jemand etwas falsch zu verstehen, oder? Der »Vierzehnte« ist ein Spitzname, den die Noahs der letzten Generation Nea gegeben haben.
Link: Nea selbst meinte aber, dass ihm der Spitzname nur aus Häme gegeben wurde. Ich muss in Zukunft vorsichtiger sein ...
Allen: Hm? In Zukunft vorsichtiger?
Link: Möchtest du etwa Mangosaft trinken, Walker?
Allen: Juhu!
Baku: Eine Sache hat mich schon länger beschäftigt. Warum wird er nicht wie die anderen der 14. Apostel genannt, sondern einfach nur der Vierzehnte?
Wis: Das ist bestimmt die Häme, von der Nea sprach. Wenn man im Fanbook *Gray Log* nachliest, versteht man es. Nea besitzt keinerlei Noah-Gedächtnis. Aus diesem Grund wird er auch von den anderen Noahs geärgert. Aber was den Rest angeht, kann man sich darauf freuen, wie der Junge Neas Geheimnis langsam aufdecken wird.
Mari: Weil er kein Noah-Gedächtnis besitzt, kann er nicht wie andere Noahs wiedergeboren werden. Deswegen wurden seine Erinnerungen Allen eingepflanzt, oder?
Link: Wann wurden sie ihm denn eigentlich eingepflanzt? Erinnerst du dich wirklich an nichts, Walker?
Allen: Ich weiß es nicht! Das war doch vor 35 Jahren! Ich bin erst 16, oder? Damals existierte ich noch gar nicht!
Wis: ...
Rabi: Was grinst du denn so?
Wis: Ach, gar nichts.
Rabi: Wenn ich darüber nachdenke, wird mir auch ganz anders.

Frage: Mit Allens linkem Auge soll er andere Menschen Akuma-Seelen sehen lassen können, aber außer Rabi scheint niemand etwas zu sehen. Kann er die Seelen gezielt anderen offenbaren?

Allen: Als Rabi und Crowley plötzlich Akuma-Seelen sehen konnten, hatte ich gedacht, die Kraft des Fluches wäre stärker geworden und dass andere außer mir diese Seelen nun sehen könnten. Aber es ist später nicht wieder vorgekommen. Anscheinend war es nur dieses eine Mal, oder?
Rabi: Das war damals, als die Kraft des Fluchs erneut im Auge ausgebrochen war, oder? In so einem seltsamen Moment kann natürlich alles Mögliche passieren. Wir wurden damals nur unglücklich von der Auswirkung des Fluchs beeinflusst.
Allen: Tja, ich bin aber beruhigt. Das ist kein besonders schöner Anblick. Es ist also viel besser, wenn man sie nicht sieht.
Baku: Ich habe Interesse daran. Die Wissenschaftsabteilung könnte so viele Informationen über Akuma erhalten.
Wis: Ich auch. Selbst mit meinem magischen Auge kann ich keine Seelen sehen. Wie sehen die Seelen denn aus?
Link: Ihr erzeugt doch Akuma. Tu nicht so, als würde es euch nichts angehen.
Mari: Hast du nicht sehr gelitten, bis du dich an den Anblick gewöhnt hattest, Allen?
Allen: Beim ersten Mal hatte ich wirklich gewaltige Angst, aber mein Meister ... Er ist ganz schön streng. Er meinte felsenfest zu mir: »Die sind überhaupt nicht Furcht einflößend.« Sie waren genauso Menschen wie wir auch. Sie rufen einfach nur um Hilfe. Es hat zwar einige Zeit gedauert, aber ich habe mich ganz langsam an den Anblick gewöhnt.

Frage: Wie riechen Kanda, Allen, Linali und Rabi eigentlich? Linali riecht bestimmt sehr gut, weil sie ein Mädchen ist. Verwendet sie vielleicht Parfüm oder so?

Mari: Kanda? Er riecht am ehesten wie eine Staubwolke.
Allen: Mari, und ich? Und ich?!
Mari: Allen riecht häufig süßlich. So wie Kuchen ...
Rabi: Weil Allen immer Krümel auf seiner Kleidung hat.
Allen: Rabis Augenbinde riecht nach Febreze.
Rabi: Hey, verrate hier nicht Dinge von meinem gelöschten Instagram-Account! Es gibt jede Menge Leser, die das nicht wissen!
Mari: Also, Rabi ... Er riecht ein wenig nach Tabak.
Allen: Genau. Genauso wie mein Meister.
Rabi: Weil der Alte raucht ... Ich versteh das ...
Wis: Bookman ist eben immer noch Kettenraucher. Wie konnte seine Lunge so lange durchhalten?
Mari: Ich glaube, Linali riecht häufig nach Blumen.
Baku: Genau! Linali riecht nach wunderschönen Blumen!
Allen: Baku! Beruhig dich! Sollte Komui das hören, wird es noch Probleme geben!
Rabi: Linali benutzt kein Parfüm, aber sie riecht wirklich gut.
Allen: Liegt es vielleicht daran? Als ich neulich mit Linali darüber geredet habe, dass ich mich immer häufiger verletze, meinte sie zu mir, dass etwas »gut helfen« würde. Etwa dieses Öl zum Einreiben? Sie hat mir etwas davon abgegeben, vielleicht ist es der Geruch des Öls. Wenn man sich damit einreibt, gehen Narben langsam weg. Und als sie es aufgetragen hat, hat es wirklich gut gerochen.
Baku: Sie hat es aufgetragen?! (*ZÄHNEKNIRSCH*)
Allen: Ich hatte keine Hintergedanken! Wirklich nicht!
Rabi: Ein Öl also ... Da kriege ich auch gleich Herzklopfen.
Link: Du hast perverse Gedanken, Bookman Jr.

Frage: Ich möchte wissen, was Zweigstellenleiter Baku gerne isst und trinkt.

Baku: Als Kind mochte ich den Heilkräuterbrei vom alten Zhu, aber weil er verstorben ist, kann ich ihn nicht mehr essen.
Mari: Ja, ich erinnere mich auch noch. Der war wirklich lecker.
Rabi: Ist der Brei von Jerry nicht in Ordnung? Er war schließlich Meister Zhus Schüler.
Baku: Hm ... Der Geschmack ist gleich und er schmeckt lecker, aber irgendwas fehlt. Es ist eben nicht der Brei des Alten.
Link: Ich kann das verstehen.
Wis: Warum denn?
Allen: Ich möchte auch selten, wirklich sehr, sehr selten den sehr salzigen Eintopf meines Meisters essen. Obwohl Jerrys Eintopf natürlich tausendmal leckerer ist.

Frage: Was ist die Muttersprache Kandas, der in der asiatischen Zweigstelle geboren wurde? Ist es Chinesisch oder eher Englisch?

Mari: Als wir Kanda das erste Mal trafen, sprach er Englisch. Oder, Zweigstellenleiter?
Baku: Ja, es war Englisch. Wahrscheinlich wurde ihm in der Forschungsanlage sofort Englisch beigebracht, damit er als Exorzist zur Zentrale geschickt werden kann. Aber vermutlich haben die Forschungsmitglieder und seine Mitbewohner Chinesisch gesprochen. Dadurch kann er natürlich Chinesisch verstehen.
Mari: Vor dem Orden war er mit seinem Meister auf Reisen und hat dabei bestimmt das Chinesisch gemeistert.
Rabi: Manchmal reden Linali und Komui Chinesisch miteinander.
Allen: Verstehst du sie dann, Rabi?
Rabi: Ja. Ich habe die meisten Sprachen der Länder gemeistert, die ich für die Aufzeichnungen besucht habe.
Mari: Als Linali im jungen Alter Kummer hatte, konnte Kanda ihr bestimmt helfen, weil er die Sprache verstand.

Frage: Rabis Schal ist wirklich toll. Ist er damit mal irgendwo hängen geblieben, wodurch er gewürgt wurde?

Rabi: Ich bleibe zwar nirgendwo hängen, aber manchmal werde ich damit gewürgt. Schließlich ziehen Allen, Linali, Yu und in letzter Zeit auch Timothy häufig daran.
Allen: Weil du gerne daran gezogen werden möchtest.
Rabi: Was ist das denn für eine Ausrede?
Wis: Ich versteh das. Ich werde auch oft am Turban gezogen und dann würgt es mich.
Baku: Ich kriege auch oft von Foh einen Hut aufgesetzt.
Link: Ich kriege von Walker Zöpfchen ...

Frage: Was würden die Charaktere von *D.Gray-man* arbeiten, wenn es sie wirklich geben würde?

Link: Mit solchen Fragen reicht es aber langsam mal.
Allen: Ja, hier! Ich würde mit Jerry und Link zusammen ein Restaurant eröffnen!
Link: Hä?! Entscheide das nicht einfach so! Ich bin doch der Sekretär des Oberinspektors!
Allen: Nein! Du musst doch die Süßigkeiten machen, die ich mir ausdenke! Ich werde die Buchführung machen.
Wis: Das ist doch schön. Ich würde als Kunde vorbeikommen.
Baku: Hm, die Frage kommt überraschend ... Ich würde Ingenieur werden. Und du, Mari?
Mari: Wenn ich es mir aussuchen könnte, wäre ich gerne Musiker.
Allen: Bitte tritt dann bei uns im Restaurant auf, Mari!
Mari: Ha ha. Stimmt. Das mache ich dann. Danke, Allen.
Wis: Und du, Bookman Jr.?
Rabi: Hm ... Ich möchte eigentlich nur Bookman sein.
Allen: Was wäre, wenn? Es geht doch nur darum, was sein könnte.
Rabi: Bei anderen fallen mir aber Dinge ein. Yu wäre ein guter Handwerker. Linali wäre eine nette Krankenschwester. Crowley ein Gärtner. Miranda könnte gut sticken oder bildhauern. Chao Zhi würde ganz sicher auf einem Schiff arbeiten. Timothy würde mit Emilia ein Kinderheim betreuen. So ähnlich, oder?
Allen: Und Komui und der Rest der Wissenschaftsabteilung?
Rabi: Die Wissenschaftler wären kaum anders. Der Forschungsleiter genauso.
Baku: Tu... Tut mir leid. Wir lieben unsere Arbeit nun mal.
Rabi: Ha ha. Ich ja auch.
Allen: Irgendwie cool. Ich bin fast ein wenig neidisch. Aber wir werden uns im Restaurant anstrengen. Nicht wahr, Link?
Link: Ich mache da nicht mit!

Frage: Wie treiben die Leute aus dem Orden ihre Privatkleidung auf?

Link: Ich dachte, dass es damit langsam reichen würde!
Rabi: Im Orden gibt es einen großen Wandschrank (ein Anzieh- und Aufbewahrungszimmer für Kleidung) für Männer und Frauen, wo man Kleidung und Schuhe nach Belieben auswählen kann.
Mari: Dort gibt es die verschiedensten Kleidungsstücke und man kann sich auch etwas schneidern lassen, weswegen der Ort bei allen im Orden beliebt ist.
Allen: Es ist klasse, dass man dort kostenlos Kleidung bekommt.
Link: Vergesst bitte nicht, dass das alles von Geldern der Zentralverwaltung bezahlt wird.
Rabi: Stimmt eigentlich. Bei den Arbeitern dort ist Crowley sehr beliebt. Vielleicht lohnt es sich, für ihn Kleidung zu schneidern, weil er so einen schönen Körper und Kleidungsstil hat. Tss. Dabei habe ich doch auch einen guten Stil.
Allen: Ich wäre auch gerne größer ...
Baku: Es ist nicht immer gut, groß zu sein ... Bei Männern kommt es eher auf die geistige Größe an! (***GRINS***)
Wis: Ich bin neidisch, dass ihr anziehen könnt, was ihr wollt. Ich kann an freien Tagen nur die Sachen von Desires tragen, was ganz schön stressig ist.
Rabi: Urgh. Was soll das denn?
Link: Stimmt eigentlich. Es gab wieder viele Fragen über die Kleidung der Noahs ... Ähm, werden die weißen Kleidungsstücke vom Millennium-Grafen hergestellt? Ticky Mick benimmt sich sehr vornehm, aber wie viel Einsatz erfordert das von ihm? Und so weiter ... Wir sollten uns beeilen.
Allen: Ach, diese hervorragenden weißen Kleidungsstücke.
Wis: Diese Sachen werden vom 13. Apostel Mightra kreiert. Trotz des Aussehens haben sie eine hohe Verteidigungskraft. Mightra mag es aber ein wenig versaut.
Allen: Mightra? Den kenne ich nicht.
Wis: Er ist äußerst schüchtern und geht daher kaum raus. Er ist immer an einem dunklen Ort in der Arche und die Ratten sind seine Freunde. Ich mag übrigens am liebsten Kröten.
Link: Wir brauchen keine unnötigen Infos.
Rabi: Aber sind die Noahs nicht alle etwas speziell?
Allen: Es sind plötzlich mehr geworden, man kann sich das gar nicht merken. Die hätten lieber nacheinander auftauchen sollen.
Wis: Die Beschwerde kannst du an die Autorin richten.
Rabi: Übrigens dieser Fiddler. Warum sagt er immer »Blb«? Es interessiert mich echt.
Wis: Das solltest du lieber nicht fragen ... Die Autorin meint auch, dass damit Schluss sein soll!
Allen & Rabi: Warum denn? Verrat uns doch ein wenig.
Wis: Ich kann es nicht sagen! Wenn ich mich nicht zurückhalte, und »Blb blb« alles verrate, dann werden Fiddlers Auftritte komplett kaputtgemacht. Daran wäre dann allein ich schuld ... Ich kann also nichts sagen!
Allen: Warum kann man sich nichts vorstellen?
Rabi: Frau Hoshino ist echt trottelig.
Wis: Aber sie scheint Fiddler wirklich zu mögen.
Link: (***NERV***) Das reicht mit dem unnötigen Gerede. Was ist denn jetzt mit Ticky Mick?
Wis, Allen & Rabi: ...
Wis: Wa... Was denn?! (***SCHWITZ***) Der muss doch nicht gleich so genervt reagieren ... (***FLÜSTER***)
Allen: Er schaut in unsere Richtung ... (***FLÜSTER***)
Rabi: Geht es um das Zeichenlimit? Es wird langsam knapp, oder? (***FLÜSTER***)
Allen: Diesmal ist es wirklich nicht einfach. (***FLÜSTER***)
Link: Jetzt antworte endlich!
Wis: (***SCHLUCK***) Ti... Ticky wurde vom Millennium-Grafen ausgebildet. Er wurde als kleiner Junge zu einem Noah und seitdem in Umgangsformen und im feinen Benehmen geschult.
Allen: Aber wurde nicht gesagt, dass er »keine Bildung« hat?
Wis: Ticky ist nicht zur Schule gegangen, weil er es dort gehasst hat. Das ist bestimmt der Grund dafür. Aber Ticky ist nicht so ein Idiot wie Yu Kanda.
Mari: Hey, Kanda ist gar kein Idiot. Wer hat denn wieder schlecht über ihn geredet?
Rabi: Allen hat Yu einen »Kandaffen« genannt.
Allen: Rabi, du hast da was am Ohr.
Rabi: Auauauaua! Das ist ein Piercing! Allen, das ist ein Piercing!
Wis: Das tut doch weh! Allein das Zusehen schmerzt!
Link: Hey! Macht ihr das etwa mit Absicht?! Wie oft muss ich euch sagen, dass unnötiges Gerede nur die Anzahl der Zeilen erhöht!
Allen: Wah! Da ist er! Fesselflügel!
Rabi: Fernwaffen sind unfair!
Wis: Ohoho.
Link: Hey, wartet! Ich werde euch genau zeigen, wie sehr die Designer und Redakteure leiden müssen, weil ihr so viel Platz verschwendet!
Baku: Oh, die sind aber schnell weg. So jung müsste man sein.
Mari: Wir haben es wirklich geschafft. Oder, Zweigstellenleiter?
Baku: Ja, *Komuis Sprechzimmer* hat diesmal doppelt so viele Seiten wie sonst in Anspruch genommen. Wollen wir einen von Wong aufgesetzten Tee trinken, Mari?
Mari: Das klingt gut.
Baku: Auch dieses Mal Danke für die vielen Fragen. Stellt eure Fragen das nächste Mal nicht an Komui, sondern direkt an Baku. (***POSIER*** ☆)
Allen, Rabi & Wis: Aaaah!
Mari: Oh, Allen und die anderen wurden wohl geschnappt ...

GIN TAMA

Hideaki Sorachi

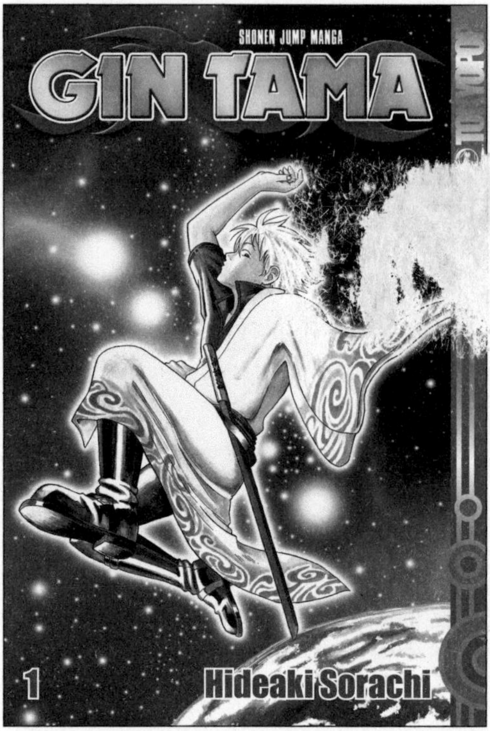

Ein Samurai für alle Fälle!

In einer Welt, in der die Samurai durch die Ankunft von Außerirdischen ihr Recht, ein Schwert zu tragen, verloren haben, lebt ein sonderbarer Mann: Gintoki Sakata. Zusammen mit seinen Gehilfen Shinpachi und der Yato Kagura betreibt er die Alles-Agentur, wo die drei jeden noch so verrückten Job übernehmen und die Welt dabei ganz schön aufmischen! Da bleibt kein Auge trocken!

TOKYOPOP®

www.tokyopop.de

HELL WARDEN HIGUMA

Natsuki Hokami

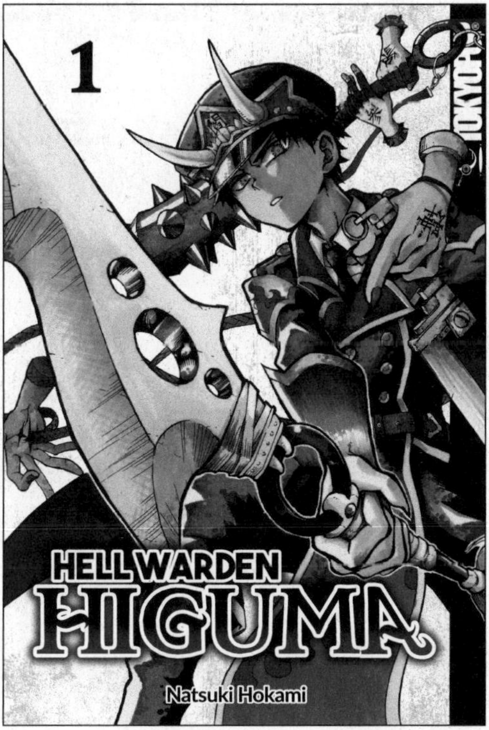

Er schickt Ausreißer ohne Ausnahme zurück in die Hölle!

Higuma ist ein Höllenwächter der besonderen Art! Er und seine Familie bekamen vom König der Unterwelt den Auftrag, entflohene Totengeister, an deren Entkommen sie nicht ganz unschuldig sind, zurück in die Hölle zu schicken. Mit einem Dutzend fliegender und schwer bewaffneter Hände macht er sich daher daran, Menschen zu helfen, die von Dämonen besessen sind. Als er jedoch mit Ayaha einen neuen Schützling an die Seite bekommt, entdeckt er, dass hinter den Angriffen eine finstere Macht steht, die ihm alles abverlangen wird!

TOKYOPOP®

www.tokyopop.de

STOPP!

**Dies ist die letzte Seite des Buches!
Du willst dir doch nicht den Spaß verderben
und das Ende zuerst lesen, oder?**

Um die Geschichte unverfälscht und originalgetreu mitverfolgen zu können, musst du es wie die Japaner machen und von rechts nach links lesen. Deshalb schnell das Buch umdrehen und loslegen!

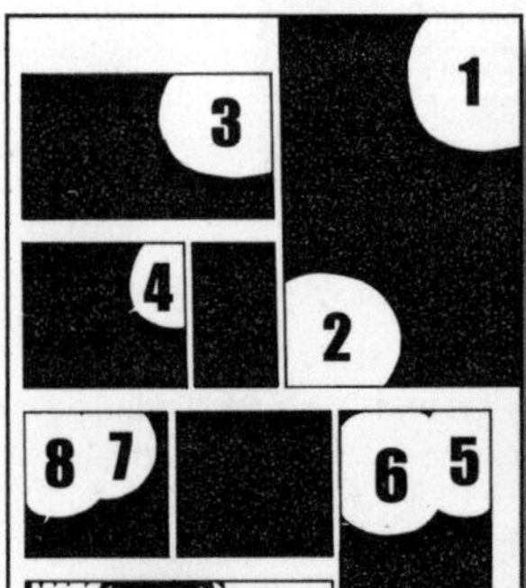

So geht's:

Wenn dies das erste Mal sein sollte, dass du einen Manga in den Händen hältst, kann dir die Grafik helfen, dich zurechtzufinden: Fang einfach oben rechts an zu lesen und arbeite dich nach unten links vor. Viel Spaß dabei wünscht dir TOKYOPOP®!